Sección de Obras de Historia

*Serie Clásicos y Vanguardistas
en Estudios de Género*

*Género, poder y política
en el México posrevolucionario*

Traducción de
ROSSANA REYES

GÉNERO, PODER Y POLÍTICA EN EL MÉXICO POSREVOLUCIONARIO

GABRIELA CANO
MARY KAY VAUGHAN
JOCELYN OLCOTT
(compiladoras)

Prólogo
CARLOS MONSIVÁIS

FONDO DE CULTURA ECONÓMICA
UNIVERSIDAD AUTÓNOMA
METROPOLITANA-IZTAPALAPA

002000396722

Primera edición, 2009

Cano, Gabriela, Jocelyn Olcott y Mary Kay Vaughan (comps.)
    Género, poder y política en el México posrevolucionario / comp. de Gabriela
Cano, Jocelyn Olcott, Mary Kay Vaughan ; pról. de Carlos Monsiváis ; trad. de
Rossana Reyes. — México : FCE, UAM-Iztapalapa, 2009
    500 p. ; 21 × 14 cm — (Colec. Historia)
    Título original Sex in Revolution. Gender, Politics, and Power in Modern
Mexico
    ISBN 978-607-16-0141-4

    1. Mujer – México — Historia — Posrevolución 2. Estudios de Género
I. Olcott, Jocelyn, comp. II. Vaughan, Mary Kay, comp. III. Monsiváis, Carlos,
pról. IV. Reyes, Rossana, tr. V. Ser. VI. t.

LC HQ1462.S49   Dewey 305.420 972 C128g

Distribución mundial

Fotografía de portada: Archivo General de la Nación,
Fondo Díaz, Delgado y García.

La traducción de esta obra se realizó con el apoyo
del Cuerpo Académico de Historia Social y Cultural de México en la Colonia
y los siglos xix y xx del Departamento de Filosofía
de la Universidad Autónoma Metropolitana-Iztapalapa.

Esta publicación forma parte de las actividades que el Gobierno Federal
organiza en Conmemoración del Bicentenario del inicio del movimiento
de Independencia Nacional y del Centenario del inicio
de la Revolución Mexicana.

Título original: *Sex in Revolution. Gender, Politics, and Power in Modern Mexico*
© 2006, Duke University Press

D. R. © 2009, Fondo de Cultura Económica
Carretera Picacho-Ajusco, 227; 14738 México, D. F.
Empresa certificada ISO 9001: 2000

Comentarios: editorial@fondodeculturaeconomica.com
www.fondodeculturaeconomica.com
Tel. (55) 5227-4672 Fax (55) 5227-4694

ISBN 978-607-16-0141-4

Impreso en México • *Printed in Mexico*

SUMARIO

AGRADECIMIENTOS

Este libro tuvo su origen en un congreso celebrado en la Universidad de Yale en mayo de 2001, "Las olvidadas: Género e historia de las mujeres en el México posrevolucionario". Expresamos nuestro profundo agradecimiento a Gil Joseph y Beatriz Reifkohl, al Centro de Estudios Latinoamericanos e Ibéricos de Yale, al Centro de Estudios Internacionales y de Área de Yale, a los colaboradores del FCE que ayudaron con la bibliografía, a la Fundación William y Flora Hewlett, a la Fundación Andrew W. Mellon y al Fondo Dorothy Clarke Kempf por el apoyo institucional que nos brindaron para el congreso y el presente libro.

Las discusiones sostenidas en el congreso y los textos que de ahí surgieron (algunos de ellos en prensa o ya publicados en otros lugares) se beneficiaron con la entusiasta colaboración de presentadores, comentaristas y participantes. Debemos nuestro especial agradecimiento a Susan Besse, Katherine Bliss, Sarah Buck, Elizabeth Dore, Rob Buffington, Elaie Carey, Deborah Cohen, Matthew Gutmann, Kristin Harper, Elizabeth Hutchinson, Tom Klubock, Rachel Dram, Sonya Michel, Stephanie Mitchell, Carmen Ramos, Marta Rocha, Karen Rosemblatt, Jeffrey Rubin, Nicole Sanders, Eileen Suárez-Findlay, Ageeth Sluis, Heidi Tinsman, Ann Varley y Peter Winn.

Agradecemos al Fondo de Cultura Económica y al Cuerpo Académico de Historia de México en la Colonia y los siglos XIX y XX de la UAM Iztapalapa el apoyo para la traducción al español. Nuestro reconocimiento a Sara Minerva Luna y Oliva Noguez Noguez por la búsqueda de la bibliografía en español.

Prólogo

DE CUANDO LOS SÍMBOLOS NO DEJABAN VER EL GÉNERO (LAS MUJERES Y LA REVOLUCIÓN MEXICANA)

Gabriela Cano, Mary Kay Vaughan y Jocelyn Olcott han compilado una serie de ensayos (investigaciones, incursiones temáticas) sobre las mujeres, el género y la Revolución mexicana. La antología toca temas muy diversos, las coronelas de la Revolución, el machismo a tijeretazos en la Ciudad de México, el tratamiento fílmico de las mujeres indígenas, el divorcio en medios conservadores, la educación femenina, la construcción de las nuevas familias, la vida sindical, el sexo racionalizado, el activismo de las católicas y de las organizaciones rurales y el sexismo en el Frente Popular.

Sin embargo, no obstante su variedad el libro ofrece un panorama unificado y complejo, y se aparta con vigor de las generalizaciones. Ya se sabe que Dios, el diablo y los lectores atentos están en el detalle. En las notas que siguen me propongo un panorama tal vez complementario del ofrecido en una recopilación tan significativa como la presente.

EL PRINCIPIO ANTES DEL PRINCIPIO: LAS FEMINISTAS DEL INICIO

La bienvenida al feminismo se da a través de la ridiculización y los hostigamientos y, además, se produce relativamente tarde. En la sociedad inaugurada por la Constitución de 1857 y las Leyes de Reforma de 1860, es inadmisible la participación femenina fuera de la "zona sagrada" (la recámara, la cocina, las labores domésticas, la misa, el confesionario);

11

eso, aunque desde 1821 hay grupos que exigen sus derechos cívicos, acción vigorizada por la causa liberal. Pero la mirada social no las toma en cuenta, las desvanece y silencia. No sin excepciones: a fines del siglo XIX una suerte de profetisa mezcla las alucinaciones místicas y la agitación radical. Teresa Urrea, la santa de Cabora, proclama sus visiones (entonces un medio no reconocido de comunicación masiva), adquiere un discipulado y es el símbolo de la resistencia a la injusticia. En *Tomochic* (1895) Heriberto Frías narra la sublevación de un pueblo y su trágico aplastamiento.

En la Ciudad de México, en el siglo XIX y el siguiente el espacio más libre o menos intolerante del país, surgen grupos que alegan apasionadamente los derechos de la mujer (en singular, se defiende a la especie y no a sus integrantes), asisten a las reuniones gremiales, intervienen en las huelgas (no son lideresas pero sí las activistas indispensables), y se afilian al Partido Liberal Mexicano de los anarcosindicalistas. Fuera de este ámbito, su presencia resulta inconcebible. El celo patriarcal y su transmutación en código de los reflejos condicionados de las familias, santifican el atraso de las mujeres ("Mujer que sabe latín, ni tiene marido ni tiene buen fin" o, quizás, "Mujer que se independiza no asiste a misa"). En la segunda mitad del siglo XIX, la gran mayoría de las mujeres no tiene acceso a la educación y los espacios públicos, y debido a eso y en pos de la secularización los liberales juaristas impulsan algunos cambios. Gracias a un punto del Programa de Gobierno (1861), las mujeres ingresan selectiva y paulatinamente a las universidades y en la provincia se fundan escuelas normales "para señoritas". Con el anhelo de espacios propicios y convencida del impulso emancipatorio de la educación, la escritora Laureana Wright de Kleinhaus funda la primera revista "de género" en México, *Violetas del Anáhuac* (1884-1887), que entre multitud de poemas y reflexiones moralistas demanda el sufragio femenino y la igualdad de ambos sexos.

En el campo del trabajo hay hechos significativos. En la reunión de 1876 del Congreso General Obrero de la República Mexicana una agrupación, La Social, envía a dos mujeres de representantes y en la sesión general —informa John M. Hart en *El anarquismo y la clase obrera mexicana 1860-1931*— el socialista Mata Rivera se opone al desempeño de las mujeres en los asuntos públicos. Los de La Social parecen convencidos; en efecto, las delegadas en el Congreso son un precedente riesgoso. Muñúzuri, editor de *El Hijo del Trabajo*, persuade a la asamblea de lo contrario. Por vez primera en la historia del movimiento obrero de México, las mujeres intervienen en una organización nacional.[1]

Inspiradas por sus padres y hermanos, dirigidas por mujeres y hombres excepcionales, centenares de militantes emprenden la batalla política y cultural que no admiten el machismo ni la Iglesia católica. Por eso, en los albores del feminismo en México, el anticlericalismo es una actitud necesaria que pasa inadvertida socialmente porque no se escuchan ni se leen los planteamientos de las mujeres. Un ejemplo: la proclama de las damas de Cuicatlán, Oaxaca, dirigida a las damas de Zitácuaro:

> La mujer mexicana, que ha sido hasta hoy el instrumento de torpes pasiones y el valladar infranqueable para el violento desarrollo del progreso, por efecto del virus canceroso infiltrado hipócritamente por el fanatismo religioso, es la que, como las heroicas boeras para arrojar al invasor, debe levantarse unida y resuelta a combatir el clericalismo como el enemigo más artero y temible de nuestra honra, de nuestra conciencia, de nuestra familia y de nuestra patria.[2]

A Porfirio Díaz también, y decididamente, se le oponen algunas mujeres; el símbolo más elocuente: Carmen Ser-

---

[1] Hart, 1978, pp. 73-74.
[2] Quintero Figueroa, 1977, p. 481.

dán, que en 1910 muere combatiendo en Puebla. Las revolucionarias conocidas son por lo común señoras y señoritas de clase media y alta que fundan clubes antigubernamentales y discuten alternativas a la dictadura. En cuanto a las mujeres de estratos populares la violencia múltiple desencadenada en su contra explica su participación escasa en las movilizaciones. Su inmovilidad laboral y social provoca su desinformación, que es el principio y el fin de su despolitización. En 1904 se funda el primer grupo feminista, la Sociedad Protectora de la Mujer (que en su nombre santifica el prejuicio) y que para explicar sus propósitos mantiene una revista *La mujer mexicana* (1904). Poco después se crea la Sociedad Internacional Feminista "Cosmos", y en 1906, un grupo, "Las admiradoras de Juárez", exige derechos jurídicos para la mujer, específicamente el voto.

Las militantes más lúcidas y combativas son las anarcosindicalistas del Partido Liberal Mexicano. En 1895, Juana Gutiérrez de Mendoza, hija y esposa de ferrocarrileros, inicia su labor de agitadora revolucionaria y teórica feminista. Coronela del ejército zapatista, enfrenta a Zapata en el empeño de impedir los abusos de la tropa contra las mujeres, y, al ejercerlos sin timidez y con la ayuda de sus compañeros, le infunde vida a la noción de derechos femeninos. Afirma el anarquista Praxedis G. Guerrero en noviembre de 1910: "La libertad asusta a quienes no la comprenden y a aquellos que han hecho su medio de la degradación y la miseria ajenas; por eso, la emancipación de la mujer encuentra cien oponentes por cada hombre que la defiende o trabaja por ella".[3]

Según la antropóloga Marta Lamas, pese a los atisbos de organización feminista, la mayoría de las feministas de esta etapa no reivindica los derechos de género y prefiere adherirse a quienes en 1910 o 1911 inician lo que se llamará la Revolución mexicana.

---

[3] Armando Bartra, 1977, p. 203.

Ya durante la propia Revolución la participación de las mujeres fue intensa, no sólo en las tradicionales tareas de apoyo
(enfermería, servicios de correo y espionaje, impresión de volantes y proclamas, costura de uniformes y banderas, distribución de armas, alimentación, limpieza de ropa y otros servicios
personales) sino también al mando de tropas, a la coordina-
ción de algunas operaciones militares importantes y a intervenir en algunos de los Estados Mayores del movimiento armado (varias llegan a coronelas). Durante la Revolución un
tema/problema inescapable es detener el vandalismo de los
soldados y proteger a las mujeres y a los niños.[4]

Muy pocas, como Elvia Carrillo Puerto ejercen funciones de liderazgo.

"CADÁVER EL DE BENITO JUÁREZ, LOS DEMÁS SON MUERTITOS"
(DICHO POPULAR)

¿Qué es "la Revolución mexicana"? La sucesión y el entre-
veramiento de etapas, facciones, caudillos, ideas rudimen-
tarias y argumentaciones complejas que prodigan episodios
militares, matanzas de crueldad extrema, caudillos, conspi-
raciones, violaciones tumultuarias, sacrificios, hazañas, traiciones, arreglos y desarreglos de las distintas clases sociales. A la Revolución mexicana se le unifica para entenderla
como un todo (la trampa que facilita la asimilación de la
historia y la creación de instituciones), y se le fija al gusto
del régimen, lo que elimina el entendimiento de su complejidad. Sin embargo, y aún en el espacio de las generalida-
des, algo es notorio: las mujeres (el género, los grupos, las
individualidades de gran fuerza) significan poquísimo en lo
político y lo social, y prácticamente nada si se les sitúa fren-

---

[4] Marta Lamas, comunicación personal, 12 de febrero de 2004.

te a la deidad de esos años: la Historia (con mayúscula), territorio exclusivamente masculino. Según la doctrina patriarcal ni el poder ni la violencia ni la valentía indudable ni la lucidez histórica son asunto de las féminas. Por eso, en la recuperación histórica del papel de las mujeres en la lucha armada y en la vida institucional, un error frecuente es situar su actuación como si el momento hubiese influido en demasía, a causa de su presencia en la conciencia social. Su participación es fundamental en numerosos aspectos, pero si algo es el patriarcado es una estrategia interminable de ocultamientos. En la etapa revolucionaria, de 1910 a 1940 o 1950, al extenderse el término "Revolución mexicana", a las mujeres se les ve en forma "ahistórica", ocurren al margen de la óptica del prestigio político y social, y apenas alcanzan a integrarse al "rumor de los días", el ritmo de lo cotidiano que, al ser secundario, no entra en la Historia.

El ejército de mozas que valientes los seguían

El emblema femenino de la Revolución es la soldadera, o, las menos de las veces, la coronela abordada en este libro por Gabriela Cano. Es parte del pintoresquismo que se permite la Revolución y corresponde a esa capacidad de asombro que la lucha de facciones se reserva como técnica de salud mental. Así por ejemplo, en *México manicomio* (Espasa-Calpe, 1927), Salvador Quevedo y Zubieta describe la llegada al Zócalo de los vencedores del ejército de Victoriano Huerta, a los que contempla la ciudad entera:

> La "columna" degeneraba en cuerda de trajineros armados. Eso sí, mucho parque, lujo de cartuchos a falta de uniformes; pegadas a la cruda manta, hasta tres cananas, dos cruzadas sobre el pecho como tahalíes, otra fajada a la cintura. Las cartucheras invadían a las mujeres, militarizadas con grados im-

ponentes: cabos, sargentas, tenientas [...] Muchas a caballo, con sombrerotes de palma, hostigando las ijares a golpes de talón descalzo; algunas a pie, cargando el rifle y el mocoso; otros en guallines, desemboscando en el Zócalo por el Cinco de Mayo, repletos de trabajos de dormir y de cocina. Iban allí en procesión gitanesca, los metates de la división [...].[5]

Las mujeres: las que empuñan el rifle y el metate, las ayudantes en la guerra y en el mantenimiento de la cocina. Y su protagonismo, más que por vía de la literatura, les viene de la relevancia que adquiere la presencia de las soldaderas. Eso es lo que sí se advierte, el mundo de las adelitas, las valentinas, las marietas. Y la canción culminante es "La Adelita":

> En lo alto de una abrupta serranía
> acampando se encontraba un regimiento,
> y una moza que valiente los seguía
> locamente enamorada del sargento.

> Popular entre la tropa era Adelita,
> la mujer que el sargento idolatraba,
> que además de ser valiente era bonita
> y hasta el mismo coronel la respetaba.

> Y se oía que decía
> aquel que tanto la quería:

> Si Adelita se fuera con otro
> la seguiría por tierra y por mar,
> si por mar en un buque de guerra,
> si por tierra en un tren militar.

[5] Quevedo y Zubieta, 1927, p. 47.

"La Adelita" es muy probablemente el gran texto (con melodía adjunta) de la vida cotidiana en el ejército. En el centro una heroína, mujer deseable y combatiente reconocida; encumbrada por una comunidad y adorada por un militar que ya no lanza el "Mía o de nadie", y acepta que por todos los medios militares a su alcance, buscará a la ingrata, seduciéndola o apelando a su coquetería y su deseo de respetabilidad:

> Si Adelita quisiera ser mi novia,
> y si Adelita fuera mi mujer,
> le compraría un vestido de seda
> para llevarla a bailar al cuartel.

Hay miles o decenas de miles de versiones sobre la identidad de la verdadera *Adelita*, y durante una etapa prolongada no hay mexicano o mexicana que se respete carente de un testimonio personal o familiar sobre *Adelita*. "Era una señora que vivía frente a la casa de mi mamá [...]" Pero esto, como se ha probado, es únicamente anecdótico, y lo definitivo es el modo en que una canción evoca la atmósfera de amores y pérdidas, y se convierte en el sello de identidad de la vida cotidiana en la Revolución:

> Una noche en que la escolta regresaba
> conduciendo entre sus filas al sargento,
> por la voz de una mujer que sollozaba
> la plegaria se escuchó en el campamento.

> Al oírla el sargento temeroso
> de perder para siempre a su adorada,
> ocultando su emoción bajo el embozo
> a su amada le cantó de esta manera.

> Y se oía que decía
> aquel que tanto la quería:

> Y si acaso yo muero en campaña
> y mi cadáver lo van a sepultar,
> Adelita, por Dios te lo ruego
> que con tus ojos me vayas a llorar.

A las funciones amorosas, sexuales y bélicas de la soldadera, se agrega una imprescindible: la condición de deudo primordial, la sobreviviente que carga las memorias de la batalla, la compañera que es el testigo de la muerte con honor, lo que a su manera consigna la canción "La Valentina":

> Valentina, Valentina,
> rendido estoy a tus pies,
> si me han de matar mañana
> que me maten de una vez.

A las combatientes de mayor rango militar, la narrativa de la Revolución y el alud de testimonios las humanizan a través de su renuncia a la "condición femenina". Sólo si "se masculinizan" cumplen los requisitos de la vida militar. Esto es más que notorio en *La Negra Angustias* (1944), la novela de Francisco Rojas González sobre la coronela vencedora al frente de las tropas y derrotada por el amor. Angustias, al concluir la lucha se diluye vuelta la sombra sumisa que le lleva la comida a su hombre, un albañil. En otro caso la "redención" de lo femenino se produce a través del crimen, como atestigua la magnífica viñeta de Nellie Campobello en *Cartucho. Relatos de la lucha en el norte de México* (Ediciones Integrales, 1931).

Nacha Ceniceros

Junto a Chihuahua, en X estación, un gran campamento villista. Todo está quieto y Nacha llora. Estaba enamorada de un muchacho coronel de apellido Gallardo, de Durango. Ella era coronela y usaba pistola y tenía trenzas. Había estado llorando al recibir consejos de una soldadera vieja. Se puso en su tienda a limpiar su pistola, estaba muy entretenida cuando se le salió un tiro.

En otra tienda estaba sentado Gallardo junto a una mesa; platicaba con una mujer; el balazo que se le salió a Nacha en su tienda lo recibió Gallardo en la cabeza y cayó muerto.

—Han matado a Gallardito, mi General.

Villa dijo despavorido:

—Fusílenlo.

—Fue una mujer, General.

—Fusílenla.

—Nacha Ceniceros.

—Fusílenla.

Lloró al amado, se puso los brazos sobre la cara, se le quedaron las trenzas negras colgando y recibió la descarga.

Hacía una bella figura, imborrable para todos los que vieron el fusilamiento.

Hoy existe un hormiguero en donde dicen que está enterrada.[6]

Con todo, las soldaderas no son entes románticos. En "The soldaderas in the Mexican Revolution. War and Men's illusions", la investigadora Elizabeth Salazar previene contra cualquier idealización.[7] La vida de las soldaderas es lo opuesto a las nociones románticas. Van a la guerra porque allí está "su hombre", porque se les recluta a la fuerza, caminan mientras los hombres cabalgan o se acomodan en los techos de los trenes, mientras los hombres van en los vagones; acompañan a los ejércitos para las tareas de aprovisionamiento de víveres y comida, recogen a los heridos y entierran a los muertos, fabrican cruces con

[6] Campobello, 1931, pp. 35-36.
[7] Salas, 1994, pp. 93-105.

piedras o espinas de los magueyes... Y pelean en el campo con energía y temeridad, como Petra Herrera, combatiente maderista que, vestida y rebautizada "Pedro", dinamita puentes y acaudilla empresas peligrosas. Luego de su intrepidez en la toma de Torreón (1911) alcanza el rango de tema de corrido:

> La valiente Petra Herrera
> al combate se lanzó
> siendo siempre la primera
> ella el fuego comenzó.

A las soldaderas les corresponde una altísima cuota de violaciones, rechazos, victimizaciones, al punto de que en 1925 el secretario de la Defensa, general Joaquín Amaro las llama: "la causa principal del vicio, las enfermedades, el crimen y el desorden" y ordena su expulsión de los cuarteles.[8] La mayoría de ellas vienen de la pobreza y de la miseria y viven discriminadas y sin derechos. Son indígenas y mestizas, vienen de caseríos y pueblitos, y no obstante su contribución amplísima se les congela en fotos del Archivo Casasola, en la contemplación de sus hombres o a punto de bajarse del tren, asombradas ante los milagros del viaje de un pueblo a otro. Son la fuerza que los hacedores de la Historia ignoran con tal de no crearse complicaciones.

> "¡AH, QUÉ BUENO!... ¡HASTA QUE SE ME DESPEGÓ
> ESTA CHINCHE!..." (EL GÜERO MARGARITO REFIRIÉNDOSE
> A LA PINTADA EN LOS DE ABAJO)

La violencia trae consigo otra moral "relativa", similar a la de la dictadura a cargo de los gobernantes y los hacendados

---

[8] Herrera-Sobek, 1990, p. 93; Lieuwen, 1968, p. 94, citado por Salas, 1994, p. 101.

(en el caso irregular de que éstos no sean uno y lo mismo), pero que ya impregna todo el espectro social. Y en la primera larga etapa de la Revolución, que culmina en el Maximato, la era de Plutarco Elías Calles (1925-1934), la literatura rige el imaginario colectivo, entonces el producto de las leyendas, los ecos de la opinión pública y la narrativa de raíz testimonial. Allí el papel de las mujeres es fantasmal incluso si ocasionalmente se presenta en primer plano. Un ejemplo es el libro más leído de la narrativa de la Revolución, *Los de abajo* (1915). Su autor, Mariano Azuela, un médico que participa en el villismo, horrorizado ante la barbarie, se exilia en El Paso, Texas, y allí escribe su obra maestra donde incluye dos personajes femeninos, Camila, virtuosa, noble, enamorada de un bribón oportunista, y *la Pintada*, una novedad en materia de los temperamentos, de avidez sin límite, opuesta a la mansedumbre o la resignación habituales. Ella se consigue a sus hombres, vocifera sus opiniones y más que por celos asesina por marcar su derecho de propiedad. La tragedia ocurre en unos cuantos minutos. Demetrio, el jefe, le informa a *la Pintada* que ya no irá con ellos:

—Tú ya no te vas con nosotros.

—¿Qué dices? —inquirió ella sin comprender.

—Que te quedas aquí o te largas adonde te dé la gana, pero no con nosotros.

—¿Qué estás diciendo? —exclamó ella con asombro—. ¿Es decir, que tú me corres? ¡Ja, ja, ja!... ¿Pues qué ... tal serás tú si te andas creyendo de los chismes de ésa...!

Y *la Pintada* insultó a Camila, a Demetrio, a Luis Cervantes y a cuantos le vinieron a las mientes, con tal energía y novedad, que la tropa oyó injurias e insolencias que no había sospechado siquiera.

Demetrio esperó largo rato con paciencia; pero como ella no diera trazas de acabar, con mucha calma dijo a un soldado:

—Echa fuera esa borracha.

—¡*Güero* Margarito! ¡*Güero* de mi vida! ¡Ven a defender-
me de éstos...! ¡Anda, *güerito* de mi corazón!... ¡Ven a enseñar-
les que tú eres hombre de veras y ellos no son más que unos
hijos de...!
    Y gesticulaba, pateaba y daba de gritos.[9]

Incapaz de soportar la humillación y lo que considera un
despojo, *la Pintada* asesina a Camila de una puñalada. De
inmediato Demetrio ordena que la maten, rectifica y la deja
ir, porque —se infiere— una mujer nunca es responsable de
su destino. Pero un personaje de esta índole es un aviso. Sin
que se le dé importancia, se va fracturando la mentalidad
tradicional de las mujeres de distintos sectores, ya opuestas
a las formas más atroces de la opresión feudal. Las que están dispuestas a combatir y morir combatiendo, y las que
estudian y leen acerca de los derechos, rechazan las sumi-
siones acostumbradas. Así y por ejemplo, en 1913 unas detenidas por su oposición a la dictadura de Victoriano Huerta,
fundan en la cárcel Las Hijas de Cuauhtémoc, una organización de lucha revolucionaria y reivindicaciones de la mujer.
    En 1914 se promulga la Ley de Divorcio de resonancias
fundamentales (si se pueden separar, la autonomía ya es
concebida), y en 1915, gracias al interés excepcional del gobernador socialista de Yucatán, el general Salvador Alvarado, aparece casi formalmente el feminismo. Alvarado con-
voca al Primer Congreso Feminista en Mérida (1915), y no
obstante la carga "lírica" (ya cursi desde el principio) de los
textos allí leídos (casi por ser el lenguaje exigido a "las féminas"), un buen número de los planteamientos son muy críticos. En el Congreso se discuten los prejuicios antifemeninos
de la sociedad mexicana y se difunden las ideas democráticas y socialistas pregonadas por el gobierno de Alvarado.
    En 1917, la nueva Constitución General de la República

[9] Azuela, 1996, p. 112.

no admite el derecho de las mujeres a votar y ser votadas, y, el proyecto de nación allí delineado las excluye de la capacidad ciudadana y, por omisión o comisión, les niega las aptitudes del gobierno y las declara social y políticamente "menores de edad". Son débiles, su pensamiento es muy primario y no pueden desatender las tareas del hogar, ya que, desde el principio del México independiente o de la tradición nacional, lo femenino se confina en "lo hogareño". (Dice santa Teresa: "Entre los pucheros anda el Señor".) Las instituciones fundadas sobre y contra el individuo excluyen a las mujeres del Estado-nación y al estar lejos de las estructuras civiles, su papel en el desarrollo visible es más bien simbólico incluso a partir de 1953, cuando el presidente Ruiz Cortines, confiado en la alianza del PRI con los jerarcas católicos, les concede el voto. La inserción más real se da al volverse inocultable la presencia femenina en el aparato productivo, todavía enmarcada por la desconfianza de sus capacidades y la voluntad de manipulación del grupo gobernante, pero ya señalada por lo irreversible del avance.

LAS MUJERES DE LA DERECHA

Se ha estudiado muy insuficientemente a las mujeres conservadoras, las guardianas de la tradición y de los "valores eternos". En los siglos XIX y XX los tradicionalistas son la fuerza móvil de la derecha y el resguardo anímico de la ultraderecha. Véase al respecto *Al filo del agua* de Agustín Yáñez, concluida en 1945 y publicada en 1947. El "Acto preparatorio" ofrece las imágenes elocuentes de un pueblo (una cultura religiosa) que afantasma lo femenino y lo vuelve apéndice de la devoción religiosa y la esclavitud hogareña:

> Pueblo de mujeres enlutadas. Aquí, allá, en la noche, al trajín del amanecer, en todo el santo río de la mañana, bajo la lum-

bre del sol alto, a las luces de la tarde —fuertes, claras, desvaí-
das, agónicas—; viejecitas, mujeres maduras, muchachas de
lozanía, párvulas; en los atrios de iglesias, en la soledad calle-
jera, en los interiores de tiendas y de algunas casas —cuán
pocas— furtivamente abiertas.[10]

La novela se llama *Al filo del agua*, porque sucede en 1908
o 1909, en vísperas de la tormenta revolucionaria, y en las
postrimerías de la "Época de Oro" del control clerical a través de las organizaciones religiosas:

> Muchas congregaciones encauzan las piadosas actividades de
> grandes y chicos, hombres y mujeres. Pero son dos las más
> importantes, a saber, la de la Buena Muerte y la de las Hijas
> de María; en mucho y casi decisivamente, la última conforma
> el carácter del pueblo, imponiendo rígida disciplina, muy rígi-
> da disciplina, en el vestir, en el andar, en el hablar, en el pensar
> y en el sentir de las doncellas, traídas a una especie de vida
> conventual, que hace del pueblo un monasterio. Y es muy mal
> visto que una muchacha llegada a los quince años no perte-
> nezca a la Asociación del traje negro, la cinta azul y la medalla
> de plata; del traje negro con cuello alto, mangas largas y falda
> hasta el tobillo; a la Asociación en donde unas a otras quedan
> vigilándose con celo en competencia, y de la que ser expulsa-
> das constituye gravísima, escandalosa mancha, con resonan-
> cia en todos los ámbitos de la vida.
>   La separación de sexos es rigurosa. En la iglesia, el lado
> del Evangelio queda reservado exclusivamente para los hom-
> bres, y el de la Epístola para el devoto femenino sexo. Aun
> entre parientes no es bien visto que hombre y mujer se deten-
> gan a charlar en la calle, en la puerta, ni siquiera con breve-
> dad. Lo seco del saludo debe extremarse cuando hay un en-
> cuentro de esta naturaleza, y más aún si el hombre o la mujer

[10] Yáñez, 1992, p. 5.

van a solas; cosa no frecuente y menos tratándose de solteras, que siempre salen acompañadas de otra persona.[11]

La sociedad de la dictadura no se ha preparado para la emergencia de las mujeres, soldaderas o sindicalistas, coronelas o sufragistas; y el clero católico y la derecha juzgan monstruosa cualquiera de las libertades femeninas. Sin embargo, la Guerra Cristera (1926-1929), el ejército creado a instancias del fundamentalismo católico, lleva a la superficie la voluntad bélica de las mujeres tradicionalistas, capaces de arrojo, saña, sacrificio, decisión de exterminio. Valen poco su lealtad y su entrega, el conservadurismo las hace a un lado y las considera "parte del montón". No son heroínas, son feligresas que no le temen a la muerte sino a la excomunión. El único intento de mitificarlas viene de un novelista liberal, Jesús Goytortúa Sánchez en *Pensativa* (1944), cuya protagonista es la creyente fervorosa que es también la Generala cristera:

—Chacha —me dijo Cornelio— aquí tienes a la Generala.
    No te imaginas lo que sentí. Allí estaba ella, nuestra santa, la invencible, nuestra Juana de Arco, la que hacía temblar a los soldados del gobierno. ¡Qué valiente y temeraria era la Generala!
    —¿Era guapa? —le pregunté a la Chacha.
    —Era fea —exclamó Basilio, violento.
    —Yo la vi hermosa —aclaró Genoveva—. Para mí jamás habrá habido una mujer tan hermosa como ella.
    —¿Ni siquiera Pensativa? —interrogué.
    —Ni siquiera Pensativa. Aquella tenía una belleza mística, santa. Era Juana de Arco, era la defensora de la Patria y de la Fe, la enviada de Dios para vencer a los perseguidores de la libertad de conciencia. No me atrevía a abrazarla y le besé las manos.[12]

[11] *Ibid.*, p. 11.
[12] Goytortúa Sánchez, 1969, p. 88.

A las mujeres de clase media de provincia la Revolución les ratifica su fragilidad, no sólo por las condiciones de la guerra sino por estar educadas en el regocijo ante el sometimiento que las protege. Si acaso —lo saben con otras palabras pero de modo agudísimo— son serviciales y decorativas, pero no entienden la realidad extramuros. La Revolución —para ellas "la bola", el remolino de las pasiones de la gleba— las devasta y lo único que le oponen es el escudo de sus creencias. Esta fragilidad cultivada la describe Celia Herrera en un texto testimonial "La vida en Parral: tenebrosa pasadilla", al referir sus experiencias de 1916, de mujeres y niñas refugiadas durante semanas en la casa de una señora a la que no conocen:

Fue allí nuestra habitación una gran galera en la que cabían las camas de todos, y hasta tuvimos espacio para poner casi un altar ante el cual rezábamos horas y horas, todas las tardes; rezábamos el Rosario de cinco, de quince; el tríduo al Sagrado Corazón de Jesús en la mañana el día primero, a mediodía el segundo y en la tarde el tercero; las letanías mayores, oraciones por las ánimas benditas, la Magnífica, las Tres Necesidades... y como hasta nuestro "escondite" nos llegaban las noticias de que había sido hecha prisionera esta o aquella persona, al finalizar nuestros rezos agregábamos un padre-nuestro por doña Julia Baca de López [...] otro por don Alejandro Ricaud [...], etcétera.

La señorita Meléndez era la directora de la escuela oficial a la que yo asistía. Estas permanecían cerradas por temporadas largas, de meses. Las clases con toda frecuencia eran interrumpidas por las frecuentes alarmas que muchas veces resultaban falsas; pero llegaba a la escuela alguna señora en busca de sus hijas: "Señorita, vengo por mis niñas, porque hay mucha alarma; dicen quiay vienen [...] ya toda la gente empieza a comprar provisiones [...] ya andan cerrando las tiendas [...] por favor, señorita, pronto, deme mis criaturas [...]"

Y yo le decía aquello sin poder contener un fuerte temblor en todo el cuerpo, con los labios pálidos, con una ansiedad, con tal mirada de espanto, que contagiaba a las mismas maestras. Y apenas se daban cuenta las demás educandas y empezaban: "Señorita, señorita, ya vino la mamá de la niña fulana por ella... yo creo que hay alarma... déjeme usted ir, que yo vivo muy lejos..." Y al momento, como por electricidad, se esparcía la noticia por toda la escuela, y empezaban los llantos, las lágrimas se venían a torrentes, las mayores buscaban a sus hermanitas más pequeñas y salíamos huyendo unas por las ventanas, o nos atropellábamos en la escalera, o brincábamos ésta de un solo salto... y todos los útiles se quedaban regados porque en la precipitación ninguna cerraba sus cofres con cuidado. Y entre aquella lloradera apenas se escuchaba la voz de la señorita Meléndez, que decía: "Calma, niñas, calma".[13]

En la narrativa de la Revolución que va de *Andrés Pérez Maderista* (1911, de Mariano Azuela) a *Los recuerdos del porvenir* (1963, de Elena Garro) el papel de las mujeres es por lo común previsible y circular. En *Los recuerdos del porvenir*, Elena Garro describe la situación anímica en esos años desde la perspectiva del hombre:

La desdicha como el dolor físico iguala los minutos... Para romper los días petrificados sólo me quedaba el espejismo ineficaz de la violencia, y la crueldad la ejercía con furor sobre las mujeres, los perros callejeros y los indios. Como en las tragedias, vivíamos dentro de un tiempo quieto y los personajes sucumbían presos en ese instante detenidos. Era en vano que hicieran gestos cada vez más sangrientos. Habíamos abolido el Tiempo.[14]

La derecha y el clero no toman en cuenta a las mujeres, "Siervas del Señor", pero la "abolición del tiempo", o si se

[13] Celia Herrera, 1985, pp. 85-86.
[14] Garro, 1969, p. 58.

quiere la exclusión de la Historia en el sentido del Estado y
la sociedad, no impide la devoción de las convencidas, dis-
puesta a enfrentarse al poder del Estado, y tan valientes
como despiadadas. Se buscará en vano la mención de mujeres en las asociaciones y grupos derechistas, que al igualar
en su ideario *humanidad plena* con *virilidad*, sólo les conce-
dan los dones de la reproducción, la cría y la alimentación
de la especie. Hasta allí, y que cumplan sin reservas las normas estrictas de la vida ordenada por el dogma, guía de la
nación y de la conducta: "El catolicismo, afirma el líder sinarquista Salvador Abascal, es el padre y la esencia de México, pero en relación con los hombres, el primer padre de la
patria es Hernán Cortés".[15]

La historia al alcance de las mujeres de una derecha que
a sí misma se declara contrarrevolucionaria, es una historia
que se corrompe al abolirse la teocracia, su gobierno ideal.
Más específicamente, la extrema derecha considera a la Reforma liberal del siglo XIX la causante de la muerte de la nación mexicana. Por eso, Benito Juárez les parece el demo-
nio encarnado, el "traidor a nuestra nacionalidad"; por eso
las señoritas decentes de provincia (una especie muy combativa), cuando se levantan rumbo al baño, explican: "Voy a
ver a Juárez".

Las mujeres de la derecha aceptan sin restricciones or-
denanzas como las "Diez normas de vida para los sinarquistas".[16] Son la continuación de las enseñanzas parroquiales:
"*1)* Negarse a lo fácil y cómodo de la vida. *3)* No esperar recompensa o gratificación. *4)* Vigilar todas tus pasiones si es
que verdaderamente quieres salvar a México; *8)* Debes tener una profunda fe en la victoria. Comprender que esta lucha no puede ser derrotada y que la sangre y sufrimiento
nos darán la victoria".

Al consumarse la derrota política, las mujeres de la de-

---

[15] *Mañana*, 20 de mayo, 1944, citado por Campbell, 1976, p. 99.
[16] *El Sinarquista*, 3 de octubre, 1940, citado por Campbell, 1976, p. 99.

recha se concentran en el ejercicio de la enseñanza religiosa y la promoción de la censura.

La emergencia del feminismo

En 1919 se funda el Consejo Feminista Mexicano, "para la emancipación política, económica o social de la mujer", que promueve la ayuda mutualista y publica una revista quincenal: *La mujer*. En 1920 se celebra un congreso de obreras y campesinas; y en 1923 el Primer Congreso Nacional Feminista se reúne en la Ciudad de México con 110 delegadas y demandas feministas: búsqueda del voto, exigencia de una moral sexual que no discrimine, demanda de guarderías, comedores públicos, coeducación para las jóvenes y protección a trabajadoras domésticas. Tal vez a consecuencia del Congreso, el gobernador de San Luis Potosí pronto concede el derecho al voto, y en 1924 sigue su ejemplo el gobernador de Chiapas.

En la década de 1920 los gobiernos, el federal y la mayoría de los regionales, quieren equilibrar la no tan relativa liberalización de las costumbres con la exaltación de las "virtudes" cívicas y morales de *La mujer*. Esto explica el arraigo veloz del Día de la Madre, celebración comercial que a partir de 1922 se vuelve tradición profunda. Son interminables las consecuencias de la Gran Guerra (la primera Guerra Mundial) y de la Revolución mexicana, y al feminismo, por pequeño que sea, lo ayuda la modernidad de la sociedad ya americanizada, y las necesidades del desarrollo. Si se quieren fechas de los avances, cito dos entre muchas: en 1926 Guadalupe Zúñiga de González es la primera juez en el Tribunal para Menores, y en 1929 Palma Guillén va a Colombia y Dinamarca como la primera embajadora de México. Es tan obvio el anacronismo del Código Civil (promulgado en 1884), que en 1928 el gobierno de Elías Calles requiere de uno nuevo, y antes que en la política, las mexicanas adquieren la igualdad ante la ley.

Un capítulo aparte, las profesoras normalistas. Con valentía y desinterés, apegadas a las causas que benefician al pueblo y las mujeres (lo que entonces se llama "mística"), decenas de miles alfabetizan y hacen trabajo político entre 1920 y 1940. Son promotoras, activistas de partidos y grupos, y son también las mártires de la "piedad" homicida de las turbas de cristeros y sinarquistas, y las víctimas de un proyecto radical de la década de 1930, muy fallido y declamatorio: la "educación socialista", y de un proyecto necesario que la derecha y el clero impiden con fanatismo: la educación sexual. Pero el arrojo de estas profesoras impulsa la secularización educativa, indispensable en la nación, al ser el laicismo la puerta de entrada a la modernidad. La Iglesia católica defiende sin reservas la educación religiosa en las escuelas públicas, y al ser las maestras un factor determinante en las escuelas rurales y las misiones culturales, en un buen número de ellas se les hace pagar su entusiasmo con golpizas, violaciones, asesinatos. *El Machete*, órgano del Partido Comunista, narra un caso típico. En Rita, municipio de Tacámbaro, Michoacán, los fanáticos asesinan a la maestra María Salud Morales.

> La maestra Morales ha dado un ejemplo de entereza y de sacrificio. Desde que llegó al lugar notó la oposición de un grupo de fanáticos que trataron de amedrentarla para que se fuera. La profesora, comprendiendo el peligro en que se encontraba, se negó a salir del lugar, pero sí se procuró una pistola [...] El día 16, agredieron a la maestra dentro de la escuela y sorprendiéndola cuando estaba desarmada, la mataron a golpes con palos y piedras.[17]

[17] Raby, 1974, pp. 150-151.

Los militantes (y las mártires) son feministas en un sentido pleno del término, trabajadoras, educadoras, militantes políticas, que le añaden a su desempeño profesional sus reivindicaciones. En abril de 1937, la maestra Hélice Medina cuenta lo ocurrido en la población de Tenabó, Campeche.

En Tenabó fueron expulsados los maestros y maestras ofreciendo a éstas desnudarlas; estas gentes fueron asaltadas por el presidente municipal Luciano Muñoz y gendarmes del mismo pueblo y [a] machetazos y con balas teniendo que salir a pie para llegar a Hecelchakan a las 3 de la mañana a buscar el amparo de Pacheco Torres. Pero deseosos de venganza de no haber podido agarrar a las maestras se dieron gusto con las infelices mujeres organizadas y la presidenta del Frente Único Pro Derechos de la Mujer, llamada Matilde Cen, fue desnudada y a punta de golpes la pasearon por todo Tenabó. ¿Es esto civilización?[18]

LA REVOLUCIÓN "DE LOS PROLETARIOS" Y SU FÁBRICA DE HOMBRES NUEVOS

Las feministas de las décadas de 1920 y 1930 son aguerridas y vehementes. En la defensa y promoción de sus derechos disponen de la persistencia (el coraje) y no mucho más. La mayoría pertenece al Partido Comunista, y su fervor las hace soportar el machismo de los camaradas que ven en las mujeres sólo "Adelitas", las compañeras fieles negadas para el liderazgo. Son valientes, imaginativas, dispuestas a la entrega literal de la vida, pero según la dirigencia todo esto no es motivo suficiente para cancelarse la autonomía. A las militantes se les vedan los cargos importantes, se administra su arrinconamiento político, se frenan sus impulsos y sus

[18] *Ibid.*, p. 223.

ideas. En su autobiografía, *Benita*, la militante Benita Galeana refiere su proceso: mujer de campo, cabaretera, agitadora, rechazada por la cerrazón de su propio partido.

> Al contrario, yo critico el descuido que tenía con sus hombres y mujeres que militan con él. No se preocupaba gran cosa por su educación. Yo me pongo como un ejemplo de ello. Veía que camaradas muy capaces e inteligentes, eran los que más maltrataban a sus compañeras, con desprecio, sin ocuparse de educarlas, engañándolas con otras mujeres como cualquier pequeño burgués y, en cambio, los primeros en decir: "¡Son unas putas!", cuando la mujer anda con otro [...][19]

La izquierda por sectarismo y por un espíritu que quiere ser bolchevique se opone a la Revolución mexicana por "democrático-burguesa" y por someter a las masas. Tienen razón en parte pero olvidan los logros en educación, comunicación, salud y derechos de los trabajadores, y no toman en cuenta la movilidad social, por selectiva que sea. Desafían a Calles, apoyan a Cárdenas, no consolidan su fuerza y nunca consideran seriamente la participación de las camaradas.

1931: Primer Congreso Nacional de Obreras y Campesinas. 1933 y 1934: otros dos congresos siguientes. Desde su campaña presidencial, el general Lázaro Cárdenas alienta la participación femenina. En 1934 se organiza el sector correspondiente del Partido Nacional Revolucionario (PNR); en 1935 se constituye en Frente Unido Pro Derechos de la Mujer, que en su auge conjunta 50 000 afiliadas. Sometido a un esquema stalinista, el PNR ignora o arrincona a las agrupaciones de mujeres, y ya incorporado a la estructura del partido (entre 1938 y 1940), desaparece de hecho el Frente Unido Pro Derechos de la Mujer, convertido en "sector feme-

---

[19] Galena, 1994, p. 130.

nil", un membrete inocuo. El "sector femenil" produce dipu-
tadas, senadoras, oficiales mayores, alcaldesas que reciben
su fracción de poder bajo una condición: el de agradecimiento a los hombres que les regalan su existencia pública.

En 1937 el presidente Cárdenas envía a la Cámara el
proyecto que otorga el voto a las mujeres y que se congela
no obstante la aprobación y recomendaciones del presidente de la República. Los políticos argumentan: el voto de las
mujeres fortalecerá a la derecha debido al control del clero
sobre sus conciencias.

En 1940 se forman el Comité Nacional Femenino (que
apoya la candidatura presidencial de Manuel Ávila Camacho) y la Alianza Nacional Femenina, integrada por las se-
cretarías femeniles de las centrales obreras y campesinas,
de la Confederación de Organizaciones Populares y las federaciones de sindicatos (CTM, CNC, CGT, FSTE y SNTE). Al entrar
México en la guerra (1942), el Frente Único Pro Derechos
de la Mujer deviene en Comité Coordinador de Mujeres para
la Defensa de la Patria. Al final de la guerra se funda el Bloque Nacional de Mujeres y más tarde la Unión Nacional de
Mujeres, organismo que, típicamente, jamás se reclama feminista, alega su autonomía frente al Estado y, sin capacidad alguna de movilización, se limita a las guardias de honor en los actos públicos, y a un puñado de discursos de
radicalismo "lírico", con exhortaciones antimperialistas y
carencia de las demandas feministas. La Unión aborrece
cualquier proyecto de control de la natalidad, y pertenece a
un aparato de origen staliniano, la Federación Internacional de Mujeres Democráticas.

Las mujeres entran "oficialmente" a la vida pública al
evaporarse el antiguo movimiento feminista y al ocultarse
demandas radicales. En 1953, con el presidente Ruiz Cortines, se modifica la antigua redacción del artículo constitucional, y ahora pueden votar y ser votados "los hombres y mujeres" con tales y cuales características. En el ámbito oficial,

las organizaciones femeninas son meros apoyos ornamentales del PRI y sobreviven unos cuantos grupos independientes. A la crítica de la condición de las mujeres, manifestada después de la Revolución, la sepultan las capas de demagogia integracionista, y no se reconocen las contribuciones de las mujeres en el trabajo asalariado y el aparato productivo. El capitalismo mexicano ignora a fondo las reivindicaciones feministas, y el discurso social, religioso y cultural sobrevalora y mitifica los roles tradicionales de *madre* y ama de casa (o de lo que haga las veces de "casa"). Esto autoriza la explotación femenina: muchos trabajos son temporales, las mujeres reciben salarios más bajos ("de ayuda"), no se les capacita y se asigna la "doble jornada".

Pero la Revolución sí es un cambio histórico. Sin embargo, ya para la década de 1940 el impulso de las mujeres tradicionalistas amengua. Retienen el fervor de la censura pero no mucho más.

"MARIETA, NO SEAS COQUETA / PORQUE LOS HOMBRES
SON MUY MALOS, / PROMETEN MUCHOS REGALOS /
Y LO QUE DAN SON PUROS PALOS"

En su investigación, Julia Tuñón analiza la representación del género femenino, en particular las indígenas, en el cine de Emilio Fernández, *el Indio*. Dos películas: *María Candelaria* y *Maclovia*, situadas en el "tiempo sin tiempo" anterior a la Revolución, exhiben el ímpetu y las debilidades de una visión que va de la impresión vívida (con la gran calidad estética de la fotografía de Gabriel Figueroa y la belleza de las primeras figuras: Dolores del Río, María Félix, Pedro Armendáriz) al estereotipo y al encierro de los lugares comunes sobre la nación y la raza. Sin embargo, la producción fílmica de México dedicada a las causas raciales y sociales de la Revolución y su tratamiento de la lucha armada, construyen las visiones del imaginario colectivo sobre el movimiento, con credibilidad mayor que la de los libros, las vivencias y la Historia en los libros de texto.

A fin de cuentas, y con la excepción de *Los de abajo* y de los libros de Martín Luis Guzmán *(El águila y la serpiente* y *La sombra del caudillo)*, las imágenes que sobre la Revolución dominan el imaginario colectivo vienen del cine y las canciones, de las secuencias de tropas al asalto y moribundos heroicos, de Pancho Villa como la conciencia popular o el inconsciente liberado del pueblo (usted elige), de la apoteosis de la soldadera que es Venus con cananas (María Félix en una serie de fantasías sobre la lucha armada). Y la lección, si el término cabe, es clarísima: la Revolución fue asunto de hombres, y las mujeres son el fondo decorativo de los largos enfrentamientos que dan como resultado una nación de hombres con una reserva adjunta de mujeres.

Pero la zona de los espectáculos, lo más vivo de los tiempos muertos de la etapa bélica sí demanda la presencia de las mujeres, divas, *vedettes*, chicas del coro, artífices de los corridos y las canciones "mexicanísimas". En la era de la Revolución el teatro frívolo o de *music-hall* es la tarjeta de presentación de la ciudad ligera y fascinante que transforma la mentalidad de los revolucionarios. En este ámbito, el símbolo es una cantante de cuplés y canciones con letras de doble sentido, María Conesa, *la Gatita Blanca,* que se inicia en el teatro a principios del siglo xx, y vuelve a la *vedette* un símbolo de la impunidad en la hora de los revolucionarios despiadados. En efecto, sólo a ella se le permite luego de cantar descender a las lunetas, llegar a la butaca del general Pancho Villa y, con una navaja, arrancarle botones del uniforme,[20] nada más ella tiene licencia para burlarse del ejército triunfante en presencia de generales entusiastas:

[20] Enrique Alonso, 1987, p. 99.

Fue mi padre un glorioso soldado,
que a los treinta llegó a general,
pues estuvo en el Cinco de Mayo
e invasiones supo rechazar.
Pero en cambio me ha salido un hijo,
que anteayer era cabo nomás,
no conoce el olor de la pólvora
y me sale con que es general.
En mis tiempos todos entonaban
nuestro himno con gran devoción:
piensa oh patria querida que el cielo
en cada hijo te dio un general.

Es la adoración del pueblo y su convicción profunda ("Los bufones y las divas están autorizados para decir la verdad") uno de los datos que señalan la importancia de las mujeres en el periodo revolucionario. No son emblemas de la nación sino de la modernidad que aportan la frivolidad, la coquetería, la sensualidad y las ganas de reírse de la solemnidad que se yergue sobre los cementerios y las formaciones del poder político y económico.

CARLOS MONSIVÁIS

Introducción
PANCHO VILLA, LAS HIJAS DE MARÍA
Y LA MUJER MODERNA: EL GÉNERO
EN LA LARGA REVOLUCIÓN MEXICANA

La Revolución mexicana de 1910 fue la primera revolución social del siglo XX, y formó parte de una conflagración mucho más amplia que dejó a Europa devastada tras destructivas guerras internas y que, desde las periferias de Rusia, China, India, Egipto y México, puso en jaque a imperios, terratenientes y capitalistas. Sin embargo, lo que sucedió en México se entiende mejor en el contexto de la vertiginosa urbanización de algunos países latinoamericanos, como Argentina, Chile y Brasil, donde las incipientes clase obrera y clase media se confrontaban con el poder oligárquico vinculado a la exportación de productos primarios y la importación de ideas y modas metropolitanas. Estos desafíos políticos no estallaron en un levantamiento social más que en México. Los escleróticos oligarcas no lograron negociar una transición pacífica del largo régimen de Porfirio Díaz (1876-1910) hacia un gobierno más incluyente. Las frustraciones reprimidas y las tradiciones de rebelión de los campesinos marginados encendieron entre los ambiciosos miembros de la clase media la llama de la energía, el talento y la visión. Imbuidos del ideal modernizador del progresivismo estadunidense, estos hombres también gozaron en momentos cruciales del apoyo militar y político de los Estados Unidos. Las rebeliones campesinas abrieron nuevas oportunidades para que la naciente clase obrera se organizara e hiciera oír sus demandas. La guerra civil que desgarró al país desde 1910 hasta 1920 costó más de un millón de vidas; sin embargo, también generó el esquema legal más avanzado del hemisferio occidental. La Constitución de 1917 prometió reformas agrarias a los campesinos; protección, beneficios sociales y derechos de organización a la clase trabajadora; el control nacional de los recursos naturales y la liberación de espíritu, mente y cuerpo del control católico.[1]

En México, aunque no en otros países latinoamericanos, la Revolución destruyó el Estado oligárquico; de tal suerte que los actores de la clase media pudieron, en este país antes que en ningún otro, controlar —y de hecho crear— un nuevo Estado que incorporó a las clases campesinas, trabajadoras y medias al mismo tiempo que imprimía una dirección más nacional a la economía. Tomando en cuenta el nivel de la movilización social y militar, la consolidación del Estado en los años veinte se hizo entre tumultos y sacudones, gracias en no poca medida a que los políticos promovían el control de la militancia popular con miras a apoderarse de él. La confluencia de la organización populista, la centralización política y el activismo social significó que en los años treinta, cuando el colapso de los mercados de exportación hizo prosperar los regímenes populistas en América Latina, el gobierno de Cárdenas fue el más radical por sus niveles de movilización, reforma social y nacionalismo económico. También institucionalizó el Frente Popular convirtiéndolo en el Partido de la Revolución Mexicana (PRM, anteriormente Partido Nacional Revolucionario y posteriormente PRI), un partido único, oficial, que incluía a los trabajadores organizados, a los campesinos, a las clases medias y a las mujeres y que facilitaba el control sobre ellos en un momento en que México emprendía el camino de la industrialización encabezada por la burguesía. A diferencia de los rumbos que tomaron otros países latinoamericanos, el

[1] La historiografía de la Revolución mexicana es enorme. El lector no especializado quizá desee comenzar con ensayos breves y analíticos como Hart, 2000 y Knight, 1985.

PRI dejó a las fuerzas armadas al margen de la política sin renunciar al autoritarismo, la violencia de Estado o la represión.[2]

Carlos Monsiváis cuenta vívidamente en el prólogo que el arte, la literatura y el cine recuerdan a las mujeres de la Revolución como testigos del valor masculino, objeto de sus afectos y un fastidio en la marcha hacia la modernidad. La historiografía de la Revolución las eliminó por completo del drama. Como observa Monsiváis, la imaginación patriarcal desvanece y silencia. Sin embargo, si adoptáramos los términos mismos de la narrativa ortodoxa y los situáramos en un contexto comparativo, reconoceríamos que las mujeres obtuvieron importantes logros en los derechos civiles y sociales antes que en otros países latinoamericanos, aunque sólo en 1953 obtuvieron el voto nacional. Entre 1914 y 1931, los constitucionalistas triunfantes legalizaron el divorcio. Las mujeres casadas obtuvieron el derecho a la custodia de sus hijos a la par de los hombres. Podían tener propiedades y administrar bienes y participar en juicios y contratos legales. La legislación de la paternidad permitía a los padres declarar la legitimidad de los hijos nacidos fuera de matrimonio, y a las madres y a los hijos luchar por dicha legitimidad. La legislación laboral reconoció a las mujeres como trabajadoras y concedió a las mujeres pobres que trabajaban fuera de casa armas legales para no ser estigmatizadas como prostitutas.[3]

Los escépticos (que hasta hace poco eran la mayoría de los historiadores mexicanos) han desdeñado la historia de las mujeres mexicanas como un empecinamiento romántico femenino: la búsqueda de pequeños grupos de actores insignificantes en lugares oscuros. Por el contrario, el acto

[2] La historiografía de la formación del Estado mexicano tras la Revolución también es vasta. Véase un resumen de sucesos, políticas y procesos revolucionarios en Benjamin, 2000. Para una bibliografía y giros historiográficos, véanse Joseph y Nugent, 1994a y 1994b y Vaughan, 1999.
[3] Soto, 1990, pp. 57-58; Porter, 2003.

de descubrir las voces de las mujeres y definir espacios y
prácticas de género no ha sido tanto un acto voluntarioso,
sino que ha sido la forma de ir encontrando nuevos lengua-
jes para leer los textos y los procesos aceptados. Es verdad
que se ha hecho uso creciente de ellos en los estudios de la
Revolución mexicana en general, y por cierto también han
surgido en los últimos 20 años en el desarrollo transnacional de la historiografía de las mujeres y de género.[4] En ella
se han revelado Estados, economías y mercados con distin-
ciones de género que muestran notables similitudes a lo largo y ancho de las grandes ciudades y naciones del mundo
euroatlántico de fines del siglo xix y hasta mediados del siglo xx. En los últimos 25 años del siglo xix, el acelerado desarrollo del mercado y los avances en las comunicaciones y
los transportes fomentaron la urbanización y la industrialización, que culminó con el fordismo del siglo xx, o la proliferación de la producción industrial para el consumo masivo.
En América Latina, el surgimiento de las economías de exportación de productos primarios y de extracción retarda-
ron la plena industrialización hasta mediados del siglo xx.
No obstante, en América Latina, al igual que en el resto del
mundo, el uso creciente de la tecnología en la industria y el
avance del sindicalismo marginó a las mujeres de muchas
industrias que las habían empleado por docenas a fines del
siglo xix. Como complemento de esta marginación, hay que
considerar la racionalización de la domesticidad; esto es, la
orientación marcada por el Estado, el mercado y los reformadores sociales para que la organización del hogar corrie-
ra a cargo de las mujeres, responsables de la reproducción
de sujetos sanos, leales y productivos.[5] El Estado político del
siglo xix, construido en torno a un votante abstracto del gé-

---

[4] Los nuevos estudios de la Revolución mexicana se iniciaron con Joseph y Nugent, 1994a y 1994b.
[5] La historiografía de la racionalización de la domesticidad es enorme.
Véase, entre otros, De Grazia, 1992, pp. 1-17 y 99-110.

nero masculino se convirtió en el Estado biopolítico del siglo xx que compartía con las mujeres la crianza y formación de cuerpos sanos con propósitos de defensa y producción.

Si bien una buena parte del consumo emergente estaba orientada al hogar, la cultura de consumo estaba hecha sobre todo para un público espectador, construida en torno al goce de placeres baratos que podían encontrarse en los nuevos espacios urbanos —tiendas departamentales, parques, salones de baile y teatros, estudios de radio y fotografía, oficinas de correos, tranvías y amplios bulevares—. Los productos vendidos iban desde sombreros hasta postales, discos e imágenes de celuloide. No era un fenómeno femenino, como a menudo lo definían intelectuales y artistas, sino una arena en la que las mujeres se iban desplazando notablemente hacia el espacio público como ejecutantes, espectadoras y consumidoras, complementando su creciente presencia como obreras, estudiantes y actores políticos. Lo sugiere Monsiváis haciendo referencia a la popular diva María Conesa *(la Gatita Blanca):* la creciente presencia de mujeres era subversiva y amenazadora porque era irreversible. Formaba parte del surgimiento de la política y la sociedad de masas.[6]

Hasta la fecha, la historiografía de la Revolución mexicana ha sido de lo más hermética. La reificación de este acontecimiento nacional la ha sustraído del contexto transnacional. Una contribución de este libro y de la historia de las mujeres y de género es mostrar cómo las experiencias locales moldean y son moldeadas por procesos ampliamente compartidos. Pensemos en las soldaderas, esos miles de mujeres que se fueron a la Revolución de cocineras, enfermeras, amantes, madres, espías, barrenderas, enterradoras, soldados y comandantes. Como mujeres, representaban una fuerza moderna única. Nacieron de una condición premo-

---

[6] Sobre los placeres baratos, véanse Peiss, 1987 y Enstad, 1999. Sobre el género y la cultura de consumo, véanse ensayos en De Grazia, 1996.

derna, muchas venían de áreas rurales y en las tropas hacían las veces de unidades especializadas segregadas por su género. Sin embargo, las soldaderas iban arrastradas por la corriente de una migración que había comenzado desde fines del siglo xix, alentada por los ferrocarriles, los nuevos medios de comunicación, la capitalización del campo, la urbanización y los placeres baratos. En alguna otra parte escribió Monsiváis que la Revolución mexicana, con todo y su violencia, violación y destrucción, fue una movilización erótica de enormes proporciones.[7] En ninguna otra conflagración militar de los tiempos modernos participó un contingente tan grande de mujeres de diferentes clases. Cocinaban, tenían niños, enterraban hombres y entre ellas se daban sepultura. Pancho Villa las enamoró y las mató; muchos otros las violaron y las abandonaron. Pero las mujeres también cantaban y bailaban, y no sólo el tradicional corrido o el jarabe, sino el vals y el *fox trot*, antes de pasar al danzón y al *shimmy*.

Consideremos el caso de Dominga Ramírez, la joven yaqui. Rescatada de una semiesclavitud en una plantación yucateca por un oficial yaqui de las fuerzas constitucionalistas que se unió a su madre, se la pasó de lo lindo viajando por el país y vistiendo elegantemente: de tacón alto, ropa nueva y con maquillaje en la cara, salía a bailar al ritmo de moda.[8] Ella fue parte de un movimiento transnacional, el equivalente a las hijas de la caridad que trabajaban durante el día en las fábricas de ropa de Nueva York y disfrutaban los salones de baile por la noche, la hermana pobre de Louise Bryant, Mabel Dodge Luhan y Emma Goldman en los círculos del amor libre, el arte y la política revolucionaria en Greenwich Village y Provincetown. Las soldaderas anunciaron la llegada de una mujer más abierta, con mayor movilidad y más experimental. Fueron las precursoras de las chicas moder-

[7] Monsiváis, 1997, pp. 162-195.
[8] Kelley, 1978, pp. 162-172.

nas que brotaron por doquier en la Ciudad de México en los años veinte, presumiendo sus cortes de pelo *à la garçon* y sus vestidos cortos y sueltos. Las chicas tiraron sus *corsets;* las soldaderas nunca los usaron. En uno de sus primeros retratos, Frida Kahlo se pinta como Adelita. No se pinta como una muchacha sentada junto al brasero y largas enaguas cosidas a mano; ella es una Adelita urbana cuyo vestido de noche deja los hombros al descubierto. Arriba de ella hay un retrato de Pancho Villa de traje y corbata. A un lado de Villa se ve una representación folclórica de soldados campesinos que aporrean sus guitarras montados en un vagón de carga, y hasta adelante, un músico de cabaret listo para tocar el piano.

La Revolución no fue sólo un ataque contra la propiedad, la jerarquía social y la exclusión; fue una embestida contra la moral victoriana y las reglas de represión sexual, y llevó a las mujeres al espacio público en formas nunca antes vistas. Artistas e intelectuales que se sentían amenazados convirtieron a las mujeres en arquetipos tradicionales que podían controlar. Pudieron salirse con la suya porque, como señala Monsiváis, el machismo voraz de la guerra casi logró eclipsar un incipiente movimiento feminista. Así como el novelista Mariano Azuela convirtió a sus personajes femeninos Camila y *la Pintada* en el binomio familiar de virgen y puta, Diego Rivera pintó el país con una narrativa patriarcal que se basa en otro fatigado tropo: las mujeres representan la fertilidad y la naturaleza; los hombres, los conquistadores racionales de la naturaleza, los hacedores de la política, la ciencia, la tecnología y los productos acabados. Pero Azuela escribió mucho sobre las mujeres y Diego Rivera las pintó por doquier —como madres de maíz, vendedoras de flores, demacradas esposas de trabajadores sufrientes, maestras de escuela e incluso, en el caso de Frida Kahlo, como una revolucionaria de camisa roja (aunque pasando los rifles a los hombres)—. La presencia de las mujeres era innegable. Eran una parte de facto del proyecto nacional.

En la conclusión de este volumen, Temma Kaplan observa que el desafío de los usos patriarcales fue endémico durante la Revolución y los años siguientes. Hay en este libro historias de personas que tomaron al vuelo las oportunidades que se les abrieron gracias a la conflagración y su confluencia con las tendencias transnacionales. Gabriela Cano presenta a Amelia/Amelio Robles, quien comenzó su vida en un rancho en el montañoso estado de Guerrero, donde era feliz trabajando con los caballos. Ni siquiera las ferozmente reprimidas y represoras Hijas de María pudieron acabar con el muchacho que Amelia traía dentro. Se fue a la bola por la aventura del combate, y ahí había que vestirse y pelear como hombre. A diferencia de muchas de sus compañeras que, vestidas de hombre, tomaron las armas y comandaron las tropas, nunca reivindicó su pertenencia al sexo femenino. Amelio resguardaba su identidad masculina con una pistola, recordatorio de que tanto la violencia como la intolerancia acompañaron la erotización y democratización de la cultura nacional. También utilizó la cultura moderna del espectáculo para moldear su identidad: frente a la cámara del estudio fotográfico, posa enfundada en ropas masculinas, como sofisticado caballero de paseo por la ciudad, un cigarrillo en una mano, una pistola en la otra.

Miles de otras mujeres cuyas historias se cuentan aquí exigían lo que ellas pensaban que eran sus derechos revolucionarios. Las escogedoras de café de Veracruz (Heather Fowler-Salamini), las obreras textiles de Puebla (Susan Gauss), las trabajadoras de la industria textil y las tortilleras de Guadalajara (María Teresa Fernández-Aceves) se organizaron en sindicatos. En Yucatán, cientos de esposas maltratadas o abandonadas se presentaron ante los tribunales para aprovechar la legislación sobre el divorcio aprobada por los gobernadores radicales Salvador Alvarado y Felipe Carrillo Puerto (Stephanie Smith). En la Ciudad de México y en Veracruz, las trabajadoras —amas de casa, vendedoras, obreras de las fábricas, prostitutas— sostuvieron largas y vociferantes huelgas contra los elevados precios de las rentas.[9] Hasta las mujeres católicas, que se vestían de negro e inmovilizaron Guadalajara en un boicot masivo, pelearon por sus derechos para practicar la fe según su voluntad (Kristina Boylan). En la Ciudad de México, según nos cuenta Patience Schell, las jóvenes acudían por montones a las escuelas vocacionales para aprender algún oficio, donde había maestras como Dolores Ángela Castillo Lara quien al parecer decía a sus alumnas que era mejor divorciarse tres veces que aguantar las humillaciones del marido. Dicen que llegó a hablar del control de la natalidad, así como de la necesidad de un matrimonio de compañía, sin compromisos (*companionate marriage*, aquel en el que los cónyuges acuerdan no tener hijos, divorciarse por mutuo acuerdo y no tener responsabilidades financieras hacia la pareja).

Esta efervescencia se topó con una feroz oposición —y la procedente de algunos estudiantes y sus familias no era menor—. Su indignación moral tuvo mucho apoyo. Las Damas Católicas, que eran señoras ricas, no sólo hicieron campañas contra el divorcio y el control de la natalidad, sino también contra la "pornografía" del cine y contra las carnes desnudas, morenas y femeninas pintadas por Rivera y José Clemente Orozco en sus primeros murales de la Escuela Nacional Preparatoria. Durante la primavera y el verano de 1924 la prensa no dejó de despotricar contra las pelonas, esas chicas modernas que llevaban el pelo corto, que le habían subido el dobladillo a sus vestidos y mostraban brazos y piernas a la hora de bailar y practicar algún deporte. En su artículo, Anne Rubenstein narra cómo los estudiantes de

[9] Lear, 1998, pp. 75-78; Lear, 2001, pp. 300-315 y 355-358; Wood, 1998, pp. 102-106.

medicina y de la escuela preparatoria hacían mofa de sus compañeras que habían invadido ese espacio de privilegio masculino. En cierta ocasión, agarraron a dos de las estudiantes, las arrastraron a las regaderas y les raparon la cabeza. Los estudiantes de la preparatoria infligieron una humillación parecida a las pelonas de una escuela vocacional cercana. Como proponen Rubenstein y Schell, se trataba también de una cuestión de clase y una cuestión racial. Las vocacionales eran escuelas atractivas para las trabajadoras de tez morena. Muchas mujeres se refugiaban en la escuela vocacional para escapar de la violencia y la muerte revolucionarias. En su búsqueda de oportunidades económicas, muchas de ellas pueden haber sentido una mayor libertad para disfrutar los placeres de la chica moderna, y a menudo con menos restricciones que las jóvenes de clase media y alta de moral victoriana. Como aspirantes al estatus de la clase media por medio de la educación, representaban una amenaza para las barreras de clase y también de género.

Incapaz de acomodar a la chica moderna en su repertorio de género, la prensa de la capital condenaba a las pelonas: venían de los Estados Unidos, igual que los horrorosos sonidos del *jazz*, igual que esas agitadoras carentes de "sentimientos de ternura", igual que esas mujeres elegantes de Wall Street y los barrios judíos, igual que las actrices de vodevil y las estrellas de cine.[10] Una escandalizada periodista escribió, refiriéndose específicamente a las robustas atletas estadunidenses, que en México no había cabida para ese "tercer sexo" que seguramente arruinaría la "raza".[11] Curas y Damas Católicas coincidieron con ella y amenazaron con impedir la entrada a las iglesias a las mujeres con el pelo cortado *à la garçon*.

---

[10] Serrano, 1924, p. 9, citado por Anne Rubenstein, "The War on las Pelonas", en este volumen.
[11] Santín de Fontoura, 1924, p. 38, citado por Anne Rubenstein, "La guerra contra 'las pelonas'", en este volumen.

Por esas mismas fechas los conservadores, inflamados
por una indignación moral católica que apenas disimulaba
el miedo a perder sus propiedades, derrocaron y asesinaron
a Felipe Carrillo Puerto, el gobernador radical de Yucatán.
No es que su gobierno se hubiera destacado por el compromiso de enarbolar los derechos de las mujeres, como él
decía. No fue así en el caso de Amelia Azarcoya Medina y
muchas mujeres como ella. Cuenta Stephanie Smith que
Azarcoya Medina entabló un juicio pidiendo el divorcio;
pero las influencias políticas de su mal esposo y la conni-
vencia de la corte la hicieron perder el juicio. El juez hizo
caso omiso de su testimonio y dio la orden de que los hijos
vivieran con el padre. Ella tuvo que dejar el hogar conyugal, sola y sin un centavo en la bolsa, mientras su marido se
instalaba en la casa familiar con los hijos y con su amante.
Hubo en un principio una andanada de solicitudes de divorcio hechas por mujeres, quienes luego tuvieron que dar
marcha atrás, desalentadas por la hostilidad de funcionarios y abogados, el temor a la vergüenza social y la falta de
opciones. Los maridos con frecuencia recurrían a la ley
para reparar su honor mancillado por la deserción de la esposa y porque se habían ventilado las intimidades. Desple-
gaban la nueva retórica del amor romántico para desechar
a la esposa no deseada a cambio de una amante atractiva.

El machismo en auge cobró su cuota entre las mujeres
modernas. Antonieta Rivas Mercado, una Louise Bryant
para el artista Manuel Rodríguez Lozano y para el empresa-
rio cultural José Vasconcelos, se suicidó en la Catedral de
Nôtre Dame. Graciela Amador, esposa del muralista y comunista David Alfaro Siqueiros, prosperó como organizadora
de los trabajadores, periodista y poeta hasta que él la dejó;
tras el abandono, se sumió en una depresión de la que nunca se recuperó.[12] Frida Kahlo subordinó su vida a la de Die-

---

[12] Cueva Tazzer, s. f., pp. 16-62.

go Rivera y pintó sus sufrimientos. Hoy, la representación que Kahlo hizo de ese sufrimiento puede ser una fuente de identificación emocional gratificante en una época de relativa autonomía femenina; pero no podemos olvidar la turbulencia emocional de Kahlo: su cuerpo quebrado y su espíritu angustiado divididos entre el culto a la modernidad y un hombre que afirmaba que los sesos femeninos eran su comida favorita.

En los años veinte, el Estado mexicano era una obra en construcción, caótica, de autoría múltiple. Se construyó apoyado en gobiernos regionales como el de Felipe Carrillo Puerto en Yucatán, José Guadalupe Zuno en Jalisco, Adalberto Tejeda en Veracruz y Adrián Castrejón en Guerrero, actores todos ellos en estos ensayos, constructores, todos ellos, de regímenes populistas, clientelistas, que se asemejaban a la maquinaria política de las ciudades estadunidenses. Sin embargo, el gobierno federal también competía con estos gobiernos estatales, y decidió subordinarlos e incorporarlos, en parte imitando su modelo político, en parte centralizando ejércitos de base regional más leales a sus comandantes que al país. En esta forma, la burocratización de las fuerzas militares, así como la brutal eliminación de las mujeres y la falta de reconocimiento de sus servicios, formaron parte de los largos procesos de centralización y desmilitarización.

En términos generales, el gobierno central no podía tolerar la desenfrenada permisividad sexual en los hombres ni la locura de las armas, como tampoco podía abogar por el amor libre para las mujeres. Pero era igualmente inadmisible avalar el rígido tradicionalismo que defendían las católicas vestidas de negro. Esto no significaba el fin de los privilegios masculinos ni de la subordinación femenina; aunque sí implicaba la atribución de un poder mayor a las mujeres, sobre todo en sus roles domésticos como promotoras de la salud y la educación de la familia. Estas razones y el objetivo propuesto contribuyeron a que el Estado se convirtiera en refugio y apoyo para las feministas organizadas y de facto. Entraron al servicio público no sólo como maestras en un sistema escolar en rápida expansión, sino también como enfermeras, higienistas, trabajadoras sociales y encargadas de atender a menores infractores, directoras de atletismo y gimnastas. Se ha escrito mucho sobre ellas.[13] En esta antología, además de la revisión que hace Schell de los programas de las escuelas vocacionales para la domesticidad racional, Ann Blum escribe sobre las trabajadoras sociales a cargo de la adopción de niños en la nueva Secretaría de Asistencia Pública. Estudia la transformación, que fue lenta e irregular, aunque finalmente efectiva, del sistema de adopción: de ser un mecanismo para adquirir mano de obra barata llegó a promover la formación de familias afectuosas. Una serie de leyes y su aplicación mediante nuevas instituciones sugieren una nueva valoración de la infancia como una etapa de la vida en la que debe proporcionarse alimento, afecto, protección, y que debe ser estudiada y racionalizada. Estas iniciativas dieron origen a un nuevo estatus y una nueva categoría de derechos para las mujeres como madres, una categoría democratizadora que atravesaba las barreras de clase.

Las feministas también se incorporaron al Estado como inspectoras de trabajo y recurrieron a su protección como organizadoras. Esta es la historia que Fernández-Aceves cuenta sobre el Círculo Feminista del Oriente, en Guadalajara, encabezado por la trabajadora textil e inspectora del trabajo María Díaz y la maestra de escuela Guadalupe Martínez, e impulsado por el gobernador Guadalupe Zuno, quien consideraba la organización laica de trabajadoras como un medio de ejercer un contrapeso a la participación de las mujeres en las movilizaciones católicas contra el anticlerica-

---

[13] Véanse, entre otros, Bliss, 2000; Cano, 1993; Macías, 1982; Soto, 1990; E. Tuñón Pablos, 1992; J. Tuñón, 1999; Vaughan, 1977, 1990, 1997 y 2000.

lismo del gobierno. Tomando como modelo a Rosa Luxemburgo, Alexandra Kollontai y a las mártires de Haymarket Square, y exigiendo los derechos de las mujeres al empleo, la educación y la igualdad política y civil, las mujeres del Círculo Feminista (CFO) luchaban por sindicalizar la industria de la tortilla. Aunque demostraron un vigoroso entusiasmo en la lucha, la experiencia se tornó amarga debido a que las mujeres perdieron sus trabajos calificados ante los hombres. Esta industria tradicionalmente femenina se masculinizó con la introducción de las máquinas. En los conflictos mutuos, sangrientos, prolongados, detonados por la competencia masculina sindicalizada, las mujeres aprendieron sobre los valores de la lealtad, la disciplina y el respeto en la medida en que se subordinaban a un patriarca sindicalista que se convirtió en la cabeza del partido político oficial. Asimismo, Gauss describe cómo los sindicatos textiles de predominio masculino en Puebla hicieron campañas para mantener a las mujeres en la casa, donde, como madres, podrían fortalecer la "raza" y la "Patria". En su conclusión, Kaplan escribe que los hombres de la clase trabajadora llegaron a un pacto con el Estado, cambiando su poder de organización e independencia por el derecho al control privado sobre mujeres y niños.

Sin embargo, las historias de las escogedoras de café de Veracruz que recogió Fowler-Salamini complican esta imagen. No cabe duda de que las escogedoras conservaron los empleos de trabajo intensivo que los hombres desdeñaban y querían dejarles. No obstante, desde su propio punto de vista, fue una lucha exitosa por la dignidad y el honor. Cuando narran su historia, recuerdan cómo las élites y los curas las denostaban como si fueran prostitutas de tez oscura propensas a los pleitos callejeros por cuestiones sindicales, como los hombres. Ellas, en cambio, alegaban que habían luchado por sus derechos como trabajadoras y que habían trabajado duro para mantener a sus familias y pagar la educación de sus hijos. Estas mujeres, alguna vez encerradas en su casa en algún pueblo, habían desarrollado nuevas culturas femeninas de solidaridad e intereses comunes, trabajando juntas en la planta de la fábrica, asistiendo a los salones de baile, al cine, a las reuniones sindicales, a las manifestaciones. Cuando se reunían, platicaban sobre la familia, el amor y la salud, así como de políticas sindicales y derecho laboral. Ciertamente, algunas ejercían la prostitución parte del tiempo; pero la identidad y los vínculos que surgieron entre las trabajadoras fueron más fuertes que las ideas sobre la pureza sexual. Pese al hecho de que el sindicato estaba en manos de hombres y de que eran ellos quienes tenían privilegios, la experiencia impulsó a las escogedoras a usos y discursos que transformaron el sentido que ellas mismas se daban. Es más, a pesar del anticatolicismo de su sindicato y la cruel retórica de sus curas, la solidaridad entre ellas se debió hasta cierto punto a las peregrinaciones organizadas en honor de la virgen de Guadalupe.

Los derechos sociales prevalecieron sobre los derechos políticos en este medio incipiente de política controlada. El presidente Cárdenas impulsó el Frente Único Pro Derechos de la Mujer (FUPDM) con el fin de obtener sus votos, y luego abandonó la causa por temor a que las mujeres católicas eligieran al candidato de oposición en las elecciones de 1940. Jocelyn Olcott observa en su análisis del FUPDM que las mujeres radicales y progresistas se movilizaban no sólo por el voto, sino también por una serie de beneficios que esperaban obtener del Estado: guarderías, educación, desayunos escolares, higiene y salud públicas, protección laboral, molinos de nixtamal, máquinas de coser y alimentos a precios bajos. Olcott sugiere que los derechos sociales eran más importantes que el voto tanto para las mujeres más radicales (miembros de los cuadros del Partido Comunista) como para las mujeres de las clases populares que veían que sus necesidades materiales recibían mayor atención mediante movilizaciones políticas orientadas y redes de padrinazgo político. A medida que se desdibujaban otras alternativas (democracia electoral efectiva, multipartidista; sindicalismo independiente o revolución socialista), surgió un estilo peculiar de política mexicana. El discurso radical de los derechos de las mujeres se transformó en un discurso de maternalismo, en la medida en que las feministas laicas se sometieron a la disciplina del partido hegemónico. El maternalismo se convirtió en el discurso y la práctica de una ciudadanía activa de las mujeres en diálogo con un Estado paternalista. Los beneficios sociales se otorgaban con mayor presteza a los jefes de familia como trabajadores sindicalizados o beneficiarios de la reforma agraria; pero es que los beneficios se dirigían a los niños cuyos principales cuidadores y enérgicos defensores eran las mujeres. Monsiváis tiene razón: la reificación de la maternidad posterior a 1940 fue exagerada y magnificada, aunque también fue un espacio de dignificación y adquisición de poder para las mujeres mexicanas, incluyendo a miles de madres solteras.

En cambio, para las mujeres católicas organizadas, los derechos civiles —y ocasionalmente los derechos políticos— derrotaron rotundamente a los derechos sociales. Boylan cuenta que lucharon con denuedo contra los ataques del Estado a su derecho a la libertad de culto, congregación y tipo de educación. Sus movilizaciones siempre fueron más numerosas que las de las feministas aliadas con el gobierno; sus organizaciones, como apunta Kaplan, a menudo parecen ofrecer mayor protección que las del Estado o las de la izquierda. En los años treinta, obligaron a los gobiernos estatales a abrir nuevamente las iglesias. En 1933-1934, lograron que se abandonara la propuesta del gobierno de impartir educación sexual. Como observa Monsiváis, después de 1940 siguieron funcionando como un freno organizado a la liberalización del comportamiento social y sexual promovida por los siempre crecientes medios de comunicación y

cultura del consumo. Fueron ellas también quienes encabezaron la lucha por la libertad de la educación y después de
1968, muchos de sus hijos, tanto hombres como mujeres, se
unieron a los movimientos sociales mucho más radicales
inspirados por el Segundo Concilio del Vaticano y la Teología de la Liberación. Lynn Stephen hace el análisis de estos
movimientos en este volumen, que ya no sólo defendían
la fe, sino que la abrazaban para luchar por la igualdad y la
justicia social.

La *intelligentsia* revolucionaria mexicana se enorgullece
de la ideología nacionalista del mestizaje que aplaude la
mezcla racial y la tolerancia, a diferencia del exclusivismo
racial blanco de los Estados Unidos. Historiadores y antropólogos han observado cómo esta ideología unificadora ha
enmascarado actitudes y conductas persistentemente racis-
tas en México.[14] Los ensayos de este volumen sacan a la luz
estos comportamientos y actitudes. El ingreso de nuevos
medios culturales transnacionales y el consumismo accesible a un gran número de personas inclinó el significado y el
proceso del mestizaje en México a favor de la cultura urbana, moderna y blanca (pese a la popularidad de la música
afroamericana) y generó nuevas distancias entre el mundo
urbano, moderno y cosmopolita y el mundo indígena/rural.
Rubenstein observa que la cultura comercial de la belleza,
difundida mediante las películas, la radio, las tiendas departamentales y la publicidad han acarreado una nueva degradación o una valoración negativa del cuerpo de la mujer indígena "en forma de barril". En su análisis de las películas de
Emilio Fernández, Julia Tuñón nos hace ver una iconogra-
fía repetida en el arte revolucionario, la literatura, la academia y el turismo. El México indígena representa el México
auténtico, primordial. En una narrativa lineal es la funda-

---

[14] Véanse enfoques importantes sobre raza y etnicidad en la Revolución
mexicana en Knight, 1990; C. Lomnitz, 2001, pp. 103-114 y 231-256; y Bonfil Batalla, 1996, entre otros.

ción de la nación (como mujer), pero no su historia, ni su progreso. Éstos son blancos, urbanos, europeos y pertenecientes al género masculino. La cultura indígena se feminiza en el cine de Fernández y en otros géneros estéticos como una cultura primitiva, sentimental y natural, primitiva, pasiva y que nunca cambia. La modernidad, la racionalidad, el progreso, la tecnología y la agencia histórica, definida como la conquista de la naturaleza son, por su parte, masculinos. Así como Diego Rivera o cualquier buen hombre de Puebla que trabajara en una fábrica textil.

Desde 1940 predomina en los medios mexicanos la imagen de una sociedad rural mexicana inmóvil, pasiva y sin cambios, que oculta la presencia de su dinamismo. Aunque los ensayos de este volumen se concentran sobre todo en las mujeres urbanas, Stephen ofrece un ensayo esclarecedor sobre las formas de organización de las mujeres rurales desde 1970. Observa que es mucho lo que a la herencia de la Revolución deben la educación de la mujer rural, su movilización en torno a cuestiones del hogar y la comunidad, así como su participación en la reforma agraria como miembros de la familia. Desde 1940 la sobrevivencia misma de la agricultura campesina depende cada vez más de las mujeres, de modo que —como lo señala Stephen— no es ninguna sorpresa encontrar a mujeres presentes en organizaciones radicales, católicas y marxistas, que se han movilizado en defensa de las comunidades indígenas y campesinas desde los años setenta. El feminismo de la segunda oleada, al que originalmente se acogieron las mujeres urbanas de clase media que habían participado en las protestas estudiantiles del 68, ayudó a crear en éstas y en la proliferación de movimientos sociales urbanos un nuevo programa feminista que situó las cuestiones de la agresión sexual, la violencia contra las mujeres y el control reproductivo en el mismo nivel que las preocupaciones de las mujeres por tener casa, comida, tierra, atención médica y buenas condiciones laborales.

Estos movimientos sociales coincidieron en los ochenta con la llegada del neoliberalismo y el colapso del Estado de bienestar, que forzaron a las mujeres a incorporarse a la fuerza de trabajo y a salir de casa en números sin precedentes. Es cierto que estos procesos golpearon el ya vacilante modelo de la familia patriarcal, aunque no debilitaron el principio de la responsabilidad de las mujeres en el bienestar familiar. Sin embargo, la sucesiva movilización de las mujeres en torno a cuestiones como agua, comida, vivienda y salud tuvo lugar en un ambiente político distinto. Las mujeres ya no suplicaban ante un Estado autoritario la justicia, sino que demandaban un orden más igualitario, democrático y sus derechos humanos como ciudadanas. El nuevo feminismo llegó a su articulación más sonora en el lugar menos esperado: surgió de lo que Diego Rivera y Emilio Fernández habían llamado el elemento femenino primordial, invariable, irracional. De las selvas de Chiapas surgieron en enero de 1994 ejércitos de pueblos mayas. Las mujeres marchaban en la vanguardia, plenamente integradas, exigiendo igualdad en la casa, la comunidad, las organizaciones y la legislación nacional. Hoy, el Ejército Zapatista de Liberación Nacional es una fuerza más débil que hace una década, y el patriarcado no ha desaparecido en modo alguno de México. No obstante —comenta Kaplan—, las imágenes de las mujeres mexicanas como madres abnegadas, como dolorosas, como objetos del deseo masculino y como obstáculos a la modernidad han perdido fuerza: la mujer mexicana como activista que se moviliza en pos de sus derechos humanos ha tomado el lugar protagónico.

Mary Kay Vaughan
University of Maryland

PRIMERA PARTE

LA CULTURA REVOLUCIONARIA
EN LOS CUERPOS

I. INOCULTABLES REALIDADES DEL DESEO
Amelio Robles, masculinidad (transgénero) en la Revolución mexicana[1]

GABRIELA CANO
Universidad Autónoma Metropolitana

CATRÍN DE PUEBLO

Podemos imaginarlo: una sonrisa de satisfacción se dibujó en el rostro de Amelio Robles al observar el retrato de estudio que lo mostraba posando cual todo un catrín: traje oscuro, camisa blanca, corbata, sombrero negro de ala ancha, zapatos de piel y asomo de pañuelo blanco en el bolsillo del saco. De pie y con un cigarro en una mano, la otra colocada sobre el revólver como para hacer resaltar el arma que llevaba enganchada a una carrillera de cintura. Los elementos formales de la fotografía —el encuadre, la iluminación uniforme, el entorno y, sobre todo, la pose contenida y serena del sujeto colocado al centro de la escenografía— se ajustan a las convenciones del retrato de estudio, en el que la persona fotografiada luce su mejor atuendo y posa con decoro. La fotografía fue captada hacia 1915, probablemente en el estudio de Armando Salmerón, de Chilapa, Guerrero, pequeño poblado enclavado en la Sierra Madre Occidental, uno de tantos gabinetes de fotografía que se multiplicaron en ciudades y pueblos del país en las primeras décadas del siglo, cuando la simplificación de la tecnología y el abarata-

---

[1] Utilizo el género gramatical masculino para referirme a la larga etapa en que Amelio Robles mantuvo su identidad masculina, mientras que empleo el género gramatical femenino al abordar su nacimiento, infancia y juventud.

Retrato de Amelio Robles, ca. 1915. (Cortesía del Instituto Nacional de Antropología e Historia, Archivo Casasola.)

miento de los costos permitieron satisfacer la creciente demanda de retratos fotográficos.[2]

Los retratos de estudio buscaban establecer la identidad social del individuo fotografiado de acuerdo con un código visual de elegancia. El posar con un cigarro encendido sugiere un dejo cosmopolita, mientras que la exhibición de la pistola, moderno sustituto del sable y el arma preferida en los duelos de principios de siglo, simboliza la virilidad del sujeto. La masculinidad de la pose, el gesto y el vestuario del joven son perfectamente creíbles. Nadie imaginaría que el catrín del retrato antes fue catrina.

---

[2] Monsiváis, 2002, pp. 178-221; y Jiménez y Villela, 1998, pp. 17-147.

La masculinización radical y permanente de una joven de origen rural ocurrió a partir de su incorporación a la Revolución mexicana. Por razones más vitales que ideológicas Amelio Robles, quien antes se llamó Amelia Robles, se unió a las fuerzas levantadas en el sur del país bajo la bandera agrarista de Emiliano Zapata y, en medio de las rudezas de la guerra, se forjó una identidad social y subjetiva masculina. Al término de la contienda armada, Amelio Robles continuó ostentándose como varón y sostuvo su identidad masculina a lo largo de su vida, en su actividad pública y en la esfera privada, durante la vejez y la enfermedad.

La pistola y el cigarrillo, símbolos de masculinidad, no son utilería del estudio fotográfico sino objetos de uso cotidiano pertenecientes a Amelio Robles, cuya imagen masculina constituye una identidad subjetiva, sexual y social que prevaleció en todos los aspectos de su vida. No es una pose momentánea ante la cámara como la que adopta, por ejemplo, Frida Kahlo al vestir traje masculino en los retratos de familia tomados por su padre en 1926.[3] En el caso de Kahlo, se trata de un gesto juguetón, un tanto irreverente, quizás para seguir la moda francesa *à la garçon* (y a la vez cubrir el adelgazamiento de su pierna izquierda a causa de una poliomelitis infantil). En la pintora no hay el afán de hacerse pasar por hombre, efecto que Amelio Robles logra con gran efectividad.

La masculinización eficaz y permanente de Amelio Robles debe distinguirse del travestismo estratégico —la adopción de vestimenta masculina para hacerse pasar por hombre— al que algunas mujeres recurren en periodos de guerra ya sea para protegerse de la violencia sexual que suele agudizarse durante los conflictos armados, o bien para acceder a mandos militares o, sencillamente, para pelear como soldados y no como soldaderas, es decir, sin las restricciones sociales de género que usualmente pesan sobre las mujeres

[3] Herrera, Taymor *et al.*, 2002, p. 33 y Stellweg, 1992, pp. 102-103.

en los ejércitos. En las guerras nacionalistas del siglo XIX y, más tarde, en la Revolución mexicana, las *soldaderas* se hicieron cargo del abasto de las tropas y de la atención a los enfermos; en ocasiones desempeñaban tareas de mensajería y contrabando de armas y víveres, pero sólo excepcionalmente empuñaban las armas.

Aunque no es posible, por ahora, precisar la frecuencia del travestismo en la Revolución mexicana, existen noticias de mujeres como María de la Luz Barrera, zapatista, o Ángel/Ángela Jiménez, maderista, quienes adoptaron una identidad masculina durante la guerra para más tarde volver a usar ropa de mujer y desempeñar papeles sociales femeninos, como madres y esposas, lo que nunca sucedió con Amelio Robles.[4] En su caso, pudo haber consideraciones prácticas, sin embargo, su radical cambio de identidad de género y sexual no obedeció simplemente a un afán de disfrutar las ventajas sociales de los hombres, sino que fue fruto de un deseo vital profundo. Un deseo, felizmente realizado, de negar su anatomía sexual de nacimiento y masculinizarse de manera radical, en todos los aspectos de su vida.

Amelio Robles transitó de una identidad femenina impuesta a una masculinidad deseada: se sentía y se comportaba como hombre y su aspecto era varonil. Sabemos poco de su sexualidad, pero hay noticias de sus relaciones románticas con mujeres y sabemos que en una época cortejó a una compañera de escuela a quien prodigaba atenciones; dichas relaciones eróticas se inscribían en una lógica heterosexual en la que Robles desempeñaba el papel masculino.[5] Algunas personas considerarían a Amelio Robles como una lesbiana hombruna, machorra o *butch* pero, de acuerdo con la terminología actual, es más preciso clasificar a Robles como una

---

[4] Salas, 1994.
[5] Miguel Gil, "Amelia Robles, una mujer del estado de Guerrero que puso su libertad y su vida al servicio de la Revolución en el sur", *El Universal*, 14 de abril de 1927.

persona transgénero, una forma de identificación subjetiva que implica la adopción de la apariencia corporal y el papel social de género asignado al sexo opuesto. La identidad sexual lesbiana se define como una inclinación erótica hacia personas del mismo sexo, lo que no implica necesariamente un deseo de transgenerizarse, es decir, cambiar de identidad de género, de aspecto físico o de anatomía sexual. El término lesbianismo, desde luego, no es sinónimo de masculinización pero tampoco excluye la posiblidad de adoptar una identificación masculina. Sin embargo, las categorías de identidad son flexibles; no son espacios herméticamente sellados. Durante su transición, Amelia Robles podría caracterizarse como una lesbiana hombruna y luego se transformó en una persona transgénero con una identidad masculina.

Las identidades transgénero varían en grado y perdurabilidad y Amelio Robles se ubicaba en un extremo del espectro: sentía una insatisfacción profunda con su género y anatomía sexual y deseaba cambiar su aspecto. Hoy en día algunas características sexuales pueden modificarse a través de procedimientos quirúrgicos y terapias hormonales; la tecnología médica para cambiar de sexo estuvo disponible en algunas instituciones de los Estados Unidos y Europa desde mediados del siglo xx, cuando el término *transexual* se acuñó para referirse a las personas que reciben terapias médicas que transforman su anatomía sexual. Sin embargo, el término *transexual* es inadecuado para describir a Robles ya que su cambio de identidad no requirió de cirugía ni de hormonas. Sin embargo, su insatifacción con su identidad, aspecto físico y anatomía femenina quizás fue tan intensa como la de aquellas personas que se someten a tratamientos médicos para lograr que su cuerpo se asemeje en alguna medida a su configuración subjetiva.[6]

---

[6] Meyerowitz, 2002, pp. 5 y 9-10.

A principios del siglo xx, sin hormonas ni cirugía, Amelio Robles se construyó una imagen corporal y una identidad social masculina con los recursos culturales a su alcance en un aislado poblado rural mexicano. Con gran habilidad, Robles manipuló a su favor dichos medios culturales: la pose o *performance* de género, una cultura visual del cuerpo inaugurada por la proliferación de retratos de estudio, y una prensa industrial ávida de noticias sensacionalistas que se interesó y dio legitimidad a la historia del revolucionario zapatista. Amelio Robles estableció su masculinidad a través de un *performance* de género.[7] Las poses, gestos faciales y actitudes de su *performance* cotidiano se completaban con un atuendo cuidadosamente seleccionado: incluía pantalones, camisas, chamarras y sombreros del estilo común en su entorno rural. Tuvo la precaución de seleccionar camisas con bolsillos que ayudaban a disimular los senos. La fotografía de estudio fue decisiva para establecer la masculinidad de Robles y para lograr que fuera aceptada. El retrato de estudio posibilitó que las personas comunes fijaran su imagen deseada en una fotografía, algo que hasta entonces sólo se hacía en los retratos académicos, al alcance de sólo unos cuantos. Fabricada con intermediación de la cámara, el cuerpo y la identidad social deseadas ahora podían conservarse para siempre en un retrato fotográfico. Así, cada vez que uno mismo o alguien más miraba el retrato la identidad plasmada en la fotografía se confirmaba.[8]

El efecto legitimador se potenciaba en el improbable caso de que un retrato de estudio se llegara a reproducir en la prensa como sucedió con la fotografía que apareció como ilustración de una noticia sobre Robles publicada en *El Universal*, el diario de la Ciudad de México con mayor circulación.[9] Aunque revelara el secreto de su identidad sexual —un

[7] Butler, 2001, pp. 9-25.
[8] Lalvani, 1996, pp. 68-69.
[9] Gil, "Amelia Robles", *op. cit.*, y Lepidus, 1928, p. 77.

Amelio Robles, con Guadalupe Barrón en Iguala, Guerrero, 1976.
(Foto de Marcelo González Bustos.)

secreto a voces, conocido ampliamente en su comunidad—
el periódico multiplicaba en miles la acreditación visual de
su imagen corporal como un hombre elegante que, sin ser
particularmente distinguido, mostraba un porte desenfadado y lleno de seguridad personal. Equivalía a proclamar en
la plaza pública la virilidad exhibida en el rostro, la pose y
el atuendo, y que era resaltada por la exhibición del arma
de fuego.

La pose y el gesto masculinos de Robles se pueden considerar como "una declaración cultural del cuerpo y un acto
político" que pone en tela de juicio las asignaciones sociales
de género y la normatividad heterosexual.[10] Su eficaz masculinización subvierte también la muy arraigada noción de

---

[10] Molloy, 1998, pp. 141-160.

que la identidad de género es una consecuencia inmediata e ineludible de la anatomía de las personas y que hombres y mujeres son grupos sociales nítidamente definidos y con cualidades inmutables. Los procesos de transgeneración problematizan (y a veces reifican) las categorías de hombre y mujer. Dichas categorías suelen considerarse realidades prestablecidas e inmutables; se pasa por alto su plasticidad, cualidad identitaria que se hace evidente a la luz de la radical masculinización de Amelio Robles, uno de los pocos procesos de su tipo que se ha documentado hasta ahora en la historia de América Latina.[11]

La historiografía de la etapa armada de Revolución mexicana se ha interesado principalmente por aspectos ideológicos, políticos y militares de la lucha, pero la cotidianidad en las trincheras, el día a día de los ejércitos, ha sido escasamente estudiada. La masculinización de Amelio Robles comenzó en medio de los desplazamientos forzados y el desorden social de la guerra. En el combate se abandonaron pudores y reservas ancestrales y surgieron algunos espacios de tolerancia como el que permitió a Robles empezar a construirse como un hombre, y gozar de una relativa aceptación de sus compañeros de armas, que admiraban su valentía y sus capacidades como guerrillero. En los campos de batalla, ante la presencia constante de la muerte, y en medio del impulso destructor de la guerra, también se fortaleció una ideología de género, con raíces en la narrativa nacionalista decimonónica, que identifica a la masculinidad con cualidades de valentía y arrojo personal, así como con actitudes patrióticas e ideologías revolucionarias y naciona-

---

[11] Catalina de Erauso, o "la Monja Alférez" es una figura muy conocida de la historia colonial de América Latina. Erauso adoptó una identidad masculina al unirse al ejército del Imperio español en el siglo XVIII. Hacia el final de su vida Erauso escribió sus memorias y lo hizo con una voz narrativa femenina, es decir, recuperó su identidad femenina; algo que no ocurrió en el caso de Robles, quien murió sin renunciar a su masculinidad (Erauso, 1996).

listas. Al paso del tiempo, el estereotipo del revolucionario valiente se convertía en una imagen icónica en la cultura popular y en el discurso nacionalista del Estado posrevolucionario.[12]

El coronel Robles encarna el ideal del soldado revolucionario macho: es valiente y arrojado; tiene capacidad de responder de manera inmediata y violenta a las agresiones; maneja las armas y los caballos con maestría. Sus relaciones de pareja con mujeres se ajustan a modelos convencionales y reproducen la polaridad de género de los roles femenino y masculino. En una instantánea *polaroid* de 1976 Amelio Robles, ataviado con un gastado atuendo y con un paliacate rojo al cuello, aparece al lado de Guadalupe Barrón, una de las mujeres con quienes Amelio sostuvo relaciones de pareja y cuya presencia femenina acentúa por contraste la virilidad del antiguo revolucionario; su porte es tan viril y desenfadado como el de los retratos de su juventud. Tanto Amelio como Guadalupe posan con rigidez, haciendo gala de un lenguaje corporal típico de la fotografía de estudio, muy diferente de los gestos espontáneos que las cámaras portátiles aspiraban a registrar en la segunda parte del siglo xx.

El interés en la historia va más allá del caso particular: su figura puede verse como un sitio de debate cultural en torno a la definición y el significado del género, de la masculinidad y la feminidad, en el marco del discurso nacionalista del México posrevolucionario. Hubo tres percepciones distintas sobre Amelio Robles que por momentos se contraponían: *1)* la de sus compañeros en el ejército, que admiraban la cabal emulación que Amelio Robles hacía de una masculinidad entendida como alarde de fuerza y respuesta inmediata y violenta a cualquier agresión real o imaginaria; *2)* la mirada sensacionalista que, al solazarse en la exhibi-

[12] O'Malley, 1986, pp. 136-137.

ción de la excentricidad de Robles, también legitima su transgresión; y *3)* la perspectiva normalizadora y homófoba, que niega tajantemente la transgeneración desde categorías de género escencialistas. Para comprender las percepciones sobre Amelio Robles, es necesario partir de la identidad social y la imagen corporal masculina que Amelio Robles se dio a sí mismo mediante la pose, el gesto y el vestuario, así como su eficaz manejo de la fotografía y de la atención de la prensa.

La imagen corporal masculina de Amelio Robles estaba plenamente respaldada por los documentos de identidad que acreditan su pertenencia a diversas agrupaciones sociales y políticas, incluidas las credenciales que lo reconocen como afiliado al Partido Socialista de Guerrero (1934), delegado en Xochipala, Guerrero, de la Liga Central de Comunidades Agrarias (1945), afiliado a la Confederación Nacional de Veteranos de la Revolución (1948) y como socio de la Asociación Ganadera de Zumpango del Río (1956 y 1958). Las fotografías de identificación de las credenciales confirman la masculinidad del interesado cuyo nombre y rúbrica aparecen siempre en masculino.[13]

Quizás la mayor prueba de la eficacia de la masculinidad de su aspecto sea el certificado médico, requerido para el ingreso a la Confederación de Veteranos de la Revolución, expedido por el doctor Pedro González Peña en su consultorio de la Ciudad de México en el año de 1948. El médico constató la buena salud, la edad declarada, y las cicatrices de seis heridas de bala en distintas partes del cuerpo, incluida una en el muslo y otra en la axila, sin aludir a la anatomía sexual del interesado.[14] La inspección médica exigida por la Confederación de Veteranos de la Revolución seguramente no era una revisión clínica profunda sino un trámite apresurado, cuyo propósito era certificar las cicatrices de guerra, consideradas una prueba irrebatible de la valentía

[13] AHTF, exp. Gro-06.
[14] AHTF, exp. Gro-06, certificado médico, 4 de marzo de 1948.

mostrada en los campos de batalla. No había motivos para que el médico dudara de la masculinidad de Robles: su actitud reservada, gesto, atuendo y movimientos corporales —"un andar de soldado viejo"— eran los de un hombre de campo de casi 60 años de edad, quien pudorosamente debió descubrirse algunas partes del cuerpo para mostrar al médico las marcas de bala que estaba orgulloso de poseer. En otras ocasiones, Robles no tuvo empacho en mostrar la cicatriz en una pierna, que daba realismo a la narración de sus hazañas guerreras.[15]

La Secretaría de la Defensa Nacional (Sedena) legitimó la identidad masculina de Amelio Robles al condecorarlo en 1974 como Veterano de la Revolución, y no como *veterana*, distinción concedida a más de tres centenas de mujeres por sus servicios a la causa revolucionaria.[16] El reconocimiento de las máximas autoridades militares del país debió dar una enorme satisfacción a Amelio Robles, aun cuando la Sedena no avaló el grado de coronel que ostentaba en el ejército zapatista que, como es sabido, no era un cuerpo militar de carácter profesional sino "un pueblo en armas", una fuerza compuesta por grupos rebeldes de hombres reunidos en torno a sus jefes en donde no existen procedimientos de ascenso sistemáticos. Tampoco le fue concedida una pensión militar; lo único que el guerrerense consiguió fue un pago para solventar los gastos de una enfermedad.[17]

Amelio Robles exigía ser reconocido como hombre, tanto en público como en privado. Un vecino subraya: "yo nunca le dije señora, siempre le dije señor Robles, porque sacaba su pistola a quien le decía mujer o doña".[18] Aunque exagera-

[15] AHTF, exp. Gro-06, Gil, 1927.
[16] Archivo Histórico de la Secretaría de la Defensa Nacional (AHSDN), Cancelados, exp. Amelio Robles y Mendieta Alatorre, 1961, pp. 112-122.
[17] AHTF, exp. Gro-06.
[18] Eduardo Albarrán Orozco, "Nadie podía decirle mujer al *Güero* Robles porque sacaba su pistola", *La Jornada del Sur*, Acapulco, Guerrero, 21 de junio de 1999.

da, la afirmación es ilustrativa de las maneras en que Robles imponía el reconocimiento a su identidad social como hombre. En su familia, la masculinidad de Amelio se aceptaba como un hecho dado; sus sobrinas nietas se dirigieron a él como *tío* o *abuelo* y tuvieron noticia de su particular identidad sexual sólo hasta que fueron adultas ya que el tema no se trataba en casa. Sólo en ocasiones excepcionales, cuando los lazos de la confianza homosocial entre amigos se reforzaban al compartir bebidas alcohólicas, el viejo Robles llegaba a aceptar que alguno de sus allegados se dirigiera a él como "mi coronela".[19]

Amelio Robles adoptó las formas de masculinidad prevalecientes en su entorno rural, un código cultural que incluía la capacidad de respuesta inmediata y violenta a cualquier agresión, una valentía retadora y constantes alardes de fuerza. Estas características, en años posteriores, lo llevaron a protagonizar violentas riñas personales que acabaron con la vida de más de una persona. Como muchos hombres Amelio con frecuencia caía en excesos alcohólicos, era mujeriego, malhablado, autoritario y casi nunca estaba dispuesto a dar cuentas de sus actos a sus familiares, ni siquiera en los periodos de enfermedad que marcaron su larga vejez. Amelio Robles, el más macho entre los machos, llevó al extremo el estereotipo de masculinidad prevaleciente en su entorno rural. Paradójicamente, su peculiar transición de género a un mismo tiempo subvierte y refuerza la heterosexualidad normativa y la masculinidad estereotípica que recrea.

LA NIÑA AMELIA

Amelia Robles era originaria de Xochipala, pueblo del estado de Guerrero, donde nació en 1889, según se asienta en el

[19] Entrevistas de la autora con Guadalupe Robles, 18 de enero de 1999, y Gabriel Heredia, 18 de septiembre de 2002, en Xochipala, Guerrero.

libro del Registro Civil correspondiente. La caligrafía del acta de nacimiento no deja dudas: el bebé presentado por su padre y su madre ante el comisario de Xochipala era una niña. De acuerdo con el santoral católico recibió el nombre de Malaquías, aunque en casa la llamaban Amelia, su primer nombre de pila.[20] Los Robles eran una familia de rancheros, el sector social de propietarios medios que fueron protagonistas centrales de la Revolución mexicana en Guerrero.[21] La infancia de Amelia transcurrió entre la casa de Xochipala y el rancho, que estaba en las afueras del poblado. Ahí Amelia aprendió el manejo de las armas y los caballos, lo que no impidió que también estuviera vinculada a las Hijas de María, congregación católica dedicada a profundizar la formación espiritual de las jovencitas. Siendo hija de familia dedicada a las labores domésticas (un vecino la recuerda trabajando en una fonda que ofrecía alimentos a los revolucionarios que pasaban por la zona), y de no haberse unido a la guerrilla, a Amelia le hubiera gustado estudiar medicina, aspiración profesional masculina que también tuvo su paisano Juan Andreu Almazán, a quien Robles le profesaba gran admiración desde que lo trató en tiempos del zapatismo.[22]

En la guerrilla Amelia descubrió "la sensación de ser completamente libre"—palabras suyas— algo que no conoció mientras vivía como mujer en un poblado del que generalmente sólo se salía a pie. En el pueblo, las habilidades con las armas y los caballos de la joven Amelia provocaban la admiración ante un buen espectáculo, pero en la tropa esas mismas capacidades del guerrillero Robles eran esenciales y altamente valoradas.[23]

---

[20] Registro Civil de Zumpango del Río, Guerrero, libro de actas de nacimiento, adopción, reconocimiento y arrogación año 1890, acta 160, fojas 59 y 60, 4 de noviembre de 1889. El día 3 de noviembre se conmemora al mártir Malaquías, según el *Calendario más antiguo de Galván* (2002), p. 141.

[21] Jacobs, 1982.

[22] AHTF, exp. Gro-06, Gil, 1927.

[23] *Id.*

La etapa zapatista de Robles se extendió durante cinco o seis años, desde 1912 o 1913 hasta 1918, aproximadamente, en los que participó en numerosos hechos de armas, incluida la cruenta y decisiva batalla de Chilpancingo de 1914, que significó la derrota del huertismo en Guerrero y el avance militar y político del zapatismo en la zona. El vínculo de Amelio Robles con el zapatismo fue menos ideológico que vital, surgido del gusto por la vida guerrillera, más libre que la del pueblo y con la intensidad del peligro constante. Al rememorar los tiempos de la Revolución, Robles pocas veces se refería al agrarismo y al radicalismo social y, en cambio, se regodeaba en anécdotas sobre la vida cotidiana en los campos de batalla, en donde la lealtad a los jefes, los logros y las rivalidades personales eran el pan de cada día.

Al igual que muchos otros combatientes de la región, Robles reconoció el gobierno de Venustiano Carranza hacia 1918 y a la larga se convirtió en soldado del Ejército Mexicano. Robles dio su apoyo a la rebelión de Aguaprieta que dio la victoria militar de la Revolución a Álvaro Obregón.[24] Ya como miembro del Ejército Mexicano, Amelio Robles participó en el combate a los rebeldes delahuertistas, bajo las órdenes del ex zapatista Adrián Castrejón, que se convertiría en gobernador del estado de Guerrero en 1928. Los triunfos militares de Castrejón consolidaron los lazos de amistad y compadrazgo homosocial de Robles con su jefe y compañeros de armas. Esos vínculos fraguados en combate contribuyeron de manera importante al reconocimiento oficial a la identidad masculina de Robles. Al tanto de la peculiar identidad de Robles, Castrejón fue artífice de la entrevista con Miguel Gil de *El Universal* y, posteriormente, su influencia como gobernador favoreció la incorporación de Robles a las organizaciones castrejonistas como el Partido Socialista de Guerrero y la Liga de Comunidades Agrarias,

[24] APGD, Museo Na Bolom, M/1987, 1945.

que le dieron influencia política en su pueblo. Amelio Robles también se benefició de la influencia política de otro compañero de los días de la lucha contra el delahuertismo, Rodolfo López de Nava Baltierra, quien siendo gobernador de Morelos estuvo dispuesto a extenderle un certificado de méritos revolucionarios y recomendar su ingreso a la Legión de Honor Mexicana de la Secretaría de la Defensa Nacional, como también lo hicieron otros de sus correligionarios.[25]

Para ser reconocido como Veterano de la Revolución era requisito presentar a la Sedena cartas de recomendación y constancias de méritos; tales constancias intentaban ajustarse a los requisitos establecidos por la Legión de Honor Mexicana, sin necesariamente establecer de manera fidedigna hechos ocurridos décadas atrás cuyos detalles probablemente habían sido olvidados.[26] Si era usual ajustar los informes de méritos y servicios a las relaciones militares de sus superiores, a Robles debió parecerle igualmente razonable cambiar el sexo registrado en su acta de nacimiento para que, de este modo, su principal documento de identidad cuadrara con su aspecto y su sensación interna de ser hombre. Su expediente personal en los archivos militares incluye un acta del Registro Civil apócrifa que da fe del nacimiento del niño Amelio Malaquías Robles Ávila. Salvo el sexo y el nombre del bebé, todos los demás datos coinciden con el acta de nacimiento original del libro del registro civil de Zumpango del Río.[27] Convencido de su masculinidad y gozando de la protección política de una red de relaciones sociales en la región, Amelio Robles no debió dudar de la conveniencia de presentar un documento apócrifo y tener el

[25] AHTF, Gro-06, Rodolfo López Nava de Baltiera, Francisco Mendoza Palma, Esteban Estrada e Ignacio Nava de Catalán emitieron constancias de méritos a favor de Amelio Robles entre 1956 y 1958.

[26] Decreto que crea la Legión de Honor Mexicana, *Diario Oficial*, 8 de febrero de 1949.

[27] AHSDN, Cancelados, exp. Amelio Robles Ávila, acta de nacimiento, 8 de abril de 1957.

gusto de ser declarado Veterano —y no *veterana*— de la Revolución.

INOCULTABLES REALIDADES

Durante el movimiento armado la violencia sexual que afectaba especialmente a la población femenina se incrementó
de manera directamente proporcional a la violencia revolucionaria. Pero al mismo tiempo, para algunas personas, la
Revolución también abrió posibilidades de autodeterminación que hasta entonces estaban fuera de su alcance. La
guerra provocó desplazamientos geográficos y "trastocó el
subsuelo de la respetabilidad y las buenas costumbres".[28] Sobrevino lo que Carlos Monsiváis llama una "demolición temporal del pudor" que hizo "inocultables las realidades del deseo", al menos en los excepcionales espacios de tolerancia
como el que permitió a Amelio Robles gozar de una relativa
aceptación; espacios que no tenían equivalente urbano ni
pueblerino que se conozca. Sabemos tan sólo de la visibilidad alcanzada por algunos homosexuales conspicuos en la
Ciudad de México de los años veinte: artistas e intelectuales
como Salvador Novo o Roberto Montenegro, por mencionar sólo a dos de los caricaturizados por el pintor Antonio
Ruiz, *el Corzo*.[29]

La tolerancia a las sexualidades marginales no fue norma en el movimiento zapatista. El poblano Manuel Palafox,
uno de los principales intelectuales del zapatismo, fue objeto de reiteradas descalificaciones por su inclinación homosexual. Maurilio Mejía, jefe guerrillero y sobrino de los hermanos Emiliano y Eufemio Zapata descalificó tajantemente
a Palafox: "un pobre diablo de sexo equivocado como lo es
usted no puede llamarse amigo de los hombres que lo somos de verdad". La homosexualidad de Palafox, se añadió a

[28] Monsiváis, 1984, pp. 159-177.
[29] *Id.*, y Monsiváis, 1998, p. 23.

las múltiples tensiones políticas que acabaron por distanciarlo de Zapata, quien en más de una ocasión estuvo a punto de ordenar su fusilamiento.[30] La homosexualidad masculina atrae la condena extrema porque es percibida como afeminamiento y rechazo de la masculinidad (aunque no siempre lo es). Y como la masculinidad se identifica con convicción revolucionaria y muestra de patriotismo, su rechazo se califica de traición a valores fundamentales. La transgeneración de Robles, en cambio, goza de una relativa tolerancia por la razón contraria ya que exacerba los valores de la masculinidad que la guerra civil exalta.

No se piense, sin embargo, que la tolerancia hacia Amelio Robles fue fácil o generalizada. Al término del movimiento revolucionario, Amelio optó por instalarse en Iguala para evitar la hostilidad proveniente de su natal Xochipala, donde conservó la propiedad familiar a la que volvió años más tarde. Según algunos testimonios, Amelio Robles fue asaltado por unos hombres que querían descubrir su secreto corporal y, al defenderse, causó la muerte de dos de sus agresores, lo que le costó purgar una condena en la cárcel de Chilpancingo. El encarcelamiento debió acarrearle la humillación adicional de estar recluido en el departamento de mujeres.[31] Sea cierta o no, la anécdota expresa la ansiedad, muchas veces traducida en agresión abierta o soterrada, que provocaba Amelio al poner en entredicho las clasificaciones culturales de género. Su identidad era motivo de bromas, más o menos pesadas, aun por quienes le ofrecieron protección como Castrejón o López de Nava. Ambos militares manifestaron ambigüedad hacia Amelio ya que oficialmente avalaban su masculinidad pero, en privado se referían a *la coronela Amelia Robles*.[32]

[30] Womack, 1968, pp. 306 y 314 y Brunk, 1995, p. 328.
[31] Fernando Gaitán, "La mujer coronel cuenta su vida", *Alerta*, 25 de febrero de 1978.
[32] AHTF, Gil, 1927 y López de Nava Camarena, 1995, pp. 101-122.

La transgeneración de Amelio Robles no se restringió a sus actividades militares y políticas. También en la esfera personal Robles se condujo como varón y emuló los comportamientos masculinos vigentes en la sociedad rural del siglo XX. Tuvo relaciones de pareja con varias mujeres y con Ángela Torres llegó a adoptar una hija, que de adulta prefirió distanciarse de su padre, Amelio. La señora Torres provenía de una familia acomodada de Apipilco, poblado próximo a Iguala donde Robles residía en 1934, y tal vez sea "la compañera de escuela" a quien le prodigaba atenciones.[33] El aspecto masculino de Amelio Robles es parte de una oposición polar de los atributos corporales masculinos y lo femenino, según lo sugiere la fotografía en que Amelio posa al lado de Lupita Barrón, con quien también tuvo un vínculo sentimental.

Al mismo tiempo, la masculinidad de Robles implicaba una tajante división de funciones socialmente asignadas a hombres y mujeres en un mundo rural. Como típico hombre de campo, Amelio jamás se ocupaba de las tareas domésticas que debió aprender en su juventud, cuando recibió la educación de una señorita católica pueblerina al tiempo que se convertía en tirador experto, jinete y domador de caballos. En la vejez, cuando la enfermedad limitaba sus posibilidades de movilidad, Amelio solía recibir visitas de Angelita Torres. La señora Torres acostumbraba trasladarse desde Apipilco, poblado cercano a Iguala, llevando consigo un anafre y los utensilios necesarios para cocinarle a Amelio mientras lo visitaba en Xochipala. La anécdota está cargada de resonancias de la imagen popular de "la Adelita", soldadera que con hijos y enseres domésticos a cuestas seguía a su Juan y recreaba una rústica estructura hogareña en medio de la adversidad de un campo de batalla.

---

[33] AHTF, Gil, 1927.

EL GÉNERO EN DISPUTA

La prensa hizo de Robles una celebridad local y ello contribuyó a legitimar su transgeneración. Amelio Robles interesó a Miguel Gil, reportero de *El Universal* y atrajo a Gertrude Duby, periodista de origen suizo exiliada en México y militante de la oposición europea al fascismo. Ya desde tiempos de la Revolución, un fotógrafo anónimo había retratado a Robles, y su imagen se incluyó en la *Historia gráfica de la Revolución mexicana* editada por Casasola.[34]

En los años veinte la primera plana de *El Universal* estaba dedicada, principalmente, a la información política, pero con frecuencia también incluía noticias sensacionalistas, esos relatos de crímenes, tragedias o hechos extraordinarios redactados con un estilo coloquial que buscaban provocar reacciones viscerales de horror o conmiseración extrema entre los lectores potenciales y que es una estrategia comercial de la prensa moderna. En abril se incluyeron otras notas con titulares llamativos: "Gertrude Eaerle, la pequeña mujercita rana que cruzó a nado el Canal de la Mancha" o "El secreto de una anciana que tiene ciento cuarenta y tres años de edad".[35]

Pero la prominente publicación de la noticia sobre Amelio Robles se debe no sólo a elementos sensacionalistas de la noticia sino a los antecedentes de Robles en la Revolución mexicana. A una década de la promulgación de la Constitución de 1917, los recuerdos sobre el proceso revolucionario estaban todavía frescos, y el público se interesaba por los testimonios de participantes y observadores. En los meses

---

[34] Casasola, s. f., p. 759.
[35] "Gertrude Earle, la pequeña mujercita rana que cruzó a nado el Canal de la Mancha", *El Universal*, 3 de abril de 1927, I, p. 8; "El secreto de una anciana que tiene ciento cuarenta y tres años de edad", *El Universal*, 27 de abril de 1927, I, p. 3.

de abril y mayo, por ejemplo, *El Universal* incluyó dos estampas del escritor Martín Luis Guzmán, que pasarían a formar parte de *El águila y la serpiente*, novela canónica de la Revolución mexicana que es también como un gran reportaje de la guerra. El periódico también publicó una entrevista de Miguel Gil con la poblana Carmen Serdán, figura emblemática de la Revolución iniciada por Francisco I. Madero.

Es probable que Miguel Gil preparara la noticia sobre Amelia Robles para publicarla a propósito del 10 de abril, aniversario de la muerte de Emiliano Zapata. Desde comienzos del gobierno de Álvaro Obregón, que impulsó el reparto agrario y nombró a varios zapatistas como miembros de su gabinete, la efeméride fue ocasión para que las organizaciones locales y el gobierno promovieran la imagen del líder morelense como símbolo de los campesinos desposeídos. Siendo candidato a la presidencia de la República, Plutarco Elías Calles eligió precisamente el 10 de abril de 1924 para manifestar una posición agrarista que alcanzó los titularse de los principales diarios; sin embargo, la efeméride fue perdiendo importancia en los años siguientes al tiempo que el gobierno frenaba el reparto agrario. A tono con la postura callista, en 1927, *El Universal* eludió toda mención de la efeméride, mientras que *Excélsior* tan sólo informó brevemente sobre las deslucidas ceremonias locales efectuadas en Cuautla.[36]

La nota de Miguel Gil ofrece una descripción visual de Amelio Robles que subraya detalles significativos, de acuerdo con las recomendaciones para una redacción efectiva del globalmente influyente Joseph Pulitzer.[37] Así, el breve diálogo entre el reportero y el entrevistado sobre las andanzas revolucionarias de Amelio Robles elude un abordaje conceptual sobre el tema de la transgeneración pero deja una impresión perdurable a través del siguiente apunte: "al arre-

[36] O'Malley, 1982, pp. 49-54.
[37] Silvestre, 1997, p. 34.

mangarse el pantalón para mostrar la cicatriz que una bala le dejó en la pierna veo que usa calcetines y ligas de hombre. ¡Pequeño detalle, pero detalle al fin!" La semblanza visual quiere probar que Amelio Robles "no tiene un pedacito femenino". Nada sugiere feminidad "en el aire de su risa y ni en la mirada de sus ojos; ni en el modo de ponerse de pie, ni en la forma de expresarse, ni en el timbre de su voz". Su imagen corporal, rostro, ademanes, tono de voz y rasgos de personalidad eran de hombre. El carácter viril del movimiento corporal y los gestos se manifestaban también en el estilo de vestir: "la forma de usar el saco, los pantalones y el sombrero ladeado un poco a la izquierda y puesto con garbo no eran sino indicio de masculinidad".[38]

Aunque Miguel Gil no emplea el término de *inversión sexual*, su visión de Amelio Robles está moldeada por este concepto amplio con el que la sexología decimonónica nombró a diversas identidades homo y transexuales y que se popularizó en los medios de comunicación de Gran Bretaña y los Estados Unidos, que en los años veinte tuvo alguna resonancia en México. A tono con el discurso sexológico, Gil ve a Robles como un espíritu masculino atrapado en una "envoltura corporal" femenina: "La Coronela es un hombre, y sin embargo, nació mujer".[39]

Es innegable la curiosidad voyeurista de Gil ante la excentricidad de Amelio pero el periodista no ve a Robles como un espécimen del museo de los horrores, sino como un "tipo soberbio para una novela".[40] Tampoco hay sorna, condena moral, o conmiseración, actitudes que están presentes en una noticia sobre Robles publicada décadas más tarde en el periódico sensacionalista *¡Alerta!*[41] Seguramente, Amelio Robles hubiera preferido que *El Universal* lo presentara simple y

[38] Miguel Gil, 1927.
[39] Prosser, 1998, pp. 116-151; Gil, "Amelia Robles", *op. cit.*, p. 8.
[40] Gil, "Amelia Robles", *op. cit.*, p. 8.
[41] Gaitán, "La mujer coronela", *¡Alerta!*, México, febrero de 1978.

llanamente como un revolucionario valiente, sin referirse a él como mujer. No obstante, también debió sentirse muy halagado al ver su fotografía desplegada en la primera plana del diario capitalino, por eso guardó el recorte de *El Universal* a lo largo de su vida, junto con otras fotografías y recuerdos personales. Aunque *El Universal* lo revela como una persona excéntrica, Amelio Robles aprovecha la celebridad que el periódico le ofrece, pero no hace suya una posición de marginalidad social sino que, por el contrario, logra llevar una vida bien integrada a su entorno social y familiar.

Gil toleraba la masculinización de Robles, pero no mostraba simpatía alguna frente a los homosexuales. El reportero hace evidente su condena y sorna en una nota sobre los homosexuales afeminados recluidos en la Penitenciaría del Distrito Federal, que lucen llamativamente maquillados y travestidos.[42] El periodista sigue las pautas comunes en el tratamiento sensacionalista a identidades de género transgresoras que la prensa de a centavo dio a la emblemática redada a los 41 homosexuales de 1901 y se refiere a "los neutros" como "unos seres incongruentes, incomprensibles [...] que no son mujeres ni hombres".[43] Con sus poses y gestos, los presos parodian la feminidad a ultranza, como también lo hacen mediante sus apodos que emulan a estrellas del espectáculo: Toña la Negra, Varita de Nardo, Bárbara La Mar, Eva Beltri o Delia Magaña. La burla se dirige al afeminamiento al que se ve como una pose artificiosa y una amenaza a las normas de género. En otra ocasión, al escribir sobre las Islas Marías, Gil se refiere a los homosexuales como "hombres a medias" pero matiza el tono condenatorio al llamar a reflexionar "sobre las grandes injusticias de la Naturaleza".[44] Las opiniones de Gil sobre los presos ho-

---

[42] Gil, 1993, pp. 8, 9 y 15; *Detectives. El mejor semanario de México*, 24 de abril de 1933.

[43] Irwin, McCaughan y Nasser, 2003.

[44] Gil, 1927, p. 187.

mosexuales matizan los alcances de su tolerancia ante Robles, cuya masculinidad le parece aceptable por tratarse de un caso de excepción, que no tiene seguidores y que, además, exalta los valores del machismo. En cambio "los neutros" de la cárcel y sus semejantes que circulan por las calles de la ciudad ostentan un afeminamiento que no es tan excepcional y atrae la máxima condena de una sociedad donde prevalecen los valores de una masculinidad supuestamente inquebrantable.

EL GIRO ESENCIALISTA

Con el tiempo, el reconocimiento de la condición trangénero de Amelio Robles se fue diluyendo, y quien en vida logró ser aceptado como hombre en su entorno social y familiar, aun por las más altas autoridades militares del país acabó por ser un símbolo de esa abstracción que es "la mujer revolucionaria". Se impuso una concepción que, en su comprensible afán de dar una necesaria valoración a los logros y derechos de las mujeres, pasó por alto la eficaz masculinización, así como el hecho de haber sido distinguido por la Secretaría de la Defensa Nacional como Veterano de la Revolución y de que todo el mundo se dirigiera a él en masculino. El catrín de pueblo que portó orgulloso un arma de fuego, lució un cuerpo viril con desparpajo e hizo alarde de machismo y valentía en la guerra zapatista y como soldado al servicio del Ejército Mexicano, terminó dando el nombre de "Coronela Amelia Robles" a la escuela primaria de su pueblo natal.

La censura de la masculinidad de Amelio Robles en la memoria social del discurso reivindicativo de "la mujer" en la Revolución mexicana se hizo evidente en la Casa-Museo Amelia Robles, que abrió sus puertas en Xochipala en 1989, a cinco años de su fallecimiento, bajo el impulso de la Secretaría de la Mujer del Estado de Guerrero, establecida el año anterior, la Dirección de Culturas Populares, el Instituto Nacional de Antropología e Historia y con la colaboración de la familia Robles.[45] Convergen en el museo dos propósitos conmemorativos: por un lado, el relativo a las contribuciones históricas de las mujeres cuyas acciones ocupan siempre un papel secundario en una historia de bronce, protagonizada generalmente por los héroes militares y, por el otro, el concerniente a la historia local, casi siempre subordinada a una óptica centralista que valora la significación de los procesos históricos regionales, desde la lógica de la formación del Estado nacional.

La invisibilización de la identidad transgénero de Amelio Robles es consecuencia de un comprensible y necesario afán de reconocer lo que debería ser obvio: que las mujeres son sujetos históricos, capaces de hacer contribuciones significativas a la vida cívica y a todos los aspectos de la historia.[46] Sin embargo, dicho afán reivindicativo atribuye cualidades fijas a las categorías de mujer y hombre y, por lo tanto, generalmente no puede reconocer la plasticidad de las construcciones de género ni las expresiones marginales del deseo. Es una concepción heteronormativa que lleva implícitas actitudes de fobia y condena a las identidades homo y transexuales.

Las paradojas de esa conceptualización esencialista de las identidades de género se aprecian en Gertrude Duby, exiliada en México a raíz de la segunda Guerra Mundial, quien visitó a Robles en su pueblo a principios de los años cuarenta como parte del proyecto inconcluso de documen-

---

[45] Vega, 1999, p. 35.

[46] La perspectiva esencialista sobre Amelia Robles que aquí critico subyace también en un breve artículo mío, Cano, 1988, pp. 22-24, que marcó el inicio de la recuperación de la figura de Robles en el discurso conmemorativo de las mujeres en la historia de Guerrero, y al que le siguieron otros más con esa misma visión esencialista: Turok, 1988, pp. 41-44, Enríquez, 1998, pp. 41-43 y Cárdenas, 2000, pp. 309-319. Se separan de esta perspectiva Eltit, 1991 y Cano,1999, pp. 25-34.

tar de viva voz la participación de las mujeres zapatistas en la Revolución mexicana. A poco más de 20 años de terminado el conflicto armado, los registros sobre la participación revolucionaria de las mujeres eran escasos, si no es que inexistentes, según lo señaló Matilde Rodríguez Cabo, dirigente del Frente Único Pro-Derechos de la Mujer.[47]

Militante en el movimiento socialista y en la oposición al fascismo en Europa, Gertrude Duby imaginaba a México como una tierra de revolución social, tradiciones rurales y culturas antiguas, una idealización de la que participaban otros extranjeros que viajaron a México atraídos por las posibilidades de emancipación social que veían en el país y que parecían canceladas en el viejo mundo. A través del etnógrafo francés, Jacques Soustelle, Duby supo de Emiliano Zapata, "el indio de Anenecuilco, el único jefe revolucionario que haya comprendido la situación del campesinado en la Revolución mexicana".[48] A poco de estar en México, Duby fue más lejos que Soustelle en su idealización de *Miliano* y llegó a convencerse de que el líder morelense emulaba los propósitos socialistas de la Revolución rusa.[49]

Los relatos de las mujeres zapatistas sobre "su guerra contra los terratenientes" de Morelos permitían a Duby olvidarse, por momentos, de la guerra europea. Armada de una cámara fotográfica de segunda mano, Gertrude Duby tomó fotografías y entrevistó a una docena de participantes en el movimiento de Emiliano Zapata. Se conmovió con las historias de sacrificio y lucha de las revolucionarias, pero la impresión más fuerte se la provocó Amelio Robles. Atraída por esa "figura legendaria" Duby viajó en más de una ocasión a Guerrero; tomó varias fotografías de Robles y escribió una crónica literaria que permanece inédita. Colabora-

[47] Rodríguez Cabo, 1937, p. 20.
[48] Soustelle, 1976, p. 39.
[49] Duby, "Bauerngeneral Zapata und das neue Russland", *Freies Deutschland*, noviembre-diciembre de 1942, p. 27 y APGDB, Na Bolom, DA/1942/ 43.

dora de la prensa socialista europea, Gertrude Duby era una pluma experimentada en el periodismo de opinión política, pero sus textos sobre las zapatistas son crónicas literarias, que se alejan de los asuntos coyunturales y aspiran a un valor intemporal.

Durante su primera visita, Gertrude Duby pasó la noche y parte de una mañana en casa de Amelio Robles. Le hizo preguntas sobre su participación en la Revolución mexicana, y en todo momento se dirigió al zapatista en masculino como todos acostumbraban hacerlo, sin embargo, tanto sus notas de campo, así como la versión final de su crónica, se refieren a su anfitrión en femenino: "La coronela Amelia Robles me va a perdonar que la trate de mujer, ella honra con su valor, inteligencia y laboriosidad al sexo femenino".[50]

Para Gertrude Duby la masculinidad de Amelio Robles no era expresión de una identidad subjetiva y corporal auténtica, producto de un poderoso deseo íntimo, sino un recurso pragmático para enfrentar las restricciones sociales que pesaban sobre el sexo femenino: "en un siglo en el que todavía la mujer es relegada a segundo término por su sexo y en el que no cuentan sus capacidades, viviendo en un pueblo apartado de la carretera, entiendo que la coronela Amelia Robles viva, trabaje y ayude a su gente en traje de hombre y actuando como tal". A los ojos de Duby, Robles encarna un ideal emancipatorio en donde hombres y mujeres comparten las responsabilidades públicas, y las mujeres no se dedican exclusivamente al hogar, sino que participan en la vida social, en una utopía igualitaria que inspiró su labor militante por lo menos desde que estuvo al frente de la sección femenina del Partido Socialdemócrata Suizo a principios de la década de los años veinte. Esa utopía de equidad entre hombres y mujeres fue tema de una colaboración publicada en esos años para el periódico suizo *Frauenrecht*.[51]

[50] *Id.*
[51] Pappe, 1994, p. 27.

Amelio Robles y Esteban Estrada, ca. *1942.*
(Foto de Gertrude Duby, Museo Na Bolom.)

A la luz de la fotografía de Amelio Robles y Esteban Estrada era imposible negar del todo la masculinidad de Amelio Robles, cuya pose y aspecto lucen tan viriles, como los de su acompañante, Esteban Estrada. Ante la fuerza de lo evidente, Duby describe "los vestidos de hombre, el pelo corto, la voluntad de ser tratada como hombre" y reconoce que Estrada y Robles hablaron "de hombre a hombre" sobre asuntos de tierras. Sin embargo Gertrude Duby también encuentra rasgos que matizan lo masculino de su aspecto: "Tiene el pelo muy corto, un poco cano ya, una frente alta, una nariz fina, ojos claros muy vivos y una boca de una energía sorprendente. Su voz es fuerte, pero melodiosa y no masculina; su piel es fina y muy blanca; sus movimientos algo bruscos y muy decididos". El relato incluye detalles del entorno doméstico y de la hospitalidad ofrecida por Amelio Robles, pero Duby va más allá al descubrir rasgos femeninos estereotípicos y hasta maternales en las atenciones hogareñas y en la actitud protectora y cálida de "la coronela Robles" hacia sus visitantes: "A pesar de lo tarde que era, nos sirvió una cena excelente con una hospitalidad natural y me preparó más tarde una cama con sábanas blanquísimas y cobijas calientes y suaves. Pasé una noche de descanso perfecto..." La persona descrita por Duby no parece ser la misma en quien Miguel Gil no vio "ni un pedacito femenino".[52] El deseo de Gertrude Duby era encontrar en el México indígena y revolucionario una figura local que encarnara sus propios ideales de revolución, justicia social y emancipación igualitaria de las mujeres.

Como muchas otras autoras que dan visibilidad a la participación de las mujeres en los procesos históricos, Gertrude Duby atribuye una coherencia y un sentido único a la actividad de las mujeres en la facción zapatista de la Revolución mexicana. No contempla que el movimiento armado pudiera tener significados diversos para sus protagonistas, tanto hombres como mujeres, ni reconoce que a pesar de su impulso destructivo, la guerra también pudo hacer posible la expresión de las realidades inocultables del deseo, incluido el deseo marginal y silenciado de ser hombre de Amelio Robles, quien seguramente no habría perdonado a Gertrude Duby por "tratarla de mujer".

La mirada de Gertrude Duby es algo más que una perspectiva extranjera, decepcionada con la guerra europea que busca un edén de revolución social y emancipación feminista en el México indígena. Es una perspectiva homófoba, y a la vez reivindicativa de las mujeres, impulsada en los años treinta y setenta por el feminismo de la primera y se-

---

[52] AHTF, exp. Gro-06, Gil, 1927.

Gertrude Duby, Amelio Robles y una mujer no identificada,
ca. 1942. Autor desconocido. (Museo Na Bolom.)

gunda olas del siglo xx mexicano, que permearon el discurso
conmemorativo local de la Revolución mexicana en Guerrero. Por eso, la batalla más ardua que el coronel Robles libró
no se dio a campo traviesa, no tuvo olor a pólvora, ni requirió empuñar las armas de la ideología agrarista de la Revolución mexicana. Fue una batalla cultural, una lucha silen-
ciosa y lenta, cuya gran victoria fue convertirse en varón,
negando su anatomía corporal de mujer. Amelio Robles, quien
antes se llamó Amelia Robles, se esculpió a sí mismo el
cuerpo deseado y llevó vida de hombre durante 70 de los 94
que duró su larga existencia. Setenta años en los que actuó

y sintió como hombre y se ajustó a pautas de conducta masculinas. Ataviado de uniforme militar, de saco y corbata o simplemente de calzón de manta y chamarra de lana, a la usanza campesina, Amelio lució un cuerpo cuya virilidad muchas personas reconocieron. A su muerte, corrió el rumor de que, en sus últimos momentos, Amelio Robles solicitó ser enterrado con ropa de mujer, negando así la masculinidad que sostuvo en su vida, a veces a punta de pistola. Prevaleció el afán de normalizar su identidad masculina que el rumor expresa y la lápida en el cementerio de Xochipala, Guerrero —"aquí yacen los restos de la *coronela zapatista*..."— contradice la íntima felicidad de Amelio Robles: sentirse, mostrarse y saberse hombre.

Las personas con identidad transgénero como Amelio Robles en ocasiones son vistas como símbolos positivos de la transgresión; otras veces, su género y su aspecto físico se perciben como manifestaciones inauténticas o incluso grotescas, que refuerzan los estereotipos conservadores de lo masculino y lo femenino.[53] Sin embargo, la transgeneración de Amelio Robles no debe verse como una impugnación o reafirmación propositiva de una ideología de género, a la que se pueda juzgar positiva o negativamente, sino como una manera tan legítima como cualquier otra de articular un modo individual de ser y de sentirse, mediante los recursos culturales al alcance y dentro de los debates culturales vigentes en torno a lo masculino y lo femenino, proceso entramado en los conflictos sociales, las tensiones entre lo rural y lo urbano, la circulación transnacional de las representaciones culturales y la construcción de la memoria de la Revolución mexicana.

[53] Meyerowitz, 2002, pp. 11-15.

II. LA GUERRA CONTRA "LAS PELONAS"
Las mujeres modernas y sus enemigos, Ciudad de México, 1924*

Anne Rubenstein
York University

Se acabaron las pelonas
Se acabó la diversión
La que quiera ser pelona
Pagará contribución.

En el verano de 1924 México se agitaba aún al borde del conflicto revolucionario; así había sido por años.[1] El grupo Sonora todavía no consolidaba su dominio del gobierno nacional, la posibilidad de la lucha armada por el poder seguía abierta. Tampoco el gobierno había afirmado aún de manera incuestionable el control sobre gran parte del país. Pero en la Ciudad de México —al menos en la medida en que los periódicos y revistas de la época resulten fuentes

* La investigación necesaria para este artículo fue patrocinada por The Social Science and Humanities Research Council of Canada (Consejo de Investigación de Ciencias Sociales y Humanidades de Canadá). También quiero agradecer las discusiones especialmente animadas y útiles del tema sostenidas con otros ponentes y miembros del público de la Primera Conferencia sobre la Historia de Género y la Mujer en México, y en la Reunión de Historiadores Mexicanos, Estadunidenses y Canadienses celebrada en 2003. Debo un agradecimiento especial a Gabriela Cano por la solidaridad académica y el sentido del humor; sin su ayuda, este artículo no se habría escrito.
[1] Carlos Monsiváis recordó este verso y Gabriela Cano me lo transmitió. Gracias a ambos.

informativas confiables— ese verano se libraba una batalla verdaderamente importante: el debate sobre el largo del cabello femenino había llegado al punto en que los hombres se liaban en disputas callejeras y atacaban violentamente a las mujeres.

Era un conflicto global... o casi. La moda del pelo decididamente corto (el corte de pelo *à la garçon*) había llegado con la rápida difusión del cine mudo. Si tomamos en cuenta la asociación con las películas, cortarse el pelo de este modo representaba una toma de partido por "lo moderno" y una ruptura con la "tradición" donde quiera que las mujeres lo intentaran; aunque a cuál de los múltiples y complicados significados de estos términos se aspiraba, dependía de la mujer que se lo cortaba. En el mundo anglófono, las mujeres que hacían este gesto de adscripción a todo lo que estuviera a la moda eran llamadas las nuevas mujeres, o *flappers*, como referencia a los vestidos relativamente cortos que supuestamente "aleteaban" *(flapped)* con el viento. Pero en México, estas mujeres se hacían llamar "las pelonas", y así las llamaban también sus enemigos.

LA MODA DE LAS MUJERES ATLÉTICAS

En la primavera y el verano de 1924, las mujeres de la Ciudad de México que adoptaron el estilo masculinizado se toparon con una gran resistencia retórica, que se manifestó antes de que comenzara la violencia física. La moda del pelo corto y los cuerpos atléticos en las mujeres causó una especie de pánico ante lo procedente de más allá de la frontera, pues había llegado del extranjero y se estaba difundiendo fuera del pequeño grupo de mujeres de la élite que ya la habían adoptado. La oposición al estilo moderno se proyectaba en términos de defender la pureza nacional o racial. Los primeros indicios del problema aparecieron en los puestos de periódicos de la Ciudad de México en abril de 1924, cuando revistas y periódicos repentinamente recogieron el asunto de las pelonas con docenas de artículos que las describían con un ánimo crítico o bien burlón. Una de las revistas más populares del país, *Revista de Revistas*, les dedicó un número entero.[2] A medida que el debate se iba acalorando, la prensa de la Ciudad de México se mostraba más propensa a describir a las pelonas de forma condescendiente, caracterizándolas como mujeres que trataban de seguir tendencias importadas. Pero bajo estas objeciones nacionalistas al estilo de las pelonas había otro tipo de tensiones: lo que estaba en juego no era sólo la distinción entre lo nacional y lo internacional, sino también las divisiones raciales y de clase.

Efectivamente, una idea nueva y radicalmente diferente de belleza femenina había cautivado al México urbano, tal y como lo había hecho en Europa y los Estados Unidos, y para 1924 las jóvenes relativamente pobres y morenas habían comenzado a experimentar con ella. Si bien la imagen moderna se reflejaba en la moda —vestidos sueltos de *flapper*, pelo corto, nuevos maquillajes, zapatos y ropa interior—, el cambio no se limitaba a los bienes materiales que pudieran comprarse en salones, tiendas exclusivas y grandes almacenes. También comprendía un nuevo ideal de los cuerpos femeninos y las formas femeninas de moverse, lo que Ageeth Sluis ha llamado "el cuerpo *déco*": torsos y extremidades largos y delgados, pelo corto y un físico vigoroso (pero grácil).[3] Alrededor de 1920 los mexicanos comunes y corrientes comenzaron a ver por todas partes escenas, e inclusive a practicar actividades, permeadas de furor por el atletismo femenino, o cuando menos por imágenes del atletismo femenino.

Eran relativamente pocas las mujeres mexicanas que de verdad practicaban actividades atléticas en los años veinte

[2] *Revista de Revistas*, 15, núm. 733 (25 de mayo de 1924).
[3] Sluis, 2005.

(excepto por el baile); pero las *imágenes* de las mujeres moviéndose enérgicamente eran omnipresentes e influyentes. Ciertamente eran masas de gente joven, de ambos sexos, las que se movilizaban en las demostraciones de fervor nacionalista haciendo tablas gimnásticas —en la Ciudad de México fueron cientos los estudiantes y maestros que participaron en estas exhibiciones durante al menos cinco ceremonias inaugurales del nuevo Estadio Nacional que se celebraron en la primavera y el verano de 1924— y muchos otros aprendían bailables folclóricos, voleibol y baloncesto gracias a los esfuerzos de las misiones de la nueva y revolucionaria Secretaría de Educación. Pero la imaginería de las mujeres atletas solía representar a miembros de una etérea élite: los asiduos al Country Club. La mismísima primera dama, quien con frecuencia hacía apariciones públicas con vestidos al estilo *charleston* y sombreros *cloche*, pertenecía a esta categoría. Para describir a otra primera dama (o su equivalente), la hija de Plutarco Elías Calles, Hortensia —quien se convirtió en su acompañante oficial tras la muerte de su madre—, Sara Sefchovich escribe: "Era una joven dinámica, que ejemplifica el cambio de vida para las mujeres de las clases acomodadas: vestida a la moda de los años veinte con la ropa suelta, libre ya de los rígidos corsés, adornada con los collares largos [...] jugando tenis de punta en blanco o manejando autos de lujo".[4] Las mujeres de la clase alta de los Estados Unidos que vivían en México en ese tiempo ayudaron a popularizar estas modas. Por ejemplo, en un muy sonado baile de debutantes de la "colonia americana" de la Ciudad de México, siete de las nueve jovencitas retratadas en la nota del periódico de este acontecimiento de 1924 llevaban el pelo corto.[5] Aunque no pueden haber sido muchas las jóvenes atléticas de la élite capitalina, las mujeres de este

---

[4] Sefchovich, 1999, p. 225.
[5] "Prominent Society Women and Debutantes of the American Colony", *El Universal*, 4 de julio de 1924, sección 3, p. 3.

tipo aparecían retratadas por doquier: en los murales y las decoraciones arquitectónicas, en las películas mudas importadas de Europa y los Estados Unidos, en los anuncios del periódico y otras publicaciones, en el cine, en las caricaturas, en las tiras cómicas, en las ilustraciones de los libros de texto y los manuales de consejos, en las revistas de moda, en las carteras de cerillos, en el teatro burlesque y otros espectáculos públicos, y en las páginas femeninas y la sección de deportes de los periódicos.[6]

Estas imágenes reflejaban el cambio de los ideales de feminidad. Dice Julia Tuñón que la moda cedió el paso a la comodidad, y al fin "la mujer delgada con cuerpo ágil y deportivo podía sentirse hermosa".[7] Ya no era cuestión de rebelarse contra la moda; más bien era un cambio drástico en la ropa, los accesorios y el "estilo" que la alta sociedad consideraba elegantes. La ropa *chic* de los años veinte, que reducía al mínimo pecho y caderas y en cambio exageraba la longitud de brazos y piernas, anunciaba este nuevo estilo para las mujeres. Después de casi un siglo de discusiones y agitación logró triunfar el movimiento internacional para reformar el atuendo femenino: las mujeres de la élite tiraron sus corsés y las faldas pesadas que llegaban hasta el tobillo y los cambiaron por ropa que les permitiera moverse fácilmente, respirar hondo y participar en deportes activos. Los periódicos y otros medios de comunicación elogiaban a las estrellas del momento, como a Isadora Duncan, quien era muy admirada en los medios impresos, o la hija del pre-

---

[6] Véanse imágenes de las atletas en las imágenes comerciales, el arte culto y la arquitectura en el catálogo de la exposición *Art déco*, 1997, pp. 25-30 y *passim*. Véase la representación muralística de mujeres atléticas en el frontispicio de la "Decoración de la Sala de Conferencias en la antigua iglesia de San Pedro y San Pablo", *Boletín de la Secretaría de Educación Pública* 1:2 (1922); véanse también los murales de Ángel Zárraga en la Embajada Mexicana en París, reproducidos en *Ángel Zárraga*, 1990. Véase la representación de atletas en carteras de cerillos en *Mexicana*, 1998.

[7] J. Tuñón, 1987, p. 155.

sidente descrita líneas arriba, justamente debido a su físico grácil y elástico.[8] Efectivamente, los periodistas solían establecer una asociación entre la esbeltez, la ropa suelta y el ejercicio físico. Por ejemplo, un artículo de una revista exhortaba a sus lectoras a no usar nunca corsés, porque las clases de gimnasia y las faldas con resorte en la cintura bastaban para hacerles lucir un cuerpo encantador.[9]

Todos los cambios en la moda apuntaban hacia una idealización de las mujeres jóvenes, esbeltas, andróginas, de movimientos vigorosos. En la busca de este ideal, los manuales de buenas costumbres y las revistas para mujeres publicados entre 1920 y 1940 —en Norteamérica, Sudamérica y Europa; en español, francés, alemán e inglés— casi siempre sugerían ejercitarse diariamente, desde hacer sentadillas hasta los ejercicios con el "mazo de la India" (por lo general, estos consejos sonaban vagamente políticos: uno de estos libros declaraba que para no caer en la morbidez de la decadencia, no había más remedio que regresar a la naturaleza, sobre todo en cuestiones de higiene y ejercicio).[10] La apariencia de muchachito de la nueva mujer, *flapper* o pelona, saludable y activa, siguió siendo una sola entre toda la gama de posibilidades que tenían las mujeres en México para comparecer en público, al menos hasta finales de la segunda Guerra Mundial.

Aunque en forma desigual, la nueva moda se difundió rápidamente por todo México a partir de los años veinte. Primero llegó a los lugares donde las mujeres tenían mayor acceso a los medios de reciente importación: películas mudas, revistas de moda y modelos de vestidos. Así que la imagen de la pelona apareció en la Ciudad de México, en los

[8] Sobre la gracia en movimiento véase, por ejemplo, el artículo de portada del suplemento dominical "La gimnasia armónica", *Excélsior*, 8 de mayo de 1922, sección rotograbado, p. 1. Sobre el recibimiento brindado a Isadora Duncan en América Latina, véase Blair, 1987, pp. 261-268.

[9] Álvarez, 1920, p. 6.

[10] García Martí, s. f., p. 170. Agradezco la referencia a Eric Zolov.

puertos como Veracruz y en las ciudades de la frontera con los Estados Unidos antes de entrar al resto del país. En estos lugares se daba por sentado que la nueva moda era sólo para las jovencitas solteras de la clase alta. Por ejemplo, en 1925, la élite social de Mérida decretó que se veía muy mal que una mujer casada llevara el pelo corto, aunque los cortes *à la garçon* estaban de moda entre las jóvenes solteras y los niños de ambos sexos también usaban el pelo corto. Pero en 1926, muchas mujeres casadas de sociedad se cortaron las trenzas y nadie dijo ni media palabra.[11] En las áreas rurales de Yucatán y en los pequeños pueblos de Morelos, al menos durante 1928, las jóvenes se dejaban el pelo largo por atrás, aunque se lo cortaran enfrente.[12] Un visitante que no llegó a la Ciudad de México sino hasta 1928 se quedó tan sorprendido al ver el pelo corto de una antigua conocida suya de la clase media que en su cuaderno de notas escribió: "Luce un corte *à la garçon*".[13] Con todo, en las fotografías tomadas en la Ciudad de México en fechas posteriores a 1920, lo común era que las mujeres de la clase alta llevaran el pelo corto, y casi ninguna de las mujeres que aparecen en las fotos jugando al tenis o al golf tenía pelo largo.[14] Algunas jóvenes se atrevían a hacerse este cambio drástico animadas por sus padres, como lo recordaba una

[11] Asael T Hansen, "S-T-Y-L-E-S-1-9-2-0-1-9-3-3", notas inéditas de campo sobre Mérida, fólder 24, caja 47. Robert Redfield Papers, Special Collections, Regenstein Library, Universidad de Chicago.

[12] Asael T. Hansen, "Miss Blackburn. Styles", notas inéditas de campo sobre Mérida, fólder 25, caja 11, Robert Redfield Papers, Special Collections, Regenstein Library, Universidad de Chicago, Margaret Park Redfield, "Diario", anotaciones del 24 de enero de 1928, fólder 17, caja 3, Margaret Park Redfield Papers, Special Collections, Universidad de Chicago.

[13] Frederick Starr, "Diario", anotaciones del 15 de julio de 1928, cuaderno 56, caja 21, Frederick Starr Papers, Special Collections, Regenstein Library, Universidad de Chicago.

[14] Esto se refiere a miles de negativos de fotografías de la época, tomadas en su mayoría en country clubs, aunque algunas se tomaron en otros lugares de actividad deportiva (AGN, fototeca, Col. Enrique Díaz, cajas 14-17 y en otros lugares).

capitalina años después "Yo me corté la trenza. Mi mamá estuvo de acuerdo. Los papás claro que sintieron que aquello no era una cosa denigrante ni peligrosa, si la moda lo traía. De todo podemos prescindir menos de la moda. Mi papá con las trenzas no se metió. Mi mamá fue la que dijo: 'Ya no se usan, ya para qué las usas'".[15]

Pero la plétora de imágenes de mujeres atléticas en los medios masivos de comunicación y en el arte culto reflejaban una realidad más allá de las modas pasajeras de ropas y peinados. Las mujeres mexicanas de la élite se ocupaban muy activamente en la vida deportiva de los años veinte y treinta. Muchas jugaban tenis, y otras participaban en otras actividades deportivas.[16] Algunas siguieron paseando en bicicleta, que era lo que hacían las jóvenes de la clase alta desde principios de siglo.[17] En las fotografías de los años veinte se ven mujeres acomodadas jugando golf, echándose clavados, nadando, practicando diversas formas de equitación y esgrima. Algunas mexicanas llegaron incluso a incursionar en el alpinismo: en 1921, algunas mujeres de espíritu aventurero subieron y bajaron del Popocatépetl en un solo día.[18]

---

[15] Guadalupe Zúñiga de González, citada en Cano y Radkau, 1989 (p. 34).

[16] Esto se puede documentar en la cobertura que hacen los periódicos entre 1920 y 1930 de los torneos de tenis y otras competencias deportivas, sobre todo en la sección de deportes de *Excélsior* y *El Universal*, así como en las fotografías de la Colección Díaz (AGN, Fototeca, Col. Enrique Díaz, cajas 14-17 y otros lugares).

[17] Beezley, 1987, pp. 50-51.

[18] Frederick Starr, "Diario", anotaciones del 7 de septiembre de 1921, cuaderno 53, caja 21, Frederick Starr Papers, Special Collections, Regenstein Library, Universidad de Chicago. La informante de Starr, Carmen Tancerrado, se unió a una expedición encabezada por el pintor y muralista Dr. Atl (Gerardo Murillo), que salió del campamento —muy a pesar de la informante— a las dos de la mañana, porque entre subir y bajar se tardaban 16 horas. No parece haber tenido gran respeto por el Dr. Atl: a Starr le dijo que el libro del artista sobre el Popocatépetl no tenía la virtud de ser "científico y exacto". William Beezley escribe que ni el alpinismo ni el ascenso del Popo eran nada que interesara a los mexicanos antes de que se creara el Club de Exploradores en 1922; las excursiones encabezadas por el

Y para las mujeres de todas las clases y prácticamente todas las edades, estaba el baile.

Las mexicanas comunes y corrientes, sin acceso a los pasatiempos de la élite, se topaban con la nueva moda del atletismo femenil en otras formas. Veían a las mujeres deportivas, siempre atractivas y actualizadas, en las revistas, los periódicos y las películas mudas. (Un empleado resume de la siguiente manera los sentidos implícitos en estas descripciones cuando da su respuesta sobre el estilo de las pelonas a una encuesta de opinión hecha por un periódico de la Ciudad de México: "Es muy limpia, muy higiénica y sumamente práctica en estos tiempos en que la mujer ha entrado de lleno a la lucha por la vida".)[19] Las mujeres comunes y corrientes también se topaban con el nuevo estilo atlético promovido por el Estado, sobre todo mediante su adscripción a varios programas y proyectos de la Secretaría de Educación. La gente asociaba las actividades patrocinadas por el Estado, como el entrenamiento de cientos de jóvenes que habrían de ser maestras de gimnasia de la nueva escuela de la Ciudad de México planeada ex profeso, con la tendencia más general hacia el movimiento "moderno" del cuerpo femenino en el arte y el deporte —ahora practicado frente a un público—, y con las nuevas modas que adoptaban algunas jóvenes urbanas. De tal suerte, las críticas a la mujer joven y a la moda en 1924 equivaldrían, por extensión, a criticar el proyecto político al que ellas se habían incorporado.

INTENTO DE RENUNCIA A LA RAZA CÓSMICA. CRÍTICAS A LAS PELONAS

En julio de 1924, el anuncio en el periódico de *Mujeres modernas*, una película muda de los Estados Unidos que se ex-

---

Dr. Atl parecen haber sido una expresión nacionalista más que una empresa de aventura o de acondicionamiento físico (1987, pp. 40-41).

[19] "El repórter preguntón", *Excélsior*, 12 de julio de 1924, p. 5.

hibía en México, relacionaba la imagen de la modernidad internacional con la idea de cambiar los roles de género y sus relaciones al describir el peligro al que habían expuesto al mundo las mujeres de la sociedad neoyorquina:

> Nuestra época […] del progreso ascendente de nuestra civilización, ha [traído] como consecuencia absoluta, el desenvolvimiento de la mujer bajo todas sus fases: físicas, morales, sociales, psíquicas y materiales. Hoy, la mujer, no es la antigua […] el ser débil que desde la edad cavernaria hasta el principio del siglo presente no tenía voz ni voto y su voluntad era casi nula […] la mujer día a día se impone […] la moda pelona, higiénica y estética, se pasea por los cuatro puntos cardinales.[20]

Por otra parte, entre 1923 y 1925, los periódicos de la Ciudad de México que publicaban reseñas de películas hechas en Francia, Inglaterra y los Estados Unidos, solían describir a la actriz principal —Theda Bara, Constance Talmadge, Clara Bow o Laura La Plante— como *flapper*, y el término no se empleaba precisamente para elogiar.[21] Y los autores de esas reseñas daban por hecho que las señoritas irían al cine a ser testigos de la defensa o el ataque a esta nueva moda de peinado femenino.[22]

[20] Anuncio de las *Mujeres modernas* (*El Universal*, 9 de julio de 1924, sección 1, p. 5). El mismo anuncio apareció en otras seis ocasiones durante los 10 días siguientes. ¿De qué se trataba la película? El anuncio no traía imágenes, sólo este texto un tanto incendiario. En él se menciona a Corinne Griffite, seguramente por querer decir Griffith, una gran celebridad en esa época, como la actriz principal. No obstante, la base de datos sobre películas en la red, Internet Movie Data Base (http://us.imdb.com/), que suele ser muy confiable, no menciona la participación de Griffith en ninguna película parecida, aunque en 1922 estelarizó un melodrama sobre la vida de la alta sociedad llamado *Divorce Coupons*. ¿Acaso estos anuncios se referían a alguna versión de esta cinta?

[21] Véanse las reseñas que se reimprimen en Garrido, 1997, pp. 402-404, 410-412, 415, 418-420 y 456.

[22] "Celuloide" [Jaime Torres Bodet], reseña de *Pelona*, en *Revista de Revistas*, 29 de noviembre de 1925, citado en Garrido, 1997, p. 451.

Así, la oposición a la moda *flapper*, así fueran los vestidos, el pelo corto o un cuerpo atlético para las mujeres, podría expresarse en términos de una defensa de la pureza nacional o racial, como lo hizo el crítico de la cultura Salvador Novo casi 50 años más tarde. "El pelo largo heredado de la Malinche", escribió, era una fuente especial de orgullo nacional, lo que a su vez explicaba por qué "las pelonas llamaron más la atención [en México] que en otras naciones, y fueron objeto de burla".[23] Quizá podía pensarse que si una mujer se cortaba el pelo era porque renunciaba a la raza cósmica. También en 1924, una periodista manifestaba su preocupación:

> Hoy admiramos la fuerza, la agilidad y la salud de las razas extranjeras, obtenidas gracias al ejercicio [...] en los países sajones, el exceso de *sport* en la mujer está creando un tercer sexo [...] sexo neutro; lo cual en lugar de beneficiar a una raza tiende por el contrario a destruirla. Esto podrá ser por el abuso que el sexo débil ha hecho de algunos deportes en su loco afán de masculinizarse.[24]

La crítica a las nuevas formas de moverse y vestirse de las extranjeras estaba implícita en una forma coloquial de designar un estilo de pelo corto: de las mujeres que llevaban el pelo cortísimo se decía que usaban "rapados a la Boston".[25] Los defensores de la moda de las mujeres atléticas —quizá de manera poco diplomática— también enfatizaban los aspectos de índole racial y el riesgo para el nacionalismo mexicano. Por ejemplo, el artista Ángel Zárraga (quien por ese tiempo vivía en París, donde pintó una serie de retratos heroicos y murales de atletas de ambos sexos) dijo al ser entrevistado por una revista de la capital mexicana que él había represen-

---

[23] Novo, 1972, p. 31.

[24] Santín de Fontoura, 1924, p. 38.

[25] Sorando, 1924, p. 6; también "Por cada pelona que sea rapada se cortará el pelo a una trenzuda", *El Universal Gráfico*, 23 de julio de 1924, sección 2, p. 1.

tado a mujeres jugando al futbol para "contrarrestar [...] ese espíritu de nuestra raza que tiende a la morbidez [...] Esta deliberada intención de perfeccionarnos sometiendo el cuerpo a prácticas de gimnasia nos servirá mucho en México donde los soñadores son tan abundantes".[26]

Las explicaciones de tinte racial para oponerse a los peinados de las mujeres pasaban fácilmente del orgullo nacional a sentimientos más desagradables. Otro artículo de revista publicado en 1924 ofrece esta historia sobre la tendencia a llevar el pelo corto:

> En esta época las mujeres de todos los países se cortan las trenzas [...] por el simple capricho de seguir una moda implantada por las muchachas de un país en las que falta el sentimiento y la ternura y se agita el cambio [...] hace tres años que en la ciudad de Nueva York [comenzó] esta moda iniciada o más bien impuesta por las mujeres de todo el mundo, por las mecanógrafas de Wall Street y principalmente de los barrios judíos de Nueva York, alcanzó los *stages* [escenarios] y, en un instante las artistas de *vaudeville* y algunas de "cine" aparecieron con sus cabelleras cortadas "à la Bob".[27]

También los humoristas manifestaban sus angustias sobre la posibilidad de que esta tendencia se difundiera por todo el país y rebasara su sitio social y racial correspondiente. La revista *La Dama Católica* parodiaba un artículo supuestamente tomado de un periódico francés llamado *Pages medicales et parisiennes*. La versión de *La Dama Católica* sugería que los más saludables deportes modernos para las mujeres serían los antiguos en los que no había temor a excederse: barrer, trapear y lavar ropa.[28] Este chiste se basaba en la pre-

[26] Frías, 1924, p. 22.
[27] Serrano, 1924, p. 9.
[28] "Deportes femeninos modernos", *La Dama Católica*, 1° de agosto de 1924, p. 2. Agradezco la cita a Patience Shell.

sunción de que la masculinización de las mujeres se debía al prestigio de las ideas extranjeras sobre la salud, el deporte y el género. Tal vez el punto final del proceso en el que los medios mezclaron el estilo de las pelonas, el deporte y lo exótico llegó en julio de 1924, con la publicación de un artículo en la revista *Jueves* de *Excélsior* donde en tono de broma se achaca la moda del pelo corto al deseo de las mujeres de tener más tiempo libre para dedicarse al juego asiático del *mahjong:* no hay mujer que quiera perder un minuto si pueden dejarse llevar por el juego de los "dragones", los "vientos" y otras figuras exóticas, decía el periódico.[29]

Sin embargo, a veces las bromas y las quejas sobre las pelonas implicaban que se habían vuelto sexualmente inaccesibles o que habían perdido su atractivo para los hombres. Algunos periodistas, un poeta y el anuncio de las *Mujeres modernas* mencionaban, todos ellos, la sentencia del filósofo alemán de que una mujer de verdad tiene el pelo largo y las ideas cortas, insinuando que las mujeres de pelo corto seguramente carecerían también de otro tipo de encantos femeninos.[30] Los opositores autoproclamados del nuevo estilo advertían "a las muchachas (o a las viejas feas)" que no debían "dejarse engatusar" por las pelonas bonitas para irse a cortar el pelo.[31] En otras palabras, sólo las mujeres cuyo valor en el mercado del matrimonio era alto tenían suficiente capital social como para arriesgarlo llevando el pelo corto.

El estilo andrógino de la pelona amenazaba con borrar las diferencias visibles entre los sexos, y los medios mexicanos a veces escribían como si el nuevo estilo también amenazara con borrar las señales visibles de diferencia racial.

---

[29] "De la excentricidad mundial", 1924, p. 13.

[30] Por ejemplo, Jacobo Dalevuelta, "Las pelonas dispuestas a defenderse con energía", *El Universal*, 22 de julio de 1924, sección 2, p. 1; "Las Pelonas", 1924, p. 6; Serrano, 1924, p. 9.

[31] "Por cada pelona que sea rapada se cortará el pelo a una trenzuda", *El Universal Gráfico*, 23 de julio de 1924, sección 2, p. 1.

En la caricatura de un periódico, ésta también del verano de 1924, una mujer ya mayor, al parecer indígena por su tipo de cuerpo y ropa, exclama quitándose el rebozo para dejar al descubierto el pelo corto y rubio: "¡pos poniéndome a la moda!"[32] El humor (y la tensión) de la caricatura se deben a que no hay correspondencia con la edad, la clase social y (sobre todo) la raza de la mujer. En otra caricatura del mismo periódico, publicada una semana después, dos pintores de brocha gorda se quedan viendo a una mujer que sale del salón de belleza: "Se parece a nuestras brochas viejas", dice uno de ellos, "¡poco pelo y mucha pintura!", refiriéndose al maquillaje.[33] La gracia de esta broma reside en que una mujer de clase alta ha dado pie a ser criticada por trabajadores, pues el nuevo estilo de su peinado elimina las barreras de clase. Asimismo, el suplemento dominical del periódico *Excélsior* de la capital publica una fotografía de tres mujeres que están en una peluquería de puros hombres cortándose el pelo, y el pie de foto alude a esas criollitas que esperan su turno, equilibrando así el impacto de la imagen andrógina con un lenguaje que nivela la raza y la clase de las mujeres ("También en nuestro medio").[34]

Generalmente los defensores de las pelonas aceptaban este punto de vista. Al ser entrevistada por un periódico, una mujer que se describía como "pelona y todo" admitió que no cualquier mujer tenía "derecho a cortarse las trenzas"; las que eran muy feas, muy flacas o muy gordas, muy viejas, o no tan saludables, o "uno de esos toneles tan representativos de nuestra raza" deberían dejarse el pelo largo.[35] Así que la idea de raza era clave en ambos lados del argumento: ni los opositores ni la pelonas querían que el nuevo estilo fuera

---

[32] Caricatura, *El Universal*, 12 de julio de 1924, sección 1, p. 5.

[33] Caricatura, *El Universal*, 15 de julio de 1924, sección 1, p. 5.

[34] "También en nuestro medio", *Excélsior*, 1° de junio de 1924, sección rotograbado, p. 2.

[35] Jacobo Dalevuelta, art. cit.

adoptado por mujeres que se vieran muy indias ("en forma de tonel") o que fueran muy pobres. Ambos bandos —al menos ambos bandos entre el grupo de gente cuyas opiniones sobre el tema se publicaban en los periódicos de la capital— eran cómplices en una oferta donde los nuevos límites entre los sexos se hacían porosos a cambio de una creciente rigidez en las barreras raciales.

Pese a todo, un corrido, una balada popular de esos tiempos daba una imagen muy diferente de las pelonas. Se burlaba de ellas diciendo: "Estaban las tres pelonas/sentadas en su ventana/esperando a Pancho Villa/pa' que les diera una hermana" (en otras palabras, serían sus concubinas).[36] El corrido sugiere que las pelonas se parecían a las hermosas muchachas que según todos sabían eran algunas de las muchas mujeres que tuvo Pancho Villa: mestizas y de procedencia pobre o de la clase trabajadora, al parecer sexualmente disponibles, muy vinculadas a la Revolución, y que fueron tanto participantes en ella como ejemplos de la modernidad femenina. La tensión entre estas dos formas de pensar a las pelonas, como jóvenes blancas de la élite que participaban en una tendencia internacional de la moda o como jóvenes pobres y morenas que participaban en la Revolución, ayuda a explicar en cierta medida la confusión y el enojo que llevó a la violencia física contra las pelonas de la vida real en el verano de 1924.

La guerra contra las pelonas

Los argumentos contra las pelonas no tardaron en ir más allá de la retórica. En la vida real, las palabras tuvieron consecuencias, algunas de ellas relativamente menores, como esa ocasión en que unos funcionarios de migración negaron

---

[36] D. P., "Las tres pelonas", en Kuri-Aldana y Mendoza Martínez, 1987, p. 402. Agradezco la referencia a Gabriela Cano.

la entrada al país a un grupo de turistas del género femenino que venían de Brownsville, Texas, bajo el argumento de que llevaban *knickers*, esto es, pantalones que sólo llegaban a la rodilla. Un funcionario del consulado explicó a los periodistas que ya habían llegado muchas mujeres vestidas así y se habían comportado en una forma que no iba de acuerdo con la honorabilidad de las familias decentes mexicanas.[37] Pero en la Ciudad de México, en el verano de 1924, las cosas llegaron más lejos.[38] Sesenta años después, una mujer que en esa época era una estudiante joven de pelo corto, recuerda el incidente de esta manera:

> Cuando se empezó a usar el pelo corto, hasta se pelearon los de la Escuela de Medicina con los de la Normal. Eso de que nos hubiéramos cortado el pelo en aquel tiempo produjo un escalofrío moral en los muchachos. No lo toleraban. Hubo peleas [...] porque una muchacha con pelo cortado que pasara por la Escuela de Medicina —entonces en la Plaza de Santo Domingo— se la metían los muchachos para castigarla. Le pegaban o la maltrataban. Y claro que se enfurecieron los normalistas. Yo creo que se sintieron mal, pues quién sabe qué sentirían. Fue un episodio histórico, como muy expresivo de lo que el hombre quiere encontrar en la mujer. Creo que tenemos muchas diferencias gravísimas, pero una de las diferencias más notables, objetivas, era el pelo, el pelo largo.[39]

Aunque su relato no coincide al detalle con las notas del periódico que se publicaron en esas fechas, el recuerdo de

[37] "Mexican Officials Kick on Women in Knickers", *El Universal*, 14 de julio de 1924, English News Section.

[38] La siguiente narración de estos sucesos se basa en la cobertura que de ellos hicieron los periódicos capitalinos *El Universal*, *El Universal Gráfico* y *Excélsior* y las revistas *Jueves* de *Excélsior* y *Revista de Revistas*, 1° de abril-15 de agosto de 1924, salvo que se indique lo contrario.

[39] Guadalupe Zúñiga de González, citada en Cano y Radkau, 1989, pp. 33-34.

la narradora, notablemente parecido a los hechos, nos hace pensar lo importantes y perturbadores que fueron.

La guerra retórica en los periódicos y las revistas de la época comenzó en abril; pero para finales de junio había subido de tono, a tal punto que la mayoría de los periódicos mencionaba el tema a diario. El arzobispo de la Ciudad de México dio una larga entrevista en la que amenazaba con tomar medidas contra "las mujeres que olvidan la decencia, el natural recato, el decoro más elemental para vestirse", medidas similares a las que había tomado el arzobispo de la ciudad italiana de Milán, quien había prohibido a las mujeres de pelo corto la entrada en la catedral dos semanas atrás.[40] (El hecho de que el arzobispo de la Ciudad de México pasó inmediatamente a quejarse del Estado revolucionario puede ser un indicio de la estrecha asociación que se hacía entre las pelonas y el gobierno revolucionario, al menos en la imaginación del arzobispo, o puede sugerir sencillamente que ambos temas interesaban al cura y al periodista que lo entrevistaba.) Pocos días después, el mismo periódico informaba sobre una "reunión de damas católicas" en Bruselas, donde se había denunciado la nueva moda femenina insistiendo en que era especialmente inapropiada para ir a la iglesia. El congreso de mujeres católicas declaró: "Cristianamente se deduce que hay inmoralidad donde hay inmodestia, y se afirma que las iglesias no son salas de espectáculo".[41] Al reimprimir esta sección de la declaración, el periódico daba una dimensión espacial a la cuestión de las pelonas, de dos formas: primero, llamando la atención hacia el alcance transnacional de la nueva moda y la oposición a ella; segundo, yuxtaponiendo dos tipos de espacio urbano, la iglesia y el teatro como escenarios para tipos diferentes de puestas en escena de la feminidad. En la Ciudad

---

[40] "Interesantes declaraciones del arzobispo de México", *El Universal Gráfico*, 12 de julio de 1924, p. 2.

[41] "La moral y la moda", *El Universal Gráfico*, 15 de julio de 1924, p. 3.

de México, otros espacios urbanos —las escuelas públicas, las calles, las oficinas de gobierno y un tren— no tardarían en ofrecer un nuevo tipo de escenario para este drama.

Mientras el arzobispo ventilaba sus opiniones, un tabloide de la tarde publicaba un informe muy largo de una reunión de activistas antipelonas. La historia de *El Universal Gráfico* era tan sensacionalista que carecía de la menor verosimilitud, tal y como lo dejaba en claro la segunda frase en la que se aseguraba a los lectores: "No se trata de la fantasía del repórter [*sic*], sino de un hecho real". La narración probablemente no describe lo que realmente pasó; más bien revela lo que los editores pensaron que podían hacer pasar por cierto. Por consiguiente, puede indicar lo que los lectores de esa época —cuyas expectativas habían aumentado por la guerra retórica sobre la modernidad femenina en los periódicos, las canciones populares y el cine— *creían que podía pasar*. El artículo detalla una reunión de "una agrupación misteriosa, formada por estudiantes y obreros" para planear "la acción directa" que contra "nuestras modernas *flappers* empezará a cumplirse hoy mismo. Cinco muchachitas han sido escogidas para que sufran el castigo ejemplar [...] serán peladas a rape". El periodista alegaba haberse enterado porque había oído una "acalorada discusión" en un tren que iba de la Ciudad de México a algún pueblito. Siguió a los jóvenes cuya charla había escuchado en el trayecto por el pueblo hasta una "granja", donde "escondido detrás de un árbol" observó la continuación del debate entre un grupo más numeroso de "asistentes con el rostro cubierto y semitapados" por unos gorros en forma de pico y túnicas sueltas. Mientras el jefe daba explicaciones al periodista que ya había sido descubierto, los miembros del grupo discutían "dando a conocer los castigos y penas que impondrán a cualquier mujer que no repudie la moda 'yanqui'". En caso de que los lectores hubieran pasado por alto la referencia, el artículo les ayudaba a recordar el reciente "caso del señor Mercader [...] que pereció en una de las actividades de la famosa banda de los Ku Klux Klanes. Tampoco en aquel tiempo se dio mucho crédito a nuestras informaciones y aun hubo personas que llegaron a asegurar que era un burdo camelo confeccionado dentro de nuestra redacción". Pero, reiteraba el artículo, la violencia realmente podía llegar hasta las pelonas que no "se abst[uvieran] de salir a la calle mientras no les crezca el cabello", y los ataques empezarían muy pronto, quizás al día siguiente.[42]

Naturalmente, este cuento acerca de la defensa de la pureza femenina debe muy poco a los hechos sobre el Ku Klux Klan y sus actividades contra los mexicanos residentes en los Estados Unidos, y casi todo a la película que estableció el mito del Klan, *El nacimiento de una nación*, de D. W. Griffith. Si acaso existieron los opositores a las pelonas mencionados en el artículo, ellos y el periodista deben haber visto esta película poco antes: aunque se produjo en Hollywood en 1915, la película muda se estrenó en la Ciudad de México el 9 de octubre de 1923 y se siguió exhibiendo en salas en segundas y terceras vueltas durante varios meses posteriores a esa fecha.[43] Hay algunos rasgos peculiares en esta analogía entre la historia minuciosamente narrada en el periódico y la trama de *El nacimiento de una nación*. En la película, los afroamericanos son una amenaza para la virtud de las estadunidenses blancas, que son defendidas por estadunidenses blancos; en el artículo del periódico, las mexicanas jóvenes son una amenaza para su propia virtud y deben ser protegidas por jóvenes mexicanos. Pero la trama de *El nacimiento de una nación* debe haber encajado en una visión conservadora de la situación de México a principios de los años veinte. La película habla de heroicas intervenciones masculinas después de la guerra civil. De acuerdo

---

[42] "¿Se trata de ejercer la acción directa contra las pelonas?", *El Universal Gráfico*, 16 de julio de 1924, p. 8.
[43] Véase Amador y Ayala Blanco 1999, p. 186.

con la lógica de la trama, estas intervenciones se justifican en un periodo en el que el caos político (resumido en la película con una impresionante representación del asesinato del presidente Lincoln) y la reciente porosidad de las barreras raciales (planteada en la película como la amenaza del sexo entre hombres negros y mujeres blancas) amenazan la paz del hogar patriarcal. Es posible que *El Universal Gráfico* haya obtenido correctamente o no los datos sobre la reunión específica que describe, o inventa, en este artículo. No obstante, el artículo revela algunas verdades importantes sobre las tensiones de fondo y los conflictos que pronto desembocarían en agresiones físicas contra algunas jóvenes de la Ciudad de México.

Para expresar la creciente sensación de que no tardaría en suceder algo malo a las pelonas, otros periódicos más respetables que *El Universal Gráfico* probablemente inventaron ciertas historias. En efecto, hacia mediados de julio de 1924, los diarios de la capital publicaron algunas noticias poco plausibles. Por ejemplo, *El Universal* escribió acerca del anuncio hecho por un grupo de pelonas de la villa de Tacubaya, donde vivía gente acomodada, sobre sus planes de formar un "Club Pro-Pelonas [...] que tiene todo el carácter de sindicato, con el fin de impulsar esta moda higiénica y moderna, que en nada afecta a la moralidad y a las buenas costumbres".[44] Este informe, al menos en parte, era una broma —el Club Pro-Pelonas nunca volvió a aparecer en los medios—; pero una vez más respondía a una intangible aunque generalizada sensación de amenaza. Y dos semanas después de que *El Universal* publicó este artículo, ocurrió algo.

A las ocho y media de la noche, el 21 de julio de 1924, un grupo de estudiantes de la Escuela Preparatoria secuestró a una joven de pelo corto en la entrada de su escuela, la Escuela Nocturna Doctor Balmis (lo más seguro es que,

---

[44] "En Tacubaya se formará un Club Pro-Pelonas", *El Universal*, 10 de julio de 1924, sección 1, p. 11.

como estudiante de esta nueva escuela vocacional nocturna, la joven fuera mestiza y de la clase obrera: una representante perfecta de las "cuasi-*flappers*" que hasta las pelonas de la élite desdeñaban).[45] Los estudiantes de la Escuela Preparatoria se la llevaron a otro sitio donde la raparon y luego la soltaron, delito de tan poca importancia que por lo menos uno de los principales diarios, *El Universal,* no se molestó en cubrirlo. Pero a la noche siguiente, las fuerzas opositoras a las pelonas se comportaron de manera mucho más abierta. Cerca de las siete de la noche, en el campus nuevecito de la Escuela de Medicina de la Ciudad de México, un grupo de muchachos —estudiantes de medicina del primer año y estudiantes de la vecina Escuela Nacional Preparatoria—, reunidos frente a las puertas de la escuela, comenzaron a hacer comentarios ofensivos y de mal gusto contra todas las mujeres de pelo corto que acertaban a pasar por las cercanías, piropeando en cambio a las de pelo largo. Los estudiantes de los años superiores tuvieron que escoltar a sus compañeras de la Escuela de Medicina para salir del edificio. Los más jóvenes de los estudiantes alborotadores comenzaron a arrojar agua e insultos sobre cualquier pelona que tuvieran a la vista, así como a simular que les cortaban el pelo con tijeras y navajas. Finalmente, arrastraron a dos infortunadas jóvenes hacia el interior de la escuela, forzándolas a entrar en las regaderas nuevas del edificio para "lavarlas" y raparlas. El hecho fue lo bastante fuerte y público como para reunir a una multitud, que acabó dispersándose gracias a la intervención de la policía y una ambulancia de la Cruz Blanca en la que se llevaron a las muchachas.

Diversos grupos respondieron rápidamente, y casi todos se pusieron de parte de las pelonas o, al menos, rechazaron la agresión contra las jóvenes. Las primeras reacciones procedieron de algunos de los directamente involucrados: los

---

[45] "Los enemigos de las pelonas hacen su víctima", *El Universal Gráfico*, 22 de julio de 1924, p. 7.

estudiantes y los periódicos. Los estudiantes de medicina que habían defendido a sus compañeras acudieron a las oficinas de los periódicos para quejarse de la escandalosa conducta de sus compañeros más jóvenes. Las estudiantes de medicina y las estudiantes de la Escuela Preparatoria escribieron a los periódicos explicando que la mayoría de sus compañeros hombres las habían hecho sentirse bienvenidas, aunque la admisión de mujeres era muy reciente. La "modernidad" de todo el asunto tenía fascinados a los periodistas; una nota señalaba que *El Universal* se había mantenido informado de las noticias gracias a que "más de cincuenta personas usaron el teléfono para participarnos la noticia". No obstante, los periódicos también publicaron editoriales en contra de "un atentado que deshonra a la ciudad", como decía un titular, mientras informaban sobre las respuestas negativas de otras partes interesadas.[46]

Algunas respuestas parecían oportunistas. Para reforzar la asociación entre el cine mudo y la identidad pelona, una cadena de salas de cine de la capital publicó un anuncio en el que repudiaban los ataques y prometían que en sus teatros "las peloncitas" estarían "como en su casa con [ilegible] mayor seguridad".[47] El teatro más importante de la ciudad dio un paso más allá. Cinco días después de que empezaron las agresiones, el Teatro Iris anunció dos espectáculos especiales, una matiné y una función vespertina a la que sólo se admitirían mujeres. La pieza fuerte del programa era un discurso pronunciado por la directora del teatro, la famosa diva Esperanza Iris, titulado "El derecho de cortarse la melena, dedicado especialmente a las 'pelonas'". (Demostrando su cuidadoso manejo económico, el Teatro Iris repitió el

---

[46] "Por cada pelona…", *El Universal*, 23 de julio de 1924, sección 2, p. 7; "Una cuestión de honor que deshonra la ciudad", *El Universal*, 24 de julio de 1924.
[47] "Cómo y en dónde estarán seguras las pelonas" [anuncio], *Excélsior*, 24 de julio de 1924, p. 7.

programa entero el siguiente fin de semana para una audiencia de ambos sexos, y Esperanza Iris seguía discurriendo sobre el tema ante su público cuando se fue de gira por Colombia en 1928.)[48] Mientras tanto, el gobierno municipal, que ya tenía una patrulla especial de la policía asignada para las salas de cine y los teatros de la capital, aumentó la vigilancia de estos locales "con el propósito de impedir que cualquier bárbaro fuera a secundar el incalificable atentado".[49]

Los actores políticos de varios tipos también entraron al debate. El sindicato de obreros, la Confederación Regional Obrera Mexicana (CROM) hizo que sus representantes hicieran declaraciones ante la prensa en las que expresaban el rechazo de los obreros a los ataques contra las pelonas. Y aseguraban que ahora cualquier obrero tenía un comportamiento más correcto y sabía cómo respetar a una dama mejor que cualquier estudiante.[50] El vocero de la Comisión Nacional Agraria envió un telegrama al gobernador del Distrito Federal (que es, en esencia, el alcalde no electo de la Ciudad de México) quejándose de que las empleadas de la Comisión tenían miedo de padecer ultrajes semejantes y exigían que el gobierno tomara medidas para protegerlas.[51] La Secretaría de Educación Pública (SEP) anunció que en caso de ser aprehendidos, los estudiantes que habían cometido los atropellos serían expulsados.

Al mismo tiempo, algunos estudiantes emprendieron acciones para garantizar a la sociedad y al Estado que ellos mismos podían encargarse de que se observara un buen

---

[48] "Teatro Iris hoy sábado 26" [anuncio], *Excélsior*, 26 de julio de 1924, p. 8; "Hoy sábado se repetirá la función femenina en el Iris" [anuncio], *Excélsior*, 2 de agosto de 1924, p. 11, AHDF, Fondo Esperanza Iris, programa, expediente 14, caja 101. Desgraciadamente, no queda documentación de lo que Esperanza Iris dijo en esas charlas.

[49] "Una protesta de la Sociedad de Alumnos", *Excélsior*, 23 de julio de 1924, sección 2, p. 1.

[50] *Idem.*

[51] *Idem.*

comportamiento civil. Los estudiantes de sexo masculino de la Escuela de Medicina formaron un Comité Pro-Pelona en rechazo a sus compañeros que habían agredido a las pelonas, mientras que los cadetes del Colegio Militar y la Escuela de Aviación proclamaron su intención de reunir patrullas que cuidarían a las pelonas en otras escuelas, y también en la de Medicina. Esto condujo, a su vez, a que los muchachos de las diferentes escuelas se confrontaran tres días después de la segunda agresión. En un ambiente de gran nerviosismo y agitación, los jóvenes de la Escuela de Aviación y el Colegio Militar se encaminaron hacia la Escuela de Medicina, donde los estudiantes de otras escuelas ya se habían reunido para apoyar a los estudiantes de sexo masculino. Los periodistas se acercaron a mirar, así como varios miembros del ejército que iban uniformados y armados (la información de los periódicos no deja en claro si alguna autoridad responsable los envió con una asignación oficial o si se encontraban en el lugar por simple curiosidad o por solidaridad con los cadetes).

Las provocaciones entre ambos grupos de estudiantes parecían a punto de convertirse en un enfrentamiento a golpes cuando los soldados comenzaron a ordenar a toda la multitud que se dispersara. Finalmente, un soldado hizo un disparo al aire, que sin embargo causó una leve herida a un estudiante, y todos los demás presentes se convencieron de que era mejor irse.

En Tampico, al día siguiente, otro grupo de jóvenes agredió a dos mujeres de pelo corto que estaban tomando el sol en la playa de Miramar; pero las mujeres lograron alejarse a nado, y los muchachos fueron arrestados y puestos tras las rejas. Mientras tanto, seguramente bajo la presión de las autoridades, los dirigentes de los dos grupos de estudiantes de la Ciudad de México se reunieron en privado y acordaron una reconciliación pública. Así, la "cuestión de honor" se resolvió entre los jóvenes, sin una palabra de las mujeres por quienes se habían peleado.[52] En efecto, las pelonas desaparecieron de la historia, al menos de manera temporal.

UNA CUESTIÓN DE HONOR

Durante las semanas y los meses siguientes las revistas hicieron el recuento de toda la historia, y la condena pública de las agresiones en contra de las pelonas tomó un tono más jocoso y relajado. Los periodistas se concentraron otra vez en quiénes eran las mujeres de pelo corto y si eran o no sexualmente atractivas. Los comentarios sobre los jóvenes que las habían agredido cambiaron rápidamente hacia un ánimo de divertida comprensión. Un típico artículo de revista mezclaba un suave regaño para los agresores ("todo el mundo tiene derecho de seguir las modas universales por ridículas que sean y a nadie debe importarle que su vecino se ponga las cosas más absurdas [...] ésa es, precisamente, una de las conquistas apreciables de la civilización ") con la aprobación explícita de sus actos:

> hay ocasiones en que se comprende ese gesto estudiantil ante las exageraciones en que incurrimos por imitar lo que se usa en otras partes. Hay pelonas que deberían ser proscritas del tráfico citadino [...] que se merecerían estar a pan y agua hasta que se dejaran el cabello a la simple y sencilla usanza de su país. Esos tipos tonsurados [...] con todos los ademanes ordinarios de los Yankees corrientes, ya lo creo que necesitan acción directa. A ésos si deberían bañarlos y ponerles trenzas postizas.[53]

¿Quiénes eran esos jóvenes, cuyas agresiones públicas en contra de las mujeres podían entenderse y perdonarse

[52] "Se solucionó la 'cuestión de honor' entre cadetes y estudiantes de medicina", *El Universal*, 27 de julio de 1924, sección 2, p. 1.
[53] Sorando, 1924, p. 6.

tan fácilmente? ¿Y quiénes las pelonas que les inspiraron tal violencia?

La posición de todos los grupos de estudiantes —las pelonas, sus agresores y sus defensores— en relación con el Estado posrevolucionario era crítica. Por principio de cuentas, todos eran estudiantes. Como se ha demostrado en muchísimas investigaciones, la educación en todos sus aspectos se formó gracias a los esfuerzos del Estado posrevolucionario para construir la nación y legitimarse. Quién podía aprender o enseñar qué, y los lugares y las condiciones en que lo hacía, eran resultado y proyecto de los intereses ideológicos y pragmáticos del Estado. Y la experiencia de la educación tenía un sesgo fuertemente marcado por la cuestión de género.[54] Aunque las oportunidades de educación que acababan de introducirse beneficiaban tanto a los hombres como a las mujeres jóvenes de la Ciudad de México, las mujeres tenían más que ganar. Para las mujeres que no pertenecían a los estratos más altos de la élite, la educación era un regalo del nuevo gobierno benefactor, así estuvieran asistiendo a alguna institución recién integrada como la Escuela Nacional Preparatoria, las escuelas vocacionales que acababan de formarse, o a escuelas de reciente expansión y mejoramiento, como la Escuela Normal. Con la adopción del estilo de las pelonas, las jóvenes comunes y corrientes de la Ciudad de México reclamaban dos identidades diferentes: personificaban el glamoroso aspecto de las mujeres de la sociedad local y las celebridades internacionales, pero al mismo tiempo se vinculaban con la Revolución y sus proyectos educativos de género.

Los muchachos que tenían los privilegios y el poder suficientes para asistir a instituciones viejas e importantes, como la Escuela Nacional Preparatoria y el Colegio Militar, tenían poco que ganar y mucho que perder con los cambios

---

[54] Véase, por ejemplo, Bantjes, 1998; Beckeer, 1995; Gonzalbo Aizpuru, 1998; Loyo, 1997; Rockwell, 1994; Vaughan, 1982 y 1997.

en el sistema nacional de educación superior. Estos jóvenes quizá se sintieron llamados a defender estas instituciones y sus lugares en la vida política del país (entre los dirigentes estudiantiles que hablaron por los grupos a favor de las pelonas se contaban jóvenes de las familias Ávila Camacho y Cosío Villegas, lo que nos da algún indicio sobre el importante papel de las escuelas en la formación de la dirigencia militar, política e intelectual del país). Tanto los que atacaron a las pelonas como los que las defendieron echaron mano de su categoría social y las tradiciones de su institución para dar forma y significado a sus palabras y actos. Era una costumbre que los estudiantes mayores mojaran y raparan a la fuerza a los renuentes novatos; era un acto de iniciación. Al querer hacer lo mismo con las estudiantes de otras escuelas o al ir a otras escuelas preparatorias para hacer lo acostumbrado, los estudiantes de primer año estaban invirtiendo los significados en una negación de la tradición escolar. Por otra parte, las cabezas rapadas, además de ser un antiguo signo de vergüenza y ostracismo social, también hacían eco a las prácticas higiénicas "modernas", como las empleadas en el tratamiento de los prisioneros o de las personas con piojos. Con esto, los jóvenes que atacaron a las pelonas se situaron como agentes de la modernidad (revolucionaria) y sus víctimas como sujetos de la modernización (y al darse cuenta de ello, las pelonas respondieron declarando que su estilo de peinado era "más práctico" que el pelo largo).[55]

Los cadetes militares que defendieron a las pelonas produjeron, por su parte, un discurso diferente. En vez de actuar desde el contexto intelectual de la higiene social modernizadora y el repudio a la tradición, los cadetes militares adoptaron la posición paternalista del nuevo gobierno mexicano. El régimen posrevolucionario de 1924 apenas acome-

---

[55] "La opinión de ellas", El Universal, 22 de julio de 1924, sección 2, p. 2.

tía sus primeros esfuerzos por insertar a todos los mexicanos dentro de una "familia revolucionaria", sustentándose como jefe patriarcal de la familia.[56] Los jóvenes defensores de las pelonas (del sexo masculino) se erigían en representantes del jefe de familia; de ahí que se hicieran responsables de "sus pelonas" —como decían los periódicos—; era una "cuestión de honor".[57]

Ambos grupos de jóvenes —atacantes y defensores— pueden entenderse mejor si se piensa que intentaban reacomodar a las pelonas en una posición subordinada dentro de una nueva realidad. (Esta nueva realidad no se limitaba a los cambios políticos y económicos creados por la Revolución; también comprendía el cambio cultural promovido por el cine, la radio, las publicaciones baratas y las modas cambiantes.) Las pelonas habían desafiado la subordinación, tanto en la imaginación nacional como en la vida real, en los salones que compartían con sus compañeros del sexo masculino. Estas agresiones no acabaron con sus desafíos a la jerarquía de género; pero sí cambiaron los términos en los que peleaban.

<h2>ENCARNANDO LA REVOLUCIÓN (LAS PELONAS CONTRAATACAN)</h2>

Las agresiones de los estudiantes y el clima cultural que permitió que ocurrieran llevó a las pelonas a dejar de declarar que pertenecían a una "revolución mundial", según la moda difundida por los medios internacionales.[58] En cambio, buscaron protección ante los peligros físicos y mejora-

[56] Véase una discusión del concepto de la "familia revolucionaria" en Zolov, 1999.

[57] "Los cadetes del Colegio Militar lanzan un reto a los estudiantes de medicina", El Universal, 25 de julio de 1924, sección 2, p. 1.

[58] Jacobo Dalevuelta, "Las Pelonas dispuestas a defenderse con energía", El Universal, 22 de julio de 1924, sección 2, p.1.

ron sus oportunidades fortaleciendo su filiación cultural y
política con el Estado. En vez de tratar de renunciar a la
raza cósmica, llegaron a encarnar la Revolución.

Para entender el terreno al que se trasladaron las pelonas, consideremos otra serie de acontecimientos que llena-
ron los periódicos en la primavera y el verano de 1924: las
fiestas de inauguración del Estadio Nacional. Estas ceremonias —versiones grandiosas de las festividades de inauguración que la SEP acostumbraba celebrar con ocasión de la
apertura de escuelas públicas en la capital— comenzaron
antes de que la construcción estuviera totalmente termina-
da, de manera que (como explicaban los anuncios de los periódicos), las ventas de los boletos financiaran la conclusión
del edificio. Estas representaciones masivas de "gimnasia
rítmica", para usar el término que se emplea en inglés, ya
casi se han esfumado de la memoria pública, y han recibido
escasa atención de parte de los historiadores de la cultura o
de otros académicos.[59] Pero en ese momento eran alternativas importantes y populares en las que uno podía matar el
tiempo en vez de ir a la iglesia o al cine, los otros pasatiempos disponibles del domingo en la tarde, que era cuando se
llevaban a cabo.

La arquitectura modernista del nuevo estadio despertó
escasa admiración. "Desde el principio, en 1924, el estadio
fue blanco de abundantes bromas por su desagradable aspecto", escribe Eduardo Flores Clair; "pero en el ambiente
siempre quedó la sospecha" de que el edificio sería usado
sobre todo para "rituales políticos, es decir, las concentra-
ciones masivas, los actos de gobierno y las ceremonias de
protesta de los presidentes".[60] (El rumor se convirtió en realidad: para 1932, el jefe del departamento de Educación Fí-

---

[59] Hay excepciones; véase, por ejemplo, Lorey, 2001, pp. 233-248; Flores
Clair, 1991-1992, pp. 163-169; Vaughan, 1982, pp. 239-366 y Gallo, 2005,
pp. 201-206.
[60] Flores Clair, 1991-1992, p. 168.

sica se vio en la necesidad de suplicar a los funcionarios de la SEP la posibilidad de usarlo así fuera ocasionalmente para actividades atléticas, en vez de los "festivales [...] del departamento del Gobierno").[61] Pero si el estadio carecía de la aprobación pública, esto sólo contribuía a que fuera mayor el interés del secretario Vasconcelos en enfatizar su importancia. Así pues, la Secretaría de Educación organizó no uno, sino tres grandiosos festivales patrióticos para inaugurar el Estadio Nacional.

La mayoría de las mujeres participantes en tales espectáculos —coreógrafas, organizadoras, bailarinas, atletas y enfermeras de la Cruz Roja— seguían la moda *flapper*. Algunas no se habían cortado el pelo, pero se lo recogían ocultándolo bajo el tocado o el sombrero de campana. Aunque no era la intención del secretario Vasconcelos, estos festivales y ocasiones similares se convirtieron en una oportunidad para que las mujeres empleadas por el gobierno se exhibieran en masa, como pelonas y como representantes de la Revolución. Así, la cobertura que daban los periódicos de estos festivales solía mostrar a las mujeres en ropa de gimnasia o en togas seudogriegas, estilizadas más o menos según el modelo del vestido *flapper*. En estos espectáculos también mostraban, quizá sin percatarse siquiera, la gran cantidad de mujeres jóvenes que habían encontrado un lugar en la SEP. El programa de la tercera de las tres celebraciones inaugurales comprendía, por ejemplo, un coro mixto de mil voces cantando piezas de Beethoven, Delibes y Wagner; una "Danza Egipcia" ejecutada por mujeres que estudiaban en la Escuela de Educación Física, y un grupo de 200 bastoneras integrado por profesoras de gimnasia.

Las notas de los periódicos comentaban que la muche-

---

[61] Memorándum, jefe de la Sección de Educación Física al subsecretario del Departamento de Bellas Artes, 6 de mayo de 1932, expediente 4, caja 44, Ramo Subsecretaría de Educación Pública.

dumbre de los asientos baratos respondía con entusiasmo a todos "los diferentes números del programa", lo que el periodista señalaba como "una prueba del mejoramiento intelectual del pueblo".[62] Los organizadores de los espectáculos han de haber creído que el gran número de ejecutantes por sí solo atraería al público: uno de los anuncios de la inauguración del Estadio Nacional llevaba el encabezado: "800 gimnastas/300 danzantes/coro de 1 000 voces".[63] Los miembros del público compartían la experiencia de estar en una apretada y un tanto caótica muchedumbre mientras miraban a un grupo sumamente organizado (pero casi tan apretujado) de casi igual tamaño, y esto parece haber sido la parte más memorable —¿y quizá la más significativa?— de la experiencia. Ciertamente, la SEP ponía gran cuidado en tener tantos participantes como fuera posible en los desfiles, demostraciones, mítines y espectáculos masivos que organizaba, exigiendo la asistencia de los profesores, e incluso su participación o la tarea de organización, para estas exhibiciones colectivas. La SEP echaba mano de cualquier medio disponible para recompensar la participación. El *Boletín de la Secretaría de Educación Pública* publicaba la información detallada de los "Festivales al aire libre" en casi todos sus primeros números.[64] Los maestros responsables de la organización de festivales pequeños o de la coreografía de fragmentos de algunos más grandes, como las inauguraciones del Estadio Nacional, tenían licencia para no impartir clase, a veces durante semanas.[65] Los maestros que dirigían a los estudiantes en representaciones bien logradas en algún festival patriótico recibían de par-

---

[62] "El festival artístico de ayer en el Estadio Nacional resultó muy brillante y concurrido", *El Universal*, 14 de julio de 1924, sección 2, p. 7.

[63] *El Universal*, 13 de julio de 1924, sección 1, p. 8.

[64] Véase, por ejemplo, *Boletín de la Secretaría de Educación Pública* 1, núm. 2 (s. f. [¿1922?], pp. 207-210.

[65] Véase, por ejemplo, José Gorostiza a Judith Cabrera, 12 de septiembre de 1932, expediente 3995 bis/2, tomo 9114, Fondo Bellas Artes, Subsecretaría de Educación Pública.

te de los supervisores alambicadas cartas de felicitación que pasaban a formar parte de sus expedientes.[66] La sep también castigaba a los maestros que no asistían o no participaban en los festivales patrióticos (éstos a menudo se celebraban en días de fiesta nacional, que habrían sido de asueto para los maestros). Las autoridades escolares tenían que repartir circulares con la orden expresa de que la asistencia era obligatoria, las mismas autoridades debían tomar turnos en las actividades y debían escribir memorandos a los propios jefes de sección explicando cualquier inasistencia.[67] Había inspectores especiales que hacían visitas regulares a las clases de gimnasia para cerciorarse de que los maestros preparaban adecuadamente a los estudiantes para su participación en tales actividades. En resumen, la sep se apoyaba en un sistema de supervisión, recompensa y castigo para lograr que estos espectáculos patrióticos salieran como se esperaba.

Todo lo anterior podría sugerir que ser espectador o participante de estos espectáculos era un asunto pesado, en el que sólo se involucraban quienes no tenían opción. Pero hay pruebas de que una gran cantidad de gente asistía a estos festivales muy gustosamente y disfrutaba lo que veía, como la inauguración del Estadio Nacional. La primera ceremonia de inauguración tuvo un lleno total del estadio, según las noticias del periódico; en esta ocasión, los boletos costaban dos pesos el asiento de sombra y 50 centavos la admisión general, más o menos el mismo precio que un boleto de teatro y poco más que una entrada para el cine con película de estreno. La gente hacía colas larguísimas para entrar al estadio: las mujeres con sombrilla para protegerse del sol y

[66] Por ejemplo, José Martínez Ceballos a Emilio Alcázar, 18 de septiembre de 1928, expediente 1, tomo 9504, Fondo Bellas Artes, Subsecretaría de Educación Pública.
[67] Por ejemplo, véase Adalberto G. Moreno al jefe del Departamento de Bellas Artes, 29 de noviembre de 1934, expediente 13, tomo 3958, Fondo Bellas Artes, Subsecretaría de Educación Pública.

los policías parados para mantener el orden. Las dos ceremonias siguientes no fueron tan populares; en las fotografías, el estadio se ve lleno sólo a medias. Sin embargo, alguien robó o falsificó un gran fajo de billetes para la tercera
ceremonia de inauguración, lo que hace pensar que el delin-
cuente supuso que los boletos se venderían con gran facilidad como para que valiera la pena el delito.[68] Estos eran
espectáculos populares, y esa popularidad era su objetivo: la
gente que colaboraba en la producción esperaba crear un
nuevo tipo de espectáculo y una nueva forma de ritual cívi-
co, desplazando tanto al cine como a la iglesia.

A través de este tipo de celebraciones, las mujeres atléticas aclamaron la apropiación de la nueva mujer y la convirtieron en una sana revolucionaria mexicana, aun cuando
otros sectores del Estado revolucionario insistían en que la
forma adecuada de que la mujer contribuyera a la Revolución era siendo una buena madre (tendencia ilustrada en las
Lecturas para mujeres de Gabriela Mistral). En la medida
en que la nueva mujer, deportiva, vigorosa y de pelo corto, se
separa de su filiación pública a la cultura transnacional
de los medios de comunicación, se acoge a la protección del
nuevo Estado revolucionario ingresando a las nuevas escuelas como estudiante, maestra o administradora. En el tiempo en que se inauguró el nuevo estadio y en los años sucesivos, las pelonas encontraron otras formas de seguir buscando
una nueva figura y una nueva imagen de sí mismas mediante su trabajo en la SEP. Resumieron los términos del arte y la
educación física, igual que habían mezclado el deporte con
la moda al presentarse como pelonas. En esta forma, la Secretaría de Educación incorporó la "cultura física" a la división de las Bellas Artes durante la fase de organización en
1921; por su parte, en las escuelas se daban clases de gimna-

[68] En los anuncios de boletos para la ceremonia se advertía a los clientes que no compraran los boletos "perdidos" (véase anuncio, *El Universal*,
13 de julio de 1924, sección 2, p. 8).

sia, deportes, juegos y baile como una sola materia desde el primer año de primaria hasta acabar la escuela normal.[69] (La gimnasia rítmica siguió siendo parte del plan de estudios de las escuelas públicas, al menos para las niñas, durante los años sesenta.)[70] Los inspectores de las escuelas supervisaban a los profesores de educación física para ver qué tan bien enseñaban el baile, qué tanto fervor revolucionario demostraban y qué tan bien trabajaban los estudiantes formando tablas gimnásticas en las escuelas rurales. Para las visitas de los inspectores, las escuelas solían preparar algún programa especial, en el que se incluían demostraciones de baile por las "señoritas profesoras" y sus estudiantes, una exhibición de las habilidades de los estudiantes en el baloncesto o en atletismo y declamaciones de patrióticos sentimientos escritas por los alumnos aplicados.[71] Las profesoras ponían la gimnasia rítmica y los bailables folclóricos en el corazón del movimiento patriótico que supuestamente habría de tener lugar en la nuevas escuelas públicas urbanas.[72] La SEP enviaba acompañantes al piano (casi todas mujeres) para que fueran a ayudar de escuela en escuela.[73] Los deportes y las artes se unieron —sobre todo cuando los ejecutaban mujeres— y se inscribieron en el proyecto de construcción de la nueva ciudadana mexicana revolucionaria (del sexo femenino). Esto se debió en parte a que el Estado encauzó todos los recursos posibles hacia este proyecto, aunque tam-

[69] "Anteproyecto para la organización", expediente 1049, caja 9512, Ramo Bellas Artes, Subsecretaría de Educación Pública.

[70] Blanca de Lizaur, comunicación personal, 2 de agosto de 1999.

[71] Frederick Starr, "Diario", anotaciones del 19 de agosto de 1928, cuaderno 57, caja 21, Frederick Starr Papers, Special Collections, Regenstein Library, University of Chicago.

[72] Véase, por ejemplo, la historia de vida de la maestra de baile y entrenadora de deportes Alura Flores (Cano y Radkau, 1989).

[73] Para las formas de inspección de los maestros de educación física y los horarios de enseñanza de las acompañantes al piano, véanse los archivos personales en la caja 9504 y la caja 9114, Ramo Bellas Artes, Subsecretaría de Educación Pública.

bién fue cuestión de verdadera convicción y entusiasmo para los participantes, así como un reflejo de la capacidad de las mujeres ambiciosas para aprovechar las posibilidades ofrecidas por el Estado.

No por ello debe pensarse que la *flapper* mexicana vivió feliz para siempre. Las mujeres de pelo corto siguieron siendo una imagen problemática para muchos mexicanos, y fueron fuente de inspiración de una figura del juego de la lotería que mezcla la representación de la pelona con la de la muerte. Transcurrido más de un cuarto de siglo, *El Universal Gráfico* encargó a un periodista la tarea de preguntar a los transeúntes cuáles eran los peores problemas de México, y uno de ellos se quejó de que "con la moda del pelo corto, algunas mujeres pueden ser confundidas con hombres".[74] El pelo corto de las mujeres siguió siendo motivo de controversia hasta que fueron reemplazadas en la imaginación pública por el problema del pelo de los hombres —específicamente, el pelo largo de los universitarios— a fines de los años sesenta. Y el recuerdo de las agresiones de 1924 contra las pelonas siguió resonando durante más tiempo aún, al menos en la mente de las universitarias. Las preparatorias, los institutos de educación superior y las universidades siguieron siendo lugar de conflictos de género. Todavía en los años ochenta, al menos un equipo de atletas del sexo femenino de la Universidad Nacional Autónoma de México (UNAM) se asignó el nombre de Las Pelonas en recuerdo de aquellas mujeres que fueron agredidas en 1924.[75]

Tal y como podía deducirse de los artículos en los periódicos y las revistas de aquel verano de 1924, en esa época y por mucho tiempo después, las pelonas siguieron siendo blanco fácil de burlas y trivializaciones, e incluso de hostigamientos físicos. Sin embargo, también es cierto

---

[74] Antonio Ortiz, "En la calle se dice", *El Universal Gráfico*, 11 de enero de 1950, p. 16.

[75] Verenice Naranja, comunicación personal, 12 de julio de 2001.

que al aprovechar las nuevas oportunidades que el Estado posrevolucionario les brindó, las pelonas se abrieron camino en el mundo, en cierta medida al menos, de acuerdo con sus propias condiciones. Una victoria limitada; pero real.

III. FEMINIDAD, INDIGENISMO Y NACIÓN
La representación fílmica de Emilio el Indio *Fernández*

JULIA TUÑÓN
Instituto Nacional de Antropología e Historia

EMILIO FERNÁNDEZ fue uno de los directores más importantes de la llamada "edad de oro" del cine mexicano.[1] Era apodado *el Indio*, porque su madre fue kickapú[2] y él, identificado con los indígenas mexicanos, siempre se sintió un marginado.[3] Sus películas se apegan al proyecto oficial de nación, pero también expresan sus propias obsesiones, no siempre coincidentes con la ideología estatal. Sus estereotipadas imágenes de México y lo mexicano fueron vistas en todo el mundo. En ellas la presencia de las mujeres y de los indígenas es medular. En este trabajo atiendo un aspecto de su representación de los indígenas, el que los asocia con lo femenino y con la nación.

Aunque Fernández filmó sus 41 películas entre 1941 y 1978, sus ideales respecto a muchos temas, como el indigenismo, derivan de los años veinte y treinta. Con ellos estableció en la década de los cuarenta, un modelo que repitió

---

[1] El cine clásico, aproximadamente entre 1931 y 1952, cuenta historias de entretenimiento siguiendo el esquema de prólogo, desarrollo, clímax y desenlace, se apoya en el sistema de estrella y está organizado en géneros. Es clara en él la influencia de Hollywood.

[2] Para los antecedentes biográficos de Fernández, véase Taibo, 1986, Fernández, 1986 y Tuñón, 1987.

[3] Tuñón, 1992.

con pocas variaciones, y se plasma en los temas de sus filmes, en sus tesis y en su plástica.

Sus películas no expresan un bloque homogéneo de ideas, inexistente en la sociedad, sino un campo de tensión entre ideas y éstas y las prácticas sociales. Sus historias muestran en forma explícita la ideología de los gobiernos posrevolucionarios pero, en la mímesis y en las incongruencias diegéticas, se filtran "lapsus" fílmicos (Marc Ferro *dixit*)[4] que dan cuenta de los matices de su pensamiento, contradicciones, ambigüedades e incoherencias incluidas.

En los años cuarenta mexicanos un tema fundamental de la cultura refiere a la construcción imaginaria de la nación y la búsqueda de la identidad de los mexicanos, que las políticas oficiales intentan sustentar en la cultura indígena, en contradicción con las prácticas comunes en que subsisten el menosprecio y el racismo hacia los indios vivos. Emilio Fernández promueve manifiestamente tesis coincidentes con los proyectos nacionalistas posrevolucionarios, como son la exaltación del patriotismo, el agrarismo, el espíritu laico frente a la religión, el indigenismo, la necesidad de la educación. Los vehicula en historias de amor y los muestra adornados con la belleza del paisaje y las obras de arte prehispánico y colonial. Prefiere ubicar sus historias en el medio rural. Pese a su papel de agente de la ideología oficial, mal haríamos en considerar que sus historias fílmicas son unívocas, antes bien, a menudo critica las injusticias existentes aunque sea de manera oblicua.

El director tiene un estilo propio de filmar, nutrido del cine clásico hollywoodense, en particular de John Ford y, muy claramente del soviético Sergéi M. Eisenstein, de quien descubrió "la lucha y una libertad por la justicia social".[5] *El Indio* pretendió construir un proyecto de nación con sus películas y el trabajo que realizó junto con un equipo de gran-

---

[4] Ferro, 1974, p. 246.
[5] Tuñón, 1987, p. 25.

des que se conoce como Escuela Mexicana de Cine.[6] A pesar de sus peculiaridades, el suyo forma parte del cine institucional mexicano.[7]

Para este autor los indígenas configuran la parte más delicada, pura y hermosa de la sociedad. Podemos decir que, con sus imágenes, Fernández los transporta de los márgenes al centro y les da un protagonismo simbólico. En 1946 *María Candelaria* (1943) es premiada en el festival de Cannes, Francia, que ese año tiene un carácter conmemorativo más que competitivo y a partir de entonces sus películas son valoradas en el Viejo Mundo y sus personajes adquieren la dimensión de iconos, que brillan por sí mismos, con luz propia. Su cine se exporta a todo el mundo y se considera paradigma de calidad y belleza. Sus estreotipados indígenas se convierten en un símbolo cultural de amplia aceptación, que parecen remitir al "México verdadero y auténtico", coincidiendo con el interés por el primitivismo en boga en Europa, que se admira por la inocencia y la ferocidad de los pueblos marginados de la civilización.[8]

Me parece importante cruzar la mirada de Fernández de los indígenas con la que tiene sobre las mujeres,[9] pues el director presume su machismo, pero basta una mirada a los nombres de sus películas para ver la centralidad femenina, y hacerlo también con su construcción de nación, pues las mujeres tienen ahí un papel destacado: son su emblema y su sustento: "La mujer es el alma de un pueblo, es la inspiración, es todo, ¿no?"

---

[6] Destaca Gabriel Figueroa en la fotografía, Mauricio Magdaleno en los guiones, Gloria Schoemann en la edición y actores como Pedro Armendáriz, Dolores del Río y María Félix.

[7] Entiendo por cine institucional el que tiene una forma de representación y de narratividad propia, que cuenta con códigos y convenciones tanto en las formas como en los contenidos que constituyen un estilo fílmico dominante, entendido y aceptado por sus audiencias.

[8] Tuñón, 2003.

[9] Tuñón, 2000, p. 51; y 2000a.

El problema del indio en "el Indio"

Fernández fue un autor con ideas propias, pero expresa el contexto en el que vive. Se trata de un periodo que saborea la paz posterior a la Revolución mexicana y que transita a la modernidad, conservando o adaptando muchas de las ideas y de las prácticas previas. Uno de los temas de conflicto es el que refiere a los indios, pues como seres concretos, históricos, parecen no caber cómodamente en el concepto abstracto de "lo indígena" que se consideraba retóricamente el sustento simbólico de la nacionalidad. Es clara, en estos años, la añeja distinción entre el indio contemporáneo, visto como un rezago para la modernidad, y el precolombino, dotado de heroísmo y dignidad, y pese a la valoración explícita de "lo indígena" éstos ocupan una jerarquía social inferior desde el siglo XVI y las únicas opciones que tienen son la adaptación a la cultura dominante, lo que implica perder sus propias características o la marginación, quedando ajenos a las ventajas del desarrollo.

En los años cuarenta es vigente el debate por la definición del indígena: ¿lo es por su raza, cultura o lengua? Rodolfo Stavenhagen analiza las perspectivas más comunes de análisis, desde los conceptos de cultura, clase social, comunidad, etnia y colonialismo interno (explotación), y observa que cada una de estas miradas da lugar a enfoques diversos,[10] sin embargo, hay coincidencia en que la cultura "proporciona identidad y distinción a un grupo humano y fortalece los lazos sociales".[11] Parece claro que, en el caso mexicano, la categoría "etnia", que implica una definición de índole cultural más que racial (biologicista) o social, es adecuada, de hecho los indios que se asimilan a la cultura nacional pasan a considerarse mestizos, más allá de sus características raciales.

[10] Stavenhagen, 1979, p. 11.
[11] *Ibid.*, p. 16.

La cultura indígena se expresa, en mucho, por la lengua, pero también por la importancia dada al valor de uso frente al valor de cambio, en lo que respecta a los recursos naturales, las formas de posesión de la tierra, el valor otorgado a los animales, la organización social, política y del trabajo, la práctica de la medicina y la higiene, y los conceptos de lealtad e identidad. La diferencia cultural se ha visto como excluyente del proyecto nacional y las culturas aborígenes como inmutables, dotadas de un carácter esencial, ontológico, que impide su desarrollo.[12] Los indios se han asociado con pasividad, atavismo, pensamiento mágico, en suma, estereotipados como un grupo humano hermoso, pero salvaje.

En 1950 Luis Villoro analizó el tema del indigenismo entendiendo por tal "[...] el conjunto de concepciones teóricas y de procesos concienciales que, a lo largo de las épocas, han manifestado lo indígena"[13] y sintetizó las ideas vigentes en un tiempo que coincide con el de Fernández, haciendo notar que aparecen siempre como una realidad revelada pero nunca revelante: son nombrados por el europeo, por el criollo y por el mestizo, pero ellos nunca toman el papel de juez ante quien los califica. Así, aparecen como objeto a iluminar desde inquietudes y necesidades que les son ajenas y su función es simbolizar la parte oculta, incomprensible del mexicano:[14]

Lo occidental simbolizará la luz reflexiva, lo indígena el magma inapresable, hondo y oscuro que trata de iluminar esa luz. Lo indígena será un símbolo de aquella parte del espíritu que escapa a nuestra racionalización y se niega a ser iluminada.[15]

---

[12] Roger Bartra critica la búsqueda del ser mexicano como si éste fuera eterno. Bartra, 1987.
[13] Villoro, 1987, p. 15.
[14] *Ibid.*, pp. 192 y ss.
[15] *Ibid.*, p. 226.

El indio, entonces, es "lo otro" que se opone y configura por oposición al pensamiento occidental. Para Villoro el indigenismo es un referente básico en la construcción de lo mexicano y su proceso va de la negación a la recuperación e integración en lo nacional. Se trata de ideas diversas y a menudo polémicas, pero *grosso modo* puede coincidirse con Marie Chantal Barre en que éstas perdieron paulatinamente el carácter reivindicatorio de sus orígenes para convertirse en una ideología al servicio del Estado y "[...] en un recurso más para mantener y reproducir la explotación y la opresión".[16] Ella agrega: "La política indigenista aparece como una mezcla de liberalismo, de nacionalismo y de colonialismo interno que [...] puede tomar aspectos progresistas [...] o reaccionarios [...]"[17]

El problema de la integración fue particularmente importante en el siglo xx, como parte del cumplimiento del ideario revolucionario. Este problema aparece en las películas de *el Indio*, pues además coincide con algunas de sus obsesiones personales.

Cuando Fernández filma, el indigenismo es una ideología vibrante de la que él participa con entusiasmo y, cabe aquí destacar que quiere recuperar una estética propia, que propicia manifestaciones artísticas nuevas. El deseo, de corte romántico, de descubrir la esencia o naturaleza del país se convierte en una obsesión. Escribe Carlos Monsiváis: "Quizá hay grandilocuencia, pero no hay demagogia [...] lo indígena *es* lo nacional".[18] Emilio Fernández emula y representa en lenguaje cinematográfico estos intentos, valora entusiastamente la cultura sin percatarse de las contradicciones que se filtran en sus filmes.

El cine mexicano vive un auge inusitado. En sus películas se expresan las ideas y la cultura de su tiempo, contradic-

---

[16] Barre, 1983, p. 18.
[17] *Ibid.*, p. 234.
[18] Monsiváis, 1977, p. 348.

ciones y tensiones incluidas, por lo que se vincula de una manera privilegiada con sus audiencias. Jorge Ayala Blanco ha hecho notar que en ellas la presencia indígena es muy escasa, si tomamos en cuenta que cerca de 10% de la población pertenecía a estas etnias y que más de la mitad era mestiza.[19] Sus escasas figuras suelen ser comparsas o fungir de telón de fondo y carecen de capacidad de acción o complejidad psicológica: es el bonachón que propicia el humorismo, porque habla mal el español y no entiende las novedades técnicas, o el indio enigmático que parece impenetrable y forma parte del escenario. En cualquiera de los casos asistimos a la expresión de los estereotipos más sobados. Sin embargo, las ideas se transmiten a través de representaciones y los estereotipos son formas contundentes de expresar significados. La representación fílmica expresa el concepto generalizado en esos años de que los grupos indígenas son rezagos sociales que dificultan la modernidad a la que se aspira, y que en gran medida contradice al indigenismo.

Los primeros filmes que tocan el tema indigenista son del cine mudo y con el advenimiento del cine sonoro la pauta la da *Janitzio* (Carlos Navarro, 1934), primera película que protagonizó Emilio Fernández. Durante los años cuarenta el tema está dominado por Fernández. En sus películas no siempre es claro quiénes son indios y quiénes campesinos, probablemente por la influencia del cardenismo (1934-1940), en que el concepto del indio era sinónimo de explotado, más allá de su definición cultural. Sin embargo, en algunas cintas, nuestro autor sí hace una muestra explícita de la cultura, destacando el vestido, la mentalidad, las costumbres e incluso la lengua. Lo indígena aparece como "lo otro" del orden establecido. Las películas en que sus protagonistas son claramente indios son *María Candelaria*, que en los Estados Unidos de América se conoció como *Por-*

[19] Ayala Blanco,1968, p. 84.

trait of Maria, La perla (1945), *Maclovia* (1948) y *Paloma herida*(1962). En otras la presencia indígena funge de comparsa, por ejemplo *Río Escondido* (1948), o bien sus personajes no son explícitamente indios, sino mestizos pobres o indios asimilados, como en *Pueblerina* (1948).

Emilio Fernández declaraba enfático su valoración del mundo indígena, vuelve a él su mirada para elevarlo: lo hace hermoso, dueño de un honor particular, acosado por un sufrimiento que lo exime de cualquier maldad: "Estoy queriendo dramatizar en una obra la vida de ellos para que se enternezcan y tomen conciencia los desgraciados gobiernos de que tienen marginados a [...] la verdadera raza nuestra [...] es nuestra raza y son víctimas".[20] Víctimas hermosas, pero derrotadas. Sin embargo, en sus películas se filtran rasgos del indio como rezago social

Su modelo de indigenismo es planteado desde *María Candelaria*. Una escena inicial muestra la continuidad entre la cultura prehispánica y los indios vivos, repitiendo un recurso de Eisenstein en los rushes para *¡Que Viva México!* (1930-1932), que alterna esculturas precolombinas con rostros vivos, impávidos, que dan cuenta de la similitud de los rasgos físicos y sugieren la preeminencia del pasado en el presente, la fuerza de una cultura "eterna". También es clara la influencia de Robert Flaherty y su cine etnográfico y de F. W. Murnau con *Taboo* (1930), en cuanto a la asociación de los protagonistas con "el buen salvaje" acosado por los occidentales.

En la construcción que hace Fernández de "lo indígena" no únicamente cuenta la historia y la trama, sino también el lenguaje propio del cine. Por ejemplo, en estas películas no únicamente los rostros aparecen a menudo rígidos e hieráticos, sino que los movimientos de la cámara son muy lentos o incluso se detiene. En *La perla,* por ejemplo, sólo el

<hr/>

[20] Tuñón, 1987, p. 84.

viento que mueve las ropas de sus indígenas viendo el mar da cuenta de que se trata de cine y no de foto fija proyectada. Las figuras parecen esculturas más que seres humanos y refieren a la permanencia más allá de los cambios sociales.

También el manejo de las masas incide en un concepto rígido de lo indígena, pues las presenta como bloque, parte de un colectivo sin individualidad que se mueve atávicamente sin criterio propio, como una máquina, y ésto es evidente en los grupos que avanzan amenazantes con antorchas en *María Candelaria* o *Maclovia*. En *Río Escondido* el cura hace tocar las campanas para que los indios se formen y sean vacunados. Los villanos se sorprenden de su docilidad y los homologan con borregos. Buena parte de sus historias narran los conflictos de sus héroes por tratar de vivir sus propias vidas en medio de este grupo homogéneo y avasallante que es el colectivo.

Emilio Fernández emula a Eisenstein en la utilización de actores naturales, pero los sitúa siempre en segundo plano, dejando los roles protagónicos para los astros y estrellas consagrados. Los actores secundarios conforman las masas, mientras sus héroes procuran la identificación de los públicos que reconocen sus rostros. Aurelio de los Reyes encuentra que el nacionalismo indigenista se mezcla así con el cosmopolita, que se apoya en la glamorización.[21]

La banda sonora también influye en el estereotipo. Los indios aparecen a menudo en silencio, atentos a los ruidos naturales y la palabra no es su fuerte: las frases de sus personajes son siempre parcas y enigmáticas.

Las diferencias culturales de los grupos indígenas se homogeneizan al usar indistintamente los paisajes, vestidos, músicas y ritos para narrar las películas. Parece más importante la fotogenia que el cuidado etnográfico. Fernández atiende las costumbres con morosidad: vemos bailes,

[21] De los Reyes, 1987, p. 190.

peregrinaciones, la bendición de los animales el día de Corpus Christi en *María Candelaria* y la noche de Difuntos en Pátzcuaro en *Maclovia*. Se trata de un folclorismo de carácter turístico, pero también da cuenta de los rituales y devociones de sus protagonistas: vemos el respeto de Lorenzo Rafael (protagonista de *María Candelaria*) ante los ritos de la curandera, pero también lo vemos rezar ante la iglesia.

Fernández estereotipa a sus indios, los convierte en una entelequia que él quiere símbolo de la pureza y la dignidad, pese a la derrota. Todos ellos son iguales y forman parte de la naturaleza, de ese paisaje de belleza enardecida llamado México.

En sus tramas se observa, como una seña de identidad, la tensión entre tradición y modernidad, pero en él es algo más que un tema común en el cine de esos años. En Fernández remite a dos conceptos de país no integrados entre sí y en perpetuo conflicto: un México esencial y eterno, centrípeta, que sólo comunica a través de símbolos y síntomas, de tiempo cíclico y destino insoslayable, de índole natural: el de los indígenas.[22] Sobre él, sin penetrarlo, modificarlo ni suprimirlo actúa el México moderno, formado por individuos que hacen su historia y enfrentan conflictos sociales y políticos. Sobre el México elemental la civilización trata de imponerse y los dos mundos interactúan, se mezclan y se repelen, dominan y resisten, marchan juntos y se distancian. Sus héroes quedan atrapados en esta lucha. Explícitamente Emilio Fernández avala el discurso oficial del indigenismo y trata de modificar el orden de las cosas, pero entre líneas y entre imágenes homologa lo indígena a la naturaleza y lo occidental a la cultura.

Sus películas tuvieron éxito en los festivales europeos, pero su aceptación por parte de las élites culturales nacionales fue problemática. Antes de que *María Candelaria* fue-

[22] Es interesante confrontar con el concepto de México profundo y México imaginario que plantea Bonfil Batalla, 1990.

ra premiada, el pintor Diego Rivera despotricaba que "[...] ese mamarracho [...] será un éxito allende nuestras fronteras, donde nuestra realidad se desconoce [pero es una] porquería de filme, terrible atentado contra la realidad de nuestros indios".[23] También Emilio Azcárraga, mandón de los circuitos de exhibición, consideraba que la cinta era pesimista y no tendría éxito. Sólo cuando recibió el premio de Cannes se consideró una gloria nacional. El tema marca la forma en que la mirada ajena otorgó un valor al filme y lo hizo ser considerado un estandarte de la nación.

MUJERES E INDIOS: EL OTRO NECESARIO

Desde finales del siglo XIX la participación social femenina se incrementó, sin embargo el modelo de conducta para ellas mantuvo una tónica conservadora. Su condicionamiento era rígido: representaban a la nación. La mujer mexicana debía ser dócil, bonita, casta y hacendosa para fungir como emblema de la patria y esta idea se mantuvo a lo largo del siglo XX. La mujer, como continente oscuro (Freud *dixit*), debe carecer de proyectos propios, para cumplir simbólicamente la función de alteridad.

La representación de las mujeres en el cine institucional mexicano expresa este lugar común: ellas son "lo otro" de los varones: la feminidad se construye en contraste con lo masculino y configura un ente abstracto, *la mujer,* que suprime a las mujeres concretas sus características de índole social y las homologa en una especie biológica, aunque para poder narrar las historias fílmicas, esa "mujer esencial y eterna" se disocia en una serie de estereotipos, siendo los de Eva o María los más evidentes.[24]

El Indio tiene al respecto posiciones personales, aunque

---

[23] García Riera, 1987, pp. 53-54.
[24] Tuñón, 1998.

se apoya en el esquema binario que pauta la mentalidad occidental: los valores y características asignados a hombres y mujeres son propios y excluyentes y la jerarquía masculina es superior. Las mujeres son asociadas a la naturaleza mientras que los varones representan la cultura con capacidad de trascender y depredar. Esto es común en el pensamiento occidental, pero el concepto de naturaleza de Fernández es avasallante y está asentado en un pensamiento mítico. Sus parejas representan la díada original, la completud primigenia que los seres humanos buscan sin descanso, y lo que narran sus tragedias son los sucesivos fracasos de sus protagonistas por lograrla. En sus imágenes se expresan estereotipadamente una serie de arquetipos fundamentales,[25] como el que opone la naturaleza a la cultura.

Es notable la coincidencia entre la figura femenina y la indígena, que también cumple la función del "otro". En nuestros días la diferencia no significa necesariamente otredad, pero a mediados del siglo XX era un supuesto aceptado. A lo largo de la historia mexicana tanto las mujeres como los indios han sido grupos sociales especialmente mirados y juzgados. Sus conductas han sido programadas y vigiladas y el argumento para hacerlo ha sido la diferencia, sea biológica o cultural.

El estereotipo del indio lo muestra como un ser sumiso, apocado, débil, sometido, ligado a la tierra y a la naturaleza, con una mentalidad atávica e irracional a causa de su debilidad intelectual y su identificación con la naturaleza. Los mismos atributos han sido consignados a las mujeres, a causa de su función reproductiva: ellas encarnan al "otro" frente a la razón y actividad varonil. Así las cosas, las mujeres indígenas aparecen como figuras oprimidas por partida

---

[25] Entiendo por arquetipos los modelos mentales de larga duración que remiten a pulsiones básicas de los seres humanos y por estereotipo se entiende la simplificación de la realidad repesentada, sea por omisión o por deformación.

doble, por lo que podría decirse que ellas conforman una metáfora ideal tanto de la condición femenina como de la indígena. Lo son en el cine de Fernández.

Santiago Ramírez, en su intento por caracterizar la psicología de los mexicanos basándose en su historia, apunta que desde los años de la conquista "[...] la mujer es devaluada en la medida en que paulatinamente se le identifica con lo indígena. El hombre es sobrevalorado en la medida en que se le identifica con el conquistador, lo dominante y lo prevalente"[26] y abunda en que la paridad masculino-femenino asociado con el principio activo-pasivo adquiere en nuestra cultura "[...] aspectos sobresalientes y dramáticos".[27] Concluye Ramírez que para el mexicano "[...] lo indígena y lo femenino se han transformado en una ecuación inconsciente".[28] Más allá de la dificultad que implica medir una aseveración como ésta, lo anterior parece claro en un director que construye a las mujeres:

> [...] haciéndolas femeninas, demandándoles una moral, un vibrar, cierto orgullo, cierta dignidad, naturalmente, ¿no? pero siempre las quiero tener como perros fieles, sumisas al hombre y el hombre digno de matarse por la defensa y el honor de su mujer [...] y [por] la construcción de una familia.[29]

Para Emilio Fernández la mujer es la naturaleza, pero no sólo nutricia, sino también territorio de la fatalidad y del destino, una naturaleza feroz, avasallante y devoradora que absorbe a los seres humanos. El hombre, en cambio, se identifica con la cultura: por eso el ideal es que él ordene y mande mientras que la mujer le siga y obedezca.[30]

---

[26] Ramírez, 1997, p. 50.
[27] *Ibid.*, 1997, p. 50.
[28] Ramírez, 1997, p. 61.
[29] Tuñón, 2000, p. 51.
[30] *Ibid.*, 2000.

Quizá la figura femenina más conocida de su cine es la indígena. María Candelaria (Dolores del Río) sería el paradigma. Las mujeres de estas etnias eran consideradas por Fernández las más virtuosas, que asumían su papel de naturaleza con naturalidad. En las cintas se distinguen por preservar la tradición, la casa, el apego a la tierra, por su abnegación ante el sufrimiento y por su carácter instintivo.

Pese al discurso explícito de indigenismo de nuestro autor, en sus cintas se homologa lo femenino con lo indígena mientras que lo masculino se asocia con lo mestizo o criollo. Los varones indígenas son muy bellos y dignos, pero incapaces de cubrir la función prescrita que nombra, actúa y se impone a la naturaleza: las indias son doblemente mujeres, pero los varones se feminizan. Esto, en el pensamiento de Emilio Fernández, que tiene a gala su machismo, coloca a los indios en un nivel inferior, y esto parece contradecir sus afirmaciones más contundentes.

En *Paloma herida* Danilo Zeta (Emilio Fernández) llega a un pueblo en Guatemala para explotar a los indios y corromper una a una sus costumbres, matar a los que se oponen y violar a las mujeres. La película es una crítica al falso progreso, al grado de que en un *cabaret* llamado La Dolce Vita, los indios aprenden a bailar el *twist*. Una secuencia importante es cuando Zeta anuncia a los invadidos su nueva situación: en una larga y morosa escena vemos primero una hilera de piernas desnudas y pies calzados con huaraches de los varones indígenas que alterna con las piernas enfundadas en pantalones de la hilera de mujeres, frente a ellos. La toma se abre para mostrar a los indios con enredo de lana y tocado en la cabeza y a las prostitutas, mestizas, mascando chicle y mirando displicentes al amo mestizo que da órdenes a gritos ostentando su pistola y las promete a los indios a cambio de su docilidad. El eje de la imagen lo da Danilo Zeta, al centro de cuadro, que impone un orden, injusto y brutal, pero orden al fin. Los indios visten una especie de faldas, el llamado enredo, y las mujeres, pantalones: ellas son agentes del falso progreso que rompe el orden natural de los sexos, el edén primigenio de armonía con la naturaleza, en que todo eran risas y juegos. Los indios no podrán trascender su sumisión: los vemos borrachos, peleando entre ellos, golpeando a sus esposas, que los abandonan. Será la protagonista, Paloma (Patricia Conde) en su carácter de naturaleza, la que dé muerte al villano.

Las mujeres, al ser dadoras de vida lo son también de muerte. Paloma aparece un día callada y triste en un pueblo playero, vestida de blanco y con rebozo negro, para matar a su violador. Ella es encarcelada y se niega a hablar: el mutismo de la indígena es absoluto y sólo habrá de contar su historia, o sea la película, cuando la amenazan con quitarle al hijo. Mata a Zeta, pero ya el mal está hecho: la mudez de que hace gala sólo puede acontecer cuando el "progreso" ha suprimido la propia voz sin suplirla con otra. Lo indígena está derrotado, las mujeres sin voz y los hombres feminizados. Se ha roto el paraíso.

LAS PELÍCULAS

María Candelaria es la película más representativa del tema indigenista de Fernández. El guión fue escrito por el propio director en 13 servilletas como regalo de cumpleaños a Dolores del Río, la protagonista, y se inspiró en la historia de *Janitzio*, que había protagonizado en 1934. Es también la base de *Maclovia*. *Janitzio* narra el amor desgraciado de una pareja que pierde el edén a causa de los enredos provocados por el hombre blanco, con quien Eréndira tiene relaciones sexuales para salvar a su novio de la prisión. Ella es considerada traidora a su cultura y a su pueblo y recibe el castigo de morir apedreada. Joanne Hershfield considera que la película replanta en este tema el mito de la Malinche.[31] Este tema fue clave para Emilio Fernández: el amor trágico será su argumento recurrente.

En los primeros guiones de *María Candelaria* la película se llama *Xochimilco* y muestra una historia mucho más simple que la definitiva. La protagonista, María del Refugio, es querida y apreciada en su pueblo pero su novio tiene un temperamento celoso y rechaza a los fuereños. El tema da cuenta de las dificultades de la integración y la tensión entre los dos Méxicos. El guión definitivo incorporó el elemento del odio del pueblo a la ya bautizada como María Candelaria y moderó el talante celoso del muchacho, dramatizando la situación de la protagonista, su marginalidad y debilidad, lo que hace más notable su bondad y lo absurdo de su sacrificio.

María Candelaria se plantea desde el primer momento como un estandarte de la nacionalidad. La publicidad dice que "[...] la película, impregnada de la mayor feminidad, la de más hondo carácter racial y más nuestra, la que será un emblema de México en todas las pantallas del mundo de habla española será *Xochimilco*",[32] porque los intérpretes "[...] no desdeñaron vestir los modestos trajes de nuestros indígenas, ni hablar como ellos, comer como ellos comen, trabajar como ellos trabajan y finalmente sufrir como ellos sufren". De esta manera se considera que el filme cubre tanto "[...] una labor artística [cuanto] patriótica".

En *María Candelaria* se cuenta la historia de una muchacha rechazada por su comunidad porque su madre fue prostituta: la señora fue linchada por ellos y María Candelaria también lo será. El escenario son los canales y las chinampas de Xochimilco en donde ella cultiva flores y su novio, Lorenzo Rafael, verduras. José de la Colina ha hecho notar la omnipresencia del paisaje mortuorio desde los primeros

[31] Hershfield, 1999, p. 86.
[32] "Noticiero Films Mundiales", 1943a, p. 16; Noticiero Films Mundiales, 1943b, p. 16.

momentos del filme, como anunciándonos el final.[33] El eje que estructura la vida indígena es la muerte: ése es su destino.

La adversidad que enfrenta la pareja llega a su clímax cuando María Candelaria enferma de paludismo, Lorenzo Rafael llama a la curandera y el pintor, que la buscaba para hacerle un retrato, a un doctor. En el guión original el artista debía de ser Diego Rivera, y declarar enfático que quiere pintar a México y que María Candelaria es "¡el rostro mismo de México!", "¡India de pura raza! [...] tenía la belleza de las antiguas princesas que vinieron a sojuzgar los conquistadores". El muchacho no puede adquirir la quinina que ha dado el gobierno a don Damián para que reparta entre la población, pues el tendero mestizo acosa sexualmente a María Candelaria y quiere presionarla de esta manera, entonces Lorenzo Rafael entra en la noche a la tienda para robarla y, de paso, se lleva también un vestido, por lo que es ingresado a prisión. María Candelaria pide ayuda al pintor y accede a que éste reproduzca su rostro. Ante la negativa de la muchacha a desnudarse, la figura se completa con el cuerpo desnudo de otra modelo. La belleza femenina indígena es el símbolo de México, pero el cuadro no está completo sin el cuerpo desnudo de una mujer. En las convenciones pictóricas el rostro representa el alma ("¡El rostro mismo de México!"), pero el pintor necesitaba más: necesitaba un cuerpo femenino sexuado. Por azares del melodrama el cuadro es visto por todos los ojos del pueblo y María Candelaria será perseguida para morir apedreada, cumpliendo un destino insoslayable: su respuesta sigue siendo la negación: "Yo no he hecho nada malo", repite una y otra vez, como si su conducta hubiera sido la causa del infortunio: sus victimarios son su propia gente enardecida. Lorenzo Rafael la lleva en una ceremonia fúnebre en una chinampa, por los canales de Xochimilco por los que solían pasear.

[33] De la Colina, 1985, p. 1.

María Candelaria simboliza la marginación: lo es aun de los marginados por excelencia: los indios mexicanos. Ella clama: "¡Qué bonito sería poder vivir en paz con los del pueblo, tratándonos como hermanos y no como animales dañinos!" y es significativo que su estigma sea la práctica sexual de su madre, un rasgo intrínsecamente asociado al género femenino. Mauricio Magdaleno protestaba porque —decía— esas son cosas que no se presentan entre los indios[34] pero en la película importa como metáfora: la marginación de María Candelaria es doble: lo es por ser india, pero también por ser mujer y sexuada, lo que resulta evidente en la pintura.

Sus indígenas siempre son asediadas sexualmente por los villanos mestizos, pero ellas evitan mezclarse con ellos. Actúan de manera contraria a la madre del director, que salió de su grupo étnico para casarse con un mestizo, el padre de nuestro autor.[35] Las indígenas fernandianas preservan la cultura y defienden la tierra, pero además sufren con resignación un destino sin salida. Los varones nunca pueden defenderlas: el papel masculino queda menoscabado.

María Candelaria muere apedreada por su propio pueblo. ¿De qué indigenismo se habla cuando la pureza de la raza se deposita en la bondad ingenua de una mujer y se asocia al atavismo y a la sumisión? ¿De cuál, cuando el resto del grupo hace gala de intransigencia y de barbarie? Creo que accedemos aquí a un *lapsus* del *Indio*: lo indígena se asocia con una naturaleza feroz e indomeñable, a quien no calma ni los sermones del cura ni la cercanía con ese México moderno contiguo a Xochimilco. La película distingue entre "lo indígena", el colectivo representado por los actores naturales lugareños de Xochimilco, y la aristocracia natural de su protagonista "[...] con la belleza de las antiguas princesas". Efectivamente, el aspecto de Dolores del Río es muy diferente del de los extras. El discurso explícito del fil-

[34] Meyer, 1976a, p. 30.
[35] Fernández, 1986, p. 36.

me insiste en la bondad de los indios y su autenticidad, pero la estrella es vestida por Armando Valdés Peza, uno de los modistos de alta costura más afamados y sigue la norma impuesta ya en *La noche de los mayas* (Urueta, 1939) en que los huipiles se estrecharon para embellecer el cuerpo de las actrices.[36] Emilio Fernández recuerda que le decía a la estrella que representara a una indita y no a Cleopatra,[37] pero aun así el glamur de las estrellas, el formalismo de su estilo y la idealización de los indios va en detrimento del cine que quería hacer y se filtra en la pantalla el viejo concepto que opone al *indio* vivo, devaluado del sublimado por la historia, "[...] con la belleza de las antiguas princesas"; María Candelaria es una tránsfuga del pasado.

María Candelaria da cuenta de los escasos recursos de los indios para sobrellevar su vida. A ella sólo la ayuda su belleza, que le gana la admiración del pintor, y su resignación, que seduce al cura. Lorenzo Rafael cuenta con el apoyo de su comunidad, pero nada más: su margen de acción se acaba en otros espacios. Emilio García Riera ha hecho notar la fuerza de los personajes criollos o mestizos que pueden nombrar la desgracia y aun ayudar a la pareja, aunque cuando la barbarie indígena se desata son impotentes: el cura simboliza a la Iglesia, el doctor a la ciencia y el pintor al arte.[38] La relación es siempre desigual: ellos tutean a los indios que responden con sumisión.

María Candelaria muestra algunos rasgos de la cultura indígena, como el apego a la tierra que es de índole biológica. Cuando el muchacho piensa en emigrar la novia lo disuade:

¿Y nuestras chinampas?, ¿y nuestras flores? Aquí nacimos los dos y aquí hemos vivido siempre. Ésta es nuestra tierra: mira

[36] Meyer, 1976a, p. 119.
[37] Tuñón, 1988, p. 48.
[38] García, 1992, p. 68.

qué negra y qué suave [la toma con sus manos]. ¡Cómo queres que nos váyamos! [...] No nos queren, pero con los fuereños son peor.

El hombre la mira, grave, y la escena transcurre en silencio, sin música de fondo: lo mejor es la inmovilidad y la mujer es su portavoz. La tierra, además, tiene valor de uso y no de cambio y me parece notable que en el filme nunca se cuestiona el derecho de propiedad de la protagonista a su jacal y al terreno del que toma las flores. Cuando don Damián quiere arruinarla manda matar a su marranita, que significa, ésa sí, la inversión para su futuro y da cuenta de la importancia otorgada a los animales entre los indígenas.

En dos momentos escuchamos hablar en náhuatl: cuando María Candelaria persigue a Lupe, su rival en amores, que le ha roto de una pedrada su cuadro de la virgen de Guadalupe y pelea a golpes con ella tirándola al agua: la mujer amenaza en su lengua; y cuando Lorenzo Rafael se va enojado del mercado para evadir al pintor que ha reparado en la belleza de su novia. Se trata de dos momentos de acción, pero también de cólera. Son imágenes opuestas a la reacción de María Candelaria cuando enojada le replica a la virgen: "¡Y tú!, ¿por qué no me oyes? Con nosotros eres dura"; y el cura la hace arrepentirse de su exabrupto y pedirle disculpas a la imagen: la docilidad habla en castellano.

Una película derivada de *María Candelaria* es *Maclovia*, que repite muchos de sus esquemas: el amor entre Maclovia (María Félix) y José María (Pedro Armendáriz), dificultado por la sociedad, en este caso por el padre de la muchacha, Macario (Miguel Inclán), por el asedio del hombre blanco, la rival de amores y los mestizos como figuras de autoridad, en este caso el maestro y el militar profesional que defienden a los indios. En *Maclovia* un viejo soldado mestizo impide el linchamiento y ayuda a escapar a la pareja, en una clara concesión al *happy end* hollywoodense; sin embargo, el aislamiento indígena tiene en *Maclovia* el escenario preciso de una isla: el maestro dice al militar: "Ningún nativo sale jamás de la isla, para ellos sería peor que la muerte. Aquí nacen, aquí viven, aquí mueren", de manera que el desenlace en que la pareja huye augura una nueva serie de sufrimientos para los protagonistas, poniendo en duda la felicidad del final.

Al igual que en *María Candelaria*, la belleza femenina es un valor ambiguo: ofrece salidas a la vida pero propicia problemas, por eso Maclovia increpa a Dios por no hacerla más fea. María Félix actúa su belleza antes que la humildad: su figura está fuera de tono, sus gestos no son dóciles ni tiernos, características de las indias para Fernández. Ella no pudo escapar del estereotipo de mujer fuerte y dura que le dio fama, y quizá también por eso *el Indio* la salva de morir apedreada.

En *La perla* la pareja formada por Quino (Pedro Armendáriz) y Juana (María Elena Marqués) forma un matrimonio feliz: ella es el prototipo de la esposa dócil. Una escena define su personaje con nitidez: ella espera fuera de la cantina, acurrucada en el suelo con su bebé envuelto en el rebozo, a que Quino acabe de emborracharse para llevarlo a su casa y lo vigila a hurtadillas para protegerlo.

El pescador encuentra una enorme perla en el mar y empieza a vislumbrar un futuro promisorio, ríe desaforado, con arrogancia y con el gesto de quien reta al destino: está de pie en la lancha con Juana, filmado en contrapicada. Su risa se confunde con la música estentórea mientras ella llora: teme la ruptura del equilibrio de su vida; mientras él vislumbra la libertad y la educación para el hijo, el progreso y la felicidad, ella sospecha "la muerte y la soledad". La ambición no forma parte de los afanes del indígena y la de Quino rompe el orden de las cosas. Aunque nunca tiene argumentos, las reacciones instintivas de Juana demuestran, sobre la marcha, ser valederas: ella está cerca de la naturaleza y del fracaso darán cuenta las anécdotas del filme. Emilio Fernández no permite a sus indígenas ni asimilarse a la cultura nacional ni encontrar la felicidad en su propio mundo. Del dolor de quienes salen a encontrar otras formas de vida darán cuenta otras de sus películas. En la escena final de este filme vemos a la pareja tirar la gran perla al mar. Con ella se pierden la esperanza, la educación, el bienestar y la alegría.

La esencia femenina y la de los indígenas es de índole natural y no cultural o social. La naturaleza es informe, ambigua, caótica y quien debe moldearla es el varón, utilizando diferentes medios; la ternura, la violencia, las órdenes autoritarias, el amor, son sólo algunos de ellos. Sin embargo, los hombres indígenas no logran darle forma al mundo: no disponen de recursos ni de palabras. Al principio la naturaleza dominó, pero la cultura se impuso y con ella la derrota al mundo aborigen.

A MODO DE CONCLUSIÓN

En las imágenes que aquí se analizaron se observan elementos de largo plazo, construidos en los morosos tiempos de la mentalidad, pero que se expresan en el novedoso lenguaje del cinematógrafo para ser recibido por audiencias masivas en el México moderno del siglo XX.

En un nivel explícito, los personajes indígenas de Emilio Fernández encarnan la perfección: son el grupo racial más bello y más puro, la cultura más delicada. Sin embargo, en los *lapsus* observamos que se trata de seres paisaje, inscritos en la naturaleza, y cualquier cambio que pretendan es imposible: ellos no pueden modificar la vida que les ha tocado en suerte, parecen refractarios al progreso y eso contradice el propósito de un cine que lucha contra la injusticia social. Fernández construye un estereotipo que muestra la dignidad, el misterio y el estoicismo de los indios que esconde la inercia, la sumisión y la ignorancia. Para Ayala Blanco: "[...] los indígenas de Fernández serían los mansos corderos propicios para ser sacrificados por los blancos en su culto a la Maldad".[39]

En sus películas hay una identificación entre las mujeres y los indios. Todas las mujeres son sometidas, de manera que las indígenas se convierten en una metáfora doble de la alteridad y en la quintaesencia de la feminidad.

Pero resta algo inquietante: a pesar de su fracaso lo indio sustenta a la nación... y resiste, de la misma manera que lo femenino identificado con la naturaleza, avasalla y domina. Puedo sugerir que la nación adquiere, en el cine del *Indio*, un carácter de género: el México esencial es indígena, *ergo* es femenino, y enfrenta la tensión que implica la modernidad representada por criollos y mestizos. Esta lucha expresa la que existe entre la naturaleza y la cultura. Aunque en todas sus películas los indios son derrotados y las mujeres vencidas, sugiero que el principio femenino, el principio indígena domina y vence, aunque sólo sea para mantener la injusticia y la inercia.

[39] Ayala Blanco, 1968, p. 196.

MOLDEANDO LA ESFERA DOMÉSTICA

.

IV. "SI EL AMOR ESCLAVIZA…
¡MALDITO SEA EL AMOR!"
El divorcio y la formación
del Estado revolucionario en Yucatán

STEPHANIE SMITH
Ohio State University

EL 16 DE MAYO DE 1917 el periódico oficial de Yucatán, *La Voz de la Revolución*, publicó una carta escrita por Amelia Azarcoya Medina. La carta había sido redactada una semana atrás y estaba dirigida al gobernador revolucionario del estado, el general Salvador Alvarado (1915-1918), de quien se solicitaba la ayuda para el divorcio de Amelia de su esposo, el conocido y políticamente influyente notario Crescencio Jiménez Borreguí.

"Soy una mujer desvalida que anhelando poner fin a los sufrimientos a que me tenía sometida mi marido […]", escribe Amelia, enumerando todos los obstáculos a los que se han enfrentado sus esfuerzos, pues ya lleva más de un año queriendo divorciarse de su abusivo esposo. Según su carta, le resultaba prácticamente imposible tener un abogado por mucho tiempo, pues su esposo, una figura popular en la política regional y amigo de un ex gobernador, sobornaba e intimidaba a cualquiera que intentaba ayudarla. Cuando finalmente pudo Amelia llevar su caso ante los tribunales del estado, el magistrado presidente hizo gala de una marcada indiferencia ante su situación, y en cambio trató a su esposo con el mayor respeto. De hecho, este mismo juez ordenó que los niños vivieran con su padre, haciendo caso omiso de los testimonios de Amelia y otros comparecientes en los que se señalaba el maltrato que durante años les había dado.

Después de que el juez denegó la solicitud de divorcio, Amelia exigió la "justicia revolucionaria" de otros funcionarios locales. Pero incluso después de otros seis meses de un nuevo juicio, seguía estando casada, sin sus hijos y sin un centavo, mientras su esposo vivía en la casa conyugal, donde tenía a su amante y a su familia, y hasta daba fiestas. Amelia se describe como "una de tantas víctimas que arrastra la pesada cadena de la esclavitud y que hasta hoy la Revolución ha sido impotente para arrancársela" e insiste en que la Revolución corrija los errores del pasado.

La carta fue sólo el inicio de la historia. Pues aunque Amelia no pudo obtener el divorcio, su esposo enfureció ante la publicación de la solicitud y de inmediato llevó a su esposa a la corte. Crescencio alegaba que su esposa había enviado la "escandalosa" carta al general Alvarado con el solo propósito de manchar su honor y su reputación. Y luego, en respuesta a esta difamación pública de su carácter, Crescencio exigió el divorcio, a lo que Amelia, naturalmente, no se opuso. Al final, Amelia y Crescencio obtuvieron el divorcio, aunque el fallo fue inesperado, pues la corte consideró que ambos esposos eran culpables y ambos perdieron la custodia de sus hijos.[1]

El caso del divorcio de Amelia y Crescencio es muy revelador sobre los cambios que experimentaban género y familia, entre ellos el significado del divorcio marcado por la

[1] AGEY, FPJ, folio 002484, caja 030-00 (1917). Este capítulo se basa en varios grupos de documentos judiciales que se encontraron en el Archivo General del Estado de Yucatán (AGEY), así como en varios archivos municipales y la Oficina del Registro Civil de Mérida. Este artículo también tuvo la ayuda de muchas personas, entre ellas Jocelyn Olcott, Mary Kay Vaughan y Gabriela Cano, gracias a las pertinentes sugerencias hechas a las sucesivas versiones. Barbara Weinstein, Temma Kaplan, Susan Gauss y James Genova también leyeron el texto más veces de las que puedo contar; su apoyo fue de gran valor.

cuestión de género. Con la liberalización del divorcio durante la época revolucionaria, los divorcios pasaron de ser
un proceso iniciado por una abrumadora mayoría de solicitudes femeninas antes de la Revolución, a ser un proceso de
iniciativa principalmente masculina durante la Revolución
y la consolidación posrevolucionaria.[2] Los hombres como
Crescencio, que normalmente habrían evitado divorciarse
en los años anteriores a la Revolución, pues preferían irse
sin mayor trámite, comenzaron a pedir el divorcio con mucha mayor frecuencia. De hecho, los esposos ahora pretendían resarcir su honor divorciándose de una esposa ingobernable que hubiera abandonado el hogar o que de alguna
otra manera hubiese violado la santa institución del matrimonio. Por ejemplo, Crescencio aceptó divorciarse sólo
cuando el periódico local publicó la carta en la que Amelia
pide auxilio y pregona ante toda la sociedad su ferviente deseo de abandonar al marido. En ese momento, Crescencio
exigió que se pusiera fin al matrimonio, deshaciéndose en
esta forma de una mujer "ingobernable" que lo había dejado
en vergüenza ante todos y de pasada pudo limpiar su honor.

El significado del divorcio también cambió para las mujeres. Aunque el divorcio era un recurso del que rara vez se
echaba mano en los años anteriores a la Revolución, de
cualquier forma ofrecía a las mujeres una salida de los matrimonios más infames.[3] Pero después de que el gobierno
nacional legalizó el divorcio en 1914, y aunque las mujeres
seguían considerando el divorcio como un escape de las
uniones abusivas, el número de yucatecas que pedían el divorcio siguió siendo casi el mismo.[4] De todos modos, las au

[2] Véase Vaughan, 1997; Cano, 1998; Bliss, 2001, y Deutsch, 1991.
[3] Véanse estudios sobre el Yucatán del siglo XIX, incluyendo los roles de
las mujeres en Alejandra García Quintanilla (1982) y Piedad Peniche Rivero (1999).
[4] Eileen Findlay (1999) incluye un estudio del matrimonio y el divorcio
en Puerto Rico.

toridades revolucionarias presentaron a las mujeres la posibilidad real de divorciarse legalmente, lo que ofreció a
mujeres como Amelia una oportunidad de influir en el discurso público sobre los derechos de las mujeres en la familia. La furia de Amelia ante el corrupto sistema judicial y su
carta en el periódico local presionaron al gobierno revolucionario y a Alvarado a cumplir con la promesa de permitir
el divorcio a las mujeres que necesitaban una solución. Al
exigir a sus dirigentes revolucionarios que cumplieran con
los ideales revolucionarios, las mujeres como Amelia participaban en la ejecución cotidiana de la Revolución.[5]

En resumidas cuentas, el divorcio de Amelia y Crescencio revelaría tanto continuidades como cambios. La legalización del divorcio no eliminaba ni las licencias sexuales
masculinas ni la subordinación sexual femenina. El divorcio sería sólo un elemento más en la transición hacia la racionalización de la vida familiar, en la medida en que el Estado asume la jurisdicción de funciones anteriormente
reservadas a la familia. La preferencia hacia las prerrogativas sociales y sexuales de los hombres durante la Revolución alentó a un número cada vez mayor de maridos a pedir
a los jueces que resarcieran su honor mediante el divorcio;
las mujeres, en cambio, recibían poca ayuda de los tribunales. Así como la retórica revolucionaria destacaba la idea de
la manera "correcta" de ser mujer, los casos de divorcios revolucionarios demuestran que la mayoría de los maridos
creían que seguir casado con una esposa desobediente era
más perjudicial para su honor que divorciarse de ella.[6] De
esta forma, el divorcio se convirtió en una herramienta para
resarcir el honor masculino mancillado por las esposas cuya
conducta no entraba dentro de los límites considerados co-

[5] Joseph y Nugent, 1994a y 1994b.
[6] Sobre el tema de la "modernización" de la esfera doméstica, véanse
asimismo Schell y Blum en este volumen.

rrectos según lo definían las convenciones patriarcales de la sociedad.[7]

Sin embargo, las mujeres lograron negociar su lugar entre los cambios revolucionarios, escribiendo cartas a los periódicos y a los funcionarios públicos y aprendiendo a trabajar con el sistema judicial renovado. Ante la incapacidad de los tribunales de responder a las necesidades de las mujeres, como ocurría en la mayoría de los casos de divorcio, las mujeres pusieron en práctica otras formas de negociación. Mary Kay Vaughan alega que si bien "la Revolución mexicana de 1910 fue un acontecimiento fundamentalmente patriarcal para las mujeres del campo", las mujeres de cualquier forma pudieron abrir "nuevos espacios" para sí.[8] No obstante, Vaughan advierte que para la década de los treinta, los reformadores del gobierno proyectaron una "modernización del patriarcado", subordinando la familia a los "intereses del desarrollo nacional" y racionalizando los asuntos de la esfera doméstica.[9] Un estudio de los casos de divorcios revolucionarios revela que las raíces de la modernización de la familia estaban, de hecho, firmemente entrelazadas con las reformas revolucionarias dirigidas a las mujeres.

Leyes "modernas" de divorcio, 1915-1922

Antes de la Revolución mexicana, el divorcio sólo implicaba la separación legal, y dejaba a las parejas sin posibilidad de volverse a casar.[10] Sin embargo, mujeres y hombres se empeñaron en disolver el matrimonio mediante el divorcio. Entre 1874 y 1915 se observa en las demandas de divorcio entabladas por mujeres una frecuencia mayor que las enta-

---

[7] Véase Caulfield, 2000. También Beattie, 2001.
[8] Vaughan, 2003, pp. 177-178.
[9] Véanse Vaughan, 2000 y Besse, 1996.
[10] Arrom, 1994, p. 93. Véase también Ramos Escandón, 1987, pp. 146-149.

bladas por hombres, pues en general ellas veían en el divorcio una forma de escapar del hostigamiento físico o verbal que sufrían en casa o de librarse de un esposo que ya había abandonado el hogar.[11] También la infidelidad precipitaba el divorcio, que se convertía en casi el único recurso para la esposa.[12] Un marido ausente podía acarrear graves consecuencias para la mujer abandonada; no eran pocos los casos en que la esposa decía al magistrado presidente que el marido la había dejado sin medios para mantenerse o para alimentar a sus hijos.

Sin embargo, los hombres rara vez utilizaban las leyes del divorcio, pues preferían simplemente abandonar el hogar conyugal. Después de todo, el honor del marido no sufría daño alguno si él se iba de la casa. En cambio, comparecer ante el tribunal para divorciarse podía manchar el honor de un hombre pues los habitantes de la localidad seguramente pensarían que la única causa de divorcio podía ser la infidelidad de la esposa.[13] Los casos llevados ante los tribunales de este periodo revelan que sólo en casos extremos se arriesgaban los hombres a exhibir su vida privada intentando divorciarse y sólo si ya de antemano había un alto grado de humillación pública. Por ejemplo, Crescencio Carrillo declaró que su esposa llevaba una vida "escandalosa" pues casi siempre se encontraba en estado de ebriedad; y cuando estaba ebria, le daba mal trato, lo insultaba en la calle y le aventaba la comida al patio.[14]

---

[11] Hubo, por ejemplo, 19 casos de divorcio en el Fondo Poder Judicial (FPJ) en los años de 1872 a 1914. De ellos, 14 fueron iniciados por mujeres, cuatro por hombres y uno por marido y mujer. Silvia Arrom argumenta que "el divorcio era principalmente un recurso femenino" durante la primera mitad del siglo XIX (1988, p. 252).

[12] AGEY, FPJ, Sección Civil, caja 1, 1872, "Juicio de divorcio que sigue Doña Isabel Ceballos contra su esposo C. Eduardo Villamil, por sevicia".

[13] Da Silva, 1991, pp. 344-345.

[14] AGEY, FPJ, folio 002623, caja 027-00, 1914.

Sin embargo, la Revolución acarreó grandes cambios para las mujeres en el área del divorcio. En un decreto del 29 de diciembre de 1914, Venustiano Carranza, primer jefe del Ejército Constitucionalista, declaró legalizado el divorcio al definir el matrimonio como un contrato civil que los socios podían establecer o romper de acuerdo con su libre albedrío. Y lo que resulta más importante aún: una vez que se divorciaban, los cónyuges eran libres de volverse a casar.[15] El 9 de abril de 1917, Carranza amplió la legislación sobre la familia y emitió la Ley sobre Relaciones Familiares que amplió los alcances de la Ley del Divorcio de 1914.[16] En Yucatán, Alvarado adoptó las leyes de Carranza sobre la familia y el divorcio en 1915 y el 30 de enero de 1918 aprobó el Nuevo Código Civil de Yucatán en el que se incluían medidas que permitían realizar el divorcio de mutuo acuerdo en la oficina local del registro civil.[17]

La legislación revolucionaria del divorcio respondía a varias cuestiones. Por ejemplo, las autoridades revolucionarias, que se habían comprometido con un ataque nacional en todos los frentes contra la Iglesia católica, utilizaban el divorcio como una herramienta para desgastar la influencia de la Iglesia en la vida social de México.[18] En Yucatán la lucha contra la ideología religiosa era particularmente intensa, pues Alvarado había cerrado iglesias, expulsado a curas del estado y empleado el divorcio para atacar directamente los conceptos católicos de moralidad, promoviendo a la vez su versión secular como una alternativa.

La legalización del divorcio se une a los esfuerzos previos del siglo XIX por racionalizar y modernizar las cuestio-

---

[15] Rojina y Villegas, 1997, p. 376.

[16] Carranza, 1964. Véanse también Macías, 2002, p. 76 y Soto, 1990.

[17] *Diario Oficial*, jueves 27 de mayo de 1915. Véase también la ley sobre el divorcio, 1915. Para el código de 1918 véase el *Código Civil del Estado de Yucatán*, 1918, p. 40.

[18] Véase el ensayo incluido en esta antología de Kristina A. Boylan sobre la Iglesia católica.

nes domésticas. Según el derecho formal, las oficinas del
Registro Civil reemplazaron a la iglesia local como el sitio
donde se asentaban los asuntos de la vida familiar: todos
los registros de matrimonios, divorcios, nacimientos y muertes se registraban cuidadosamente en un formato estandari-
zado.[19] En parte, el propósito de esta medida era traspasar
el registro estadístico de manos de la Iglesia para ponerlo
bajo el control regulatorio del Estado, permitiendo a los
responsables de la política una mayor visibilidad de los movimientos de las familias.[20]

A pesar de la nueva legislación para el divorcio, en un
principio siguió siendo poco frecuente que las parejas descontentas lo solicitaran, sobre todo fuera de la capital yucateca y unos cuantos centros urbanos.[21] No obstante, todos
por igual, ricos y pobres, mayas o no, comenzaron a querer
divorciarse.[22] Las mujeres de la élite solían recurrir a los

[19] Legislación revolucionaria, 1918.

[20] Véase James C. Scott, 2000, entre otros, sobre el Estado racionali-
zador.

[21] Por ejemplo, en 1916 hubo 3 631 matrimonios en Yucatán, 814 de
ellos fueron celebrados en Mérida. De las parejas que se casaron, sólo seis
personas se habían divorciado previamente, y cuatro de ellas vivían en Mérida (*Boletín de Estadística: Órgano de la Sección de éste Ramo del Gobierno
Constitucional del Estado de Yucatán* 24, núm. 5 [1917]). Hubo sólo 170
divorcios en la ciudad de Mérida de 1918 a 1921 (ACRE, Libros 1, 2, 3, 4, 5
de Divorcio, 1918-1921).

[22] En general, en todos los tipos de casos en la corte, incluido el divorcio, las ideas de la etnicidad marcadas por la cuestión de género se codifi-
caban en un lenguaje diferente. Así, la mayoría de las mujeres que se presentaban ante los tribunales no se referían específicamente a sí mismas
como mayas, sino que expresaban sus necesidades en relación con la clase,
señalando que eran pobres. Sin embargo, la etnicidad no dejaba de ser un
factor crítico cuando las mujeres comparecían ante las cortes, en la medida
en que los conceptos revolucionarios de la moralidad y el honor iban liga-
dos a la etnicidad y la clase. Aunque puede haber sido frecuente que las
mujeres se presentaran como "mujeres pobres", los comandantes militares
y los jueces locales se daban perfectamente cuenta de si la quejosa era o no
maya. En efecto, la etnicidad influía en el resultado de los casos llevados
ante la corte, especialmente cuando se decidía la cantidad que había de ser

servicios de un abogado para que las representara, lo que contribuía a garantizar que sus divorcios les serían concedidos de manera favorable. De hecho, los casos de divorcio de la gente pudiente podían prolongarse durante años mediante un sinnúmero de apelaciones y las maquinaciones de los abogados. Sin embargo, los que carecían de medios financieros podían recurrir a los defensores de oficio para presentar sus demandas.

Ahora bien, cuando uno examina quiénes eran los que querían divorciarse, se observa un cambio notable en el número de mujeres y hombres que querían divorciarse respecto a los años anteriores a la Revolución. Ahora eran los hombres quienes más aprovechaban esta posibilidad, mientras que las mujeres seguían comportándose más o menos igual.[23] No cabe duda de que había muchos factores que desalentaban a las mujeres a pedir el divorcio. Por ejemplo, muchos políticos y jueces locales siguieron siendo los mismos, lo que disminuía las probabilidades de que las reformas controvertidas, como el divorcio, llegaran a ser un hecho normal. Así pues, la corrupción y los factores personales podían desvirtuar los ideales más revolucionarios, pues muchos jueces se negaban a dictar una sentencia favorable para una mujer que quisiera divorciarse del marido. Por si fuera poco,

asignada como compensación. Si bien la mayoría de los tribunales consideraban que el matrimonio era el único camino para resarcir el honor de una mujer de buena posición, el honor de una mujer pobre o maya se reemplazaba en cambio con una compensación monetaria. La cantidad asignada a la mujer también variaba según su posición cultural o social. Véanse ejemplos en AGEY, FM, Valladolid, J, caja 387, 48, 4, 1º de agosto de 1915; AGEY, FM, Valladolid, J, caja 387, 48, 3, 9 de agosto de 1915, y AGEY, FM, Valladolid, J, caja 387, 48, 5, 26 de agosto de 1915. En estos casos, los tribunales revolucionarios asignaron una compensación monetaria a los niños mayas de corta edad que quedaban en la orfandad en vez de exigir el matrimonio luego de que los patrones forzaron a las mujeres a sostener con ellos "relaciones ilícitas", causa de que las mujeres hubieran tenido hijos.

[23] De 75 casos de divorcio archivados en FPJ, sólo 27 mujeres pidieron el divorcio, en contraste con 38 hombres que tomaron la iniciativa; mientras que en 10 casos el divorcio fue solicitado por ambos cónyuges.

con todo y que las autoridades revolucionarias como Alvarado peroraban sobre la necesidad de liberar a las mujeres de matrimonios poco afortunados, seguían pregonando que el lugar que le correspondía a la mujer era su casa, como madre y como esposa.[24] Puesto que la ideología revolucionaria asignaba a la mujer el lugar de madre casada, encargada del sano desarrollo de su familia y del buen cuidado de su marido, muchos jueces intentaron descartar el divorcio como una posibilidad abierta a las mujeres.

Cuando eran las mujeres las que promovían una demanda de divorcio, el maltrato seguía siendo el motivo principal en una proporción abrumadora. El lenguaje por ellas utilizado revela que si bien sus matrimonios habían sido insoportables, confiaban en que ahora los tribunales revolucionarios les ofrecerían la posibilidad de liberarse del marido. Por ejemplo, varias mujeres que pidieron el divorcio en esa época dieron como causal que sus esposos y sus familias las trataban como si fueran simples sirvientas.[25] Una mujer declara que después de años de maltratos, ahora estaba "haciendo uso del derecho que la ley me acuerda".[26] Otra escribió que alguna vez creyó que viviría feliz al lado de su marido durante el resto de su vida, pero que esta ilusión "pasó como un soplo de viento" poco después de que se casó.[27]

Otras esposas se negaban a acudir al tribunal en busca de ayuda. Sin embargo, las que evitaban ir a la corte no se quedaban sin recursos ante sus maridos. En cambio, en los casos de los hombres que piden el divorcio, se ve claramente, gracias a los testimonios de las mujeres declarantes, que también ellas utilizaban otros medios de resistencia dentro de un matrimonio infeliz. Un ejemplo es el caso en el que

[24] Alvarado, 1980, pp. 107-120.
[25] AGEY, FPJ, folio 002485, caja 030-01, 1917. Véase también AGEY, FPJ, folio 00168, caja 028-00, 1915.
[26] AGEY, FPJ, folio 000948, caja 028-00, 1915.
[27] AGEY, FPJ, folio 000791, caja 031-02, 1918.

Manuel Cauich llevó a su esposa a comparecer ante el tribunal para divorciarse después de que ella se negó a mantener relaciones sexuales con él y luego procedió a abandonar el hogar.[28] Otro caso es el de María Porfiria Canche, quien fue llevada por su esposo ante la corte alegando que lo "desobedecía" todo el tiempo y que la había sorprendido en un "acto carnal" con otro hombre.[29]

De hecho, muchas esposas de este tiempo preferían irse de su casa en vez de pasar por el sistema de tribunales. Una y otra vez, en los casos de divorcio promovidos por el marido, el abandono de hogar por parte de la esposa siguió siendo la causal de divorcio más comúnmente citada. Aunque la capacidad de salirse del matrimonio ofrecía a la esposa una alternativa ante el divorcio, el hecho de que algunas esposas abandonaran a sus esposos maltratadores en vez de divorciarse de ellos pone de manifiesto la falta de confianza en el sistema judicial.

Los esposos ocasionalmente establecían en los documentos presentados ante la corte que querían divorciarse para casarse con otra mujer. En México, como en otras partes del mundo, incluida Francia y también los Estados Unidos, las ideas del amor romántico se vincularon a la noción moderna de la familia.[30] En Yucatán, las autoridades revolucionarias comenzaron a fomentar la modernización cultural de las familias yucatecas, alentando el matrimonio basado en el amor en vez de la unión como un contrato. Los periódicos revolucionarios meridanos contribuyeron publicando artículos y editoriales en los que se ensalzaba el concepto del matrimonio por amor en vez de que fuera una obligación. De hecho, estas ideas sobre el matrimonio en proceso de

[28] AGEY, FPJ, folio 001168, caja 28-00, 1915.

[28] AGEY, FPJ, folio 001168, caja 028-00, 1915.

[30] Véase una historia del amor en Europa, en la que se trata el cambio en las ideas sobre la importancia del amor en el matrimonio, en Zeldin, 1994, pp. 83 y 117. También véase una historia del amor libre y los radicales del sexo en los Estados Unidos, en Passet, 2003.

cambio proporcionaron los fundamentos para las nuevas leyes sobre el divorcio en Yucatán a principios de los años veinte y llegaron a cobrar más importancia aún a medida que fue avanzando la década.

CARRILLO PUERTO Y EL DIVORCIO, 1922-1924

El gobierno socialista de Felipe Carrillo Puerto subió al poder el 1º de febrero de 1922. Al igual que Alvarado, Carrillo Puerto defendía el divorcio como medio de liberación de las mujeres del yugo de matrimonios indeseados y, como lo hizo con muchas de sus políticas, impulsó cambios más radicales aún. Ciertamente, Carrillo Puerto se alimentaba de las corrientes intelectuales internacionales, incluyendo las ideas sobre el control de la natalidad de Margaret Sanger, las teorías socialistas del cambio revolucionario y los principios del movimiento internacional del amor libre.[31] De acuerdo con esas tendencias, el 31 de marzo de 1923, Carrillo Puerto hizo más accesible el divorcio al definir el matrimonio como "la unión voluntaria de un hombre y una mujer, basada en el amor para formar el hogar, disoluble por medio del divorcio, que podrá decretarse a solicitud de ambos cónyuges o de uno solo de ellos".[32] En otras palabras, cualquiera de los cónyuges podía pedir el divorcio alegando diferencias irreconciliables con o sin el consentimiento o el conocimiento del otro y con que solamente uno de los cónyuges compareciera en la oficina del Registro Civil.[33]

El amor era ahora la clave del matrimonio, y el divorcio debía ser el alivio a un matrimonio sin amor. En teoría, hombres y mujeres podían permanecer casados hasta que

[31] Véase Buck, 2001.
[32] Ley de Divorcio, 1923, p. 9.
[33] AGEY, FPE, Sección Gobernación, Series Leyes e Informes, caja 785, 1924.

dejaran de sentir amor por el otro, y en ese momento podían fácilmente poner fin a su matrimonio y separarse como
amigos. Un artículo publicado en la revista del partido gobernante, *Tierra*, defendía la posición del gobierno ante el
divorcio. El título era muy adecuado: "Si el amor esclaviza... ¡maldito sea el amor!" Líneas abajo podía leerse:

> El divorcio y los demás actos que se necesitan para el triunfo
> verdadero del amor libre también han sido injustamente con-
> denados como factores disolventes de la vida del hogar y de
> los sagrados vínculos de la familia y de la sociedad en general.
> Nada más erróneo; pues el divorcio nunca llamará a las puer-
> tas de los hogares cobijados bajo las alas de la felicidad; por
> consiguiente, nunca puede ser una ley que rompa los vínculos
> de la familia ni de las sociedades sensatas.[34]

Al igual que en tiempos de Alvarado y pese a las ideas
liberales de Carrillo Puerto sobre la práctica igualitaria de
la ley, la ley de divorcio no reflejaba la realidad cotidiana
de las mujeres. De hecho, a medida que avanzaba la década,
crecía el número de hombres que recurrían al divorcio en
comparación con el número de mujeres que lo pedían, y no
dejó de aumentar.[35] Esta proporción era válida para todas
las parejas, fueran mayas o no, pues muchos hombres mayas comparecían también ante la corte para pedir el divorcio. Aunque en este número, que iba en aumento, ya había
hombres de pocos recursos financieros, Carrillo Puerto procuró asegurar un acceso igualitario al divorcio, por lo que

---

[34] Trejo Cámara, 1923, p. 12.
[35] Por ejemplo, en el Fondo Poder Justicia hay 24 divorcios registrados
en los años de 1922 a 1930. En ellos, son 17 los divorcios promovidos por
el marido, y sólo siete en los que las mujeres iniciaron el proceso (AGEY, FPJ)
[1922-1930]. Además, en Mérida se registraron 46 divorcios de parejas de
mexicanos, en los que sólo comparecieron 13 mujeres, y de los 128 divorcios de extranjeros, sólo se presentaron 16 mujeres (ACREY, Libros 8 y 9 de
Divorcio, 1924).

enmendó el código de contribuciones en junio de 1923 a fin de permitir un descuento de 75% a las personas "pobres" que quisieran divorciarse.[36]

Ese año fue de muchos cambios para Yucatán, pues fue aumentando el número de esposas infelices que llegaban de otros países a tomar ventaja de la liberal ley de divorcio del estado.[37] De todo el mundo llegaba gente: de Bretaña, Canadá, Italia, Alemania, Rusia, Hungría, Polonia, Austria y sobre todo de los Estados Unidos. Carrillo Puerto se propuso activamente atraer a los extranjeros que querían divorciarse, y adaptó la nueva ley de divorcio a fin de simplificar el procedimiento para quienes llegaran de fuera de Yucatán. Desde el principio, el gobernador esgrimió el argumento de que su propósito era facilitar el divorcio por razones "filosóficas", y estableció que era inmoral hacer esperar a las parejas infelices los seis meses de rigor para poder divorciarse.[38] Para quienes viajaban de lugares lejanos, la nueva ley sólo pedía 30 días de residencia en Yucatán para hacer una solicitud de divorcio.[39]

La Ley de Divorcio de 1923, incluyendo los requisitos para divorciarse, se puso a la disposición de los extranjeros. El *Diario Oficial* de Yucatán publicó la ley en inglés y el gobierno de Carrillo Puerto distribuyó muchísimas copias en-

[36] El costo del divorcio variaba de 60 a 125 pesos, dependiendo de si la pareja tenía propiedades o si necesitaba presentarse ante un juez (AGEY, FPE, Sección Gobernación, Serie Correspondencia, Leyes, caja 780, 1923-1924).

[37] Aunque sí hubo divorcios en algunos de los principales municipios, como Progreso, Ticul, Tekax y ocasionalmente en Valladolid, la capital, Mérida, siguió siendo, igual que antes, el lugar donde se registraron más divorcios que en las ciudades más pequeñas. Por ejemplo, del 11 de mayo de 1924 al 30 de noviembre de ese mismo año, hubo 127 divorcios en la capital, un divorcio en un pueblo de los alrededores de Mérida y sólo 25 divorcios en los otros 15 departamentos y sus pueblos circunvecinos (AGEY, FPE, Sección Justicia, Serie Registro Civil, caja 794, 1924).

[38] AGEY, FPE, Sección Gobernación, Series Liga de Resistencia Minutas, caja 757 (1922).

[39] AGEY, FPE, Sección Gobernación, Series Leyes e Informes, caja 785, 1924.

tre los fiscales de diversos lugares del mundo —más ampliamente en los Estados Unidos— para que las hicieran circular entre sus clientes.[40] Hubo personas que escribieron directamente al gobernador para pedirle la ley de divorcio de Yucatán en inglés, que recibirían por el módico precio de 50 centavos para cubrir el costo del papel y la estampilla postal.[41] Muchos se enteraron de la liberal ley yucateca de divorcio mediante sus abogados, o bien leyeron acerca de la ley en los periódicos neoyorquinos.[42] De cualquier forma, las solicitudes de información de hombres y mujeres llovían a mares en las oficinas de gobierno de Yucatán, así fuera en telegramas, cartas manuscritas o en papelería con el membrete de algún abogado. A cambio, los folletos prometían un divorcio fácil, una estancia cómoda en un hotel de Mérida y unas vacaciones entre las ruinas de la Antigüedad maya como bono extra. La información promocional desplegaba los atractivos de la propia Mérida, con calles que están "bien pavimentadas" y "están constantemente en un estado de limpieza que es la admiración de los extranjeros". Además describía a los "nativos" como limpios en su persona y el vestir, así como "hospitalarios y amigables".[43]

No deberá causar asombro que la ley de divorcio tuviera críticos, tanto en México como en los Estados Unidos. El cónsul norteamericano de Yucatán, O. Gaylord Marsh, reprobaba la ley de divorcio yucateca como una acción de los socialistas mexicanos, que servirían a los títeres de los bolcheviques rusos para debilitar la moral de los ciudadanos estadunidenses. Marsh envió a Washington numerosos memoranda sobre las "radicales leyes de divorcio", manifestando su preocupación de que los ciudadanos estaduniden-

[40] AGEY, FPE, Sección Gobernación, caja 811, 1925.
[41] AGEY, FPE, Sección Gobernación, caja 811, 1924.
[42] AGEY, FPE, Sección Gobernación, caja 811, 1925.
[43] AGEY, FPE, Sección Gobernación, Series Leyes e Informes, caja 785, 1924.

ses "aburridos de la vida conyugal" fueran a Mérida para
obtener un divorcio rápido sin el conocimiento de sus esposas. Escribió: "es una pieza legislativa tramposa e inmoral,
y es un golpe de parte de una agencia de Lenin contra el
fundamento moral mismo de la civilización". Despotricaba
contra el aspecto antirreligioso de la ley de divorcio y alegaba que los miembros del gobierno socialista de Yucatán
portaban tarjetas rojas que decían: "Huye de la Iglesia [...]
como de la plaga".[44]

Pero la mayor oposición contra el divorcio provino de
la misma Mérida. Un artículo aparecido en *Revista de Yucatán*, el periódico conservador de la localidad, describía a
Yucatán como "el Reno de México".[45] Otros periódicos manifestaron una feroz oposición al concepto del amor libre,
que en teoría permitía a los cónyuges el abandono mutuo
según fuera su voluntad. Por ejemplo, el periódico antiso-
cialista *La Lucha* publicó una serie de artículos, todos ellos
bajo el título "Las mentiras del feminismo". La autora, Pilar
de Fontanar, argumentaba que la propaganda feminista del
amor libre amenazaba a los hogares yucatecos, llevando
a muchos hombres a sucumbir a sus instintos animales y a
abandonar a su esposa e hijos para irse con otra mujer. La
autora advertía que también la nueva mujer debía tomar
sus precauciones, pues el hombre la dejaría también a ella.[46]
Si se consideran en conjunto, los artículos planteaban que
las "mentiras del feminismo" despojaban a la esposa de su
poder, dejándola a ella en la desgracia y a sus hijos huérfanos.[47]

---

[44] USDOS, micropelícula, rollo 148, 1910-1929.
[45] *La Revista de Yucatán*, 5 de marzo de 1923, p. 1.
[46] "Las mentiras del feminismo", *La Lucha*, 28 de julio de 1923.
[47] "Las mentiras del feminismo", *La Lucha*, 14 de julio de 1923.

Después del cambio, 1925-1930

La oposición conservadora a las reformas de Carrillo Puerto subió de tono, y desembocó en el asesinato del gobernador, cometido el 3 de enero de 1924. Al principio no pareció haber mayor cambio en las prácticas cotidianas del divorcio después de su muerte.[48] Pero el cambio se sentía venir. Aunque gran parte de la animosidad contra el divorcio se concentraba en la persona de Carrillo Puerto, la oposición a la ley yucateca de divorcio perduró mucho después de su muerte, tanto en Yucatán como en los Estados Unidos.

Otro asunto que siguió poniéndose en cuestión fue la legalidad de los divorcios yucatecos en otros estados mexicanos y en los Estados Unidos. El 22 de julio de 1925, el *New York Times* informó sobre el fallo dictado por el juez de Connecticut Walter Pickett, quien decretó que los divorcios obtenidos en Yucatán no eran válidos en los Estados Unidos alegando que los divorcios eran "el producto de un estado en el que se habían infiltrado muchas de las enseñanzas del comunismo y carecían de fuerza legal internacional".[49] Esta decisión resultó desafortunada para Milton Stone, quien ya había contraído matrimonio con su taquígrafa, Alice Larsen, después de divorciarse de su primera esposa en Yucatán. Su primera esposa no sólo hizo que lo arrestaran a su regreso, sino que el juez Pickett también sentenció al infeliz

[48] En otras palabras, durante el año posterior a la muerte de Carrillo Puerto, el negocio del divorcio siguió teniendo la vitalidad de siempre, y muchas parejas llegaron a Mérida a solicitar el divorcio. En los libros 10 y 11 de divorcio de 1925 se registran 307 parejas. De los 86 divorcios de mexicanos, sólo en 20 casos se presentó la mujer, y de los 174 divorcios de extranjeros, sólo en 44. El libro 19 también incluye cuatro divorcios decretados por fallo legal y hay un caso en el que comparecen ambos cónyuges.

[49] "Yucatan Divorces Held Invalid Here", *The New York Times*, 22 de julio de 1925, p. 21.

esposo a pasar 60 días tras las rejas, aunque luego condonó el castigo a fin de permitir que Stone pudiera cumplir con sus necesidades financieras.[50] Pese a estos problemas, durante cierto periodo los ciudadanos estadunidenses siguieron llegando por docenas a Yucatán, indicio de que estos casos poco lograron disuadir a otros de obtener el divorcio en Yucatán.

Ya para 1926, la élite conservadora yucateca había logrado demostrar su eficiencia con su continua oposición al concepto de divorcio de Carrillo Puerto. En efecto, los cambios que se realizaron en la Ley de Divorcio de 1926, decretada el 17 de abril, dieron marcha atrás a algunos de los elementos más importantes de la anterior legislación sobre el divorcio de Carrillo Puerto. Por ejemplo, aunque el divorcio siguió siendo legal, no se podía obtener un divorcio sin que el cónyuge se enterara, "pues esta falta de conocimiento imprime en la ley vigente un carácter indudablemente aborrecible".[51] Por añadidura, los extranjeros debían ahora tener seis meses de residencia en Yucatán, y ya no 30 días, antes de poder solicitar el divorcio.

Muchos esposos y esposas yucatecos lucharon tenazmente para que se cancelaran sentencias anteriores de divorcio. Acudieron al Tribunal Superior de Justicia de Yucatán en busca de ayuda y hasta a la Suprema Corte en la Ciudad de México, que podía invalidar divorcios concedidos por las cortes yucatecas en caso de que se considerara que la sentencia había violado los derechos constitucionales de una persona.[52] De hecho, en 1929, *La Lucha* publicó un artículo en el que alertaba a la sociedad meridana, y sobre todo a las mujeres casadas, sobre la posibilidad de haber sido víctimas de una ley del divorcio "inmoral", que la Suprema Corte de

[50] *Id.*
[51] AGEY, FPE, Sección Gobernación, caja 826, 1926.
[52] Sobre las decisiones de la Suprema Corte acerca del divorcio véase Varley, 2000. Véanse ejemplos en AGEY, FPJ, folio 007012, caja 043-02 (1930).

Justicia podía declarar inconstitucional.[53] Sin embargo, las
autoridades gubernamentales yucatecas siguieron protegien-
do los "conceptos revolucionarios" de la ley de estos virulen-
tos y constantes ataques, aunque después de 1926, la ley del
divorcio de Carrillo Puerto perdió gran parte de su fuerza y
pocas fueron las parejas que siguieron aprovechando el derecho a divorciarse legalmente.[54]

Conclusión

Durante la Revolución mexicana, los conceptos "modernos"
de matrimonio y divorcio llevaron a la liberalización de las
leyes de divorcio. Las autoridades revolucionarias argumen-
taban que el divorcio y los asuntos familiares debían ser de
la competencia del Estado, no de la Iglesia. Sin embargo,
aunque los ideales revolucionarios alentaban la posibilidad
de que las mujeres se liberaran del yugo de un matrimonio
indeseado, los conceptos modernos de una mujer decente
las circunscribían a un espacio estrictamente definido y decididamente doméstico en la sociedad revolucionaria. Además, durante esta década de los veinte, las autoridades revolucionarias promovieron la idea del matrimonio basado
en el amor y no en un contrato. El discurso y la realidad
cotidiana se fueron entrelazando hasta convertirse en una
finísima cuerda floja, y en ella las mujeres aprendieron a

---

[53] "La Ley del Divorcio", *La Lucha*, 14 de septiembre de 1929.

[54] Durante 1926, se presentaron en Mérida 124 parejas para divorciarse;
de las 38 parejas mexicanas, sólo en 18 casos fue la esposa quien solicitó el
divorcio, y de los 59 divorcios de extranjeros, sólo comparecieron 15 mujeres. En los últimos meses del año, 16 de los divorcios fueron decretados
por fallo del juez, y ambos cónyuges comparecieron en 11 casos, lo que
refleja el cambio habido en la Ley de Divorcio en ese año (ACREY, Libro 12
de Divorcio, 1926). En 1927 sólo se registraron 43 divorcios; en 1928, 54;
en 1929, 59, y en 1930, 48 (ACREY, Libros 13, 14, 15, 16 de Divorcio, 1927,
1928, 1929, 1930).

guardar un equilibrio entre estas posiciones enfrentadas de la Revolución mexicana. El divorcio, de ser antes de la Revolución un proceso en el que las mujeres tomaban la iniciativa en una proporción abrumadoramente mayor, se convirtió en un proceso de iniciativa ante todo masculina durante los años posteriores, evolución que ilustra la construcción contradictoria de los roles adecuados para las mujeres.

El Estado revolucionario no era, sin embargo, un gigante monolítico, pues hombres y mujeres de diversos intereses sociales lo desafiaban constantemente; y así fueron dándole forma. En conclusión, si bien es cierto que la ideología revolucionaria define la posición adecuada de la mujer como esposa y como madre, y a pesar de que algunos jueces no llevaron a la práctica los cambios revolucionarios, la Revolución generó de manera simultánea oportunidades que permitieron a algunas mujeres acudir a los tribunales y lograr cambios que mejoraron sus condiciones de vida.

V. GÉNERO, CLASE Y ANSIEDAD EN LA ESCUELA VOCACIONAL GABRIELA MISTRAL, REVOLUCIONARIA CIUDAD DE MÉXICO

PATIENCE A. SCHELL
University of Manchester

EN EL VERANO DE 1922, la chilena Gabriela Mistral llegó a México para ayudar a consolidar la Revolución. Recibió diversos festejos en la capital, dictó conferencias, asistió a banquetes e inauguró instalaciones educativas. En las pláticas que dio durante el verano subrayó el papel doméstico, aunque activo, de las mujeres, y en la escuela vocacional federal que acababa de abrirse con su nombre se enseñaba a las jóvenes cómo usar la inteligencia para mejorar sus casas. Sin embargo, los mismos periódicos que reseñaron su visita también dieron la alarmante noticia de que las maestras feministas de tal escuela promovían el control de la natalidad en sus clases. En el consiguiente escándalo quedaron representados diferentes puntos de vista de un espectro de modelos de género para las mujeres, y se pusieron de manifiesto los múltiples significados de lo que era ser mujer en la revolucionaria Ciudad de México. Las escuelas vocacionales serían un espacio marcado por el género en las que se incubaron debates y se desataron preocupaciones sobre el lugar de la mujer en el periodo revolucionario.

LA EDUCACIÓN VOCACIONAL DE LA MUJER EN LA CAPITAL

La geografía natural y la humana ofrecen el telón de fondo para esta discusión de las mujeres en la educación. En el

173

periodo revolucionario, la población de la Ciudad de México aumentó más del doble, sobre todo a causa de la inmigración, pues pasó de tener 471 066 habitantes en 1910 a tener 615 327 en 1921, y en 1930 llegó a un millón.[1] En la ciudad vivían más mujeres que hombres. Por ejemplo, en 1921 había el triple de mujeres que de hombres en el grupo de edad de los 20 a los 24 años.[2] Esta ciudad de mujeres e inmigrantes también experimentaba rápidos cambios espaciales; el crecimiento de la población agrandó el espacio geográfico de la ciudad, mientras que la infraestructura y los avances en el transporte, como los tranvías, contribuyeron a densificar cada vez más la traza urbana. La ciudad moderna también alentó el desarrollo de una cultura común de pasatiempos y consumo disponibles a través de espacios populares de sociabilidad, como los cines, los salones de baile y los cabarets, que ofrecían foros donde podían impugnarse y representarse roles de género. Una oscura sala de cine, por ejemplo, ofrecía al público de ambos sexos la posibilidad no sólo de entretenerse, sino de tener aventuras sexuales.[3]

Sin embargo, no fue sólo en los sitios donde se admitía una asistencia mixta que comenzaron a flexibilizarse y a romperse los papeles de género: las escuelas vocacionales, espacio prácticamente reservado para las mujeres, también abrieron la oportunidad para que se impugnaran los roles de género. Las fotografías que se han conservado y las listas de profesores muestran a unos cuantos hombres entre el personal, y a veces no muestran a ninguno. Estos hombres ocupaban los talleres de la escuela, y dejaban casi todo el resto del edificio a las mujeres: estudiantes, maestras, inspectoras y directoras. El carácter casi por completo unisexual de estas escuelas no resguardaba los papeles tradi-

---

[1] Piccato, 2001, p. 226, cuadro 5.
[2] *Ibid.*, p. 22; Blum, 1998a, p. 257.
[3] Piccato, 2001, pp. 99-102. Sobre los cines en la Ciudad de México, véanse Bliss, 2001, p. 88 y Rubenstein, 1998, pp. 312-323.

cionales de género, que se desafiaban dentro y fuera de los salones de clase. Los debates sobre la cuestión de género surgieron en parte porque la Revolución debilitó las jerarquías y las normas sociales del Porfiriato e introdujo un nuevo discurso, una nueva conducta, nuevas expectativas y nuevas demandas. Los obreros, hombres y mujeres, se organizaron y se pusieron en huelga. Los católicos, hombres y mujeres, tomaron las calles, y las jóvenes adoptaron modas transnacionales para convertirse en chicas modernas. Mediante la participación en estas actividades, las mujeres de procedencia diversa desestabilizaron las ideologías convencionales de género y participaron en el proyecto de la formación del Estado.

Sin proponérselo, las escuelas vocacionales fomentaron el desarrollo de debates sobre los roles públicos de género para las mujeres en la sociedad. Lejos estaba de los designios del nuevo gobierno revolucionario subvertir los roles de género; en cambio, mediante la educación de los adultos, pretendía satisfacer las demandas de educación, mejorar el nivel de vida, promover el desarrollo económico nacional y vincular a los ciudadanos con el Estado mediante los lazos del deber. En los primeros años de la Secretaría de Educación Pública (SEP), la educación vocacional fue decididamente prioritaria. En 1922, la SEP manejaba siete escuelas vocacionales en la Ciudad de México, cifra que en 1926 aumentó a 13. En los primeros años eran más mujeres que hombres los que asistían a las escuelas de la SEP, y había más escuelas para mujeres. En 1926 estas escuelas contaban con 13 050 alumnas y 8 280 alumnos.[4] No obstante, había en el sistema vocacional contradicciones ideológicas, pues las escuelas aspiraban a preparar a las mujeres para la vida real usando para ello el modelo de la familia revolucionaria. En el artículo 123 de la Constitución de 1917 se con-

---

[4] Schell, 2003, p. 45.

sagra el "salario familiar" como el salario mínimo. Según el modelo de familia revolucionaria, la mujer, independientemente de su clase, es un ama de casa y madre abnegada, prudente y dedicada que no tiene necesidad de trabajar por un salario porque su esposo, sobrio y trabajador, la mantiene con este salario familiar.

Sin embargo, la mayoría de las mujeres necesitaban trabajo pagado para completar el salario de la pareja o para mantener a sus familias. Aunque las publicaciones de la SEP rara vez pregonaban la necesidad de las mujeres de tener independencia financiera, los políticos aceptaban esta exigencia. Los debates constitucionales de 1917 reconocen que para las mujeres trabajadoras es difícil ganar lo suficiente para mantenerse a sí mismas y a sus hijos y que algunas recurren a la prostitución por necesidad económica.[5] Según los legisladores, las mujeres también practicaban la prostitución porque carecían de oficio y de oportunidades de empleo. Por añadidura, las familias de la élite y de la clase media dependían del trabajo doméstico pagado para el funcionamiento adecuado de *sus* casas. Como madres cultivadas y pilares de la familia, formalmente educadas para ello, las mujeres podían tener la necesidad de contribuir al presupuesto familiar; pero sólo podían hacerlo sin amenazar su feminidad o sin desafiar su condición subordinada en el empleo ante los hombres. Es lo que Susan K. Besse encuentra en Brasil: las "escuelas intentaban dar a las jóvenes una educación 'práctica' orientada en primer lugar y sobre todo a capacitarlas para la vida doméstica y familiar, y en segundo lugar, para ganarse la vida (en una ocupación adecuada) siempre y cuando fuera necesario".[6] En México, plantea Mary Kay Vaughan, las escuelas educaban a las mujeres para hacer trabajo doméstico pagado y no pagado, para la maternidad, para hacer manualidades en casa y cada vez más

[5] Bliss, 2001, p. 80.
[6] Besse, 1996, p. 119.

para el trabajo secretarial en la oficina.[7] Entre los cursos de oficios manuales especializados se contaban la confección de sombreros y vestidos, cocina, bordado, dibujo y limpieza. Los programas de la SEP hacían una distinción implícita entre el trabajo especializado de hombres y mujeres. Los oficios especializados de los hombres se realizaban fuera de casa, en un taller o una fábrica, donde se ganaban el salario familiar. Para las mujeres, un oficio especializado significaba una actividad que se hacía distrayendo tiempo a las labores domésticas para generar un ingreso complementario.

El énfasis puesto en el carácter doméstico de la educación vocacional indica la continuidad de la educación porfiriana; no obstante, los principios fundamentales de estas escuelas habían cambiado. La educación doméstica contribuía ahora al proceso de "modernización del patriarcado" en la formación de familias ordenadas, racionales, en las que habrían de criarse los futuros trabajadores que fortalecerían a México y desarrollarían su economía.[8] Los hombres tenían una responsabilidad financiera en la esfera doméstica, pero nada más. La base de esta familia era, entonces, la madre moderna, educada, que se convirtió en una figura central en la política del gobierno y la retórica de la salud pública desde fecha tan temprana como principios de los veinte. En su ensayo, incluido en el presente volumen, Ann Blum plantea que las mujeres podían participar en el proyecto revolucionario mediante la maternidad.[9]

Sin embargo, la atención que el Estado puso en la maternidad y la importancia discursiva de la madre también hicieron de la maternidad una poderosa arma política. En Chile, Argentina y Uruguay, las mujeres usaron la maternidad para ganar voz pública, perfilándose como guardianas

[7] Vaughan, 1977.
[8] Vaughan, 2000, p. 199.
[9] Véase Blum en este volumen. Sobre la maternidad y la eugenesia, véase Stern, 1999, pp. 369-397.

de la comunidad. El "feminismo" que promovía el servicio social encontró apoyo entre mujeres de diversos orígenes, inclusive entre grupos que se oponían a los objetivos feministas más generales.[10] También en México las feministas usaron la maternidad para justificar la función social de las mujeres. En el libro de texto que escribió para la escuela bautizada con su nombre, Mistral menciona que el servicio social de las mujeres se basa en el cuidado materno. Desde su punto de vista, todas las mujeres tenían la capacidad de ofrecer cuidados maternos, aunque no tuvieran niños propios; de modo que todas las mujeres podían justificar su participación en los aspectos sociales, médicos y de beneficencia del proyecto revolucionario.

Sin embargo, la celebración revolucionaria de la maternidad contradice una fuerte desconfianza en las mujeres de carne y hueso que criaban a los niños mexicanos. Las mujeres pobres y trabajadoras han sido históricamente objeto de temor, burla y lascivia, así como de los programas gubernamentales de reforma. Las élites porfirianas parecían pensar que las madres pobres dañaban intencionalmente a sus niños, dejándolos comer alimentos peligrosos, jugar en las calles y dormir en cuartos y camas en los que había demasiada gente. Aunque el proyecto revolucionario heredó estos prejuicios, la retórica que los explicaba ahora culpaba a las condiciones circundantes y no a la degeneración inherente a la clase pobre y trabajadora, induciendo a los reformadores sociales y a los educadores a trabajar en la redención de la madre pobre mediante la educación formal.[11] Por medio de la educación y los programas de beneficencia, el

---

[10] Lavrin, 2005, pp. 52-60. Véanse Boylan, 2000 y Schell, 1999, pp. 78-103 sobre el activismo de las católicas.

[11] Mistral, 1967, pp. xvii, y 90-91. Véanse los puntos de vista sobre los pobres en Bliss, 2001 (cap. 3), Piccato, 2001 (cap. 3) y Buffington, 2001. La exaltación de la maternidad, junto con la degeneración de las madres pobres, tiene sus paralelos en la Italia fascista (De Grazia, 1992, p. 60).

Estado paternalista adoptó un papel maternal, usurpando el lugar de las familiares de mayor edad que enseñaban a las jóvenes cómo criar hijos, atender al esposo y administrar su hogar.

En esta forma, la política educativa de la SEP se concentró en la maternidad y el ámbito doméstico. En las escuelas vocacionales, las mujeres aprendían a preparar comida sencilla, a limpiar su casa y a cuidar niños. Muchas escuelas vocacionales ofrecían lecciones de puericultura para inculcar el manejo científico de la niñez e, inspirándose en el movimiento eugénesico, enfatizar el cuidado de los bebés y niños pequeños mediante la comprensión del desarrollo infantil.[12] Varias escuelas vocacionales manejaban "jardines de niños" aledaños en los que las mujeres casadas que asistían a las clases podían dejar a sus niños, mientras las señoritas podían practicar sus capacidades adquiridas en un laboratorio humano, para "infinito provecho" de sus futuros hijos.[13] Las referencias a la puericultura y su fomento, procedentes de los médicos eugenésicos franceses, y del movimiento a favor del jardín de niños, basado en la filosofía educativa de Friedrich Froebel y cuya popularidad databa de mediados del siglo XIX, ofrecen ejemplos concretos de cuán profundamente involucrados estaban los educadores mexicanos en los movimientos transnacionales de salud pública y reforma educativa. La puericultura enseñaba a las mujeres a ser madres activas, que amamantan y juegan con sus hijos. La Escuela Mistral no ofrecía clases especiales, sino que incorporaba la educación materna a su programa general. Una fotografía del estudiantado de la escuela reunido en el patio muestra a numerosos niños, lo que sugie-

---

[12] Sobre la eugenesia en América Latina en general véase Stepan, 1991; para México, véase Stern, 1999.

[13] AHSEP, Dirección de Enseñanza Técnica, Industrial y Comercial 74/15, *Folleto de la Escuela Hogar "Sor Juana Inés de la Cruz"*, Publicaciones de la Secretaría de Educación Pública 7, núm. 3, 1926, p. 23.

re que la Escuela Mistral también tenía un *kindergarten* ale-
daño.[14]

Puesto que las mujeres eran las encargadas de reproducir la diezmada población nacional, su bienestar físico cobró una importancia vital, y todas las escuelas vocacionales
para mujeres destacaban sus programas de ejercicio al aire
libre. Todas las escuelas vocacionales enseñaban a niñas y
jóvenes deportes considerados apropiados para su "naturaleza". De manera muy similar al Brasil de esa época, los
educadores mexicanos consideraban la educación física
más importante para las mujeres que para los hombres, debido al papel reproductivo de la mujer y diseñaban programas especiales para hombres o mujeres a fin de reforzar la
ideología de género. Las madres en buena condición física,
bien educadas, también necesitaban aprender a llevar una
casa, es decir, trabajos manuales, como remendar, planchar
y limpiar. Los trabajos manuales también incluían el apren-
dizaje de un oficio, para que así las mujeres pudieran vender sus productos con el fin de "mejorar [...] las condiciones
materiales del hogar".[15] De esta forma, la SEP promovía el
trabajo doméstico a destajo de las mujeres, el cuidado profesional de la casa y enseñaba economía doméstica de manera científica.

La necesidad de las mujeres de tener un empleo remunerado era una realidad y el modelo de la familia revolucionaria se traducía en una confusa mezcla de ideologías en
todos los niveles de la educación vocacional. En las clases
las mujeres aprendían habilidades que les permitían tener
ingresos sin dejar de glorificar la maternidad, y también
aprendían a cuidar de sus propios hijos y casas, a la vez que

---

[14] Secretaría de Educación Pública, 1924, fotografía "Gabriela Mistral
Patio Central".
[15] Besse, 1996, pp. 124-126; AHSEP, Departamento Escolar 44/59/3; Vasconcelos, "Bases conforme a las cuales deberán organizar la educación pública federal", 12 de febrero de 1923.

se enseñaba a las estudiantes de la clase obrera a convertirse en sirvientas domésticas, y a las estudiantes de clase media a contratarlas. Las escuelas vocacionales promovían la enseñanza de oficios como una manera independiente y respetable para ganarse la vida sin salir de casa; sin embargo, estos oficios alentaban el trabajo doméstico a destajo mal pagado. Estas mismas mujeres solían inscribirse en las clases especiales en las que aprendían una habilidad particular, en vez de inscribirse en una carrera de tiempo completo.[16] Sin embargo, al inscribirse en cursos especiales, las estudiantes perdían gran parte de la formación ideológica. Había otros factores que exacerbaban estas inconsistencias. La SEP heredó sus programas del gobierno porfiriano y no hizo prioritaria la reforma de la educación de las mujeres; en cambio optó por sobreponer nuevos programas a los viejos. Por añadidura, los programas de las escuelas vocacionales reflejaban no el trabajo de una persona, sino de administradores, directores, maestros e inspectores de la SEP, cuyos objetivos y prioridades —que a veces eran opuestos— alentaban mayores contradicciones. Los maestros, en particular, tenían autonomía en los salones de clase. Aunque teóricamente se realizaban inspecciones una vez al mes, generalmente los maestros estaban solos con sus estudiantes y podían enseñar lo que les pareciera bien. Además, las clases respondían en parte a la demanda estudiantil de habilidades especialmente útiles; de manera consistente, los inspectores observaban que los estudiantes se inscribían en clases con aplicaciones prácticas. Sin embargo, las inconsistencias ideológicas presentes en la educación vocacional también reflejaban las mismas ideologías normativas marcadas por el género que ensalzaban la maternidad, esperaban que el hombre fuera el principal generador del ingreso e ignoraban el hecho de que la mayoría de las madres necesitaba trabajo remunerado.

---

[16] Schell, 2003, p. 145.

Estas inconsistencias también reflejaban la diversidad de la población estudiantil en las escuelas. Para las familias urbanas con movilidad ascendente, las escuelas podían pulir las habilidades y el decoro de sus hijas a la vez que les enseñaban el manejo de una casa. A las mujeres casadas, las clases individuales les permitían aprender habilidades especiales y quizá les dieran una razón legítima y aceptable para salir de la esfera doméstica. Para las mujeres con necesidades económicas, aprender un oficio les daba esperanzas de obtener un buen empleo. Para las mujeres que venían de los pueblos, las escuelas quizá las aculturaban para incorporarse a la vida urbana. Para todas las estudiantes, la educación vocacional ofrecía una oportunidad de socializar en un espacio femenino sancionado. De este modo, una escuela vocacional podía satisfacer una gama de necesidades educativas y sociales de la comunidad circundante. Además, el mensaje central de estas escuelas era comunicar la importancia de las mujeres y su trabajo. Es posible que las mujeres jóvenes derivaran un nuevo sentido de sí mismas a partir de la educación vocacional, como ocurrió en la Italia de esa misma época.[17]

ROLES DE GÉNERO EN PUGNA EN LA ESCUELA MISTRAL

La Escuela Hogar Gabriela Mistral se convirtió en un lugar de conflicto precisamente porque reunía a mujeres con puntos de vista diferentes sobre el propósito de la educación de las mujeres. La Escuela Mistral, fundada en 1922, funcionaba originalmente en un edificio rentado en el número 63 de Sadi Carnot, unas cuadras al norte de la Alameda, y contaba con estudiantes de clase obrera y clase media de las colonias Guerrero, Santa María la Ribera, San Rafael y Popotla,

---

[17] *Bulletin of the Pan American Union,* 58 (junio de 1924), p. 582; De Grazia, 1992, pp. 146-147.

y también de familias más acomodadas, que vivían en las colonias Juárez y Roma. Había mucha demanda para la educación femenina, y no había ninguna institución comparable. Desde esta céntrica ubicación, la escuela perseguía su objetivo de preparar a las mujeres para la esfera doméstica. La Escuela Mistral tomaba el trabajo femenino en serio, formando mujeres inteligentes, educadas y participativas que no dependieran de niñeras y nodrizas, sino que atendieran personalmente el desarrollo de sus hijos y la moralidad de su hogar.[18] Esta nueva generación de formadoras de familias tan bien educadas propiciaría una revolución doméstica. Todas las mañanas, cuando las estudiantes entonaban el himno de la escuela, cantaban que su escuela estaba formando futuras esposas. Y en el escudo de su escuela, las estudiantes veían a una mujer amamantando a su niño de pecho en un brazo y ayudando a su otro niño a dar los primeros pasos.

Sin embargo, la SEP no era consistente en los objetivos que declaraba tener para la escuela. Uno de los primeros informes sobre educación vocacional planteaba que la escuela capacitaría maestras de educación doméstica, administradoras de instituciones filantrópicas y amas de casa, además de educación especializada para cocineras, niñeras y lavanderas. La confusión de objetivos destaca el hecho de que incluso la SEP carecía de un plan coherente para la escuela, permitiéndole cumplir con las necesidades de una población diversa. Por añadidura, entre las ocupaciones remuneradas se contaban las orientadas principalmente a la clase media o a las aspirantes a tener una profesión (maestras, administradoras), y aquellas dirigidas a la clase obrera (cocineras, niñeras, lavanderas), con lo que se presentaban

[18] "La Escuela Hogar 'Gabriela Mistral'", 1922, p. 244 (artículo reproducido de *Excélsior*, 21 de enero de 1922); Mistral, 1967, p. 113, *Boletín de la Secretaría de Educación Pública*, núms. 3-4, 1923, p. 249. Véase Besse, 1996, p. 104, sobre sentimientos similares en Brasil.

rutas diferentes de educación. Aun siendo ligero, el énfasis puesto en los objetivos profesionales de las mujeres marca un claro rompimiento con la educación vocacional porfiriana, mientras que la capacitación de las mujeres para el servicio doméstico sugiere la continuidad en la educación y el empleo femeninos. Además, el nuevo ideal de la madre activa no evitó que la SEP formara niñeras. Sigue siendo difícil evaluar la importancia que dio la SEP a la educación profesional de las mujeres. No hay ninguna otra prueba que indique que la Escuela Mistral realmente formó administradoras de instituciones filantrópicas, y cualquiera que haya tenido la mala suerte de formarse como maestra de economía doméstica seguramente se topó con el hecho de que no había demanda para sus capacidades en las escuelas primarias ni tampoco en las secundarias.[19] No obstante, la Escuela Mistral sí capacitó mujeres para el servicio doméstico, la fuente más importante de empleo para las mujeres en la Ciudad de México.

El reglamento de 1922 describe una escuela que educaría a mujeres jóvenes e inteligentes para que llevaran una casa ordenada y racionalmente, dándoles los medios para mantenerse a sí mismas y para contribuir a la sociedad mediante el mejoramiento de su propia persona.[20] Este reglamento, escrito al parecer por las maestras y la directora originales, refleja, al menos en parte, las prioridades de las mujeres educadas que vivían y trabajaban en la Ciudad de México.[21] El reglamento hace frecuentes alusiones a la "mo-

[19] AHSEP, Dirección de Enseñanza Técnica, Industrial y Comercial 72/51/60, "Datos relativos a la organización de las escuelas de la DETIC", s. f. [1922]; *Boletín de la Secretaría de Educación Pública*, núms. 3-4, 1923, p. 236.

[20] La siguiente sección está resumida a partir de AHSEP, Dirección de Enseñanza Técnica, Industrial y Comercial 72/4/1-24, "Instituyendo el reglamento en la Escuela Mistral", 22 de junio de 1922, Rosario Pacheco.

[21] AHSEP, Dirección de Enseñanza Técnica, Industrial y Comercial 72/51/56, "Nota relativa a la labor desarrollada por la Dirección de ETIC en los primeros meses del presente año", 17 de junio de 1922.

ralidad", y señala que estas mujeres profesionales, que desafiaban los roles de género con el solo hecho de trabajar, quizá sintieran la presión de tener que demostrar la compatibilidad entre educación femenina y respetabilidad. También se insistía en la importancia de la moralidad y la buena conducta en todos los niveles de una institución que impartía capacitación profesional en cuestiones domésticas. Las maestras, que debían estar al corriente de los avances nacionales e internacionales en ciencia doméstica, también debían ofrecer a los estudiantes un ejemplo de mujeres que apreciaban su trabajo, pero mantenían un carácter independiente y honorable. Las autoras de este reglamento veían la Escuela Mistral como una institución formadora de una comunidad de mujeres en la que maestras, estudiantes y directora juntas mejorarían la sociedad mexicana de casa en casa. Las largas jornadas que las mujeres pasaban lejos de la familia permitían la formación de esta hermandad en la escuela, una comunidad alternativa basada en las relaciones con los pares.[22]

Sin embargo, dentro de esta hermandad persistían las divisiones, quizá de raza y ciertamente de clase. Los archivos de la escuela revelan la presunción de que sus estudiantes no tenían una cultura indígena. Para las estudiantes, los pueblos indígenas —diferentes, pero merecedores de un trato justo— eran objeto de estudio. En sus *Lecturas para mujeres*, Mistral describe a la "mujer india" cuyos vestidos y costumbres la sitúan en un tiempo y un lugar distantes. En realidad no se sabe si había mujeres indígenas entre las estudiantes de la Escuela Mistral, pero las penalizaciones a la suciedad, la impuntualidad y el desarreglo en la apariencia personal probablemente se entendieran racial y culturalmente. El énfasis en el gusto, el decoro y las buenas maneras posiblemente refleje otra alusión negativa a la gente indíge-

---

[22] Farnsworth-Alvear, 2000, p. 116; el ensayo en este volumen de Heather Fowler-Salamini.

na y campesina, alentando la adquisición de la cultura urbana, la conducta de la clase media y el consumo. Para 1928, la Escuela Mistral intentó atacar los prejuicios explícitamente. La escuela intentaba "inculcar en el corazón de las alumnas el bien de todos haciendo abstracción de razas, nacionalidades y partidos políticos".[23] La lista misma sugiere la continua polarización de la sociedad mexicana después de la Revolución.

Sin embargo, la escuela también procuraba refrenar las aspiraciones sociales de las estudiantes. Las revisiones de 1928 del reglamento de la escuela exhortaban a las maestras a ayudar a las estudiantes a elegir su oficio para evitar la "desilusión" y el "fracaso". Las maestras debían disuadir a las estudiantes de pensar en carreras profesionales, para en cambio buscar la satisfacción "en otra clase de trabajos".[24] Las maestras bien pueden haber dado cabida a sus propios prejuicios de clase y raza, sugiriendo actividades "adecuadas" para las situaciones de las estudiantes. Una combinación de la presión ejercida por las maestras y la elección de las propias estudiantes puede haber creado la segregación *de facto*, dando por resultado que las mujeres de la clase trabajadora se inscribieran en cursos como limpieza, mientras que las mujeres con seguridad económica asistieran a cursos de tratamiento de pieles finas o de bordado.

Las estudiantes, cuyas edades fluctuaban entre los 15 y los 30 años, podían ser pendencieras e indisciplinadas, lo que quizás explique en parte la insistencia del reglamento escolar en el decoro. En 1926, las estudiantes de la Escuela Gabriela Mistral se describían a sí mismas como las más

[23] AHSEP, Dirección de Enseñanza Técnica, Industrial y Comercial 74/18/2, "Finalidades de la Escuela", 21 de noviembre de 1928, Elodia Chirón y Gómez. Sobre el racismo en este periodo, véanse Knight, 2004, pp. 8-42 y Mistral, 1967, pp. 61-62.

[24] AHSEP, Dirección de Enseñanza Técnica, Industrial y Comercial 78/18/2, "Finalidades de la Escuela", 21 de noviembre de 1928, Elodia Chirón y Gómez, pp. 2-3.

pobres de las estudiantes de las escuelas vocacionales. Una foto de grupo de toda la escuela muestra a estudiantes de diversas edades y niveles económicos. Al igual que sus congéneres de Europa y los Estados Unidos, estas mexicanas adoptaron el furor trasnacional de las faldas y el pelo cortos. En las fotografías se ven mujeres jóvenes, de rasgos mestizos, con el pelo cortado *à la garçon* y con vestidos a la moda, sueltos y que llegaban a media pantorrilla. Las modas que usaban estas mujeres —en un estilo que dejaba expuestos el codo y el cuello—atentaban contra el tradicional pudor femenino. Estas elecciones eran una fuerte declaración social y podían tener graves repercusiones, pues los católicos emprendieron campañas contra la vestimenta "inmoral" y negaban la comunión a quienes llevaran atuendos "inmodestos".[25]

LA CUESTIÓN DEL FOLLETO DE SANGER

Teóricamente las familias (a menudo los padres) de las estudiantes de escuelas vocacionales podían tener la seguridad de que la educación mejoraría, y no perjudicaría, el desarrollo moral de sus hijas. Las escuelas ofrecían una estricta supervisión durante el día, y las maestras recibían constantes recordatorios de su responsabilidad por la moral de las estudiantes, tanto dentro del salón como fuera de él. Al parecer, las niñas mayores y las jóvenes asistían a la escuela de manera condicionada, gracias a la reputación de la escuela y a la elevada categoría moral de las maestras.

[25] AHSEP, Dirección de Enseñanza Técnica, Industrial y Comercial 68/21/3. Inspectora R. vda. de Macías al director DETIC, 3 de marzo de 1923; Mistral, 1967, p. XV; AGN, Obregón y Calles, 205-E-62, secretario a González *et al.*, 8 de diciembre de 1926; fotografías en la Secretaría de Educación Pública, 1924. Véase, por ejemplo, "Contra la moda y bailes modernos", *Excélsior*, 10 de noviembre de 1922, p. 1.

Los padres se llevaban a sus hijas ante la menor amenaza contra el decoro y la inocencia. Quizá esta irregularidad en la asistencia explique por qué el reglamento escolar incluía con frecuencia alguna discusión sobre la responsabilidad moral de las maestras hacia sus estudiantes. Sin embargo, los educadores y los padres que intentaban mantener la inocencia de las jóvenes combatían los espacios "inmorales" de la "ciudad marginal". El comportamiento que las clases medias intentaban restringir en la esfera doméstica, así se tratara de hacer la comida o el amor, tomaba lugar en público, no sólo en los barrios pobres y obreros, sino también en el centro de la ciudad.[26] Había altas probabilidades de que estas jóvenes hubieran visto que se condonaba algo más que el decoro. Pero ¿qué era exactamente el decoro? Tradicionalmente, el decoro era no hablar sobre el sexo, aunque en el periodo posterior a la Revolución el Departamento de Salud Pública, en parte respondiendo a la elevada tasa de enfermos de sífilis, procuró convertir la práctica sexual en una cuestión de salud pública, mediante programas de radio, campañas con panfletos, presentaciones en las salas de cine, pláticas en espacios públicos y carteles en las calles. El Departamento también intentó eliminar el estigma asociado con la discusión de cuestiones sexuales para hacer del conocimiento sexual otra parte de la conciencia de la salud. La cultura de la ignorancia era especialmente perjudicial para las mujeres jóvenes, que no se daban cuenta de cuándo se veía amenazada su virginidad y, según las trabajadoras sociales, la consecuencia era que se convertían en prostitutas. No era inusitado que las jóvenes se embarazaran sin saber cómo.[27] El sexo pasó de ser un tema tabú a ser parte

[26] Piccato, 2001, p. 33, describe las divisiones sociales y espaciales en la Ciudad de México como la "ciudad marginal" y la "ciudad ideal". Véase Bliss, 2001, pp. 87-92, para los lugares de sexo formales e informales en la capital posrevolucionaria.
[27] Bliss, 2001, pp. 98-106.

de una campaña de salud pública, y con ello también se introdujo en el área de la educación pública.

Aunque un departamento del Estado revolucionario consideraba las cuestiones sexuales algo adecuado para discutirse públicamente, la SEP intervino de manera expedita para censurar la "inmoralidad" cuando la prensa registró los rumores de que la educación sexual era promovida en las escuelas de la Ciudad de México. El escándalo que estalló sacó a la luz las preocupaciones sobre la traición a la confianza de los padres y de la nación. Los padres esperaban una elevada moralidad en la educación —la discusión de asuntos sexuales era a todas luces inmoral— y el país entero necesitaba mujeres para reproducirse. Si las mujeres podían elegir no ser madres, se ponía en riesgo el futuro mismo de la patria. Dar a las mujeres información sobre sexo y control de la natalidad saboteaba el culto a la modernidad y el papel más importante de las mujeres en la sociedad; además, la combinación de la pérdida de población a causa de la Revolución y la emigración a los Estados Unidos significaba que el control natal ni siquiera contaba con el amplio apoyo de las feministas.[28] De modo que cuando una maestra de la escuela vocacional transgredía la norma moral de la época, no sólo ponía en peligro su empleo, sino —algo aún peor— la inocencia de sus estudiantes, traicionando la confianza que los padres y el país habían depositado en ella. El escándalo sobre el control de la natalidad en la Escuela Mistral ejemplifica esta traición a la confianza.

Para entender la naturaleza del escándalo debe uno imaginarse el escenario: verano de 1922, Ciudad de México.[29] Los periódicos cubrían de cerca los movimientos de la distinguida poeta Gabriela Mistral, recién llegada de Chile por invitación del secretario de Educación Pública, José Vasconcelos, para unirse al esfuerzo educativo revoluciona-

---

[28] Macías, 2002, p. 124.
[29] Schell, 2003, pp. 117-125; y 1998, pp. 257-261.

rio. El escándalo estalló poco tiempo después de la llegada de Mistral, y los periódicos publicaron artículos sobre las actividades de Mistral por toda la ciudad, donde inauguraba bibliotecas y pronunciaba conferencias, y también sobre los rumores de que los panfletos sobre control natal de Margaret Sanger estaban usándose en las escuelas, en particular en la escuela bautizada en honor a la poetisa.[30] El rumor original era que el panfleto Sanger se había distribuido en las escuelas primarias, una exageración que seguramente ofendía la susceptibilidad de la mayor parte de los capitalinos. ¿Quién querría corromper a unas niñitas? El solo hecho de que el rumor existiera indica cierto grado de conmoción pública —azuzada por el supuesto radicalismo de la SEP— en torno a la educación de las niñas. En respuesta a la presión pública, la SEP envió a un inspector (del sexo masculino) a investigar. Las maestras de la Escuela Mistral protestaron de su inocencia, todas ellas, mientras que las directoras y estudiantes de otras escuelas vocacionales para mujeres condenaron incondicionalmente las ideas de Sanger. Varias maestras de la Escuela Mistral se quedaron sin trabajo, presuntamente por razones económicas, pero no cabe duda de que la verdadera causa fue la publicidad negativa. Fue sólo gracias a la intervención del presidente Álvaro Obregón que fueron recontratadas.

La investigación de la SEP se concentraba en Dolores Ángela Castillo Lara, una de las maestras sospechosas, aunque nunca se le comprobó nada, de usar el panfleto Sanger en sus clases de civismo. De acuerdo con el informe del inspector, las clases de Castillo escandalizaban a algunas de las alumnas, quienes informaron de esta inmoralidad a sus padres y a los curas, y seguramente fueron ellos los que llevaron el cuento a la prensa. Castillo siguió expresando abier-

---

[30] Margaret Sanger (1879-1966), una de las primeras defensoras del control natal en los Estados Unidos, asociaba el control de la fertilidad a la emancipación de las mujeres (véase Chesler, 1992).

tamente sus convicciones sobre el papel que las mujeres mexicanas debían tener en la sociedad. Aun después de que los periódicos locales la acusaron de inmoralidad, el inspector de la SEP la vio enseñándoles a sus alumnas que las mujeres debían tener actividades públicas, trabajo para el que estaban preparadas gracias a su papel en la casa como esposas y madres. Castillo llegaba incluso a sugerir que en un futuro las mujeres debían ser iguales a los hombres. No obstante, las alumnas de Castillo no estaban totalmente de acuerdo con su maestra, sobre todo con lo que ella supuestamente decía cuando el director no estaba presente. Según una estudiante, Castillo les decía que "era preferible que la mujer se divorciara tres veces a que soportara las humillaciones del esposo". La joven en cuestión se oponía a los comentarios de Castillo, diciendo que "era[n] preferible[s] la abnegación y la prudencia al escándalo del divorcio".[31] El hecho de que ambas mujeres discutieran las relaciones heterosexuales sólo en el contexto del matrimonio indica que ambas planteaban sus argumentos dentro de las restricciones de las costumbres de la clase media. Para las mexicanas pobres y de la clase obrera era más frecuente formar uniones por mutuo acuerdo, y nadie alegaba que Castillo se atreviera a promover estas uniones o el amor libre como una alternativa al matrimonio.[32]

La controversia en torno a la clase de civismo de Castillo demuestra la gama de opiniones sobre los roles y la experiencia de las mujeres en la Ciudad de México de los años veinte. En este desacuerdo entre Castillo y su estudiante, Castillo promueve la visión de la chica moderna, para quien el matrimonio debe estar basado en la atracción sexual y una relación de compañeros. Los puntos de vista de Castillo

[31] AHSEP, Dirección de Enseñanza Técnica, Industrial y Comercial 68/11/3, Juan León al director DETIC, 22 de agosto de 1922.
[32] Véase Piccato, 2001, pp. 113-116, sobre las bajas tasas de casamientos y las uniones por acuerdo mutuo.

sobre el matrimonio y el divorcio coincidían con aquellos de los políticos como el gobernador de Yucatán Felipe Carrillo Puerto y la solicitante de divorcio Amelia Azarcoya Medina, para quien el matrimonio debía ser un contrato voluntario basado en el amor.[33] En vez de aceptar un matrimonio desagradable, una mujer moderna de clase media debería solicitar el divorcio. La alumna de Castillo promovía un rol tradicional del matrimonio en el que la alianza era útil para la familia extendida y la felicidad individual se subordinaba al honor familiar. Estos puntos de vista contrarios oponían la libertad y la elección individuales a la responsabilidad hacia la familia y la comunidad. El conflicto ponía de manifiesto el abismo existente entre la visión tradicional, a menudo anclada en el catolicismo, y el discurso feminista emergente, además de demostrar las inconsistencias de una ideología revolucionaria que no siempre podía reconciliar la libertad individual con el bien de la comunidad.[34]

Si bien es cierto que el feminismo de Castillo no encontraba eco en los programas oficiales de la SEP, otras áreas del gobierno habían comenzado a reconsiderar la sexualidad y la formación de la familia. El discurso eugenésico tenía cada vez más influencia en los círculos gubernamentales: ya desde 1921, los temas del Primer Congreso del Niño, celebrado en la Ciudad de México, habían colocado el discurso eugenésico en el primer plano de la planeación política.[35] La eugenesia fomentaba la idea de que las familias deberían tener solamente el número de hijos que podían mantener, lo que exigía alguna forma de práctica anticonceptiva. Así que cualquier maestra que discutiera el control

---

[33] Véase el ensayo de Stephanie Smith en este volumen.
[34] En su trabajo sobre Brasil, Besse ha encontrado escritoras feministas que atacan el matrimonio y hacen eco al comentario de Castillo de que es preferible el divorcio a los malos maridos (1996, pp. 40-48).
[35] Véase Stern, 1999.

de la natalidad podía recurrir a la justificación de la eugenesia. Además, puesto que evitar una vida "deshonrosa" era uno de los principales objetivos de la SEP en la educación de las mujeres, y puesto que las mujeres se convertían en prostitutas debido en parte a la ignorancia, las maestras encontraban otro argumento para justificar la educación sexual usando la propia retórica de la SEP.

La tensión entre el decoro y la protección de las jóvenes surge en la defensa colectiva que las maestras de la Escuela Mistral escribieron ante la SEP. En su texto, condenaban el panfleto Sanger y declaraban que su objetivo era impulsar el desarrollo moral de sus alumnas a la vez que les enseñaban, "de una manera delicada, prudente y discreta", todo lo que las mujeres necesitaban saber para ser virtuosas y tener un hogar virtuoso. Las maestras proseguían expresando su frustración porque la necesidad de "discreción" y el nivel abstracto de la enseñanza no hacían más que mantener a las estudiantes en la ignorancia. Debido a su falta de conocimiento, las mujeres cometían errores que no les dejaban otro camino sino el del "vicio", un término que no podía significar más que prostitución. Así que las maestras coincidían con las trabajadoras sociales en que la ignorancia conducía a las jóvenes a la prostitución y creían que su deber era responder honestamente a las preguntas de las estudiantes.[36]

Si bien algunas maestras de la Escuela Mistral efectiva-

[36] Estas maestras de la capital mexicana no fueron las únicas en opinar que la discreción a menudo frustraba la necesidad de proteger a las mujeres jóvenes. La ignorancia de jóvenes italianas, contemporáneas de estas mexicanas, también las hacían vulnerables a la explotación sexual. Para una discusión más detallada de la defensa, véase a Schell, 2003, p. 119; AH-SEP Dirección de Enseñanza Técnica, Industrial y Comercial 72/7/17, cartas de los maestros de la Escuela Mistral sin remitente, 10 de agosto de 1922. Sobre convicciones similares acerca de la ignorancia de las jóvenes y la vulnerabilidad sexual entre los reformadores italianos, véase De Grazia, 1992, p. 57.

mente trataban el tema de la salud sexual y la reproducción en sus clases, es posible que fueran las preguntas de las estudiantes, más que las iniciativas de las maestras, las que hicieran surgir estos temas escabrosos. Frustradas porque el decoro les impedía defender a sus estudiantes de la explotación de los hombres, las maestras de la Escuela Mistral sostenían que la inocencia no equivalía a la ignorancia sexual. Aunque las maestras no trataran la reproducción, sí promovían el feminismo, en parte mediante la vinculación de lo público y lo privado, usando la domesticidad para justificar un rol político. Castillo, en sus clases de civismo, hablaba de la emancipación femenina no sólo en las calles, sino también en el ámbito íntimo del matrimonio. El escándalo también dejó ver cuán delgada era la línea que separaba en la imaginación del público a las mujeres que demandaban un rol público más amplio fundado en sus derechos como madres y esposas, de las mujeres que evadían sus roles reproductivos y exigían mayor igualdad respecto a los hombres. Los nuevos espacios para las mujeres, aunque se justificaran mediante la domesticidad, eran potencialmente subversivos.

Conclusiones

En México, el periodo posrevolucionario precipitó una crisis y sembró ciertos temores referentes a los roles de género, mientras los dirigentes revolucionarios intentaban reconciliar los cambios acaecidos en las vidas de las mujeres una vez rotas las restricciones que las habían circunscrito en la sociedad prerrevolucionaria. Los roles "tradicionales" fueron atacados de diversas maneras. En el caso de la Escuela Mistral, estos roles "se actualizaron" para estar en concordancia con los nuevos discursos de la modernidad científica, racional. Aunque las escuelas vocacionales ofrecían a las mujeres una educación doméstica, representaban una amenaza para los roles de género establecidos y asumieron el papel de una comadrona que ayudaría al nacimiento de la chica moderna. Las influencias extranjeras y locales convergieron para abrir espacios nuevos para las mujeres, físicos y metafóricos, y para traer cambios en sus expectativas sobre su papel en la sociedad. La Revolución aceleró las demandas de las mujeres de oportunidades educativas y profesionales e hizo crecer las expectativas de conquistar más derechos, conduciendo así a la campaña de los años treinta en pro del sufragio. Al mismo tiempo, las escenas procedentes del extranjero ofrecían modelos de cómo debían comportarse y verse las mujeres modernas, que se cortaban el pelo, le subían el dobladillo a la falda, abrigaban aspiraciones a tener una carrera y controlaban las decisiones importantes de su vida.

La retórica y las experiencias revolucionarias dieron una fuerte justificación ideológica a las mujeres que exigían su propio lugar en el país, mientras que los roles tradicionales de género brindaron la posibilidad de vincular el pasado con el presente. Si el énfasis en la figura de la madre sacrificada tenía resonancias del pasado, esa misma figura podía convertirse en la madre políticamente activa que salía a las calles a defender a su familia y a su comunidad. Los administradores de la SEP valoraban a las mujeres debido a sus funciones domésticas, esto es, como creadora de la patria mexicana desde el fogón y criando niños. Sin embargo, la educación de la mujer también tenía el potencial de subvertir los ideales domésticos y promover las actividades públicas de las mujeres. La sola existencia de una escuela enteramente consagrada a las mujeres, operada y administrada por mujeres, demostró no sólo la importancia del trabajo de las mujeres, sino también su capacidad de alcanzar objetivos profesionales. Las escuelas vocacionales ofrecieron a las mujeres de la Ciudad de México un espacio para hacer su propia revolución.

VI. HACIENDO Y DESHACIENDO FAMILIAS
Adopción y beneficencia pública, Ciudad de México, 1938-1942

ANN S. BLUM
University of Massachusetts

DESDE 1936 el presidente Lázaro Cárdenas declaró que el gobierno federal debía dirigir sus esfuerzos a superar las causas fundamentales de la debilidad social e incorporar a todos y cada uno de los mexicanos en el proceso productivo. El Estado tenía la obligación, explícitamente basada en los principios revolucionarios, de promover la integración plena mediante programas de asistencia social. La recién establecida Secretaría de la Asistencia Pública integró las instituciones existentes de asistencia infantil y sumó a sus obligaciones fundamentales programas médicos para las madres y los niños hasta los seis años de edad para garantizar la supervivencia y futura participación de estos niños en la empresa nacional de la producción y el consumo.[1] En este contexto, la adopción formal de niños de los orfanatos públicos se hizo mucho más centralizada y fue sometida al más cuidadoso escrutinio jamás habido desde que la Ley de Relaciones Familiares de 1917 introdujo la adopción formal.

Bajo el gobierno del sucesor de Cárdenas, Manuel Ávila Camacho, la política de beneficencia pública promovió medidas legales para afirmar los lazos familiares. Durante los dos primeros años de la administración, la secretaría registró 1 600 nacimientos, expidió legitimaciones de 5 000 niños

---

[1] Secretaría de la Asistencia Pública, 1940, pp. 16-19.

nacidos fuera de matrimonio, revisó 1 000 solicitudes para
adoptar menores bajo la tutela del Estado y aprobó 155 de
estos casos.[2] Las iniciativas revolucionarias de reforma social debían consolidarse en una estructura plena del Estado
de bienestar que vinculara la asistencia con la producción y
el consumo y que definiera la legalización de las relaciones
familiares como un apoyo. Así, el programa de adopción
hizo surgir preguntas fundamentales: ¿qué tipo de familias
pretendían formar las autoridades de la asistencia pública
para apoyar los objetivos económicos nacionales? ¿A qué
tipo de familias avalaban mediante instrumentos legales?[3]

LA FAMILIA REVOLUCIONARIA

El programa de adopción de la asistencia pública destacaba
los roles de las mujeres en el proyecto económico nacional y
planteaba problemas en cuanto al modelo de maternidad legal sancionada por el Estado que se reflejaba en la revisión y
la aprobación de las solicitudes de adopción. Los registros
de adopción revelan la impugnación de las concepciones sobre la maternidad que son expuestas y representadas por
funcionarios de la asistencia pública y trabajadoras sociales, probables madres, patrones de sirvientas domésticas y
madres que recurren a la asistencia pública para ellas y sus
hijos. La interacción entre las diferentes clases sociales no
sólo refleja la influencia de casi dos décadas de reformas sociales basadas en la familia y concentradas en la salud infantil, la crianza de niños y la domesticidad, sino que también sugiere que estos programas habían producido efectos
contradictorios.

---

[2] Secretaría de la Asistencia Pública, 1942, p. 255, tabla 9. Las 1 000 aplicaciones y las 155 adopciones no se archivaron con las solicitudes de adopción analizadas para este trabajo.
[3] Véase también Nelson, 1990.

Desde principios de la década de 1920, las iniciativas federales de reforma generaron una andanada de programas sociales que —tal y como señala Mary Kay Vaughan— pusieron en práctica la apropiación pública de la reproducción social. Las iniciativas de salud pública fomentaron la higiene en el comportamiento sexual y establecieron clínicas para la atención prenatal y posnatal de madres y niños. Las agencias de salud y beneficencia tenían enfermeras visitadoras y trabajadoras sociales que enseñaban a las madres técnicas aprobadas para la crianza de niños y el manejo de una casa.[4] Las mujeres, a quienes el Estado reconocía ante todo en su papel de madres, necesitaban niños para participar en el proyecto nacional. Las solicitudes de adopción no sólo dan fe de un fuerte vínculo entre la maternidad y la satisfacción emocional para las mujeres de todas las procedencias; también sugieren que muchas mujeres exigían su condición de adultas y obtenían el acceso a participar en espacios públicos *como madres*.

Pero las negociaciones sobre las capacidades como madres —entre las trabajadoras sociales empleadas por el Estado, las solicitantes para adoptar y las madres de los niños considerados disponibles para la adopción— y las resoluciones de muchos casos de adopción sugieren que las concepciones en desarrollo sobre la maternidad no sólo rearticulaban y perpetuaban los derechos prerrevolucionarios a la vida familiar estructurada en torno a las nociones de dependencia marcadas por el género, sino que también reforzaban una contradicción entre la maternidad y el trabajo asalariado. La aprobación para adoptar favorecía a las mujeres que dependían del ingreso de un esposo y que podían pagar servidumbre. Este patrón refleja una idea de la maternidad en la que se mezclaban consideraciones de clase, que separaba el rol maternal afectivo del trabajo doméstico

---

[4] Vaughan, 2000; Bliss, 1999; Blum, 2003; Stern, 1999.

y asalariado, y que devaluaba, en particular, la maternidad de las mujeres empleadas en el servicio doméstico.[5] La adopción legal arroja luz sobre las formas en que, mediante la separación de la maternidad afectiva y el trabajo reproductivo, se afirmaban las jerarquías implícitas ordenadoras de la "familia revolucionaria" mexicana, el modelo familiar que reflejaba la estructura y las prioridades de la consolidación del Estado y el desarrollo económico.[6]

Este modelo de maternidad se vincula estrechamente a las nociones sobre una niñez protegida que estaban consolidándose. Las reformas liberales de mediados del siglo XIX en México eliminaron la adopción legal en el Código Civil, favoreciendo la adopción informal de menores para el trabajo. Para fines de la década de 1890, los orfanatos de la Ciudad de México, administrados por la Federación, dirigían un rápido tráfico de adopciones informales, entre ellas algunas adopciones de niños pequeños cuyo fin era darles un entorno familiar; sin embargo, la mayoría de los niños más grandecitos eran adoptados para el servicio doméstico. La Revolución aceleró la introducción de las leyes para proteger a la infancia, e incorporó las tendencias internacionales generales de la época posterior a la primera Guerra Mundial. La reintroducción de la adopción legal en México en 1917 con el propósito de conceder a los menores huérfanos una formación familiar encajaba perfectamente con una serie de iniciativas que prometían importantes cambios sociales y culturales en cuanto al sentido de la infancia y el valor social de los niños.[7] La Ley Federal del Trabajo de 1931 reforzó las medidas de protección consagradas en la Constitución de 1917 para restringir el trabajo infantil. La educación pública primaria, hecha obligatoria por la Constitución,

[5] Blum, 2004.
[6] Véase García y De Oliveira, 1994, p. 26; Ginsburg y Rapp, 1991.
[7] Jara Miranda, 1968, pp. 26-35; Gordon, 1999, pp. 119-120; Weiner, 1991; Zelizer, 1994.

estipulaba que los niños debían estar en la escuela y que los programas nacionales definidos por el gobierno formarían a los ciudadanos modernos.[8] La reducción de la mortalidad infantil y el mejoramiento de la salud infantil se contaban entre las grandes prioridades políticas del Estado revolucionario. En los barrios urbanos de población obrera se abrieron clínicas materno-infantiles y en las escuelas públicas se enseñaba salud e higiene a niños y adultos por igual.[9] El sistema de tribunales juveniles, fundado en 1926, se concentraba en la educación, la readaptación y la reintegración de los jóvenes delincuentes a la corriente general de la sociedad y la producción, mientras que la política de la asistencia infantil vinculada a los objetivos económicos nacionales identificaba a la niñez y a la juventud como recursos vitales para la nación. La adopción legal funcionaba como uno de varios instrumentos del Estado para restringir el trabajo infantil, definir la niñez como una etapa protegida de la vida y mediar en las relaciones padre-hijo y los grupos familiares, promoviendo familias nucleares afectivas formadas por contrato.[10]

LA FORMACIÓN DE FAMILIAS POR CONTRATO

La Ley de Relaciones Familiares emitida por decreto del primer jefe constitucionalista Venustiano Carranza, definía la adopción como un contrato que podían celebrar las parejas casadas, así como hombres y mujeres adultos y solteros para formar una relación padre/madre-hijo.[11] Una mujer casada podía adoptar a un niño sin la participación de su esposo, aunque sí con su consentimiento. Prestando sus

---

[8] Vaughan, 1982.
[9] Schell, 2004.
[10] Véase una comparación con Argentina en Guy, 2000.
[11] *Ley de Relaciones Familiares*, 1917; Blum, 1998a.

buenos oficios a los hombres que procreaban hijos fuera del matrimonio, la nueva ley permitía a un hombre casado adoptar sin el consentimiento de su esposa; pero si se valía de este recurso, no podía llevar al niño adoptado a vivir bajo el techo conyugal.[12] El preámbulo de la ley vinculaba y afirmaba las relaciones familiares afectivas y contractuales declarando que la adopción legal "no hace más que reconocer la libertad de afectos y consagrar la libertad de contratación".[13] Efectivamente, al igual que el matrimonio civil, la adopción podía disolverse, salvo si el niño tomado en adopción era hijo natural del adulto que lo adoptaba, y la ley permitía una terminación formal.[14] Aunque la ley insistía en que los padres adoptivos y los niños tenían responsabilidades mutuas idénticas a las existentes entre padres e hijos biológicos, las medidas para la terminación del contrato de adopción perpetuaron en la ley un entendimiento muy generalizado de la adopción como una relación temporal o limitada.

Los constitucionalistas pasaron por alto los estatutos de adopción de la Colonia y la época anterior a la Reforma y, declarando la adopción como algo nuevo en México, establecieron la modernidad de las familias formadas por contrato de adopción. Pero las prácticas arraigadas de adopción informal, al igual que las actitudes preexistentes sobre el divorcio, se mostraban renuentes a las novedades legales. Al principio, ni siquiera los orfanatos públicos de la Ciudad de México se conformaban a lo estipulado por la ley: sólo la intervención presidencial en 1919 logró que los orfanatos cumplieran con la legislación.[15] De cualquier forma, pese a

[12] *Ley de Relaciones Familiares,* 1917, cap. 8, arts. 220-236, pp. 67-71; *ibid.,* cap. 8, art. 221, pp. 67-68; *ibid.,* cap. 8, art. 222, p. 68.

[13] *Ibid.,* pp. 6-7; *ibid.,* cap. 2, art. 13, p. 24.

[14] *Ibid.,* cap. 8, art. 233-234, p. 70; *ibid.,* cap. 8, art. 235, p. 70.

[15] AHSSA, Beneficencia Pública, Establecimientos Asistenciales, Casa de Niños Expósitos, expediente 15, fólder 4, "Acuerdo para que las adopciones de niños se reglamenten en la Ley de Relaciones Familiares", agosto de 1919.

la relajada supervisión inicial, la adopción legal, junto con las medidas constitucionales que limitaban el trabajo infantil, ofreció medidas significativas de protección para los menores bajo la tutela del Estado. Para 1925, todas las adopciones registradas en la casa de niños expósitos eran hechas por parejas y mujeres solas, que enfatizaban la formación de una familia como el propósito de la adopción.[16] Sin embargo, esta tendencia no significaba que los mexicanos dejaran de considerar la adopción, formal o informal, como una forma de llevar a menores a que trabajaran en sus casas.[17]

El Código Civil de 1928, vigente en 1932, fortaleció los vínculos entre la adopción legal y las normas de la familia nuclear, estableciendo que sólo los adultos sin hijos podían adoptar.[18] Ninguno de los cónyuges podía ahora adoptar sin el consentimiento del otro, y debían tratar al adoptado como si fuera su propio hijo.[19] La edad legal para adoptar aumentó de los 21 a los 30 años.[20] Sin embargo, los críticos pedían que se facilitaran los trámites para adoptar reduciendo la edad requerida, abriendo a las parejas con niños la posibilidad de adoptar y simplificando los trámites de investigación de los solicitantes.[21]

Inicialmente los funcionarios cardenistas de la Secretaría de Asistencia Pública fueron flexibles, y alentaron la colocación temporal de niños menores de edad. La adminis-

[16] AHSSA, Casa de Niños Expósitos, registro 58, 1924-1925.
[17] Secretaría de Gobernación, Beneficencia Pública del Distrito Federal, Reglamento para el Hospicio de Niños (1924), art. 46, p. 16. Véanse también los expedientes del Tribunal de Menores de la Ciudad de México, fundado en 1926, en el Archivo General de la Nación (AGN), Consejo Tutelar para Menores Infractores.
[18] Código Civil (10 de octubre de 1932), cap. 5, arts. 390 y 404, en Instituto Interamericano del Niño, 1961, v. 3, 3, pp. 30-32.
[19] Ibid., cap. 5, art. 391, en Instituto Interamericano del Niño, 1961, 3, pp. 31.
[20] Ibid., cap. 5, art. 390, en Instituto Interamericano del Niño, 1961, 3, p. 30.
[21] Padilla, 1937.

tración cardenista, que intentaba salir de la crisis económica sufrida a principios de la década de los treinta, recibió los principales orfanatos de la Ciudad de México con una fuerte sobrepoblación; su respuesta fue poner en marcha y dar publicidad a un programa de adopción y pagar un estipendio a las familias adoptivas.[22] Pero en 1938 se adoptó una nueva política que promovía la adopción permanente. El nuevo programa, supervisado por la Oficina de Terapia Social, un departamento perteneciente a la Secretaría de Asistencia Pública, concentró el control y estableció que se investigaran con todo rigor los antecedentes de los solicitantes de adopción.[23]

LA ADOPCIÓN Y EL SERVICIO DOMÉSTICO

COMO ASISTENCIA SOCIAL

Antes de que la mayoría de las solicitudes de adopción pasaran a manos de los abogados de la oficina mencionada, los solicitantes se sometían al escrutinio de las visitas a domicilio de las trabajadoras sociales y divulgaban sus historias de infertilidad, sus ideas sobre la familia y los motivos para adoptar niños. A su vez, las trabajadoras sociales, que eran de muy diversa procedencia aunque en su mayor parte se ajustaban a los valores de la clase media, se convirtieron en las encargadas de abrir o cerrar las puertas de la maternidad conferida por el Estado.[24]

Desde los años veinte, la proliferación de agencias de salud pública y beneficencia se apoyaban en la capacitación en casa para abrir nuevos empleos a las enfermeras visitadoras y a los inspectores de beneficencia, trabajo anterior-

[22] Gutiérrez del Olmo, 1993.
[23] Este análisis se basa en 160 solicitudes de adopción entre 1938 y 1942 (AHSSA, Beneficencia Pública, Asistencia (As), Asilados y Alumnos (AA), expedientes 32-34, fólders 1-3).
[24] Véase Gordon, 1988, pp. 12-20.

mente desempeñado por las voluntarias de grupos de caridad. A mediados de los treinta ya existía un programa de capacitación para el trabajo social, desarrollado por la Secretaría de Educación Pública (SEP), que combinaba la educación secundaria con cursos en oficios domésticos; en él se inscribían estudiantes jóvenes, sobre todo de la clase obrera. Por otra parte, hubo un programa de la Facultad de Derecho de la Universidad Nacional Autónoma, que durante su corta vida estuvo dirigido a los aspirantes de la clase media, a quienes ofrecía una licencia de profesionista.[25] En junio de 1937 se giraron instrucciones de que los graduados del programa de la SEP ocuparan todos los empleos de trabajo social en la Oficina de Terapia Social. Sin embargo, meses después, sólo ocho de los 40 integrantes del personal presentaban las credenciales requeridas, y un administrador del programa explicaba que "han ingresado nuevamente [...] por solo favoritismo" o "con distinto nombramiento" empleados que no estaban capacitados; incluso había supervisores que carecían de capacitación.[26] En 1942 las autoridades de la beneficencia seguían preocupadas por la falta de capacitación y alentaron a los trabajadores sociales que ya formaban parte del personal a inscribirse en la Escuela de Trabajo Social de la Universidad o a completar en ella sus estudios, y con este objetivo patrocinaron internados y seminarios para los estudiantes. Si bien estas medidas pronto generaron "un mejoramiento notable en la calidad del trabajo realizado", su introducción en 1942 hace pensar que durante gran parte de este periodo los trabajadores sociales no se apegaron a ninguna norma oficial para evaluar a los solicitantes de adopción.[27]

---

[25] Valero Chávez, 1994, pp. 50-58; Sanders, 2003, cap. 4. Véase también Millán, 1939, pp. 162-166.
[26] AHSSA, Beneficencia Pública, Dirección, Oficialía Mayor, caja 7, fólder 11, 7 de octubre de 1937.
[27] Secretaría de la Asistencia Pública, 1942, p. 271.

Efectivamente, los trabajadores sociales de la Oficina de Terapia Social presentaban actitudes capaces de generar conflictos en sus tratos con las mujeres y las madres que acudían a la Secretaría de Asistencia Pública con el propósito de adoptar a un menor o de solicitar ayuda para sus hijos. Los trabajadores sociales empleados en los centros de apoyo de barrios de clase obrera intervenían en las crisis familiares. A veces, cuando llegaba una mujer a pedir ayuda en situación de emergencia, las trabajadoras sociales del centro de apoyo colocaban a los niños temporalmente en una casa particular para evitar ingresarlos al orfanato hasta que la crisis se resolvía. Los trabajadores sociales se referían a esta manera de colocar a los niños como "adopciones en forma temporal", pero algunas familias adoptivas se encariñaban con los niños y formalizaban los arreglos mediante la adopción permanente. Los mismos trabajadores sociales tenían un servicio informal de empleos, pues ponían en contacto a personas que buscaban servidumbre doméstica con mujeres que necesitaban trabajo asalariado.[28] Los bajos salarios y el requisito de que los sirvientes se quedaran a dormir en casa puede de hecho haber impedido la reunificación de familias separadas por medidas de emergencia. Además, la adopción legal hacía que la separación fuera permanente, confería peso legal a la transferencia informal de niños entre clases sociales diferentes y reforzaba los diferenciales en los derechos de clase a la familia. Dado que el énfasis de las políticas era considerar a los niños como futuros ciudadanos y productores y el Estado respaldaba la identificación de la mujer como madre, la adopción legal también funcionó para transferir un valioso capital social a la clase media emergente.

---

[28] AHSSA, Beneficencia Pública, Dirección, Oficialía Mayor, caja 7, fólder 11.

En busca de la maternidad

Salvo por la autorización para adoptar concedida a las mujeres solteras, ni la Ley de la Familia de 1917 ni el Código Civil de 1928 reconocieron la influencia de la mujer en los cambios de las prácticas de adopción en México. Para fines de los años treinta, en marcado contraste con las adopciones informales de los niños de orfanatos públicos antes de 1917, las solicitudes hechas por hombres casados eran pocas, las de solteros, aún menos, y los funcionarios las examinaban cuidadosamente.[29] Ahora, las prácticas de adopción se concentraban en la satisfacción de las ideas de las mujeres sobre la familia y la maternidad, aunque no necesariamente dentro del matrimonio. El deseo de tener niños entre las mujeres casadas y solteras que no los tenían fue el motivo expresado en la mayor parte de las 160 solicitudes de adopción que aquí se analizaron, y las mujeres fueron quienes hicieron 105 de las solicitudes correspondientes a parejas, mientras que las 45 solicitudes restantes fueron hechas por mujeres solteras, divorciadas o viudas. Algunas de las solicitantes vivían desahogadamente, otras se mantenían solas con pequeños negocios marginales y no ganaban más que unos pocos pesos diarios, aunque esto no era impedimento para actuar animadas por el fuerte impulso del derecho a la maternidad y a la vida familiar. En general, estas solicitudes de adopción dan fe de la importancia central de la maternidad en la identidad y satisfacción de las mujeres mexicanas de todo el espectro social.

En sus cartas de investigación, las mujeres escribían sobre su anhelo de tener niños. La casa, claramente definida como la esfera femenina, estaba incompleta sin niños. Una solicitante, que había perdido a sus tres hijos propios cuan-

---

[29] Blum, 1998a, caps. 6 y 9.

do aún eran bebés, hablaba de una vida sola y sin felicidad. A lo largo de los años, había acogido niños pequeños en su casa, pero sus madres o sus abuelas los reclamaban, y ella se volvía a quedar sola. Otra mujer escribía: "Como somos un matrimonio sin hijos y encontramos que en nuestro hogar falta algo, me permito suplicarle que me conceda la gran alegría [de acceder a nuestra solicitud]".[30] En la mayoría de las solicitudes hechas por las esposas de una pareja infértil o sin hijos, las solicitantes pedían bebés o niños pequeños y destacaban el papel maternal de la crianza. Algunas solicitantes también dejaban ver el deseo del reconocimiento que provocaba la maternidad. Una solicitante casada de cierta edad viajó de Zacatecas a la capital porque quería adoptar a dos huérfanas, dos "niñas mujercitas", de entre siete y 14 años. Para ella, la adopción era una forma de alcanzar una imagen de identidad maternal: "Cuando las ven bien vestiditas me aparece alguna pariente".[31]

Las solicitantes solteras consideraban que el matrimonio era irrelevante para el deseo de ser madres y tener una vida familiar. Una viuda solicitaba la adopción de un niño en nombre de su hija, quien por tener 22 años no alcanzaba aún la edad requerida. La mujer dijo para reprobación de la trabajadora social que su hija nunca había mostrado interés en el matrimonio y no pensaba casarse nunca.[32] Las solicitudes también permiten ver que algunas mujeres solteras ya tenían niños viviendo con ellas y sólo querían formalizar la situación. En 1939, una mujer soltera solicitó la adopción de una niña que se había ido a vivir con ella cuatro años atrás, cuando murió su madre (la de la niña). El padre de la niña estaba en el ejército y no podía cuidarla. Para inscribir

---

[30] AHSSA, Beneficencia Pública, As, AA, expediente 32, fólder 1, 1940; AHSSA, BP, As, AA, expediente 32, fólder 3, 1942. Véase también AHSSA, Beneficencia Pública, As, AA, expediente 34, fólder 8, 1939.

[31] AHSSA, Beneficencia Pública, As, AA, expediente 32, fólder 1, 1940.

[32] AHSSA, Beneficencia Pública, As, AA, expediente 34, fólder 7, 1938.

a la niña en la escuela, la mujer necesitaba presentar el acta de nacimiento, pero estaba registrada con el apellido del padre, y "ella quiere que aparezca como hija suya".[33] Una maestra normalista soltera solicitaba la adopción de los tres hijos legtimos de su hermano, que habían quedado huérfanos. Para 1939, los niños llevaban cuatro años viviendo con ella y, como decía la trabajadora social, la veían como si fuera su madre.[34] Otra mujer solicitaba la adopción de su sobrina de dos años; la madre de la niña renunciaba a sus derechosde madre declarando que carecía de los recursos económicos para mantener a la niña.[35] Estos últimos casos revelan la persistencia en el rol establecido para las mujeres solteras de adoptar a sus parientes a fin de mantenerlos dentro de la red familiar.[36]

Al igual que las mujeres casadas, las solteras que solicitaban adoptar a un niño también buscaban satisfacción emocional. Después de cuatro años de vivir en la capital, una empleada del consultorio de un dentista se sentía sola. También ella era huérfana y solicitaba la adopción de una niña.[37] Una empleada de oficina del registro de la propiedad, que era la única de sus hermanos que no se había casado, solicitaba la adopción de una niña de siete años.[38] Estas solicitudes nos permiten entender algo de las ideas sobre la familia entre las mujeres de la clase media urbana asalariada que estaba surgiendo en México: además de la satisfacción emocional, estas posibles madres adoptivas aspiraban a la inclusión social que la maternidad, pensaban ellas, les otorgaría. Una empleada soltera de una compañía de seguros escribió en su solicitud para adoptar una niña: "Mi objeto es emplear el dinero que tiro en diversiones en una niña

---

[33] AHSSA, Beneficencia Pública, As, AA, expediente 32, fólder 3, 1939.
[34] AHSSA, Beneficencia Pública, As, AA, expediente 34, fólder 6, 1939.
[35] AHSSA, Beneficencia Pública, As, AA, expediente 32, fólder 15, 1940.
[36] Twinam, 1999; Larissa A. Lomnitz y Perez-Lizaur, 2006.
[37] AHSSA, Beneficencia Pública, As, AA, expediente 32, fólder 1, 1939.
[38] AHSSA, Beneficencia Pública, As, AA, expediente 32, fólder 1, 1941.

y de este modo hacer patria, y beneficiar a una huerfanita carente de todo".[39] Al invocar el patriotismo, esta solicitante subrayaba las formas en que la maternidad representaba la identidad pública y ofrecía acceso a participar tanto en la vida social como en la vida política.

Nuevas normas, viejas formas familiares

Las mujeres que solicitaban un menor en adopción por lo general querían niñas, lo que pone de relieve varios factores, incluyendo la división entre los mundos sociales de los hombres y las mujeres. Probablemente se consideraba a las mujeres más dóciles que a los hombres; pero las décadas de adopción informal de los orfanatos públicos también habían establecido una preferencia por las niñas y habían borrado las fronteras entre la adopción de un miembro de la familia y la adopción de un trabajador doméstico. Ciertamente, el persistente *ethos* prerrevolucionario de protección y dependencia que asociaba la adopción informal al trabajo podía ser más fuerte que la adopción formal. Una pareja a la que se le negó la adopción de un niño huérfano, se enteró de que la hermana del niño, de 15 años de edad, había salido del orfanato para trabajar como sirvienta. La muchacha trabajaba en casa de una señora de apellido Lorenzana, indicador de que ella o uno de sus padres habían sido abandonados en la casa de niños expósitos de la Ciudad de México, donde los niños abandonados recibían el apellido del religioso que fundó la institución en el siglo XVIII. La patrona de la hermana, que era madrina del niño, le enviaba ropa, y su hermana lo visitaba todas las semanas.[40] Aunque la hermana no podía reclamar ningún derecho legal sobre

---

[39] AHSSA, Beneficencia Pública, As, AA, expediente 32, fólder 1, 1942.
[40] AHSSA, Beneficencia Pública, As, AA, expediente 32, fólder 1, 1941.

su hermano por ser menor de edad, el interés demostrado por su patrona establecía ciertos derechos sobre el niño.

La legislación que prohibía el trabajo infantil y la definición legal de la adopción como una formación familiar lograron, pese a todo, mitigar la explotación en un número creciente de casos. La situación de una niña de 14 años de edad ejemplifica las expectativas de que los niños adoptados ejecuten labores domésticas y el papel del Estado en la aplicación de la protección legal. La niña se había ido a vivir durante un periodo de prueba con un hombre y una mujer que eran hermanos y dueños de una mercería fina. Explicaron que la joven se portaba bien, pero que era muy seria y poco comunicativa. Lloraba siempre que llegaban cartas de sus amigos del orfanato. Los candidatos a recibirla en adopción dijeron a la trabajadora social que le compraban ropa y la dejaban ir al cine con una de sus sobrinas; pero ella seguía insatisfecha. Finalmente fingió estar enferma para poder regresar al orfanato. La trabajadora asignada al caso vio a la niña taciturna, y lo único que decía era que no quería vivir con los que serían sus padres adoptivos porque la ponían a hacer labores domésticas, que en su opinión eran una pérdida de tiempo.[41]

Para convencer a la niña de que aceptara el arreglo, la trabajadora social adujo que la adopción formal obligaba a quienes la adoptaban a tratarla y protegerla como si fuera su hija y a anteponer sus intereses a los de otros parientes. La muchacha respondió que prefería vivir con una amiga, pues la mamá le había ofrecido un lugar donde quedarse. Quería seguir aprendiendo corte y confección de vestidos y le parecía que la adopción la limitaría al trabajo doméstico. La trabajadora social insistió en que no tendría seguridad en casa de su amiga, que la madre de su amiga favorecería a su hija y que al final la niña no tendría ni casa ni familia.

---

[41] AHSSA, Beneficencia Pública, As, AA, expediente 32, fólder 1, 1941.

Pero la joven se negó a regresar. Tampoco la obligaron. Los dueños de la mercería pidieron permiso para ver si otras jóvenes aceptarían su propuesta.[42]

Ahora, los funcionarios públicos ejercían una nueva autoridad legal para ahuyentar a los solicitantes con planes descarados de explotación. Una solicitante de Michoacán se quejaba de la dificultad de encontrar sirvientas y quería adoptar una muchachita de 10 o 12 años, "no importa que sea la más fea", para que cuidara a un bebé. La franca alusión a la apariencia de la sirvienta quizá remitía a la habitual explotación sexual de las sirvientas domésticas por parte del patrón. El abogado de la oficina se abstuvo de criticar abiertamente los motivos de la solicitante, pero remitiéndose a la ley rechazó la solicitud con el argumento de que para poder adoptar a un menor el solicitante no había de tener hijos.[43] En otros casos, las autoridades pedían garantías de que el niño adoptado recibiría una educación formal. Estas medidas reflejan tanto el objetivo legal y el optimismo de las autoridades de que la adopción daría una categoría de clase media y oportunidades en vez de destinar a los menores adoptados al trabajo doméstico.

Así pues, aunque los casos registrados en los expedientes demuestran que la ley reforzaba la tendencia a separar la adopción del trabajo infantil, las expectativas establecidas por la vieja costumbre de adoptar informalmente a las niñas para el servicio doméstico resultaron difíciles de erradicar. En el caso de la muchacha que creía que la querían adoptar para hacerla trabajar como sirvienta, la trabajadora social pasó por alto las pruebas y argumentó que la adopción prometía la protección de las relaciones familiares y un hogar. Sin embargo, para los guardianes de la adopción formal, la relación entre maternidad y trabajo asalariado resultaría aún más problemática.

[42] AHSSA, Beneficencia Pública, As, AA, expediente 32, fólder 1, 1941.
[43] AHSSA, Beneficencia Pública, As, AA, expediente 32, fólder 2, 1942.

TRABAJO Y MATERNIDAD APROBADA POR EL ESTADO

Los solicitantes de adopción debían cumplir con más requisitos de los estipulados en el Código Civil. Entre los criterios explícitos se contaban la buena salud, la estabilidad económica y, para las parejas, el acta de matrimonio civil. Los solicitantes debían presentar tres cartas que dieran fe de la posesión de las condiciones económicas, sociales y educativas que mejorarían la vida y garantizarían el futuro del menor.[44] Dichas condiciones, notablemente concretas, estaban sujetas a interpretación, pero más aún lo estaban los criterios cualitativos como "buenas costumbres" o "moralidad conocida". Por añadidura, el caso podía avanzar hacia la fase legal sólo después de que la trabajadora social entrevistaba al solicitante y hacía una evaluación favorable del medio familiar. Los informes de la visita a domicilio de la trabajadora social reflejan una y otra vez las tendencias de pensamiento de la clase media, especialmente en cuanto se refiere a los roles de género. En general, durante el proceso de visita e investigación se revisaban las solicitudes de las mujeres solteras según la clase a la que pertenecieran, dando preferencia a las profesionistas, y las parejas eran examinadas para ver si se adecuaban a la división tradicional del trabajo por género.

Las evaluaciones de las solicitudes que hacían las mujeres también tomaban en cuenta la cuestión racial. Las trabajadoras sociales nunca hacían observaciones sobre el aspecto de los hombres que solicitaban la adopción; sin embargo, tomaban nota escrupulosamente de la apariencia de las mujeres, sobre todo de su color de piel, y mientras más morenas fueran, más probable era que la trabajadora social les

---

[44] AHSSA, Beneficencia Pública, As, AA, expediente 32, fólder 3, Roberto García Formentí al Jefe del Departamento de Terapia Social, marzo de 1940.

encontrara defectos.[45] Una trabajadora social describía a una solicitante de 32 años de edad, originaria del estado de Michoacán, tan "morena morena, con tipo de mujer ranchera". Además, criticaba la trabajadora social, "no presenta un conjunto de mujer bien vestida, a pesar de que lleva buenas cosas […] Su manera revela una escasa cultura".[46]

En las casas de las mujeres solteras de la clase trabajadora, las actitudes predominantes ante el trabajo asalariado de las mujeres predisponían a las trabajadoras sociales a percibir inmoralidad o la ausencia de un ambiente doméstico aceptable. Una solicitante de estas características, una viuda, rentaba una habitación y se mantenía con los dos pesos diarios que ganaba trabajando en su pequeña tienda. La trabajadora social admitió que "esta señora no parece viciosa", pero descartó la solicitud en parte porque la puerta de la tienda daba al edificio, donde se veía "una infinidad de pequeños desaseados y semivestidos". El hecho de que la solicitante ya hubiera criado a un hijo adoptivo que para entonces ya tenía 22 años de edad, y de quien todos los testigos decían que era una persona de respeto con un trabajo estable en una fábrica de medias, no bastó para mejorar la mala impresión causada por los vecinos de la señora.[47] Tampoco la opinión que de sí misma tenía la solicitante como una proveedora de la familia que trabajaba duro pudo contrarrestar los prejuicios de la trabajadora social, que le impedían ver ninguna diferencia entre las casas del edificio.[48]

El trámite de aprobación favorecía a los solicitantes de la clase media, con cierto gusto por determinado mobiliario

[45] AHSSA, Beneficencia Pública, As, AA, expediente 32, fólder 1, 1939; AHSSA, Beneficencia Pública, As, AA, expediente 32, fólder 3, 1939.

[46] AHSSA, Beneficencia Pública, As, AA, expediente 32, fólder 3, 1941.

[47] AHSSA, Beneficencia Pública, As, AA, expediente 32, fólder 1, 1939. Véase Cardoso, 1984, para hacer una comparación con la adopción en Brasil.

[48] Larissa A. Lómnitz y Pérez-Lizaur, 1984.

y determinada decoración que servían como medida de clase y cultura. El informe de la visita domiciliaria condena la solicitud de una viuda que se ganaba la vida haciendo dulces para vender. "Además de ser muy pobre, su mobiliario es feo y descuidado."[49] En cambio, una trabajadora encargada de otro caso rebosaba de admiración ante las exquisitas adquisiciones de una divorciada exitosa que era socia de una compañía dedicada a fabricar ropa infantil. La solicitante también había sido adoptada, de manera informal, cuando su madre la abandonó a los tres años de edad con la familia que la crió. Había estado casada 13 años, y durante ese tiempo no había trabajado; en 1935 se divorció de su esposo, quien se había ido a vivir con otra mujer con la que tenía hijos. En 1938, al haber llegado a la edad requerida, solicitó la adopción de una niña de ocho años a quien había tenido con ella desde hacía un año. En el momento de la adopción formal de la niña, la mujer estaba amueblando una casa recién comprada, completa con garage y patio, en una colonia elegante. Dos años después presentó otra solicitud de adopción. La primera niña, señalaba la trabajadora social, quería a la solicitante como si fuera su verdadera madre, había terminado la primaria, estudiaba corte y confección y manifestaba entusiasmo ante la perspectiva de una compañera en casa.[50] Aunque el divorcio y la carrera de la solicitante parecerían contradecir los modelos aprobados de la domesticidad dependiente, su casa lujosa y su equipo de servicio doméstico representaban en cambio el colmo del consumo de buen gusto y los conceptos de clase sobre una maternidad moderna que distingue el cuidado maternal afectivo del trabajo doméstico.

En los casos de las parejas que carecían de tales medios, las trabajadoras sociales solían recomendar la aprobación

---

[49] AHSSA, Beneficencia Pública, As, AA, expediente 32, fólder 3, 1941.
[50] AHSSA, Beneficencia Pública, As, AA, expediente 33, fólder 11, 1938-1943.

de la solicitud cuando la esposa se dedicaba a las labores del hogar y mantenía estándares aceptables de domesticidad. Las evaluaciones reflejaban ampliamente los criterios enfatizados en los folletos sobre crianza de niños e higiene doméstica distribuidos por otras instituciones públicas; la mayor parte de la bibliografía de consulta suponía un hogar de clase media y una ama de casa sin distracciones externas.[51] Pero en vez de mencionar faltas específicas a las prescripciones de higiene, como ventilación o plomería inadecuadas, las trabajadoras sociales formulaban tanto sus impresiones positivas como las negativas en términos cualitativos que reflejaban el carácter moral de la solicitante. Por ejemplo, después de visitar la casa de una ex peinadora, ahora casada con el dueño de un puesto de ropa en el mercado de La Lagunilla, la trabajadora social observó con aprobación: "Dentro de su medio viven con bastante holgura [...] ella no tiene que trabajar para ayudar a su esposo". Y luego describe así el pequeño departamento: "amueblado muy modestamente, pero refleja la actividad de la señora como buena ama de casa [...] Parecen buenas gentes".[52] Otra pareja de Amecameca, Estado de México, presentó un acta de matrimonio en el que se los describe como "raza mezclada". La mujer no podía firmar con su nombre. La trabajadora social describió a los solicitantes como miembros de la "clase campesina"; pero —proseguía—, "se ve que son personas muy decentes en sus maneras y en su vestir, pues demuestran pulcritud y limpieza en sus ropas y en su persona".[53]

Para los solicitantes casados de la clase trabajadora, el trabajo pagado de la esposa representaba el obstáculo infranqueable para que la adopción fuera aprobada. Por ejem-

---

[51] Véase Ochoa, 1921; AHSSA, Salubridad Pública, Higiene Infantil, caja 10, fólder 14, Cartas [números 1-12], Servicio de Higiene Infantil Post-Natal, Departamento de Salubridad, D. F., 1934. Véase también Vaughan, 2000.

[52] AHSSA, Beneficencia Pública, As, AA, expediente 32, fólder 1, 1941-1942.

[53] AHSSA, Beneficencia Pública, As, AA, expediente 33, fólder 2, 1938.

plo, ambos cónyuges en una pareja de clase trabajadora habían completado la primaria y terminado el curso comercial. Él trabajaba de chofer y ella tenía un negocio de confección de ropa que se especializaba en ropa infantil. Aunque esta pareja empleaba a una sirvienta, el trabajo de la esposa probablemente prejuició a la trabajadora social de manera negativa. No les dieron a la niñita de brazos que habían escogido porque "estaba solicitada por otras personas que reunían mejores condiciones económicas y disponían de más tiempo que ella para atenderla".[54] Pese a todo, llegó a prevalecer la persistencia de la señora, y la pareja adoptó posteriormente a una pequeñita.[55] A otra pareja que vivía con menos de cuatro pesos diarios les concedieron la aprobación inmediata, probablemente porque la esposa no salía a trabajar y porque la criatura a la que escogieron no "estaba solicitada por otras personas que reunieran mejores condiciones económicas". La trabajadora social consideró que su departamento era "un verdadero hogar".[56]

Sin embargo, cuando las trabajadoras sociales decidían hacer de la clase un obstáculo, la necesidad de la esposa de encargarse de su propia casa justificaba el rechazo de la solicitud. Otra solicitante y su esposo habían completado la escuela primaria. Él ganaba unos cuatro pesos diarios trabajando en una cremería. Una de las trabajadoras sociales menos proclives a emitir juicios, hizo una evaluación negativa de su casa: "No puede ser beneficiosa para el menor, ya que la solicitante tiene que dedicarse exclusivamente a los quehaceres domésticos por no estar en condiciones de pagar criada, y aun cuando su apariencia es de persona afable y bondadosa, carece de condiciones favorables ya que sólo

[54] AHSSA, Beneficencia Pública, As, AA, expediente 34, fólder 1, 1939.
[55] Id.
[56] AHSSA, Beneficencia Pública, As, AA, expediente 34, fólder 14, 1940. Véase también AHSSA, Beneficencia Pública, As, AA, expediente 34, fólder 9, 1940.

la primaria elemental cursó".[57] La primera solicitud les fue denegada. Cuando presentaron una nueva solicitud, la señora había conseguido un trabajo cosiendo fuera de casa, con el que el ingreso aumentaba por 30 pesos al mes. Por desgracia, la más quisquillosa de las trabajadoras sociales fue la encargada de hacer la segunda visita domiciliaria. De su edificio de departamentos escribió, con evidente desagrado: "Vive allí tanta gente, que se oye un murmullo fuerte como en los mercados". Había "muchos niños sucios jugando en el patio y corredores, ofreciendo esto un aspecto muy desagradable". A la pareja les dijo que tendrían que mudarse para adoptar, pero su informe recomendaba que se les negara la solicitud debido a su ingreso.[58] Casadas o solteras, las mujeres que tenían un trabajo asalariado y no podían pagar una sirvienta eran sospechosas de no tener la capacidad para cuidar a un niño.

Madres y sirvientas

Aunque el Estado centralizó la reglamentación de la adopción formal, las redes informales siguieron transfiriendo niños a través de las barreras de clase. Como la adopción formal, legal, todavía era una novedad muchas personas deseosas de adoptar recurrían a medios tanto formales como informales, especialmente quienes querían niños de meses. Aunque los solicitantes preferían bebés o niños menores de cinco años, era común que la beneficencia pública sólo tuviera niños más grandecitos para darlos en adopción.[59] Una pareja que quería un bebé retiró su solicitud luego de esperar más de un año, y otros expedientes de parejas que piden niños pequeñitos no registran resultado, sugiriendo que o bien

---

[57] AHSSA, Beneficencia Pública, As, AA, expediente 32, fólder 3, 1941-1942.
[58] *Id.*
[59] AHSSA, Beneficencia Pública, As, AA, expediente 32, fólder 1, 1941.

abandonaron el asunto o recurrieron a otros medios.[60] Las parejas que conseguían bebés mediante redes informales no sólo se ahorraban el exhaustivo escrutinio del proceso de investigación, sino que también gozaban de la aprobación tácita de los trabajadores sociales. Una pareja con estudios universitarios quería legalizar la situación de una nenita de brazos a quien habían conseguido por medios informales y entre tanto hacían pasar a la niña como propia. Una de las personas que escribía una carta de testigo en su favor observaba que "lo encuentra encantado desde que es papá, pues tiene delirio por la hijita que ha nacido hace unos meses". La trabajadora social apuntaba tímidamente en su informe que ella se había abstenido de hacer comentarios.[61] También se abstuvo de investigar la historia de la niña.

La intersección de los medios oficiales y no oficiales revela las redes de circulación de niños a través de las barreras de clase, a menudo mediante el empleo de sirvientas. Por ejemplo, una pareja de Guerrero, pidió adoptar un niño de seis o siete años para que fuera el compañero de otro niño al que habían criado, porque una sirvienta guatemalteca lo había tenido en casa de ellos y se lo había "regalado" a la señora.[62] Oficialmente para adoptar se requería el consentimiento de uno de los padres o algún pariente.[63] Pero en las relaciones entre los patrones y las sirvientas, la desigualdad de las posiciones de clase y poder ponía en cuestión el carácter de ese consentimiento.

El caso de la señora Flores viuda de Trujillo, madre de seis niños y que había enviudado recientemente, ilustra las presiones que resienten los empleados domésticos para ceder ante sus patrones, así como los conflictos de interés pro-

---

[60] AHSSA, Beneficencia Pública, As, AA, expediente 32, fólder 1, 1941-1942.

[61] AHSSA, Beneficencia Pública, As, AA, expediente 34, fólder 17, 1939.

[62] AHSSA, Beneficencia Pública, As, AA, expediente 33, fólder 2, 1939.

[63] Código Civil (10 de octubre de 1932), libro 1, tít. 9, De la tutela, cap. 5, art. 492, en Instituto Interamericano del Niño, 1961, v. 3, p. 41.

vocados por recurrir al servicio doméstico como una ayuda de emergencia. Cuando Flores llegó a la Ciudad de México de algún lugar rural de Michoacán, estaba a punto de dar a luz a su séptimo hijo. Aunque la Cruz Roja la instaló en un hotel para el alumbramiento, ella decidió irse a vivir a una obra en construcción junto con su niña recién nacida y su hijita de tres años. Cuando acudió al sistema de asistencia pública en busca de ayuda, no había comido desde un día antes y no podía amamantar a su criatura. Una trabajadora social se llevó a Flores, junto con sus dos hijas más pequeñas, a trabajar como sirvienta en una casa particular en una colonia elegante.[64]

Unas semanas después, Flores regresó a la Secretaría de Asistencia Pública, donde dijo que había dejado el trabajo y que ahora vivía con una amiga, y que al dejar el empleo había regalado a su bebé a la hija de su patrona. La trabajadora social reprendió a Flores por regalar a su hija, aunque admitió que la madre tenía el derecho de hacerlo.[65] Luego, juntas, fueron a la casa de la patrona a comprobar lo dicho. La patrona informó que Flores no estaba acostumbrada a servir, que se mostraba indiferente y se rehusaba a amamantar a su hija. Además, la patrona le había ofrecido a Flores enviarla fuera de la ciudad con unos parientes, pagarle el viaje e inscribir a todos sus hijos mayores en una escuela católica. La trabajadora social dejó constancia de que la familia daba de comer a la niña de tres años de su propia mesa, la bañaban y le daban ropa y atención médica. En cuanto a la niña pequeña, la patrona declaró que Flores había firmado un papel en el que accedía a la adopción informal, aunque la trabajadora social reveló que el papel no tenía valor legal, sin que Flores la escuchara. Al visitar la casa lujosamente amueblada de la hija casada de la patro-

---

[64] AHSSA, Beneficencia Pública, As, AA, expediente 32, fólder 3, 1940. El nombre de la mujer se ha cambiado.

[65] AHSSA, Beneficencia Pública, As, AA, expediente 32, fólder 3, 1940.

na, la trabajadora social encontró a la nenita dormida en su cuna y a la hija preocupada porque le fueran a quitar a la niña. La trabajadora social la tranquilizó prometiéndole que haría todo para facilitarle el proceso de adopción, con el interés de asegurar el futuro de "nuestra mira especial, la niña".[66]

Varios factores se combinaron para que el interés de la trabajadora social dejara de enfocarse en ayudar a Flores y en cambio facilitar la adopción de la pequeña. El rechazo de Flores no sólo del empleo de sirvienta como una solución a sus necesidades, sino también del ofrecimiento de su patrona de dar educación a sus niños mayores sugiere que cualquier otro esfuerzo para mejorar su situación habría resultado infructuoso. Mientras tanto, había encontrado un lugar para vivir. Lo más importante era que la renuncia voluntaria a su pequeñita revelaba una falta de sentimientos maternales, mientras que la posible madre adoptiva no sólo disfrutaba una posición económica segura, sino que también demostraba su apego emocional a la criatura. Sin embargo, desde la perspectiva de Flores, las profusas atenciones hacia su niña de tres años y el ofrecimiento de dar educación a sus hijos mayores pueden haberse sentido como una presión para separarla de sus hijos y ceder a su niña recién nacida. Este caso y su resultado ilustran con vividez el conflicto en las funciones de la beneficencia pública de la política posrevolucionaria de clase y maternidad y ponen en cuestión cuáles eran las madres que verdaderamente obtenían algún beneficio de la adopción en el contexto de la asistencia pública.

En otro ejemplo que data de 1942, durante el gobierno de Ávila Camacho, la trabajadora social mostraba simpatía ante la coerción que sufría una madre y apreciaba la fuerza de sus sentimientos maternales; pero no ofreció ninguna

[66] *Id.*

ayuda material a la familia. La pobreza y la depresión obligaron a esta madre a considerar la posibilidad de renunciar a su séptimo hijo, que estaba por nacer. La familia, también inmigrantes de Michoacán, vivían en un albergue para indigentes. El esposo era reumático y estaba desempleado. La pareja se enteró sobre el programa de adopción del sistema de asistencia por medio de un empleado del comedor público donde sus hijos desayunaban. Cuando la trabajadora social visitó a la madre embarazada en el hospital, la encontró presa del sufrimiento físico y la depresión ante el dilema. No había discutido con su esposo la posibilidad de dar al niño en adopción. Afirmaba que entendían su responsabilidad como padres. "Ella tiene la idea de que se va a morir", informaba la trabajadora social. Sin embargo, la mujer no consintió a la adopción. A pesar de que el tenaz sentimiento maternal causó en ella una fuerte impresión, la trabajadora encargada del caso no hizo recomendación alguna para apoyar a la madre que deseaba conservar a su hijo, con lo que de hecho promovió la opción de renunciar a él.[67]

Desde septiembre de 1941 hasta agosto de 1942, los funcionarios de la asistencia pública tramitaron 1 000 solicitudes de adopción hechas por parejas casadas y aprobaron 155. La notoria aceleración del programa de adopción que había empezado en 1938 debe verse en el contexto del cambio de política ocurrido durante el gobierno de Ávila Camacho; con él se ponía el énfasis en la legalización y normalización de las familias, así como en la colocación de los niños en ambientes familiares y casas estables para un desarrollo óptimo. Para cumplir con estos objetivos, la asistencia pública amplió el número de casas que albergaban a grupos de menores y rescató programas que facilitaban la colocación provisional. Sin embargo, en los planteamientos de esta política también se afirmaba explícitamente que "la in-

---

[67] AHSSA, Beneficencia Pública, As, AA, expediente 32, fólder 3, 1942.

digencia de la madre no podrá ser causa para separarla por completo de su hijo" y recomendaba pensiones o fondos para estabilizar los hogares necesitados.[68] Estas medidas reflejaban las tendencias internacionales de la política social, que dejaban de promover el internamiento institucional de los niños para favorecer la asistencia en un medio familiar.

En este contexto, la trabajadora social debió proveer asistencia inmediata para respaldar la capacidad de la pareja para mantener intacta a su familia y tener medios con qué recibir al nuevo niño. El hecho de que la trabajadora no actuara en esta forma no sólo deja constancia de la manera en que los agentes del Estado mediaban de manera importante las políticas públicas, sino también de la persistente tendencia a favorecer a las familias ricas que deseaban obtener la custodia de un menor en la economía doméstica cada vez más moderna del México posrevolucionario.

CONCLUSIÓN

Para finales de los años treinta, la proliferación de los programas de beneficencia de ámbito local y la supervisión centralizada de la adopción legal creó múltiples intersecciones entre las vidas de las madres y las mujeres que deseaban serlo; en el cruce de estos caminos, las trabajadoras sociales evaluaban las posibilidades de que las solicitantes tuvieran un buen desempeño maternal y los funcionarios recurrían a instrumentos legales y a las políticas públicas para arbitrar el movimiento de los niños de sus familias de origen hacia las casas que eran aprobadas como hogar de adopción.

La circulación de niños en esta compleja economía social se guiaba por diferenciales de clase que valoraban la labor reproductiva de las mujeres. La madre adoptiva ideal

[68] Secretaría de Asistencia Pública, *Informe de labores*, 1941-1942, pp. 254-255 y 285.

tenía posibilidades para delegar el trabajo doméstico en una sirvienta y dedicarse al niño. Las mujeres de la clase obrera que seguían los modelos tradicionales de división del trabajo —esto es, se quedaban en casa y dependían del marido para su manutención— también recibían la aprobación para adoptar legalmente. El mismo tipo de trabajo asalariado que permitía a las mujeres mantener con ellas a sus hijos durante el día, así fuera una tienda que abriera hacia el patio de una vecindad o una máquina de coser en el espacio habitable, las descalificaba para la maternidad conferida por el Estado. Las mujeres que trabajaban como sirvientas eran consideradas doblemente dependientes —de la asistencia del Estado y de sus patrones— y seguían siendo vulnerables a la separación temporal o permanente de sus hijos.

Las decisiones de las trabajadoras sociales parecían contradecir las políticas de otros ramos del gobierno federal. Al recuperar la maternidad de manos de los católicos conservadores después de la crisis cristera, las instituciones federales del gobierno de Cárdenas articularon y promovieron una versión secular de la maternidad vinculada al desarrollo nacional mediante ceremonias como el Homenaje del Departamento del Trabajo a la Madre Proletaria de 1936 y las ceremonias del Día de las Madres coordinadas por la SEP. En tiempos de Ávila Camacho, en los rituales públicos organizados como festejos masivos del Día de las Madres, se repartían enseres domésticos que facilitaban el trabajo, como máquinas de coser empeñadas, entre las madres trabajadoras. Además, durante ambos gobiernos, la proliferación y la expansión de los programas vecinales, como las guarderías y los cuneros de las fábricas, las sociedades de madres y los comedores públicos, fueron una fuente importante de recursos para apoyar a las madres trabajadoras sin pareja en sus esfuerzos por mantener la cohesión familiar.[69]

[69] Secretaría de la Asistencia Pública, 1940, p. 51; "Nueva Forma del 10 de Mayo", *El Nacional*, 9 de mayo de 1938, p. 8. Véase también Buck, 2002.

Sin embargo, los casos de adopción que abarcan ambos periodos presidenciales dejan ver las contradicciones persistentes en la intersección de la maternidad, la patria, el trabajo reproductivo y el trabajo asalariado. Tanto si las prioridades políticas vinculaban la asistencia pública con la producción, como si privilegiaban la legalización de la familia, eran dos las consideraciones básicas las que acreditaban a una mujer para que el Estado le concediera la posibilidad de ser madre mediante la adopción: que se dedicara a las labores del hogar y no tuviera un trabajo asalariado, o que tuviera sirvienta, para así separar la condición de la maternidad afectiva de los aspectos más agobiantes del trabajo reproductivo. Las virtudes de la maternidad seguían siendo un título basado en la dependencia de un ingreso masculino o en el acceso al trabajo reproductivo de las mujeres que tenían una posición social inferior y económicamente más débil.

Tercera Parte

GÉNERO EN ORGANIZACIONES SINDICALES

VII. LA LUCHA ENTRE EL METATE Y EL MOLINO DE NIXTAMAL EN GUADALAJARA, 1920-1940

María Teresa Fernández-Aceves

CIESAS

Durante las décadas de 1920 y de 1930, la sociedad de Guadalajara en el estado de Jalisco experimentó una efervescencia política entre feministas y trabajadoras al converger cuatro procesos: la construcción de un nuevo Estado revolucionario; el conflicto Iglesia-Estado; la rápida modernización económica en la industria de la tortilla y la cambiante participación de la fuerza laboral, y el surgimiento de un movimiento obrero organizado. Estos procesos abrieron el camino para que se movilizaran y politizaran las mujeres permitiéndoles desempeñar un papel más activo, aunque la Iglesia y el Estado revolucionario no lo desearan.[1] En particular, la historia de cómo las mujeres se organizaron alrededor de la industria de nixtamal pone a prueba mitos tales como la pasividad de las mujeres y demuestra los límites y la extensión de la movilización de las trabajadoras durante este periodo de la historia mexicana.[2] Las diferencias de género y de clase social fueron culturalmente significativas y se politizaron en un contexto revolucionario, en el que las instituciones y los movimientos sociales que dominaban los hombres —la Iglesia católica, el Estado posrevolucionario y los sindicatos— lucharon por la hegemonía.

---

[1] Para un desarrollo similar en América Latina véanse Weinstein, 1997, Farnsworth-Alvear, 1999 y Hutchinson, 2001.

[2] Fernández y Orejel, 1987; Keremetsis, 1983 y 1984, y Lailson, 1987.

CÓMO SURGIÓ LA POLÍTICA RADICAL REGIONAL

Guadalajara era la segunda ciudad más grande de México. Al igual que las ciudades de Puebla y Veracruz, tuvo industrias textiles y de bienes de consumo que satisfacían principalmente el mercado regional.[3] A diferencia de Puebla y Veracruz, sin embargo, el estado de Jalisco y su capital no produjeron un fuerte movimiento revolucionario autónomo local. Aunque desde el siglo XIX existía una tradición liberal, anticlerical, y con tendencias radicales entre los sectores artesanos, trabajadores y miembros de las clases medias, dicha tradición se eclipsó durante los primeros años de la Revolución. Esto se debió al surgimiento de un movimiento social y político, compuesto de varias clases de la sociedad, que promovió los principios de la encíclica *Rerum Novarum* del papa León XIII dada a conocer en 1891. Este movimiento creció cuando en 1914 el general Manuel Diéguez trajo la revolución constitucionalista a Jalisco y promovió políticas anticlericales extremas.

A partir de 1914 los gobernadores radicales y anticlericales —Manuel M. Diéguez (1914-1919), Basilio Badillo (1921-1922), José Guadalupe Zuno Hernández (1923-1926) y Margarito Ramírez (1927-1929)— introdujeron reformas agrarias, educativas y laborales para construir una base popular que permitiera contrarrestar la fuerza de los católicos.[4] Estos gobernadores buscaban mejorar las condiciones de trabajo de hombres y mujeres en centros urbanos y rurales y los motivaron a que se organizaran y a declararse en huelga. Los artesanos, trabajadores y maestros se radicalizaron gra-

---

[3] Véanse, en este volumen, Gauss y Fowler-Salamini; Ramos, 1987, 1990, 1998 y 2003; Gutiérrez Álvarez, 2003.

[4] Aldana Rendón, 1988; Tamayo, 1988a, pp. 97, 134, 171, 191 y 245-250; Tamayo, 1988b, pp. 34-37, 38 y 43; Moreno Ochoa, 1959, pp. 126 y 141-144.

cias a las ideas comunistas y anarcosindicalistas que asimilaron durante la Revolución.

Los movimientos obreros católicos y no católicos y de las mujeres movilizadas se fortalecieron mutuamente y dialogaron con el Estado en vez de que el gobierno o la Iglesia los dirigiera. De hecho, las fuerzas populares resultaron más radicales que el Estado revolucionario o la jerarquía católica.[5] Durante la década de 1920, la lucha entre las organizaciones católicas y "rojas" se intensificó; ambas lucharon por controlar el espacio público, por ganar reconocimiento y obtener derechos civiles, sociales y políticos. Durante las gubernaturas de Zuno y Ramírez, las organizaciones rojas, agrarias, obreras y de mujeres ganaron reconocimiento político e incrementaron su número de afiliados, mientras que el movimiento católico sufrió la represión estatal en las ciudades, mientras que las participantes en el conflicto armado católico conocido como Guerra Cristera (1926-1929) lucharon en las zonas rurales en contra del gobierno.

EL MOVIMIENTO RADICAL Y SECULAR DE MUJERES
Y LA POLÍTICA LABORAL DURANTE LA DÉCADA DE 1920

Gracias a la apertura política para que los grupos subalternos pudieran organizarse e incidir en las políticas del Estado posrevolucionario, las mujeres radicales formaron y se afiliaron a dos tipos de sindicatos: a los compuestos por hombres y mujeres, llamados mixtos, y a los femeninos integrados sólo por mujeres (de maestras y trabajadoras de la industria textil y alimenticia) y se unieron a la zunista Confederación de Agrupaciones Obreras Libertarias de Jalisco (CAOLJ).[6] Los trabajadores y trabajadoras demandaron que

---

[5] Joseph y Nugent, 1994; Fernández-Aceves, 2002, pp. 310-322.
[6] Archivo Histórico de Jalisco (en adelante AHJ), Ramo de Trabajo, T-9-926, Exp. núm. 2132. Tamayo, 1988b, pp. 34-37.

se llevaran a cabo los derechos constitucionales laborales, pero encontraron resistencia por parte de sus supervisores que ridiculizaban la Constitución de 1917. Las trabajadoras se convirtieron entonces en promotoras de las iniciativas laborales de Zuno: su Junta de Conciliación y Arbitraje en el nuevo Departamento del Trabajo, sus leyes laborales estatales de 1923 y 1924, y la creación de una nueva colonia obrera en donde los trabajadores podrían vivir.[7] En gran parte, Zuno motivó a las mujeres para que se organizaran y contrarrestaran la formidable presencia femenina en el movimiento católico. Al igual que el gobernador populista de Veracruz, Adalberto Tejeda, Zuno llevó a cabo políticas paternalistas para crear una base leal de hombres y mujeres.[8]

Durante el decenio de 1920, las mujeres organizaron 26 asociaciones afiliadas al nuevo Estado revolucionario.[9] La más influyente fue el Círculo Feminista del Occidente (CFO) en parte porque sus miembros entraron a la burocracia estatal laboral, educativa y de salud. Establecido en 1927, el CFO surgió de las maestras y trabajadoras radicales que participaron en el movimiento obrero organizado y de asociaciones de mujeres de la década de 1910. Algunas de las fundadoras del CFO con origen de clase media se radicalizaron cuando participaron en una campaña a favor del Centro Radical Femenino (CRF): la primera institución feminista de la ciudad en contra de las sociedades católicas laborales en las fábricas textiles. Otras de las integrantes asistieron a la Escuela Iconoclasta del CRF en la Casa del Obrero Mundial (COM). Algunas maestras y trabajadoras radicalizaron su anticlericalismo a través del contacto con ideas comunistas y anarcosindicalistas. Promovieron la imagen de una "nueva mujer" en la esfera pública: radical, anticlerical y política.

[7] Tamayo, 1988a, pp. 248-250.
[8] Véase Fowler-Salamini en este libro.
[9] Fernández-Aceves, 2000, pp. 123 y 361; Fernández Aceves y Orejel Salas, 1987; Lailson, 1987, pp. 59-82.

A mediados de la década de 1920 las trabajadoras radicalizadas de la industria textil que fueron expulsadas o despedidas por los superintendentes que favorecían las organizaciones católicas, continuaron trabajando con maestras por los derechos de la clase obrera y las mujeres, ayudaron a organizar a otros trabajadores, y presionaron por los derechos de la clase obrera en el Departamento del Trabajo. Casi 10 años después de la participación y lucha política de estas mujeres radicales, las condiciones de trabajo no habían cambiado significativamente. Continuó el reemplazo de las trabajadoras en los sectores modernizados e industrializados. Los líderes comunistas que organizaron sindicatos mostraron poco interés en las obreras, mientras que el movimiento católico prefería dejarlas en el hogar. La situación empezó a cambiar durante la segunda mitad del decenio de 1920 cuando trabajadoras expulsadas de la industria textil así como las maestras feministas atestiguaron el desplazamiento de las mujeres en la industria de nixtamal. Aprovechando la preocupación del gobierno y de los católicos por la Guerra Cristera, un grupo de mujeres comenzó un movimiento más radical por medio de la organización del CFO.[10]

La obrera textil María A. Díaz tomó el papel de líder con una perspectiva de clase combativa. Díaz estaba nutrida de ideas anarcosindicalistas y tenía clara su lucha contra los sindicatos textiles católicos. Ella favorecía un sindicato único obligatorio, que hubiera cuotas sindicales y que los trabajadores asistieran a las reuniones sindicales para fortalecer la solidaridad y así luchar contra "los traidores de la clase obrera". Su participación en el movimiento de los trabajadores textiles y en las confrontaciones entre las organizaciones laborales le enseñaron el papel crucial que desempeñaban la disciplina, la lealtad y la militancia para crear un sindicato fuerte. Su código de honor se fortaleció por la violencia que

---

[10] AHJ, Ramo de Trabajo, T-7-927, núm. 2470.

experimentó cuando estuvo a punto de ser asesinada por un sacerdote y el capataz de una fábrica textil.[11]

Junto con María Díaz, Guadalupe Martínez se convirtió en líder del CFO. Martínez provenía de una familia con tradiciones anticlericales del siglo XIX. Su madre fue trabajadora textil y pariente lejana de Díaz; su padre, un electricista, fundó la COM en Guadalajara en 1915. Como militante y maestra de escuelas públicas, Martínez acogió el discurso revolucionario de justicia social para la clase obrera.[12]

El CFO apoyaba la lucha para mejorar las condiciones morales y materiales de las trabajadoras. Al igual que el movimiento católico y las asociaciones de mujeres más moderadas afiliadas al Estado, el CFO inició una campaña no católica para moralizar la sociedad. En contraste con las mujeres reformadoras aliadas al Estado, el CFO no promovió la domesticidad a expensas de los derechos de las mujeres para trabajar fuera del hogar. La construcción del CFO en torno a la moralidad femenina se basaba en los derechos para tener un trabajo digno, un salario justo y educación, así como la igualdad civil y política. El CFO moldeó la idea de una "nueva mujer", políticamente informada, ciudadana revolucionaria, antitética del estereotipo católico que prevalecía en la retórica de los caudillos revolucionarios. En esta representación discursiva, las mujeres católicas podían ser pasivas y sumisas. Pero, en ciertas situaciones, tomaban un papel de beatas combativas.

El CFO ayudó a sindicalizar a las costureras, a las trabajadoras domésticas, a las adornadoras de calzado, a las aceiteras y a las trabajadoras de fábricas de galletas. Sus afiliadas observaron una de las revoluciones tecnológicas más significativas en el siglo XX mexicano —la introducción de los molinos de nixtamal— y procedieron a organizar a las mujeres de la industria de nixtamal para que defendieran

---

[11] Fernández, 2000, pp. 194-198.
[12] *Ibid.*, p. 200.

sus derechos. El éxito del CFO en este sector fue más importante que entre las trabajadoras textiles porque sus sindicatos no compitieron con los de las organizaciones católicas y la Confederación Regional Obrera Mexicana (CROM) y gracias que los gobernadores Zuno y Ramírez apoyaron de manera importante las organizaciones laborales regionales y locales. Dado que los centros de trabajo de la industria de nixtamal estuvieron diseminados a lo largo y ancho de la ciudad, se dificultó la supervisión cercana de sus actividades por parte de un pequeño grupo de propietarios y de la Iglesia. Además, la resistencia rural armada de la cristiada distrajo la atención de los católicos de la ciudad.

LOS MOLINOS DE NIXTAMAL

En México, las mujeres han elaborado tortillas desde los tiempos prehispánicos.[13] Durante siglos, las mujeres hicieron tortillas en casa como parte de un proceso que tomaba por lo menos seis horas. El proceso de producción de tortilla empezó a cambiar a finales del siglo XIX y principios del siglo XX al introducirse el molino mecanizado. El molino provocó una revolución tecnológica dentro y fuera del ámbito doméstico. La nueva industria de nixtamal creó tres distintos centros de trabajo fuera del hogar: los molinos de nixtamal, los expendios de masa y las tortillerías.

Inicialmente hubo dos tipos de molinos: el industrial que usaba vapor o electricidad para moler grandes cantidades de nixtamal y el "maquilero" que ayudaba a las familias a moler su nixtamal. Para 1929 había cinco tipos de molinos de acuerdo con la cantidad de nixtamal que molían.[14] Los molinos industriales crearon cinco puestos para hombres y mujeres: los nixtamaleros que remojaban el maíz; los ce-

---

[13] Bauer, 1990, pp. 1-17; Pilcher, 1998, pp. 11 y 100-106.
[14] AHJ, Ramo de Trabajo, T-2-929, T-142, Exp. núm. 3667.

badores que ponían la cal al nixtamal, supervisaban los molinos y metían el nixtamal en la máquina; las "boleras" que redondeaban la masa en bolas; las recaudadoras que vendían la masa, y los conductores de masa, hombres que conducían grandes cantidades de masa de los enormes molinos de nixtamal a los expendios de masa. Hacia 1930, mujeres y hombres en los molinos lucharon por los puestos calificados, más evaluados y mejor remunerados como los de cebadores y nixtamaleros, mientras que no se disputaron los otros trabajos.

El segundo centro de trabajo eran los expendios de masa. A partir de la primera mitad de la década de 1920, algunos molinos de nixtamal tenían expendios de masa y otros mantuvieron separados el molino y el expendio. Generalmente sólo mujeres trabajaban en los expendios de masa. El tercer centro de trabajo eran las tortillerías. Allí las mujeres elaboraban tortillas manualmente. Cada mujer torteaba aproximadamente entre 20 o 30 kilos de masa al día en el metate. Es decir, entre 300 y 450 tortillas.[15] Para finales del decenio y principios de 1930, había diferentes tipos de tortillerías: algunas ligadas a grandes o pequeños molinos de nixtamal y otras en donde sólo trabajaban miembros de una misma familia y no contrataban trabajadoras sindicalizadas.[16] Los expendios de masa y las tortillerías pagaban a las trabajadoras a destajo, de acuerdo con la cantidad de masa vendida o por el número de tortillas elaboradas.

Desde 1900 hasta la década de 1920, la industria de nixtamal creció rápidamente en respuesta a la demanda de la expansión por parte de diferentes grupos sociales, particularmente de las clases medias, que contaban con poco tiempo para elaborar tortillas y menos dinero para contratar sir-

---

[15] En contrate con este trabajo manual, en 1907, un hombre propuso vender una máquina de tortilla que podía hacer 300 tortillas en una hora. Véase AHJ, Ramo de Beneficencia, 1907.

[16] AHJ, Ramo de Trabajo, T-7-934.

vientas que las fabricaran.[17] Estos centros de trabajo se ubi-
caban en diversas partes de la ciudad. En su mayoría, los
dueños de los molinos empleaban a pocos trabajadores. Generalmente los molinos y las tortillerías se encontraban en
los viejos barrios de Guadalajara que contaban con los mejores servicios, concentración de población, dinamismo económico e interacción social. Muchos de ellos se localizaban
en los distritos de clase media y trabajadora, que contaban
con grandes mercados e iglesias. La mayoría de los sindicatos se situaban en el sector Hidalgo y cerca del centro. Esto
facilitaba el contacto entre la gente y la movilización política
y social.

El número y género de los trabajadores cambió según
crecía la industria: entre más se mecanizaban los molinos,
más se acrecentaba su masculinización, es decir mayor presencia de hombres. En contraste, ni los expendios de masa
ni las tortillerías requirieron nueva tecnología, por lo que
permanecieron como centros con un alto índice de mujeres
dedicadas a ellos. En 1920 las mujeres dominaban la industria de nixtamal: constituían 65% de los trabajadores; para
1930, habían incrementado a 87%. En los expendios de masa se concentraba 97% de mujeres y en las tortillerías 99%.[18]
Sin embargo, dentro de los molinos de nixtamal, hacia 1930,
la fuerza de trabajo incluía a 150 mujeres (o sea, 51%) y 145
hombres (es decir, 49%). Los hombres incrementaron su representación en las ocupaciones de nixtamalero y cebador,
mientras declinaba la fuerza laboral femenina en los molinos. Para 1940, las mujeres representaban 30% de los trabajadores, junto con los molinos aumentaban su tamaño y los
puestos calificados para procesar grandes cantidades de
nixtamal. Las mujeres protestaron contra la mayor presencia de hombres en los puestos calificados y argumentaron a

[17] Vaughan, 1997, pp. 5 y 43; Pilcher, 1998, pp. 100-101.
[18] Fernández-Aceves, 2003.

su favor divisiones tradicionales de género para insistir en que el trabajo de la tortilla pertenecía a las mujeres.

LAS CONDICIONES DE TRABAJO EN LOS MOLINOS DE NIXTAMAL

Hasta 1927, la industria de nixtamal no se reguló. Los dueños de los molinos de nixtamal abusaban de los trabajadores, tanto de mujeres como de hombres, y el gobierno no controlaba los precios de los productos y los servicios.[19] La jornada de trabajo en los molinos empezaba entre las 3:30 y 4:00 de la mañana ya que los nixtamaleros preparaban la masa antes de las seis de la mañana. Ellos permanecían en el trabajo hasta las cinco o seis de la tarde. Debido a que los sueldos dependían de la cantidad de masa que preparaban o vendían, las largas jornadas de trabajo aseguraban más dinero a los patrones.[20] Los trabajadores y trabajadoras se quejaban de que los dueños de molinos rompían los acuerdos laborales verbales; los despedían de manera arbitraria; los forzaban a producir en condiciones higiénicas deplorables y con bajos salarios, los cuales no siempre pagaban de manera íntegra.

Después de protestar ante el Departamento del Trabajo y las Juntas de Conciliación y Arbitraje porque no se reconocían sus derechos constitucionales, los trabajadores de la industria de nixtamal empezaron a fundar sindicatos mixtos o femeninos. El primero de éstos, ligado a la CROM, fue un sindicato mixto pero sin éxito. En 1926, la organización zunista CAOLJ formó tres sindicatos: la Unión de Trabajadoras en Molinos de Nixtamal, la Unión de Trabajadores y Trabajadoras en Molinos de Nixtamal y la Unión Social de Expendedoras de Masa.[21]

---

[19] AHJ, Ramo de Trabajo, T-9-925, Exp. núm. 1700.
[20] Keremetsis, 1984, p. 57.
[21] AHJ, Ramo de Trabajo, T-1-926.

En 1927, la Unión de Trabajadores en Molinos de Nixtamal promovió que se regularan de manera interna las horas de trabajo, las diferentes tareas, el descanso obligatorio y las responsabilidades de los dueños de molinos y de los trabajadores.[22] En 1928, otro sindicato, la Unión de Trabajadores y Trabajadoras en Molinos para Nixtamal, obtuvo el primer contrato colectivo que establecía los salarios mínimos; una jornada de trabajo de siete horas y de cuatro los domingos; un descanso de 15 minutos durante la jornada laboral, y el pago doble por horas extra de trabajo. Además, los hombres y las mujeres en los molinos de nixtamal y las expendedoras de masa acordaron que los trabajadores que no pertenecieran a un sindicato no podían mantener sus puestos de trabajo.[23] Pese a lo anterior, en 1928, 28 inspecciones laborales en diferentes molinos mostraron que ninguno había seguido esta regulación.[24] Con el incremento de demandas, el inicio de la Gran Depresión y el regreso de la gente al medio rural al término de la cristiada, los dueños de pequeños molinos de nixtamal aseguraron que no podían pagar los salarios altos que demandaban los sindicatos y pidieron autorización al Departamento del Trabajo para reducir el número de trabajadores o cerrar los molinos.

Tras dos años de quejarse ante el Departamento del Trabajo y de mantener una orientación conservadora en la política regional, el 19 de mayo de 1930 varios hombres y mujeres organizados protestaron ante la Secretaría de Industria, en el ámbito federal, porque los dueños de molinos de nixtamal violaban su primer contrato colectivo de 1928.[25] Ellos argumentaron que los dueños reducían sus salarios con la aprobación del gobierno estatal y dado que los molinos no mantenían la distancia requerida de un molino a otro, esta

[22] AHJ, Ramo de Trabajo, T-2-927.
[23] AHJ, Ramo de Trabajo, T-2-931/4943.
[24] AHJ, Ramo de Trabajo, T-2-927, Caja T-15 bis "D," Exp. núm. 7310.
[25] AHJ, Ramo de Trabajo, T-2-930, Caja T-163, Exp. núm. 4286.

situación afectaba negativamente la competencia y obligaba a los patrones a bajar los salarios. Los trabajadores se quejaron de las tendencias conservadoras de los líderes laborales regionales y persuadieron al Departamento del Trabajo federal para que exigiera un plan que mejorara su situación ante la Junta de Conciliación y Arbitraje estatal.

El 21 de mayo de 1930, la Junta de Conciliación y Arbitraje de Jalisco admitió que existía una explotación extrema en esta industria y argumentó razones múltiples para explicar sus causas. El regreso de la población de la ciudad al campo después de la cristiada redujo la demanda y forzó la clausura de algunos molinos. Los conflictos entre los líderes de la Confederación Obrera de Jalisco (COJ) impidieron que se supervisara de cerca la cláusula que estipulaba sólo contratar trabajadores sindicalizados. Los dueños de molinos aprovecharon estos conflictos para contratar a obreros no sindicalizados y evadir un contrato de trabajo. Además, los intentos de diferentes líderes sindicales por unificar a los trabajadores de la industria de nixtamal causaron discordias entre los trabajadores y los sindicatos. Estas escisiones llevaron a que se formaran nuevos sindicatos que no reconocían ni los dueños de molinos ni los viejos sindicatos, y por lo tanto, quedaban fuera del contrato colectivo.[26] Sin embargo, en su informe, la Junta de Conciliación y Arbitraje de Jalisco no incluyó el conflicto entre los hombres y las mujeres por las distintas construcciones masculinas y femeninas sobre trabajo. La primera implicaba el uso de la fuerza física y el pago de un salario familiar. Por el contrario, la segunda sólo requería destrezas manuales aprendidas en el hogar, y por lo tanto, no se valoraban para recibir la remuneración de un trabajo calificado.

---

[26] AHJ, Ramo de Trabajo, T-2-929, Caja T-138, Exp. núm. 3526.

NACE EL MOVIMIENTO OBRERO ORGANIZADO DIRIGIDO
POR HOMBRES, EL CFO Y LAS TRABAJADORAS
DE LA INDUSTRIA DE NIXTAMAL Y TORTILLA

Como en Puebla, en Jalisco, durante la década de 1930 se generó un proceso de política regional conservadora. Los gobernadores de Jalisco aliados con Plutarco Elías Calles —presidente de México (1924-1928) y "jefe máximo" (1928-1934)— destruyeron la independencia regional que había creado Zuno y lograron controlar la política estatal durante este decenio. El debilitamiento del movimiento católico social, el término de la cristiada, gracias a los acuerdos de 1929 entre la Iglesia y el Estado, facilitaron que se domesticara el movimiento obrero organizado. El impacto ruinoso de la Gran Depresión en las industrias textil, minera y en los ferrocarriles jaliscienses —centros del radicalismo laboral— exacerbó esta tendencia.[27] El gobernador Sebastián Allende (1932-1935) promovió políticas para domesticar a los trabajadores mediante un ambicioso programa de obras públicas paras construir calles, caminos y carreteras. Muchos de estos trabajadores establecieron relaciones clienterales con el gobierno y sindicatos cercanos a la política estatal regional. También hombres y mujeres que laboraban en el sector de servicios aumentaron las organizaciones obreras aliadas al Estado.

Los intermediarios cruciales fueron los nuevos líderes de la COJ —Carlos Sánchez Lara, Alfonso González y Heliodoro Hernández— quienes, entre 1929 y 1932, transformaron dicha organización de autónoma, combatiente y comunista, a una aliada moderada a Allende y a Calles.[28] Con la supuesta intención de disminuir los efectos de la Gran De-

---

[27] Romero, 1988, pp. 111 y 115.
[28] Tamayo, 1985, pp. 149-150.

presión, los líderes de la coj evitaron los boicots, huelgas, paros laborales, cierres y sabotajes.

Irónicamente, las mujeres militantes de la industria de nixtamal y del cfo trabajaron de manera cercana con la coj y, en particular, con Heliodoro Hernández, quien controlaba el sindicato de choferes y buscaba expandir su base de poder al aliarse con diferentes tipos de trabajadores. Por medio de favores y lealtades y a través del recurso de promover la disciplina, Hernández consolidó el control del movimiento obrero organizado. Influyó en la Junta de Conciliación y Arbitraje, fue diputado estatal y extendió su poder al ámbito económico al crear una compañía de autobuses que brindaba empleo a sus leales seguidores. Hernández trabajó estratégicamente con las mujeres y encontró en el cfo un aliado potencial. Por su parte, las mujeres del cfo confiaban en que podían trabajar bajo el nuevo liderazgo de la coj porque compartían una idea común sobre el papel de las mujeres como revolucionarias. Ingenuamente pensaron que tal alianza incrementaría su poder para presionar por una agenda a favor de las mujeres.

Las historias de vida de Catarino Isaac, un líder nixtamalero, y Anita Hernández Lucas, una dirigente de torteadoras, ilustran las relaciones entre Hernández y los trabajadores de la industria de la tortilla; sus interacciones con las obreras y el cfo. Heliodoro Hernández, líder de la coj, introdujo a la familia de Catarino Isaac a los molinos de nixtamal y al movimiento obrero organizado después de la muerte del padre de Isaac, un barrendero de un mercado.[29] Dado que la familia de Isaac se encontraba en una situación económica deplorable, Hernández aseguró trabajos para ellos en los molinos de nixtamal más grandes de Guadalajara. Ahí, la madre y las hermanas de Isaac trabajaron como boleras y expen-

[29] Agapito Isaac, entrevistado por la autora, Guadalajara, Jalisco, 15 de marzo de 2002; Anita Hernández Lucas, entrevistada por la autora, grabada, Guadalajara, Jalisco, 17 de agosto de 1996 y 8 de agosto de 1998.

dedoras, mientras que el propio Catarino Isaac comenzó a desempeñarse como repartidor y cargador desde los ocho años de edad. Más tarde, Catarino Isaac llegó a ser nixtamalero, se afilió al sindicato, fue electo como parte de la mesa directiva y se casó con la hija del líder del Sindicato de Trabajadores en Molinos para Nixtamal y Similares. Al fortalecer sus lazos de parentesco, Isaac aprendió las destrezas necesarias para tener éxito en el movimiento obrero organizado: negociación, lealtad personal y disciplina. Después de la muerte de su suegro, Isaac se convirtió en el secretario general del sindicato. Asimismo fue muy importante la relación que sostuvo con Heliodoro Hernández, quien lo trató como un hijo y lo guió en su carrera como líder sindical. Como un discípulo leal, Isaac aseguró que sus acciones concordaran con las políticas de Hernández para asegurar los trabajos calificados para los hombres.

Después de un largo debate entre trabajadores y trabajadoras, sindicatos y dueños, Isaac se convirtió en un líder poderoso en la industria de la tortilla. Isaac dirigió una política de género que confirmaba la separación de los sindicatos masculinos y femeninos de la industria de nixtamal, y que reservaba los trabajos calificados para los hombres y relegaba a las mujeres a los puestos no calificados. De acuerdo con Isaac, todos los sindicatos debían luchar por sus derechos laborales. Para compensar la lealtad de sus seguidores, también continuó con una de las políticas económicas de Heliodoro Hernández dentro de la industria de nixtamal, al ofrecer préstamos para comprar molinos. La política de género de Isaac refleja su papel dentro de su propia familia. Después de la muerte de su padre y de su suegro, se convirtió en proveedor y jefe de familia. Su madre y sus hermanas continuaron su trabajo en los molinos pero en los puestos que se consideraban "femeninos". Ellas podían ser miembros del CFO y trabajadoras militantes, pero sólo con su aprobación.

Como Isaac, Anita Hernández Lucas perdió a su padre durante la Revolución. Su madre recibió una pensión del general Álvaro Obregón y su familia se mudó de la Ciudad de México a Guadalajara. Su madre encontró trabajo como torteadora y ocasionalmente vendía dulces en la calle. Todos los hermanos de Anita Hernández murieron por enfermedad o por accidente, lo cual muestra la escasez de guarderías disponibles para los hijos de las trabajadoras. Sólo Anita y su madre sobrevivieron. Trabajaron en diferentes molinos de nixtamal; casi siempre de las 3:30 de mañana hasta las 6:00 de la tarde. Su madre llegó a llevar a Hernández a las reuniones del sindicato. Allí conocieron a la líder textil María A. Díaz, a la maestra Guadalupe Martínez y al dirigente Heliodoro Hernández. También fueron a las juntas del CFO donde conocieron a otras líderes. Entre ellas, a Jovita Robles de nixtamaleras y a Refugio Santa María, de las expendedoras de masa.

El CFO inculcó en las líderes de la industria de nixtamal, e indirectamente en su base, los principios de que las trabajadoras debían tener los mismos derechos y beneficios que sus compañeros: el pago equitativo por un trabajo igual, mujeres en todos los trabajos, y más mujeres como inspectoras del Departamento del Trabajo y de la Secretaría de Salud. El CFO ayudó a organizar a las mujeres en los molinos, expendios de masa y tortillerías a lo largo de la ciudad y las convenció de que la lucha política y su sindicalización eran procesos dignificantes.

En 1936, cuando la madre de Anita Hernández fue electa secretaria general del Sindicato de Elaboradoras de Tortillas, ella rechazó el nombramiento y solicitó a la mesa directiva que se designara a su hija. Las integrantes del sindicato aceptaron y Anita se convirtió en la líder de torteadoras. Como líder, trabajó intensamente para mejorar las condiciones de trabajo. Guadalupe Martínez le enseñó a leer y escribir como lo había hecho con otras trabajadoras de la industria de nixtamal. Por medio de esta experiencia entre diferentes sectores, clases sociales y generaciones, torteadoras como Anita Hernández aprendieron las habilidades básicas necesarias para defender sus derechos laborales.

En sus interacciones con María A. Díaz, Guadalupe Martínez, Anita Hernández y otros trabajadores, Heliodoro Hernández subrayó la importancia de los valores de respeto, educación, disciplina y honestidad.[30] Los previno para que no se convirtieran en agitadores, los motivó a que asumieran una identidad de trabajadores que mostrara orgullo y vigor. Mientras los ayudaba a abandonar una actitud sumisa hacia los jefes y dueños, les enseñó que el comité de honor y justicia del sindicato podría expulsar a cualquier sospechoso de deslealtad o que no manifestara solidaridad.

La revolución política en los molinos de nixtamal

Para 1930, mientras los hombres y las mujeres de la industria de nixtamal luchaban por sus derechos laborales, dos facciones dentro de la COJ se disputaban su control y unificación. Un grupo lo dirigía el líder obrero y diputado federal Nicolás Rangel Guerrero. Rangel Guerrero se apoyaba en el nixtamalero Timoteo Robledo (líder de la Unión de Trabajadores y Trabajadoras en Molinos de Nixtamal) y en la expendedora de masa Isaura Camacho (líder de la Unión Social de Expendedoras de Masa) e incluía a sus respectivos seguidores. El otro grupo lo lideraba Heliodoro Hernández, entre cuyos seguidores se encontraban Catarino Isaac (del recién creado Sindicato de Trabajadores de Molinos de Nixtamal de Guadalajara), Jovita Robles (líder de la Unión de Trabajadoras en Molinos de Nixtamal) y sus afiliadas. Cada grupo contaba con diferentes sindicatos que luchaban

[30] Anita Hernández Lucas, entrevistada por la autora, grabada, Guadalajara, Jalisco, 8 de agosto de 1998.

por controlar los puestos laborales. El grupo de Timoteo Robledo protestó vigorosamente cuando Heliodoro Hernández se convirtió en el representante laboral de varios trabajadores de la industria de nixtamal ante la Junta de Conciliación y Arbitraje. Robledo argumentó que ese papel sólo podían asumirlo los representantes de los sindicatos industriales que provenían del mismo ramo, y no estaba disponible para los líderes obreros que no pertenecieran al sector y que pretendieran controlarlos.[31] Aunque Robledo se quejó varias veces, Heliodoro Hernández continuó representando y organizando al grupo que dirigían Isaac y Robles.[32]

Mientras que ambos grupos buscaron unificarse, se negaron a resolver sus diferencias porque sus respectivos líderes reclamaban el control de la coj. En febrero de 1930 un grupo de mujeres reconoció el impacto negativo de esta disputa y creó un sindicato conformado sólo por mujeres, la Unión de Trabajadoras en Molinos de Nixtamal. El mismo grupo protestó con fuerza ante la Junta de Conciliación y Arbitraje contra sus compañeros de trabajo.[33] En este acto crucial, las nixtamaleras contrarrestraron las percepciones que se tenía de ellas como trabajadoras débiles y sin destrezas. En su respuesta a la discriminación masculina y a las actitudes protectoras hostiles, lograron mostrar cómo sus propias percepciones divergían completamente de las visiones de los líderes de los sindicatos que minimizaban el trabajo de las mujeres y buscaban desplazarlas.

El 18 de febrero de 1930, la nueva líder, Jovita Robles, con el apoyo del cfo, protestó ante la Junta de Conciliación y Arbitraje, por el trabajo "sucio" de algunas organizaciones que pretendían destruir los sindicatos, al solicitar a los due-

---

[31] AHJ, Ramo de Trabajo, T-1-930, Caja T-153, Exp. núm. 3905.
[32] AHJ, Ramo de Trabajo, T-9-930, Caja T-155, Exp. núm. 3950. T-9-930, Caja T-153, Exp. núm. 3904.
[33] AHJ, Ramo de Trabajo, T-1-930, Exp. núm. 3898.

ños que otorgaran los puestos de cebadora y bolera sólo a los hombres. Robles denunció esta acción calificándola de criminal e injusta; señaló además que aunque las mujeres no fueran las primeras en organizarse en esta industria, ciertamente sí eran veteranas. Afirmó que los trabajadores las atacaban y las amenazaban con tomar sus trabajos, y que recibían dinero de los dueños de molinos para no respetar el contrato colectivo y ocupar los puestos sólo con hombres. Acusó a aquellos trabajadores que pretendían "destruir las organizaciones de los trabajadores" porque traicionaban la Revolución y a la clase trabajadora. Además, las mujeres que Robles representaba se rehusaban a pagar las cuotas sindicales porque los líderes no luchaban por ellas, ya que los hombres gastaban esas cuotas sindicales, derivadas del trabajo pesado de las mujeres, bebiendo en las cantinas. Las mujeres formaron su propio sindicato para decidir sobre sus necesidades como mujeres y dejar a los hombres que resolvieran sobre sus propios asuntos.

Aunque este sindicato femenino resultó ser parte de los planes de Heliodoro Hernández para eliminar a sus enemigos, la vehemente retórica de Jovita Robles logró arrojar luz sobre la intersección de género y clase social en un periodo de rápido cambio económico y de lucha política intensa. Robles afirmó que los molinos de nixtamal pertenecían a las mujeres, y no a los hombres. Como en el caso de las *desmanchadoras* del café en Veracruz, ella negó que a las mujeres les faltaran destrezas para el trabajo en los molinos.[34] Vinculó las nociones culturales tradicionales de trabajo y de género con un poco de igualdad moderna. Robles reconoció la existencia de una nueva división del trabajo por género dentro de los molinos de nixtamal: una división que requería de hombres y mujeres, eso lo sabía; ella exteriorizó los mismos derechos para ambos sexos en los mismos pues-

---

[34] AHJ, Ramo de Trabajo, T-1-930, Exp. núm. 3898. Véase Fowler-Salamini en este libro.

tos.[35] La queja de Robles expuso las relaciones de poder des-
iguales y ásperas entre los hombres y las mujeres en los molinos de nixtamal. Los hombres manifestaban su hostilidad
por medio de violencia física, corrupción política y un lenguaje denigrante y misógino.

Aunque las mujeres de la Unión de Trabajadoras en Molinos de Nixtamal buscaron conservar los puestos femeninos en esta industria, sus conflictos con los líderes impidieron lograr su objetivo. En 1931, las diferencias entre las dos
facciones políticas se intensificaron; cada grupo pidió a los
dueños de molinos que contratara sólo a sus afiliados. Por
su parte, los patrones aprovecharon esta disputa para contratar a trabajadores no sindicalizados.[36] Sin la aprobación
de los grupos del nixtamalero Timoteo Robledo, Heliodoro
Hernández firmó un contrato colectivo con los dueños de molinos para reemplazar al primer contrato colectivo de 1928.[37]
Hernández y "sus" trabajadores de la industria de nixtamal
denunciaron a Timoteo Robledo como traidor porque divi-
día a la clase obrera y trataba de invalidar su representación legal.[38] En consecuencia hubo más divisiones internas
y la violencia se incrementó. El 30 de diciembre de 1931,
María Martha Guillén, una expendedora de masa, cayó asesinada cuando unos nixtamaleros trataban de forzar a un
dueño de molino para que contratara sólo trabajadores sindicalizados. Varios molineros se aprovecharon del caos re-
sultante y de esta tragedia para amenazar a hombres y mujeres y rehusarse a contratarlos o reconocer sus derechos
laborales.[39] Esta situación llegó hasta el presidente Pascual
Ortiz Rubio quien intervino a principios de 1932 y ordenó
la firma de un contrato colectivo para que los derechos la-

---

[35] Scott, 1996; Fernández Aceves; 1996, pp. 226-229.
[36] AHJ, Ramo de Trabajo, T-7-931, Caja T-37 bis "A," Exp. núm. 8400.
[37] AHJ, Ramo de Trabajo, T-1930/3905.
[38] AHJ, Ramo de Trabajo, T-7-931, Caja T-195, Exp. núm. 5086.
[39] AHJ, Ramo de Trabajo, T-7-932, Caja T-216, Exp. núms. 5407 y 5408.

borales fueran reconocidos en la Ley Federal del Trabajo de 1931.[40] Éste fue el tercer acuerdo laboral que ratificó el contrato de 1928.

Una vez más, los dueños de molinos ignoraron este acuerdo laboral y despidieron a trabajadores injustificadamente.[41] Hacia finales de 1933 los líderes nixtamaleros seguían divididos. En la industria de nixtamal, Robledo continuó a la cabeza de un grupo, mientras que al otro lo representaba Isaac apoyado por Heliodoro Hernández.[42] Las mujeres también estaban desunidas.[43] En 1934, el grupo de Timoteo Robledo e Isaura Camacho demandó al gobernador, al presidente municipal, al presidente de la Junta de Conciliación y Arbitraje, al inspector general de policía y al jefe de seguridad porque los forzaban a dejar sus puestos en los molinos. Perdieron el caso. De acuerdo con Robledo y Camacho, Heliodoro Hernández y Catarino Isaac, claramente favorecidos por el gobierno de Jalisco y las instituciones municipales, los expulsaron de sus sindicados y ahora, como trabajadores no sindicalizados, carecían de derechos y de trabajo.[44] Para volver más caótica esta disputa, las divisiones internas crecieron y dividieron aún más los sindicatos de mujeres. Cuando la reunificación favoreció a Jovita Robles, ella expulsó a las integrantes del grupo rival por considerarlas promotoras de divisiones y deslealtades.[45] Como puede apreciarse, las mujeres no conformaron una sólida hermandad ni los trabajadores revolucionarios mantuvieron un monopolio sobre el discurso de solidaridad de clase

---

[40] AHJ, Ramo de Trabajo, T-4-932.

[41] AHJ, Ramo de Trabajo, T-2-933; T-2-933, Caja T-19, Exp. núms. 7503, 7504, 7508; T-7-933, Exp. núms. 5612, 7696, 5590, 5830, 5843, 5593, 5590 y 5844.

[42] AHJ, Ramo de Trabajo, T-9-933, Caja T-236, Exp. núm. 5806; T-2-933, Caja T-237, Exp. núm. 5840.

[43] AHJ, Ramo de Trabajo, T-9-934, Caja T-42, Exp. núm. 8809.

[44] AHJ, Ramo de Trabajo, T-2-934, Caja T-240, Exp. núm. 5928.

[45] AHJ, Ramo de Trabajo, T-2-933, T-9-934, T-3-934.

social, ni lograron apagar la traición y deslealtad que enmascaraba estos pleitos facciosos.

Para 1934, los líderes nixtamaleros Catarino Isaac y Jovita Robles, junto con otros sindicatos de la industria de nixtamal aliados con Heliodoro Hernández, consiguieron convertir el tercer contrato colectivo de 1932 en un contrato de ley. En 1935, los sindicatos de la industria de la tortilla y seguidores de Heliodoro Hernández buscaron obtener salarios fijos para todos los trabajadores y demandaron un nuevo contrato entablando una huelga general.[46] El 9 de septiembre de 1935, los dueños de molinos de nixtamal y los sindicatos firmaron el cuarto contrato colectivo que establecía un salario mínimo de 1.50 pesos por día en los molinos y los expendios de masa; una jornada de trabajo de ocho horas; vacaciones anuales con el pago de su respectivo salario; la remuneración doble de horas extra, y el descanso dominical.[47] A pesar de este acuerdo, las torteadoras siguieron recibiendo su pago a destajo.[48]

A finales de 1935, los trabajadores se lanzaron a huelga para demandar que se cumpliera el contrato colectivo.[49] Pero las mujeres se encontraban divididas. Mientras las expendedoras lucharon por el derecho para obtener un salario fijo; las torteadoras pidieron que su jornada de trabajo se ajustara a lo que estipulaba la Ley Federal del Trabajo y que se les proporcionaran tres centavos por cada kilogramo de masa.[50] En 1936, las nixtamaleras y las expendedoras entablaron otra huelga para que se aplicara su contrato colectivo legal.

Como resultado de la consolidación del grupo político del CFO y de Heliodoro Hernández, las mujeres sindicaliza-

[46] AHJ, Ramo de Trabajo, T-3-935, Caja T-260, Exp. núm. 6562.
[47] AHJ, Ramo de Trabajo, T-2-935, T-2-934, Caja T-243, Exp. 6003.
[48] AHJ, Ramo de Trabajo, T-3-935; T-8-935, Caja T-260, Exp. núm. 6568.
[49] AHJ, Ramo de Trabajo, T-3-935, Caja T-260, Exp. 6571.
[50] AHJ, Ramo de Trabajo, T-3-935.

das consideradas como "enemigas" y por lo tanto no sindicalizadas perdieron sus puestos. Mientras, las condiciones
de trabajo de las "leales" gradualmente mejoraron. En 1941,
un informe de la Oficina de Investigación de la Situación de
las Mujeres y Niños señaló que las boleras, cebadoras, moli-
neras y expendedoras recibían el salario mínimo, el pago y
descanso dominical, descanso de maternidad, y la jornada
de trabajo de ocho horas. En contraste, las torteadoras no
cobraban todavía el salario mínimo. Trabajaban a destajo
largas jornadas y sin descanso de maternidad.[51] Sus condiciones de trabajo eran muy similares a las de las boneteras
en Puebla. Hacia finales de la década de 1940, todas las mujeres sindicalizadas de la industria de nixtamal ya recibían
sus salarios en los días festivos, vacaciones anuales y el descanso de maternidad. También recibieron una contribución
mensual de los dueños de molinos para su equipo de baloncesto.

Se esperaba que las mujeres que conservaron sus puestos activamente participaran en los desfiles del Día del Trabajo y en las conmemoraciones del 20 de noviembre. En
éstos acompañaban a las mujeres del CFO y a las participantes de otros sindicatos femeninos. Gracias a su intervención
en los desfiles, las mujeres de la industria de nixtamal se fa-
miliarizaron con el lenguaje de la Revolución mexicana.
Lenguaje que adquirieron a través de sus luchas obreras. Al
mismo tiempo ellas vincularon sus esfuerzos con los miembros de la clase obrera internacional, inscrita en la memoria de los mártires del Haymarket de Chicago. En concreto
forjaron sus identidades como mujeres de la Revolución y
de la clase obrera internacional.

Para 1940, los hombres tomaron los empleos calificados
y ya existía una división del trabajo por género que mantuvo a las mujeres en los trabajos menos calificados y con los

---

[51] Fernández y Orejel, 1987, p. 188.

salarios más bajos. Las mujeres aceptaron el liderazgo masculino de la coj que reafirmaba una ideología de género que
aportaba los trabajos calificados masculinos de las ocupaciones no calificadas femeninas. Después de que la coj cam-
biara a la Federación de Trabajadores de Jalisco y se afiliara
a la Confederación de Trabajadores de México (ctm), Hernández e Isaac unificaron los sindicatos de la industria de
nixtamal en una federación que incluía las secciones masculina y femenina. Conservaron a las líderes militantes que
mostraron su lealtad dentro de sus organizaciones laborales, el cfo, y el partido oficial hasta la muerte de sus líderes
40 años más tarde. Se consolidaron como una familia política y se subordinaron a un cacicazgo sindical que dominaban los hombres.

VIII. GÉNERO, TRABAJO, SINDICALISMO Y CULTURA DE LAS MUJERES DE LA CLASE TRABAJADORA EN EL VERACRUZ POSREVOLUCIONARIO*

Heather Fowler-Salamini
Bradley University

EL SIGNIFICADO del género en el proceso de formación de la clase obrera se hizo evidente entre las mujeres que trabajaban en ámbitos heterosexuales de la industria veracruzana de café de exportación entre 1920 y 1945. Sus historias orales ayudan a reconfigurar la concepción de la mujer obrera en términos de cómo se pensaban en su calidad de mujeres, trabajadoras, sindicalistas y miembros de una comunidad. Los estudios recientes sobre las obreras mexicanas de la industria textil, del vestido y del tabaco han destacado la agencia de las obreras.[1] En este caso, una perspectiva desde las propias integrantes de esta comunidad revela las ventajas así como las desventajas que los enclaves segregados por género acarrearon para ellas. Las escogedoras veracruzanas de café construyeron su propia comunidad para legitimarse

* Me gustaría agradecer a Teresa Fernández-Aceves, Susan Gauss, Leticia Gamboa Ojeda, Thomas Klubock, Jocelyn Olcott y Mary Kay Vaughan sus utilísimos comentarios sobre una versión anterior de este capítulo. Los errores son mi responsabilidad. La investigación para este capítulo estuvo parcialmente financiada por una beca, la Fullbright-García Robles Lecturer/Scholarship, en 1998-1999, y por un premio de investigación, el Bradley University Research Award.

[1] Ramos Escandón, 1998, pp. 71-92; Lear, 2001; Porter, 2003, pp. 73-118; Fowler-Salamini, 2002, pp. 34-63.

como obreras y yuxtaponerla a la cultura de los obreros del género opuesto. Las experiencias laborales, las actividades sindicales y las actividades sociales en espacios públicos contribuyeron a la formación de un conjunto de valores, entendimientos y prácticas que cuestionaban las normas de la burguesía provinciana acerca del patriarcado y las mujeres obreras. Las obreras también desafiaban la ideología de género y las ideas que los obreros tenían sobre el honor de la mujer obrera.

Estas mujeres vivieron en el contexto socioeconómico y político de una cultura paternalista en su lugar de trabajo y un Estado emergente posrevolucionario que, durante los años veinte y treinta, se propuso ejercer el control sobre los movimientos reformistas regionales que luchaban por expander los derechos de los trabajadores.[2] Además, surgieron amargos conflictos entre movimientos sociales enfrentados preponderantemente masculinos que competían entre sí para movilizar y controlar campesinos, obreros e inquilinos, y mujeres.[3] Durante este periodo, el género se convirtió en una de las muchas cuestiones que los dirigentes laborales manipularon para consolidar sus bases de poder. Cuando los actores regionales, estatales y nacionales quisieron apoderarse del control de los sindicatos de las escogedoras de café, las mujeres se vieron obligadas a luchar por su derecho a trabajar en espacios públicos. En su lucha por demandas sin diferencias de género, se apropiaron de un comportamiento y un lenguaje normalmente asociados con sindicalistas del género masculino y no con amas de casa.

El estado de Veracruz contribuía con casi la mitad de las 48 millones de toneladas de café producidas en el país y tenía la mayor industria exportadora de café a mediados de los treinta.[4] La producción y el beneficio del café se concen-

[2] Meyer, 1977; Benjamin y Wasserman, 1990.
[3] Fowler-Salamini, 2002; Wood, 2000; Novell, 1996, pp. 55-75.
[4] Rodríguez-Centeno, 1993, p. 96.

traban alrededor de cinco pueblos de la zona alta central, ubicados a menos de 150 kilómetros al oeste del puerto de Veracruz: Coatepec, Córdoba, Huatusco, Xalapa y Orizaba.

El género en la industria exportadora de café en el México posrevolucionario

Susie Porter es convincente cuando argumenta que la modernización y la industrialización afectaron negativamente el empleo de las mujeres en las tradicionales industrias textil, del vestido y del tabaco de la Ciudad de México durante este periodo, y que las fuentes alternativas de trabajo fueron otras ocupaciones preponderantemente femeninas y mixtas, en particular, las industrias de consumo.[5] Así podría explicarse por qué en la primera mitad del siglo xx muchas mujeres entraron en los beneficios de café de Veracruz, Chiapas y Oaxaca. La industria mexicana de café de exportación surgió en la década de 1890 en respuesta a un enorme aumento en la demanda del café de los Estados Unidos y Europa y al alza vertiginosa de los precios de este producto en el mercado internacional. La demanda de los consumidores de un grano de café de alta calidad impulsó a exportadores mexicanos y extranjeros a invertir en maquinaria para limpiar los granos con mayor cuidado y eficacia durante el Porfiriato. Sin embargo, el colapso mundial de los precios durante la temporada de 1927-1928 condujo al repliegue y la consolidación de la industria. Los exportadores se mostraban renuentes a reemplazar la maquinaria o a mecanizar totalmente sus beneficios, como ya habían hecho Brasil y Colombia, seguramente porque sólo controlaban 2% del mercado estadunidense a fines de los treinta. Así que siguieron empleando a miles de trabajadoras para escoger y clasificar manualmen-

[5] Porter, 2003, pp. 3-49.

te los granos de café, el paso de preparación del café que exigía el trabajo más intensivo.[6]

Los beneficios de café no eran auténticas plantas procesadoras, pues su propósito principal era sencillamente preparar el café para el mercado mundial. Esto comprendía el descascarillado, esto es, la eliminación de las capas externas de la cereza, seguido por el pulido, el lavado y la clasificación de los dos granos. Los nuevos beneficios urbanos sencillamente mecanizaron los procesos de lavado y descascarillado, que en el campo se realizaban manualmente desde fines del siglo XIX. Estos procesos de trabajo estaban definidos en buena medida por dos patrones sociales entrelazados y marcados por la cuestión de género en la sociedad mexicana: el patriarcado y la división del trabajo según el género en la producción agrícola. Los hombres usaban su fuerza física, mayor que la de las mujeres, para descascarillar la cereza en los morteros de madera. Cuando los empresarios construían beneficios húmedos para preparar café de grado de exportación, contrataban hombres como trabajadores especializados para operar la maquinaria que lavaba, despulpaba, secaba, descascarillaba y pulía los granos. Por otra parte, la selección y clasificación de los granos de café siempre habían sido consideradas "trabajo de mujeres", una extensión del trabajo doméstico rural.[7] Cuando los dueños de los beneficios incluyeron los pasos finales de limpieza y clasificación, contrataron a mujeres y niños para realizar el trabajo manual no especializado. Los beneficios más pequeños empleaban entre 20 y 50 escogedoras, mientras que los beneficios más grandes, ubicados en Córdoba, Coatepec y Orizaba contrataban de 100 a 400 mujeres durante la temporada alta de la cosecha.

---

[6] Hay fotos de las bandas transportadoras de Brasil en *Tea and Coffee Trade Journal* 74 [marzo de 1938], p. 11. Para la mecanización colombiana, véase Bergquist, 1986, pp. 351-352.

[7] Sartorius, 1961 [1858], p. 175.

El trabajo en los beneficios secos se organizaba con base en las tareas separadas por género y en los espacios. La maquinaria que comenzaba por eliminar las dos capas delgadas internas del grano de café y que proseguía puliendo y clasificando los granos, se encontraba en la planta baja, donde trabajaban los hombres que eran los operarios y los encargados de alimentar las máquinas. Los cargadores llevaban el grano verde al piso de arriba, donde había una amplia sala con ventanas a todo lo largo de las paredes, o a un taller más pequeño anexo al fondo del edificio. En estas salas y talleres sólo había mujeres, que se ocupaban de eliminar las impurezas restantes así como los granos descoloridos o desfigurados.[8] Esta monótona tarea exigía un alto nivel de destreza manual, buena concentración y una paciencia considerable. La trabajadora promedio podía limpiar entre 110 y 160 kilos (de 10 a 12 arrobas) diarios. Según el salario pagado a destajo a principios de los años treinta, una trabajadora permanente podía ganar más o menos entre 1.50 y 1.80 pesos al día durante cuatro o seis meses al año.

Los censos industriales de México no incluían a los trabajadores temporales, de modo que no hay cifras precisas sobre el número de hombres y mujeres que empleaba la industria veracruzana del café de exportación. Sólo puede hacerse un cálculo basándose en las listas de los miembros del sindicato de las cinco ciudades del cinturón del café en la región central del estado. En 1936, 2 942 escogedoras sindicalizadas trabajaban en 22 beneficios de las cinco principales ciudades cafetaleras, cifra más o menos equivalente al número de trabajadoras empleadas en las industrias textil y del vestido. Además, por cada escogedora sindicalizada, probablemente hubiera dos o tres que no lo estaban y que trabajaban en fincas pequeñas o medianas. Las proporciones de género entre la fuerza de trabajo eran muy dispare-

[8] Secretaría de la Economía Nacional, 1933, pp. 45-46 y 61-66.

jas en los beneficios secos: por cada cinco obreras, sólo había un trabajador, hablando en términos aproximados.[9]

PATERNALISMO Y RELACIONES DE GÉNERO
EN LA SALA DE SELECCIÓN

El paternalismo en la sala de selección se remonta al siglo
XIX, cuando los dueños de fábricas intentaron recrear en las
fábricas las relaciones cliente-patrón de la industria casera
y de las haciendas. Los dueños prolongaron estos patrones
de autoridad en la sala de selección para mantener la disciplina y mantener a los obreros y sus familias contentos durante la Revolución.[10] Las relaciones posrevolucionarias
entre patrones y obreros en las fábricas familiares de Monterrey, Atlixco y Tlaxcala eran sorprendentemente pareci-
das. Los dueños de fábricas establecían vínculos personales
de obligaciones con el fin de crear sistemas paternalistas de
control. Los dueños y administradores imponían consistentemente valores societales paternalistas a los obreros de la
fábrica para conservar su obediencia y desalentar el sindicalismo, a pesar de la resistencia obrera.[11] En los años treinta, el paternalismo fue reforzado más aún por el Estado revolucionario y las confederaciones nacionales del trabajo
para alentar el comportamiento sumiso entre las obreras.[12]

Las relaciones paternalistas de trabajo siguieron predo-
minando en los beneficios de café veracruzanos durante los
veinte, los treinta y los cuarenta. Sin embargo, las relaciones entre administración y trabajadores en la agroindustria

---

[9] Para una discusión más amplia de las condiciones laborales en los beneficios, véase Fowler-Salamini, 2003, pp. 102-112. Dirección General de Estadísticas, 1934, p. 233, tabla 20.
[10] Lear, 2001, p. 348.
[11] Snodgrass, 1998, pp. 115-136; Crider, 1996, p. 26, n. 14; Leñero Franco, 1984, pp. 46-52.
[12] Vaughan, 2000, pp. 194-214; Olcott, 2003, pp. 45-62.

semimecanizada eran menos rígidas que en las industrias más mecanizadas. De manera muy similar a lo que ocurría en el trabajo doméstico, el ritmo de trabajo en los talleres de clasificación se guiaba por la motivación manual de la obrera, no por las máquinas. Sin embargo, el trabajo en el beneficio permitió a las mujeres de provincia acceder a nuevos espacios de trabajo heterosexuales que antes quedaban fuera de su alcance. Mujeres que antes trabajaban como clasificadoras de café, constantemente destacaban en sus entrevistas la fluidez de sus relaciones con las figuras masculinas de autoridad a fin de legitimar su identidad como mujeres trabajadoras. Su intención era reconfigurar su representación de sí mismas como mujeres, esposas y trabajadoras.

En su estudio de las obreras textiles colombianas, Ann Farnsworth-Alvear plantea:

> Hacer trabajo de fábrica significaba estar muy cerca de personas fuera del círculo familiar durante la mayor parte del día, y más que la relación "vertical" ante el dueño o el administrador del beneficio, era la relación "horizontal" con grandes números de otros hombres y mujeres lo que hacía que el trabajo en el beneficio fuera diferente.[13]

Esta experiencia laboral era la misma para las escogedoras de café. Recuerdan sus experiencias laborales en términos de la apertura de relaciones horizontales con los compañeros de trabajo, hombres y mujeres, que no eran miembros de su familia.

Las escogedoras, también llamadas desmanchadoras, consideraban al dueño del beneficio como su patrón o benefactor. Las obreras permanentes casi siempre describían las relaciones entre el dueño del beneficio y ellas como armoniosas, sin antagonismos. Los dueños siempre debían ser

---

[13] Farnsworth-Alvear, 2000, p. 116.

tratados con "respeto". El respeto, junto con su capacidad para trabajar duro y ser una mujer virtuosa, es uno de los temas dominantes en las narraciones de las escogedoras. Las mujeres aceptaban el ambiente paternalista como parte de una realidad marcada por el género, pues las obreras sentían que lo dueños las cuidaban. "No hubo choques", recuerdan varias obreras de Córdoba. Don Ricardo Régules "sabe tratar a las desmanchadoras" y "hablaba con ellas", dándoles la impresión de que recibían un trato justo. Las obreras solían asociar a la familia Régules con buenos salarios. "Estaban bien los Régules, Humberto, Ricardo y su padre nos trataban bien." Otras establecían una distinción entre don Ricardo y sus dos hijos: "Los muchachos se porta[ba]n mal. Cuando revisaban el café siempre encontra[ba]n granos malos". Ricardo padre y Ezequiel González "eran nobles y buenos patrones". Las obreras no tenían palabras tan amables para Tirso Sainz Pardo y su sobrino Julián, a quienes caracterizaban como "exigentes" y hasta "duros".[14] En Coatepec, Adelina Texon y Alicia Limón corroboran estos mismos sentimientos, reiterando que los dueños las trataban con "respeto".[15] Los dueños de los beneficios eran descritos dentro de un espectro que iba de buenos a exigentes; pero en general no se expresaban de ellos en términos negativos.

[14] Entre 1999 y 2003, la autora hizo entrevistas abiertas a escogedoras de café que trabajaron en los beneficios de Córdoba, Orizaba y Coatepec en los años treinta y principios de los cuarenta, así como a sus hijos. Las entrevistas con Estela Velázquez Ramírez del 13 de mayo de 1999, Brígida Siriaco García del 6 de junio de 2000 y el 3 de julio de 2001, Lino Alejandro Gómez Reyes del 13 de mayo de 1999 y María del Carmen Ríos Zavala del 9 de mayo de 1999 fueron grabadas. Las transcribió Gerardo Ciruelo Torre, de la Universidad Autónoma de Veracruz. Puesto que el resto de las entrevistas no se grabaron en razón de la edad de la entrevistada o del lugar en que se realizaron, la investigadora tuvo que apoyarse en sus notas de campo.

[15] Adelina Texon, entrevista de la autora, Coatepec, Veracruz, 9 de julio de 2001; Alicia Limón, entrevista por la autora, Coatepec, Veracruz, 10 de julio de 2001.

En la descripción que hacen las desmanchadoras de los dueños de beneficios está presente hasta cierto punto la influencia de una memoria colectiva del pasado no muy distante en que dueños de beneficios, administradores y obreros gozaban de una posición socioeconómica similar. Muchos dueños de beneficios habían llegado a Veracruz como parte de una oleada de inmigrantes españoles, anglosajones, alemanes, italianos y árabes, que comenzaron a arribar a México desde principios de la década de 1880. Sólo hasta fines de los veinte pasaron a formar parte de la élite cafetalera o nuevos ricos. Las antiguas desmanchadoras y los vecinos de Córdoba aún se acordaban de cuando estos hombres eran humildes inmigrantes, con una posición no muy diferente de la de ellos. Sus abuelas y madres contaban cómo estos españoles habían llegado sin un centavo y casi analfabetas del norte de España entre 1900 y 1920 para comenzar una nueva vida.[16] Todavía corren historias sobre los amoríos de algunos de ellos con las escogedoras, con vendedoras del mercado y con mujeres de los ranchos. Los que se casaron con desmanchadoras habían contraído matrimonio antes de hacerse ricos.[17] Así, en su memoria colectiva, las desmanchadoras podían igualar el pasado económico y la posición social de los españoles con los propios. Brígida Siriaco recuerda que platicaba en el piso de abajo con Ricardo Régules padre usando el mismo lenguaje informal.[18] No obstante, estos recuerdos no afectan la disparidad básica económica, social y

[16] Tirso Sainz Pardo, quien llegó después de 1910 a trabajar con su hermano mayor como simple arriero, se convirtió en el socio mayoritario del principal negocio de café de exportación de Córdoba en los años treinta. Cuando llegó Ricardo Régules Baranda trabajó en la abarrotera de otro inmigrante español durante varios años antes de acumular el capital suficiente para abrir su propio negocio de comercio de café.

[17] Alejandro Lino Gómez Reyes, entrevista de la autora, Córdoba, Veracruz, 19 de julio de 1999; Rosa González (seudónimo), entrevista de la autora, 12 de marzo de 1999.

[18] Siriaco García, entrevista de la autora, Córdoba, Veracruz, 3 de julio de 2001.

étnica entre los obreros y sus jefes, y los obreros siempre reconocieron su dependencia de la buena voluntad del dueño para ganarse la vida.

La disciplina en la sala de selección estaba bajo el control de las obreras más calificadas y no del de un supervisor del sexo opuesto. Elegida por su habilidad como desmanchadora y su conocimiento del café, la encargada era responsable del control de calidad en el piso de arriba. En los años veinte, cuando el paternalismo seguía imperando en los beneficios, los dueños designaban a una empleada de confianza para el puesto, costumbre que siguió sin cambios en los beneficios pequeños durante la década de los treinta. Puesto que la encargada trabajaba por contrato individual, el administrador podía despedirla a su criterio si no le satisfacía su desempeño. Después de que se aprobó la Ley Federal del Trabajo de 1931, los sindicatos de desmanchadoras más grandes de Córdoba y Coatepec ganaron contratos colectivos, en los que se incluía el derecho a seleccionar a sus propias encargadas.[19]

La autoridad paternalista, antes ejercida por los dueños de beneficios en Córdoba y Coatepec comenzó a debilitarse una vez que las encargadas y los comités laborales del sindicato asumieron la responsabilidad inmediata de mantener la disciplina en la sala de selección. Las encargadas tenían que aplicar el reglamento en la sala de selección, por lo que procuraban que las desmanchadoras no se distrajeran platicando y se concentraran mejor en su trabajo. Las desmanchadoras recuerdan perfectamente cómo las dirigentes sin-

[19] AGEV/JCCA, contrato colectivo entre José Vallejo y el Sindicato de Trabajadores en General de la Industria del Café en el Estado de Veracruz, sec. núm. 21, 1939; AGEV/JCCA, Fondo Sindicatos, núm. 524, exps. 14 (Huatusco) y 136 (Xalapa), contrato individual entre Juana García y Mario Fernández, 29 de noviembre de 1939; Brígida Siriaco García, entrevista de la autora, Córdoba, Veracruz, 3 de julio de 2001; López Osorio, entrevista de la autora, Córdoba, Veracruz, 18 de febrero de 1999; Antonio Díaz Sanabria (administrador del beneficio), entrevista de la autora, Coatepec, Veracruz, 4 de julio de 2002.

dicales también les exigían que guardaran silencio y que se abstuvieran de platicar muy fuerte o de cantar si trabajaban. Si una desmanchadora comenzaba a coquetear con el administrador o con el dueño, la encargada o los dirigentes sindicales la reprendían por su comportamiento inadecuado. Sin embargo, las desmanchadoras usaban palabras amables para referirse a sus queridas dirigentes sindicales que hacían valer la disciplina.[20]

Las salas de selección, donde cientos de mujeres se sentaban codo a codo desempeñando un trabajo monótono durante horas, encaminaban a la transgresión de la autoridad paternalista. Por ejemplo, Inés Reyes Ochoa, a quien le gustaba cantar y actuar en su tiempo libre, tenía fama por su canto. Al obstinado dueño del beneficio, el español Tirso Sainz Pardo, le irritaba tanto su comportamiento que la mandó a otra sala del otro lado de la calle, donde la encargada era más estricta. Sin embargo, Inés siguió cantando sin que lograran hacerla obedecer.[21] Como era una dirigente sindical de respeto, que con frecuencia prestaba sus servicios como integrante del comité ejecutivo sindical durante los años treinta, la administración difícilmente podía despedirla. En resumen, las desmanchadoras atrapaban a diario las oportunidades para resistirse a la disciplina del lugar de trabajo y afirmar su individualidad.

Las desmanchadoras cuentan que sus relaciones con los obreros del sexo masculino del beneficio eran profesionales y amables. La administración siempre consideró que los hombres que trabajaban en los beneficios eran una distracción para las obreras y que además perturbaban la rutina

[20] Siriaco García, entrevista de la autora, Córdoba, Veracruz, 6 de junio de 2000 y 3 de julio de 2001. En Colombia, las escogedoras adolescentes se hallaban a merced de los capataces hombres que controlaban la cantidad de producto escogido que entregaban (véase Bergquist, 1986, p. 352).

[21] Gómez Reyes, entrevista de la autora, Córdoba, Veracruz, 13 de mayo de 1999; Siriaco García, entrevista de la autora, Córdoba, Veracruz, 6 de junio de 2000.

laboral dentro del lugar de trabajo. Continuamente procuraban que respetaran los espacios que les estaban asignados, que no trabaran conversación y que no coquetearan.[22] No obstante, compartían los mismos orígenes socioeconómicos y a menudo eran parientes, de manera que las desmanchadoras no podían evitar platicar con ellos, como tampoco tener amores con ellos, ni casarse con sus compañeros de trabajo. Puesto que vaciaban sus canastas con los granos selectos por los toboganes hacia los graneleros, era más probable que las desmanchadoras trabaran relaciones con estos trabajadores sin mayor entrenamiento que con los operarios de la maquinaria.[23]

A mediados de los años treinta surgió un amargo antagonismo entre la dirigencia de los hombres y la de las mujeres, cuando los sindicatos de hombres se salieron de la Confederación Regional Obrera Mexicana (la CROM) y se unieron a la Confederación de Trabajadores de México (la CTM). Las dirigentes de Córdoba, mujeres de gran voluntad, prohibieron a los miembros de las bases que hablaran con los hombres en el trabajo, porque temían que se pasaran a la CTM.[24] El temor de las dirigentes ante este tipo de interacción mixta sugiere que las desmanchadoras efectivamente estaban adoptando nuevas formas de comportamiento social heterosexual. Las oportunidades para interactuar socialmente con miembros de ambos géneros ajenos al círculo familiar en la sala de selección modificó la percepción que de sí mismas tenían las desmanchadoras, no sólo como mujeres, sino también como trabajadoras.

[22] Siriaco García, entrevista de la autora, Córdoba, Veracruz, 6 de junio de 2000.
[23] Díaz Sanabria, entrevista de la autora, Coatepec, Veracruz, 10 de julio de 2001.
[24] Siriaco García, entrevista de la autora, Córdoba, Veracruz, 6 de junio de 2000.

POLÍTICA ESTATAL, RIVALIDADES SINDICALES Y LA APROPIACIÓN
DEL COMPORTAMIENTO MASCULINO

Los dos impulsores más ávidos de la reforma social en los años veinte, los gobernadores Adalberto Tejeda Olivares (1920-1924, 1928-1932) y Heriberto Jara Corona (1924-1927), apoyaron la organización sindical y la movilización campesina para enfrentar a las élites conservadoras de terratenientes y de comerciantes, todavía dominantes. Ambos gobernadores intentaron reducir al mínimo la violencia laboral para mantener una relación favorable con el centro, a la vez que alentaron la movilización popular. Tejeda cultivó públicamente una posición de no interferencia ante Luis Morones y su poderosa maquinaria patronal, la CROM, mientras que Jara tuvo confrontaciones abiertas con el centro, lo que llevó al presidente Plutarco Elías Calles a quitarlo del cargo. Ambos políticos iniciaron una legislación de largo alcance para mejorar los salarios, los beneficios y el acceso a la vivienda de los trabajadores. En los casos de huelgas violentas, conflictos entre sindicatos y disturbios urbanos intervenían personalmente para mediar pacíficamente en los conflictos, y cuando llegó a haber violencia urbana dieron la orden de que entraran los soldados a las ciudades para restablecer la paz.[25] A ninguno de ellos parece haberle preocupado demasiado la lucha de la mujer obrera propiamente dicha, aunque ambos apoyaban la igualdad de derechos para las mujeres. No obstante, crearon condiciones políticas y sociales favorables a la movilización de las obreras.

Las obreras veracruzanas del café de exportación no pudieron organizarse por su cuenta durante el periodo posrevolucionario a causa principalmente de la resistencia de los dueños de los beneficios, así que recurrieron a organizacio-

---

[25] Falcón y García Morales, 1986, pp. 135-137, 234 y 239-240; Domínguez Pérez, 1986, pp. 37-56 y 97-131.

nes externas masculinas, obreras, campesinas y políticas, para que las ayudaran en sus esfuerzos. En general, las obreras se organizaron mucho antes que los obreros, en gran medida porque el porcentaje que representaban entre los trabajadores de los beneficios era significativamente mayor. La CROM, el Partido Comunista, la Liga Campesina y las uniones locales inquilinarias desempeñaron un papel clave en la movilización de las desmanchadoras en Xalapa, Córdoba y Coatepec durante los años veinte, y en Orizaba y Huatusco a principios de los treinta. Sin embargo, las confederaciones laborales y las organizaciones campesinas rivales de predominio masculino que colaboraban con los políticos estatales y locales competían por dominar y manipular estos sindicatos de mujeres y pugnaban por incorporarlos a sus respectivas bases de poder. Aunque las demandas de elegir libremente a su dirigencia sindical y conservar su empleo eran neutras en términos de género, las obreras, alentadas por sus asesores hombres, comenzaron a mostrar los patrones de conducta violenta, revoltosa, militante, comúnmente seguidos por los sindicalistas. Como lo plantea Deborah Levenson-Estrada, hablando sobre Guatemala, las mujeres habían ingresado en espacios públicos "dominados por hombres que [...] concebían el sindicalismo y cualidades como la militancia y la solidaridad en términos masculinos".[26] Así, el activismo de las mujeres obreras se fue asemejando al activismo de los obreros durante los periodos de intensa movilización laboral. Para legitimar demandas neutrales en términos de género, las obreras se sintieron obligadas a apropiarse de un comportamiento masculinizado y a actuar de

[26] Levenson-Estrada, 1997, p. 208; véase también Tinsman, 2002, pp. 271-272. Susan Gauss plantea en este volumen que la masculinidad de la clase obrera gira en torno a patrones de comportamiento pro-familiares y pro-sindicales, en los que la militancia, la violencia, la solidaridad, la lealtad y la responsabilidad son primordiales para el hombre como principal generador de ingresos.

una manera que no hubieran considerado socialmente aceptable en su vida doméstica.

En 1932 la organización sociopolítica clave del gobernador Tejeda, la Liga de Comunidades Agrarias y Sindicatos
Campesinos de Veracruz, redobló sus esfuerzos para arran-
car de manos de la CROM el control de los sindicatos urbanos
y rurales de Córdoba. La CROM enfrentaba divisiones internas debido a la marginación política de Luis Morones, así
que la liga aprovechó la oportunidad para abrir brecha en
aquellos lugares donde los tejedistas controlaban los gobiernos municipales. Por ser el sindicato más grande, y posiblemente el más fácil de manipular, el sindicato de desmanchadoras fue elegido como objetivo. En 1925, el sindicato
de panaderos controlado por la CROM y el sindicato local de
inquilinos habían organizado en un sindicato originalmente
con presencia en toda la ciudad a 90 obreras con el lema
"Por los derechos de las mujeres".[27] Durante siete años, desde sus bastiones en Orizaba a sólo 20 kilómetros de distancia, la CROM había ejercido su influencia sobre el Sindicato
de Obreras Escogedoras de Café de la Ciudad de Córdoba
(SOECC). En el transcurso del conflicto entre sindicatos, tanto las dirigentes como las bases adoptaron conductas que se
asemejaban mucho a las prácticas masculinas asociadas con
el sindicalismo. Los miembros de dos sindicatos rivales se
lanzaron a las calles, cerraron los beneficios, se enzarzaron
en peleas a golpes, aventaron piedras, atacaron a los policías
que intentaban llamar al orden, ocuparon las oficinas regionales de la CROM y hostilizaron a las autoridades municipales que eran de la CROM.

El descontento entre las bases del SOECC estalló por primera vez a causa de las condiciones económicas locales y a

---

[27] AGEV/JCCA, Sindicatos, 1932, exp. 18, Sindicato de Escogedoras, acta de
fundación del Sindicato de Escogedoras de Córdoba, 6 de febrero de 1925;
AGEV/JCCA, Sindicatos, 1932, exp. 5, folio 6; AGN, Departamento del Trabajo,
Conflictos, Córdoba, núm. 329, 1925; Sheridan Prieto, 1983, pp. 29-30.

la política sindical interna; muchas escogedoras habían tenido que dejar de trabajar por la Depresión y estaban desilusionadas ante la falta de relevos en la dirigencia de puras mujeres. Se había establecido la costumbre generalizada del continuismo en los sindicatos. Algunas dirigentes sindicales habían ocupado cargos en el comité ejecutivo de manera casi continua desde la fundación del SOECCC en 1925. Las disidentes buscaron el apoyo del alcalde tejedista recién electo y de la Liga Campesina con sede en Xalapa, que estaban más que dispuestos a ofrecerles apoyo. En enero, la mayoría de los 1 200 miembros del SOECC "reeligieron" debidamente a Luz Vera como secretaria general; 406 escogedoras disidentes votaron para suspender a Luz Vera y a otras dirigentes por su pobre desempeño, así como por la mala situación financiera y social del sindicato. Las disidentes también acordaron cortar todos los vínculos con la CROM, alegando que intentaban recuperar su "autonomía". Decían que la CROM había colaborado muy estrechamente con el Estado mexicano y anunciaron que seguirían una orientación más "revolucionaria" como organización proletaria.[28] El lenguaje de las disidentes revelaba el mismo sentido de traición que observa María Teresa Fernández-Aceves en la reacción de las sindicalistas de Guadalajara ante una dirigencia corrupta e irresponsable.[29] Al romper con el SOECC, el sindicato con reconocimiento oficial, las disidentes perdieron de inmediato su trabajo, pues el contrato colectivo sindical de 1931 les garantizaba el derecho a un taller cerrado.[30]

El 1° de febrero, tras el despido, grupos de las disidentes afiliadas a los tejedistas se plantaron en las entradas de

[28] AGEV/JCCA, Sindicatos, 1932, exp. 18, Córdoba, Acta, 24 de enero de 1932.

[29] Véase el ensayo de Fernández-Aceves en este volumen.

[30] El Código Federal del Trabajo de 1931 legalizaba las cláusulas de exclusión, sin hacerlas obligatorias. Sin embargo, fueron características en los contratos colectivos negociados por los afiliados de la CROM a partir de mediados de los años veinte. Middlebrook, 1995, pp. 96-97.

los beneficios para evitar que las cromistas entraran al trabajo, paralizando la industria de exportación del café. La barricada se mantuvo por varios días; mientras tanto, las mujeres de ambos grupos se increpaban a gritos en la calle. Finalmente, la Junta Central de Conciliación y Arbitraje (JCCA) emitió una resolución para zanjar la disputa apoyando al sindicato oficialmente registrado y controlado por la CROM. Sin embargo, la decisión de la Junta no se consideraba judicialmente obligatoria, de modo que las disidentes se negaron a abandonar sus puestos en la entrada de los beneficios.[31] Cuando el inspector federal del trabajo propuso que los dos grupos se reunieran amistosamente en una asamblea común, el conflicto subió de tono. Los dos bandos se enfrentaron en la calle, golpeándose y apedreándose hasta que tuvieron que llevárselos. La trifulca duró unos 15 minutos; luego llegaron los agentes de la policía municipal seguidos por soldados federales que intervinieron para disolver el conflicto. Hubo 20 mujeres arrestadas y tres malheridas. Las disidentes se negaron a darse por vencidas. Durante los días posteriores siguieron agrediendo e insultando a Luz Vera, y junto con las autoridades municipales tejedistas, siguieron ocupando las oficinas regionales recientemente abiertas de la CROM, con la esperanza de obtener la documentación necesaria para lograr el reconocimiento oficial de la Junta.[32] El conflicto interno del SOECCC no tenía trazas de resolverse y el gobernador Tejeda intervino personalmente, llamando a la integración de ambos grupos de modo que la minoría disidente pudiera recuperar sus empleos.[33] Esta so-

[31] *El Dictamen*, 7 de febrero de 1932, pp. 2 y 4; AMC, núm. 411, exp. Sindicato y Uniones, Tejeda a Valverde, 4 de febrero de 1932 (tel); AGEV/JCCA, Sindicatos, 1933, exp. s. n., memorándum del Departamento del Trabajo al gobernador provisional Francisco Salcedo Casas, 6 de febrero de 1933.

[32] "En Córdoba las escogedoras de café libraron ruda pelea", *El Dictamen*, 14 de ferero de 1932, p. 13; AMC, exp. 1, Sindicatos y Uniones núm. 411, subsecretario de Gobierno al presidente municipal (16 de febrero de 1932).

[33] *El Dictamen*, 24 de febrero de 1932, pp. 17 y 19; AGEV/JCCA, Sindicatos,

lución no hizo más que parchar la rivalidad subyacente por el control sobre el mayor sindicato de mujeres en Veracruz entre el gobernador Tejeda y Eucario León, el otrora obrero textil de Santa Rosa y secretario general de la CROM. La intervención externa de los dirigentes regionales del sexo masculino queda claramente reflejada en la ruptura dentro de la dirigencia del sindicato.

Para diciembre de 1932, el gobernador Tejeda había terminado su segundo periodo en el cargo, y su organización campesina y su milicia estatal armada estaban a punto de ser impugnadas por el centro. Para frenar las aspiraciones políticas de Tejeda a ser candidato presidencial en 1934, el jefe máximo Calles giró instrucciones al presidente Abelardo Rodríguez para que desarmara las milicias estatales de Tejeda y creara una liga campesina opositora. Mientras tanto, las disidentes, sintiendo que se enfrentaban a fuerzas que las sobrepasaban en número y que estaban fuera de la jugada, hicieron un último intento por recuperar sus empleos. Organizaron un sindicato aparte, el Grupo Mayoritario de Escogedoras de Café y Tabaco de la Ciudad y Región de Córdoba y adoptaron el lema de inspiración anarquista específico para mujeres: "Por la emancipación de las mujeres organizadas".[34] Sin embargo, la posición del grupo se volvía cada vez más desesperada, pues sus miembros no habían trabajado por más de 11 meses; entonces volvió a solicitar el reconocimiento oficial de su sindicato, y la Junta se lo concedió, seguramente porque los tejedistas seguían controlando su dirigencia. Al cabo de pocos días, Luz Vera envió una furiosa misiva al presidente Rodríguez protestando por la decisión de la Junta y obligando a la presidencia esta-

---

1933, exp. s. n., memorándum del Departamento del Trabajo al gobernador provisional Salcedo Casas, 6 de febrero de 1933.

[34] AGEV/JCCA, Sindicatos, 1933, exp. s. n., Grupo Mayoritario de Escogedoras de Café y Tabaco de la Ciudad y Región de Córdoba a la JCCA, 28 de diciembre de 1932.

tal a desdecirse.[35] Descontentas con el resultado, las disidentes manifestaron su insatisfacción marchando nuevamente por las calles de Córdoba y arrojando al presidente cromista de la Junta Municipal de Conciliación a la fuente del parque central. El 2 de febrero, con el apoyo del centro Úrsulo Galván, de filiación tejedista, y de los miembros del ayuntamiento, las disidentes se plantaron por segundo año consecutivo frente a las puertas de los cinco beneficios más grandes para impedir que los trabajadores entraran a laborar.[36] Para evitar más confrontaciones violentas, los dueños de los beneficios decidieron dejar fuera a todos los trabajadores, recurrir a la protección de la policía y finiquitar el contrato con el SOECC.[37]

Las mujeres siguieron controlando el ingreso a los beneficios durante siete días, desde el 2 hasta el 8 de febrero, y durante ese tiempo se desataron varios choques sangrientos entre las mujeres de los dos sindicatos rivales. Mientras tanto, numerosos hombres y mujeres leales a la CROM comenzaron a llegar a Córdoba de todo el estado amenazando e insultando a los tejedistas. El recién elegido dirigente cromista de la SOECC escribió amenazadoras cartas a la Junta de Conciliación y Arbitraje: "Estamos dispuestos a tomar el control de los beneficios por la fuerza para hacernos justicia con nuestras propias manos". Cuando la policía municipal quiso disolver las protestas de las escogedoras de café, los insultaron a gritos y trataron de quitarles las armas. Los áni-

---

[35] AGEV/JCCA, Sindicatos, 1933, exp. s. n., Carmen Hernández al gobernador provisional Salcedo, 26 de diciembre de 1932; AGN, Acervos Presidentes, Abelardo L. Rodríguez, 561.8/13, Luz Vera (secretaria general del Sindicato) a Abelardo L. Rodríguez (28 de diciembre de 1932) y gobernador provisional a Abelardo Rodríguez, 6 de febrero de 1933.

[36] AGEV/JCCA, Sindicatos, 1933, exp. s. n., Carmen Hernández, carta al editor, *El Globo* (Veracruz), 26 de enero de 1933; AGEV/JCCA, Sindicatos, 1933, exp. 66, Eduardo Valverde y Odilón Zorrilla al presidente de la JCCA, 3 de febrero de 1933 (tels.); *El Dictamen*, 3 de febrero de 1933.

[37] AGEV/JCCA, Sindicatos, 1933, exp. 66, Cámara Nacional de Comercio de Córdoba a la JCCA, 3 de febrero de 1933 (tel.).

mos se caldearon y cuando la policía municipal disparó contra una trabajadora, las obreras se vengaron hiriendo a un policía. No fue sino hasta el 7 de febrero que se restauró el orden, cuando el secretario de Gobernación del estado, que había llegado a Córdoba para resolver personalmente el conflicto, dio al ejército federal la orden de intervenir para desarmar a la policía leal al alcalde tejedista y restablecer el orden en los beneficios. Veinte mujeres fueron arrestadas y otras tuvieron que ser hospitalizadas.[38] Al día siguiente las fuerzas federales salieron a desalojar a los tejedistas de los beneficios, pero los disidentes se retiraron de manera pacífica. Inmediatamente los cromistas reingresaron a los beneficios, que comenzaron a funcionar nuevamente. Para resolver el problema de empleo de las 700 escogedoras tejedistas, el gobernador Gonzalo Vázquez Vela negoció con la compañía estadunidense Hard and Rand, que probablemente empleaba trabajadores no sindicalizados, para que contratara a las obreras.[39]

La resolución militar del conflicto entre los sindicatos de escogedoras de Córdoba fue una de las muchas derrotas sufridas por Tejeda a principios de 1933, como parte del desmantelamiento de su base de poder desde el centro. También fue un golpe duro para el SOECC, que como muchos sindicatos masculinos de la región de Córdoba-Orizaba, siguió estando bajo el dominio de Eucario León y demostró la incapacidad de sus bases para reemplazar a sus dirigentes

[38] AGEV/JCCA, Sindicatos, 1933, exp. s. n. Informe de Santiago Mota Barrientos al gobernador provisional, 3 de febrero de 1933, AGEV/JCCA, Sindicatos, 1933, exp. 66, Ramón Martínez a Enrique César hijo (presidente de la JCCA), 4 de febrero de 1933 (tel); AGEV/JCCA, Sindicatos, 1933, exp. 66, Isauro González a JCCA, 4 de febrero de 1933 (tel).

[39] AGEV/JCCA Sindicatos, 1933, exp. s. n., Informe de Santiago Mota Barrientos al gobernador provisional, 8 de febrero de 1933; AGEV/JCCA, Sindicatos, 1933, exp. 66, Gonzalo Vázquez Vela AJCCA, "Acuerdo", 6 de marzo de 1933; AGN, Acervos Presidentes, Abelardo L. Rodríguez, 561.8/13, gobernador provisional Francisco Salcedo Casas a Abelardo Rodríguez, 8 de febrero de 1933.

incrustados en la dirigencia y cooptados por el gobierno.[40] Sin embargo, ejemplifica cómo las obreras recurrieron a un comportamiento revoltoso, agresivo y en ocasiones violento, a los ataques contra los dirigentes impopulares y a un lenguaje soez, reminiscentes todos ellos del comportamiento sindicalista masculino, con el propósito de proteger su derecho a trabajar.

LA CONSTRUCCIÓN DE UNA CULTURA ALTERNATIVA
DE LAS MUJERES DE LA CLASE OBRERA

A principios de los años treinta, gracias a sus experiencias laborales y a las nuevas relaciones horizontales establecidas con otras personas fuera del círculo familiar en los beneficios, las calles y las salas de los sindicatos las escogedoras de café comenzaron a construir una cultura alternativa de las mujeres de la clase obrera, que era diferente de la cultura pública de los obreros del sexo opuesto. Las actividades sociales que las sacaban de casa desafiaban las normas provinciales del sindicalismo, el patriarcado y su propia reputación como "mujeres de la calle". Había una contradicción básica entre género y clase para las obreras, a diferencia de los obreros. Los hombres podían realmente conciliar "clase" y "masculinidad" para sí. Sin embargo, no podía erradicarse la tensión entre el ideal que representaba el sindicato, la militancia y la clase como un asunto de hombres y la realidad de que el sindicalismo, la militancia y la clase eran asunto tanto de hombres como de mujeres.[41] De acuerdo con Susie Porter, las mujeres de la clase baja de la Ciudad de

---

[40] Aurora Gómez-Galvarriato Freer propone que la decadencia de la CROM en el país no condujo a un debilitamiento de su organización en Orizaba; de hecho, como secretario general, Eucario León fortaleció su papel en la confederación (1999, p. 320).

[41] Levenson-Estrada, 1997, p. 224.

México se forjaron nociones de respetabilidad y honor que entrelazaban género y clase de manera diferente de las normas de la burguesía y de los hombres de clase baja. La representación de la mujer obrera seguía dos paradigmas: uno era el del paternalismo industrial y el otro el de las normas de feminidad de la clase media. Ambos tenían en común la idea de la vulnerabilidad femenina. Estos paradigmas separaban el honor como una virtud privada para las mujeres del honor como una virtud pública basada en el prestigio familiar, la protección y la posición económica. Por otra parte, las obreras lucharon para ganarse el "respeto" como trabajadoras disciplinadas y esforzadas, pues querían retener su capacidad para ganarse un salario.[42] En sus historias de vida, las mujeres que trabajaron como desmanchadoras en esos años procuraban representarse como una comunidad de obreras que trabajaban duro y que se empeñaron en mantener a sus familias siguiendo las normas burguesas de honor y respetabilidad. También exigían ser respetadas como buenas proveedoras, madres dedicadas, sostén de sus hogares y esposas honorables.

En estas cinco ciudades provincianas del centro de Veracruz, cuya población variaba de los 6 000 a los 45 000 habitantes en 1930, se criaba a las mujeres para trabajar sobre todo en la casa. Sus actividades generadoras de ingreso contribuían a la economía familiar, pero no se les pagaba por su trabajo. Los miembros de la familia vigilaban estrictamente los movimientos de las mujeres mientras estaban fuera de casa. Las mujeres de provincia rara vez se aventuraban a salir solas, salvo para ir a comprar comida o hacer mandados. Si lo hacían, ponían en peligro su reputación de mujeres "decentes" y su aspiración a ser respetadas como hijas, esposas y madres fieles. Los hombres de la familia desalentaban

---

[42] Porter, 2003, pp. xv, 119-121 y 132.

y hasta castigaban a sus esposas e hijas por salir de casa sin compañía o por hablar con otras personas en la calle.[43]

El respeto y la felicidad son dos temas dominantes que corren a través de las historias de vida de muchas obreras, así se trate de empacadoras de carne en Argentina, obreras textiles de la Ciudad de México o el Bajío, o escogedoras de café en Veracruz. Sus logros como trabajadoras y la capacidad de mantener a sus familias eran causa de gran orgullo para ellas, y lo expresan en términos de su propia y genuina satisfacción así como del respeto que recibían por su desempeño como proveedoras económicas de la familia.[44]

Las escogedoras de café también expresan una gran satisfacción por la ética de su trabajo y su capacidad para mantener una familia extensa. Una escogedora, Cecilia, se sentía "orgullosa de ganar el pan de cada día" para mantener a sus 10 hijos después de que su esposo la dejó.[45] Estela Velázquez, una escogedora retirada, felizmente casada y con nueve hijos, manifiesta los mismos sentimientos: "Para mí es un orgullo hasta el día de hoy… porque… honradamente saqué a mis hijos adelante… con mucho orgullo porque de ahí… pues… a base de trabajo, como todo, adquirí experiencia, escuela; eh, el trabajo fíjese usted que nunca lo honra a uno, uno es el que honra el trabajo".[46]

Aunque las mujeres que trabajaron como escogedoras describen sus labores fuera de casa como una necesidad económica, parecen reconocer las contradicciones inherentes entre la realidad de sus vidas privadas y el ideal de la buena esposa que querían representar en la esfera pública.

[43] Sheridan Prieto, 1983, pp. 22-23 y 42; Wilson, 1990, cap. 2; Leñero Franco, 1984, p. 50.

[44] James, 2000, p. 162; Radkau, 1984, p. 96; Wilson, 1990, pp. 176-177.

[45] Cecilia Hernández de Huerta, entrevista de la autora, Córdoba, Veracruz, 20 de julio de 1999; María del Carmen Ríos Zavala, Orizaba, Veracruz, 9 de mayo de 1999.

[46] Estela Velázquez Ramírez, entrevista de la autora, Córdoba, Veracruz, 13 de mayo de 1999.

En consecuencia, construyeron una identidad que abarcaba ambos papeles, como esposas y como obreras, para restar importancia a esta tensión. Al hacerlo, crearon una identidad de género colectiva, que disimulaba las aparentes contradicciones entre ambas identidades. Enriqueta Salazar Báez legitimaba el trabajo de las mujeres comparándolo con un buen esposo: "El mejor marido es el trabajo".[47] Por otra parte, las escogedoras han querido pasar a la historia como supermujeres, mujeres que podían llevar a casa el dinero de la quincena y ser también esposas y madres responsables. Para racionalizar los dos roles, solían llamarse "madronas" entre ellas, mujeres de carácter fuerte que, igual que los hombres, no querían ser contrariadas.[48]

En el piso del taller, hicieron amistades nuevas y fuertes con sus compañeras de trabajo, mientras platicaban a través del "clic-clac" de las máquinas de pedal. El taller exclusivo de mujeres les ofreció un espacio más propicio para desarrollar su propia cultura pública. A diferencia de las obreras textiles y las tortilleras, no tenían que estar constantemente atentas al ritmo de la máquina, con el riesgo de que las máquinas se tragaran las prendas o las manos, ni a las constantes confrontaciones con los obreros.[49] Cantaban al unísono, compartían noticias sobre las aflicciones de la familia, las bodas y los niños, y desarrollaban una camaradería especial a partir de sus experiencias personales en común. En su ex-

[47] Enriqueta Salazar Báez, entrevista de la autora, Coatepec, Veracruz, 12 de junio de 2002.

[48] *Id.;* Velázquez Ramírez, entrevista de la autora, Córdoba, Veracruz, 13 de mayo de 1999.

[49] Correspondencia con Leticia Gamboa Ojeda, 13 de junio de 2002, en posesión de la autora. Leñero Franco no encontró ningún sentido de comunidad entre las obreras textiles de Tlaxcala en los ochenta, pues sufrían discriminación cultural en el taller debido a las jerarquías de género y el paternalismo; por este motivo, las obreras se encontraban aisladas, sin amistades fuera de la fábrica y en constante competencia con otras mujeres acerca de quién era mejor mamá o quién podía atrapar a un hombre con mayor facilidad (1984, pp. 46-52).

celente estudio etnográfico de las escogedoras de Coatepec, Cecilia Sheridan pone el énfasis en esta misma relación social. "Las mujeres desmanchadoras lograron crear un espacio propio: 'su taller', en él se podía hablar, no había restricciones en la comunicación por estar colocadas una junto a la otra, aun con la atención fija en la banda por la que corría el café."[50] El hecho de llamarse entre ellas "compañeras" sugiere que compartían una identidad común. Mientras trabajaban codo a codo en su monótono trabajo, intercambiaban historias sobre su vida personal, sus tragedias, enfermedades, abortos, partos, esposos y demás.

> Casi todas ellas pasaban el tiempo platicando... Pero las manos estaban trabajando... Usted estaba platicando [con] su compañera que está [aquí] junto... aquí está la otra, usted está aquí, entonces aquí viene la banda... Pues muchas veces platicaban de sus problemas de su casa, problemas de las que estaban embarazadas, de los novios, de sus maridos, todo platicaban ahí, una y otra se comentaban sus penas.[51]

Estas nuevas amistades las llevaron a pasar juntas su tiempo de esparcimiento en espacios públicos.[52] Kathy Peiss lo plantea de manera muy convincente: las mujeres asalariadas "experimentaban los ritmos de tiempo y trabajo de manera más similar a los hombres que a las mujeres casadas, y la cultura de los talleres reforzaba la idea de que el esparcimiento era un espacio de actividades distinto al que las obreras podían reclamar el acceso".[53] Caminaban juntas al trabajo y de regreso a la casa, se iban juntas al cine y jun-

---

[50] Sheridan Prieto, 1983, pp. 42-43.
[51] Siriaco García, entrevista de la autora, Córdoba, Veracruz, 3 de julio de 2001.
[52] Verena Radkau sacó a la luz un tipo similar de experiencia social entre las obreras textiles (1984, p. 96); Porter, 2003, p. 16.
[53] Peiss, 1986, p. 6.

tas también se iban a las reuniones y los bailes del sindicato. Cuando se casaban, se hacían comadres y se ayudaban
unas a otras para cuidar a los niños.[54] Estas mujeres se rela-
cionaban mucho entre sí, en comunidad, tanto en el taller
como fuera de él, lo que representa un cambio significativo
del ideal de la dinámica de género vertical hombre-mujer,
presente en la mayoría de las casas de la clase obrera.

Aunque tenían poco tiempo para socializar fuera de su
lugar de trabajo debido a las mil y una tareas del hogar, la
experiencia común del trabajo se reforzaba cuando se veían
en las reuniones semanales del sindicato, los bailes, las
marchas del Día del Trabajo y las peregrinaciones para visitar a la virgen de Guadalupe. Recuerdan perfectamente
cuando sus esposos o parejas se quedaban en la casa y ellas
salían caminando en grupos, tomadas a veces de la mano,
al salón que el sindicato tenía para organizar estas actividades, y cómo a veces regresaban por la noche, ya tarde.[55] En
estos espacios públicos, seguían charlando sobre la casa, el
trabajo y el novio, sus quejas contra los dueños de los beneficios y el chismorreo local del vecindario. Esta sociabilidad
recién descubierta llevó al uso del lenguaje sobre la vida
privada en espacios públicos. Hasta los administradores de
los beneficios se acuerdan de la forma en que las escogedoras se inventaron su propio lenguaje de guasa que usaban
en la calle, un comportamiento para cuando salían, una
mayor independencia de las responsabilidades familiares y
un mayor sentido de su propia valía.[56] En otras palabras,
subvirtieron la concepción de una cultura de la clase traba-

[54] Velázquez Ramírez, entrevista de la autora, Córdoba, Veracruz, 13 de
mayo de 1999; Báez Salazar, entrevista de la autora, Coatepec, Veracruz,
12 de junio de 2002, y Ríos Zavala, entrevista de la autora, Orizaba, Veracruz, 9 de mayo de 1999.
[55] *Ibid.;* Siriaco García, entrevista de la autora, Córdoba, Veracruz, 7 de
junio de 2000; Limón, entrevista de la autora, Coatepec, Veracruz, 10
de julio de 2001.
[56] *Ibid.;* Velázquez Ramírez, entrevista de la autora, Córdoba, Veracruz,

jadora como asunto exclusivamente masculino, organizado en torno a las cantinas y los deportes, construyendo una cultura alternativa para las mujeres.

A los ojos de la gente decente que vivía en estas ciudades, las obreras representaban una amenaza directa al mantenimiento de su propio sistema de valores y su moralidad patriarcal. Una de las herencias del siglo XIX era la idea de la clase media de que el lugar de trabajo no era propio para las mujeres. "La fábrica representaba un espacio potencialmente amenazador en el que empleados, supervisores y trabajadores podían transgredir las normas de la feminidad."[57] La penetración de las mujeres en los espacios públicos frecuentados por los hombres, así fueran el beneficio, el mercado, el salón del sindicato, la sala de baile o las cantinas, representaba un estigma en la reputación de una mujer de su casa. En cuanto una mujer mexicana dejaba a sus niños para entrar a trabajar en la fábrica o en la calle, pasaba a ser una mujer de costumbres relajadas.[58] Al ver los cientos de mujeres que entraban a diario en los beneficios junto con los hombres, la gente de la localidad comenzó a sentirse más amenazada aun por el cambio en los roles de género. Además, el hecho de que algunas escogedoras fueran a las cantinas y trabajaran como prostitutas para completar sus ingresos reforzaba esta imagen. A los bailes del sindicato de los viernes y sábados por la noche, las mujeres acudían sin compañía masculina, dando pie a una desaprobación mayor aún.

A finales de los años veinte, cuando las escogedoras de Coatepec se pusieron en huelga en demanda de mayores salarios y del derecho a organizarse, los dueños de los benefi-

---

23 de marzo de 1999. Díaz Sanabria, entrevista de la autora, Coatepec, Veracruz, 10 de julio de 2001 y 4 de julio de 2002.

[57] Porter, 2003, p. 132.

[58] Hasta la fecha los veracruzanos decentes siguen ubicando a la escogedora de café en la misma categoría que las prostitutas. Siguen representándolas como mujeres marginales, indeseables, en los márgenes de la sociedad urbana de provincia.

cios y los vecinos del lugar recurrieron a esta ideología de
género de la clase media para poner en duda la moralidad
de las obreras como mujeres respetables.[59] Con sus calum-
nias procuraban debilitar la credibilidad de las demandas
económicas de las mujeres. En la calle, la gente de la ciudad
les gritaba "prostitutas" y "chivas prietas". Los significados
sexuales y raciales de estos términos lastimaban la reputación de las trabajadoras. Además, como los sindicatos afiliados a la CROM apoyaban enérgicamente la campaña anticlerical del Estado, los fieles católicos usaban el término
"chivas prietas" inclusive para sugerir que las escogedoras
eran mujeres desorientadas en términos religiosos, mientras que los curas llegaron al extremo de amenazar con la
excomunión a cualquier mujer que se uniera al sindicato.[60]

Para la gente acomodada de la ciudad, las escogedoras
eran mujeres descarriadas socialmente o sexualmente pro-
miscuas que se habían alejado de la conducta que correspondía a una mujer. Por este motivo, solían llamarlas "mujeres de la calle". Los curas y los dueños de los beneficios,
las dos figuras de autoridad más poderosas de estas ciudades, las amonestaban todo el tiempo para que se comporta-
ran con propiedad. La escogedora María del Carmen recuerda con amargura cómo un cura de Orizaba reprendió a
un grupo de escogedoras antes de la peregrinación del 12 de
diciembre cuando iban a visitar a la virgen de Guadalupe.

Hasta el padre nos decía: "no vayan riéndose por la fama que
tienen, compórtense", aunque no hiciéramos nada malo, porque muchas mujeres llevaban a sus niños, a sus abuelitos, sus
abuelitas... Nada más que ya para la gente todas éramos malas, yo en aquel entonces era una señorita... Yo no sabía lo

[59] Porter, 2003, pp. 64-65, 114-115 y 175.
[60] Sheridan Prieto, 1983, p. 30; Texon y Díaz Sarabia, entrevista de la
autora, Coatepec, Veracruz, 9 de julio de 2001; Ríos Zavala, entrevista de
la autora, Orizaba, Veracruz, 9 de mayo de 1999.

que eran cines... porque nos criaron en un mundo de hipocre-
sía, porque para mí lo juzgo yo así.[61]

Las escogedoras rechazaban categóricamente estas representaciones estereotipadas en sus relatos, repitiendo una
y otra vez la misma frase: "No éramos mujeres de la calle".
Muchas obreras temporales se defendían de estas acusaciones alegando que ni siquiera ganaban el dinero suficiente para
pagar la comida y las bebidas que vendían en los bailes.[62]

CONCLUSIONES

A principios de los veinte, el ambiente posrevolucionario
ofreció espacios para el activismo laboral y el patronazgo
del Estado que favorecieron a las obreras. Pero para el final
de la década se desarrolló una lucha a lo largo de tres pis-
tas: la consolidación del Estado, los actores regionales y los
sindicatos de mujeres. Estos mismos procesos políticos tuvieron un papel en la industria de la tortilla en Guadalajara
y las industrias textil y del vestido en Puebla, y en la mayoría de los casos, las perdedoras fueron las mujeres. En Veracruz, esta lucha culminó en 1932 y 1933, cuando el gobierno
federal tomó medidas para desarmar y marginar políticamente el movimiento progresivo tejedista. Durante este proceso, la rivalidad entre la CROM y la Liga Campesina tejedista
se hizo manifiesta dentro del sindicato de escogedoras de
Córdoba, con desafortunadas consecuencias para la autonomía del sindicato. En su intento de defender sus demandas, neutrales en términos de género, los grupos rivales de
escogedoras se apropiaron de comportamientos masculinos

[61] Ríos Zavala, entrevista de la autora, 9 de mayo de 1999.
[62] Jesús Baltazar, entrevista de la autora, Córdoba, Veracruz, 13 de mayo
de 1999; Ríos Zavala, entrevista de la autora, Orizaba, Veracruz, 9 de mayo de 1999.

a fin de proteger los derechos laborales garantizados por la Constitución.

A pesar de estos reveses políticos, en sus relatos las escogedoras procuran describirse como una comunidad de obreras heroicas y respetables que entraron a formar parte de la fuerza de trabajo por necesidad económica, para sostener a su familia. En los nuevos espacios públicos heterosexuales, entablaron relaciones sociales fuera del círculo familiar con otras escogedoras, sus compañeros hombres y sus jefes. Sus actividades sociales, relacionadas con el sindicato, influyeron para que se representaran a sí mismas no como individuos aislados, sino como una comunidad de mujeres que compartían conceptos similares del trabajo como mujeres y trabajadoras. El respeto se basaba en la capacidad de ser una buena esposa y buena madre, a la vez que el sustento de la familia, y no una mujer de la calle. De esta manera, desarrollaron una cultura alternativa para las trabajadoras.

IX. LA MASCULINIDAD DE LA CLASE OBRERA Y EL SEXO RACIONALIZADO*
Género y modernización industrial en la industria textil de Puebla durante la época posrevolucionaria

Susan M. Gauss
State University of New York

Durante los conflictos laborales de los años veinte y treinta, los sindicatos textileros de Puebla, predominantemente masculinos, aplicaron a la racionalización de la fuerza de trabajo ideales marcados por el género; en ellos se destacaba la masculinidad como un medio de construir la solidaridad y la lealtad entre los obreros del sexo masculino.[1] A fin de reforzar las formas masculinas de militancia sindical promovieron conceptos en los que la feminidad de la clase obrera equivalía a la vida doméstica hogareña.[2] Esta normatividad de género encuentra su origen en los procesos de transición anteriores a la Revolución en la industria textil

---

* Quiero agradecer los pertinentes comentarios sobre este ensayo de Mary Kay Vaughan, Jocelyn Olcott, Temma Kaplan, Tom Klubock, Greg Crider, Stephanie Smith, Teresa Fernández-Aceves y Heather Fowler-Salamini.

[1] El planteamiento de Greg Crider de que los dirigentes del trabajo promovían las rivalidades entre los obreros para que no se unieran en contra de ellos arroja luz sobre las diversas y a menudo contradictorias formas en que los sindicatos manejaban a los trabajadores (1996, pp. 112-113).

[2] Véase mayor información sobre el ascenso de las ideologías de domesticidad femenina en Vaughan, 2000 y Arrom, 1988. Sobre la masculinización de la industria latinoamericana y la domesticación de las obreras, véase Weinstein, 1997.

poblana y a los consiguientes cambios en la división sexual del trabajo. Sin embargo, entre las luchas que involucraron a sindicatos, dirigentes regionales y al Estado como autoridad superior frente a los gobiernos locales y regionales de los años veinte y treinta, los sindicatos redefinieron estos ideales para alimentar la militancia revolucionaria de la fuerza de trabajo.[3] En los años cuarenta, los cambios hacia el conservadurismo en la consolidación del partido gobernante orillaron a los sindicatos a dejar esta militancia para promover la ciudadanía responsable entre los hombres de la clase obrera. Por su parte, los sindicatos adelantaron definiciones científicas de una maternidad saludable, moderna y de la clase obrera como el fundamento de la paz social y el crecimiento económico nacionalista. De esta manera, el proceso de formación de la clase obrera moldeado por el género surgió en el corazón de la construcción posrevolucionaria del Estado y la modernización industrial.[4]

El énfasis que pusieron los sindicatos en la política reproductiva estaba respaldado por la promulgación posrevolucionaria de una legislación que protegía a las mujeres trabajadoras. Si bien la legislación movilizó a los sindicatos para que defendieran los derechos de las trabajadoras, también promovió ideales domésticos que justificaban la segregación constante de las mujeres hacia el trabajo mal pagado y no especializado. No sólo se satisfacían así las demandas de la política masculinista del sindicato, sino que también se reflejaban las ideas sobre la racionalización doméstica e industrial procedente de los Estados Unidos.[5]

La industria textil de Puebla ofrece un campo fértil para estudiar la complejidad de la política posrevolucionaria del

---

[3] William Sewell plantea que los obreros reescribieron las normas culturales dominantes con significado revolucionario después de la Revolución francesa (1980).

[4] Dos excelentes estudios sobre género, clase y formación del Estado en Chile son los de Rosemblatt, 2000 y Klubock, 1998.

[5] Vaughan, 2000, pp. 195-199.

trabajo y el género. A principios del siglo xx, casi no había mujeres en ningún sector de la industria textil poblana; en los años cuarenta, seguían siendo menos de 5% de la fuerza de trabajo legal del ramo en ese estado.[6] Sin embargo, desde la introducción de la industria textil en el siglo xix hasta al menos la década de los cincuenta, las mujeres dominaron la producción bonetera o manufactura del tejido de punto, en particular calcetines y medias.[7] Los sindicatos y los propietarios de empresas incluso promovieron el empleo de las mujeres en la bonetería, considerando que era una extensión de las labores domésticas de las mujeres, quienes tenían aptitudes naturales para las condiciones y las tareas de esta industria específica. La Constitución de 1917 y la Ley del Trabajo de 1931 otorgaron a las trabajadoras de la industria bonetera el derecho a moverse en espacios político-legales previamente cerrados a las mujeres. Ellas reclamaron las medidas de protección especialmente conferidas a las obreras; pero también exigieron derechos que normalmente se consideraban privilegio de los trabajadores hombres, incluyendo el derecho a un salario familiar.[8]

Aunque los sindicatos garantizaban que las mujeres seguirían segregadas en empleos de poca especialización, el predominio de las mujeres en la bonetería y el movimiento en pro de los derechos laborales revelaron la fragilidad del binomio "hombre que percibe el ingreso/mujer que forma el hogar", que apuntalaba la autoridad sindical y la modernización industrial. En Puebla, los sindicatos textileros ar-

---

[6] AGN, Fondo Secretaría del Trabajo y Previsión Social, Actas de Visita, Dirección General de Previsión Social (DGPS), Secretaría del Trabajo y Previsión Social (STPS), 1941-1952. Véase también Secretaría de Economía Nacional, 1936; Keremitsis, 1984b, pp. 492-498.

[7] Susie Porter observa que las mujeres se concentraban en la producción bonetera en la Ciudad de México en los comienzos de la industria, a fines del siglo xix (2003, p. xiii). Incluyo la bonetería bajo los textiles porque en los censos industriales está clasificada como parte de la industria textil.

[8] Porter, 2003, pp. 50-51, 74 y 174, cap. 7.

284 GÉNERO EN ORGANIZACIONES SINDICALES

gumentaron que las obreras eran una amenaza para la fuerza de trabajo masculina, a pesar de la casi total invisibilidad de las mujeres en la industria. Inclusive la Confederación Regional Obrera Mexicana (CROM), una de las organizaciones que mejor habían logrado excluir a las mujeres de sus filas, promovió enérgicamente la domesticidad para destacar el supuesto riesgo que las obreras representaban para los empleos de los hombres y la autoridad sindical. De alguna manera, el trabajo de las mujeres era una amenaza para la CROM. En la medida en que el patronazgo del Estado ofreció a las mujeres acceso a nuevas formas de participación pública, la esfera doméstica preservó los ámbitos locales de autoridad masculina. Por añadidura, las mujeres que trabajaban en la industria de la bonetería eran una importante base de apoyo para la Federación Regional de Obreros y Campesinos del Estado de Puebla, opositora de la CROM durante las luchas sindicales de los cuarenta. Al final, los sindicatos salieron beneficiados de estas supuestas amenazas, porque con ellas se logró alentar la solidaridad, la lealtad y la militancia en una fuerza de trabajo masculina que a menudo estaba en desacuerdo con una dirigencia sindical corrupta y politizada.

Joan Scott sostiene que el género es "una forma primaria de significar relaciones de poder" que "no siempre tienen que ver con el género mismo".[9] En Puebla, las elevadas tasas de segregación de la fuerza de trabajo, junto con los conflictos sindicales generalizados, alentaron a los dirigentes laborales a adoptar normas basadas en el género como un recurso poderoso para esencializar las diferencias entre los obreros y obreras a fin de construir solidaridad faccional y autoridad sindical. Sin embargo, fue dentro de las fábricas y los mismos sindicatos, por ser espacios sociales y culturales impugnados, donde se definieron y se plantearon

[9] Joan Scott, 1988, pp. 43-45.

las ideas comunes sobre el honor masculino y la domesticidad femenina para cumplir con las demandas de las violentas luchas sindicales.[10]

Para los años cuarenta, los conflictos entre sindicatos, líderes regionales y el Estado por la autoridad local y regional se entrecruzaban con las amenazas que representaban para la seguridad del empleo la mecanización moderna, el ambivalente compromiso que el presidente Miguel Alemán adquirió con la industria textil poblana y los esfuerzos estadunidenses por manipular la producción mexicana de manera que complementara los objetivos de su propia industria. Al promover el maternalismo en el hogar, los dirigentes laborales abrigaban la esperanza de garantizar su supervivencia conformándose al proyecto de modernización industrial y paz social que defendía el régimen cada vez más conservador del Partido Revolucionario Institucional (PRI). Con ello, la mano de obra poblana de la industria textil llegó a identificarse con el ideal del ciudadano de la clase obrera, de sexo masculino, sindicalizado y políticamente activo que evitaba la violencia de las generaciones anteriores. En consecuencia, aunque la consolidación del Estado y la modernización industrial ofrecieron a las mujeres nuevos derechos que ponían en cuestión los sobreentendidos históricos de la feminidad de la clase obrera, también justificaron que las mujeres siguieran siendo excluidas de la fuerza de trabajo moderna de la industria textil.

LA RECONSTRUCCIÓN DE LA AUTORIDAD REGIONAL Y EL OBRERO TEXTIL MODERNO DE SEXO MASCULINO

Dada su creciente influencia en el periodo posrevolucionario, los sindicatos pudieron desempeñar un papel importante en

[10] Véase una discusión del espacio como un sitio de contienda por el poder en el periodo posrevolucionario en Vaughan, 1999, pp. 75-82.

el proceso de lucha entre el gobierno central y los dirigentes políticos regionales. Así lo sugieren Heather Fowler-Salamini y María Teresa Fernández-Aceves: los sindicatos negociaron hábilmente durante estos conflictos en su pugna por reclamar los derechos recientemente otorgados a sus trabajadores.[11] En el proceso, los sindicatos procuraron consolidar su propia autoridad política regional, así como su papel en la masculinización del desarrollo industrial mexicano.

Durante los años veinte, la industria textil poblana sufrió oleadas de actividad huelguística, muchas veces relacionada con el faccionalismo sindical originado por el dominio corrupto de la CROM sobre la fuerza de trabajo. Hasta 1928, Puebla carecía de un dirigente político capaz de unir y restringir estos diversos movimientos sociales. El debilitamiento de la CROM después de haber perdido su posición privilegiada ante los dirigentes nacionales en 1928 y el ascenso del gobernador populista Leónides Andreu Almazán (1929-1933) sugieren un final a los revueltos años veinte. El gobernador Almazán forjó una alianza con el anticromista predecesor de la FROC, unciendo su militancia a su propia maquinaria política populista que apenas despuntaba. No obstante, la resistencia de los dueños de la industria textil a esta alianza progresiva y al faccionalismo sindical siempre presente siguieron alimentando los conflictos laborales.

El ascenso militar y político del gobernador conservador Maximino Ávila Camacho (1937-1941) prometía dar una solución a la turbulencia regional. Con la fuerza militar, el respaldo del presidente Lázaro Cárdenas y la CROM, y una tregua con los dueños textileros, el gobernador Ávila Camacho intentó la reconciliación en las grescas políticas y los persistentes conflictos laborales, así fuera sólo para consolidar su propia autoridad regional.[12] Sin embargo, Ávila Camacho no obtuvo un éxito rotundo en su intento por incor-

[11] Véanse sus ensayos en este volumen.
[12] Márquez Carrillo, 1983; Pansters, 1990; Valencia Castrejón, 1996.

porar a los sindicatos a su proyecto conservador ni logró poner fin a los conflictos laborales. Su alianza con la CROM, así como la represión de la FROC, predominante en la región, volvió a encender el conflicto entre estos viejos rivales. A pesar de que su influencia política decaía, la FROC siguió dominando sectores clave del trabajo y empleando huelgas dirigidas para desafiar el avilacamachismo. Esto debilitó aún más a la FROC, pues tanto el presidente Cárdenas como la Confederación de Trabajadores de México (CTM), aliada al partido gobernante y a la que estaba afiliada la FROC, se negaron a avalar su militancia contra el gobernador Ávila Camacho. El exilio de la FROC de los principales espacios políticos, así como de la CTM, se decretó cuando se negó a respaldar a Manuel Ávila Camacho como candidato a las elecciones presidenciales de 1940, hermano del gobernador Maximino y candidato del partido gobernante. La FROC no tardó en separarse de la CTM. Luchando por la supervivencia política en medio del abandono tanto regional como nacional, la FROC siguió recurriendo a las huelgas para impugnar la autoridad del avilacamachismo a principios de los años cuarenta. Por lo tanto, pese a que se logró cierto éxito en el reclutamiento de los dirigentes de la FROC, la intransigencia de las bases limitó los esfuerzos conservadores por extender el control del Estado sobre la mano de obra.[13]

La interferencia de las autoridades municipales en la política laboral complicó más aún la resolución de los conflictos sindicales. Los sindicatos normalmente hacían alianzas con los dirigentes municipales; sin embargo, también se confrontaban con las autoridades locales por politizar los asuntos laborales para sus propios fines. Por ejemplo, la FROC acusaba a la CROM de tener protección debido a su alianza con las autoridades municipales en Atlixco, incluyendo la que le brindó un juez cuyo hermano era un dirigente local

[13] Malpica Uribe, 1984; Talavera Aldana, 1976, pp. 227-299; Estrada Urroz, 1997; Ventura Rodríguez, 1984.

de la CROM y enemigo jurado de la FROC. La CROM replicaba que las autoridades municipales estaban armando a opositores locales del avilacamachismo para que pudieran asesinar a obreros avilacamachistas.[14] Otro conflicto entre sindicatos surgió cuando la CTM acusó a un comandante de la policía local, que también era miembro de la FROC, de matar a uno de sus obreros por la ferviente lealtad que éste manifestaba hacia su sindicato. En respuesta, la FROC acusó a los dirigentes locales de la CTM de manipular el crimen para encaramarse en lucrativos puestos políticos.[15]

La capacidad de las autoridades municipales para aprovecharse de los conflictos laborales estaba restringida por los contratos colectivos, la Ley Federal del Trabajo y las comisiones tripartitas integradas por sindicato, patrones y representantes del gobierno. En conjunto, conferían importantes poderes a los sindicatos en cuanto se refería a la contratación y el despido, el reglamento laboral y las relaciones de trabajo.[16] A cambio de estos beneficios, el partido gobernante buscaba la complicidad de los obreros tanto en las elecciones como en su proyecto de desarrollo industrial. Para la década de los cuarenta, la dependencia de los obreros textiles de los patrones había sido reemplazada por una alianza entre el Estado y los obreros que protegía y confería poder a los sindicatos, a la vez que reforzaba la autoridad del PRI.

Estos poderes permitían a los sindicatos exigir la leal-

[14] AGN, Lázaro Cárdenas, 22 de junio y 25 de junio de 1935; AGN, Fondo Dirección General de Gobierno 2,331.8(18)17520, C, 35-A, exp. 85, carta de la Federación Local de Sindicatos Obreros y Campesinos "Domingo Arena" de la Región de Tehuacán, FROC, 24 de abril de 1936; y AGN, Fondo Dirección General de Gobierno, 2,331.8(18)17520, C. 35-A, exp. 85, telegrama de la CROM, Atlixco, a la Secretaría de Gobernación, 30 de abril de 1936. Véase una historia de los obreros textiles de Atlixco en Gamboa Ojeda, 2001.

[15] AGN, Fondo Manuel Ávila Camacho, 432/553, correspondencia sobre el conflicto en la fábrica San Juan Xaltepec, Tehuacán, Puebla, 11 de enero-15 de mayo de 1944.

[16] Bortz, 1995, pp. 3-69; Zapata, 1976; Franco, 1991; Crespo Oviedo, 1988.

tad de los obreros durante los conflictos laborales, lo que resultaba especialmente crítico tomando en cuenta la hostilidad de los obreros hacia los dirigentes sindicales, de quienes se solía decir que eran enemigos de la clase obrera por su uso arbitrario del poder.[17] Ya para fines de los años veinte, los trabajadores protestaban porque a pesar de que acababan de "romper las cadenas de la esclavitud del capitalista" mediante la lucha revolucionaria, ahora sufrían bajo una "nueva opresión" creada por los dirigentes sindicales que trataban de esclavizar a los trabajadores para sus propios fines políticos.[18] En consecuencia, la solidaridad y la militancia obrera, construidas a partir de los vínculos de masculinidad, adquirieron vital importancia en los esfuerzos de los sindicatos por mantener la disciplina obrera y la legitimidad sindical.[19] Los dirigentes sindicales manipulaban las normas masculinas y las relaciones patronales con los obreros para ganarse la lealtad de las bases en el taller, dentro de los sindicatos, y en la localidad en general.[20] El resultado fue que la identidad de los trabajadores y la lealtad de los sindicatos reflejaban los códigos masculinos de honor.

Estos códigos masculinos eran vitales para encauzar la violencia comunitaria que siguió infiltrándose en la cultura sindical durante los años treinta y cuarenta. Aunque no era ubicua, la violencia exageraba los códigos de honor al reinscribirlos dentro de una militancia al servicio de los sindicatos. A menudo las peleas se daban entre los obreros de los

[17] AGN, Fondo Dirección General de Gobierno, 2/331.9 (18), C. 64-A, exp. 116, carta del Sindicato de Trabajadores de la Industria Textil y Similares de la República Mexicana, al presidente Alemán, 25 de abril de 1948.

[18] AGN, Fondo Departamento de Trabajo, *ca.* 1460, exp. 4-10, cartas de los diversos sindicatos y ligas campesinas al presidente Plutarco Elías Calles y otras agencias gubernamentales, 5-24 de septiembre de 1928.

[19] Deborah Levenson-Estrada plantea que la militancia, la solidaridad y el sindicalismo se volvieron de lo más masculinistas en Guatemala en los setenta y los ochenta (1997, p. 208).

[20] Crider, 1996, pp. 6, 112-113.

sindicatos que competían por el control de una fábrica, pero también solían revelar un ajuste de cuentas local o personal. En este contexto la violencia diaria de bajo nivel, pautada por casos extremos como el asesinato de cinco obreros en 1947 y 1948 durante los conflictos entre la CROM y la CTM se convirtió en una medida de fuerza y lealtad sindicales.

Si bien es cierto que la retórica militante del sindicato siguió siendo el elemento central de los conflictos locales del ámbito laboral en los años cuarenta, los dirigentes sindicales demuestran que no se les escapaban las restricciones cada vez mayores de esta retórica a nivel nacional. Por ejemplo, para describir un conflicto ocurrido en 1944-1945 por el control de la fábrica San Juan Amandi como si fuera una historia de traiciones, los periódicos sindicales remitían a ideales masculinos para castigar la deslealtad sindical. Los dirigentes de la CROM hicieron que recayeran sospechas sobre la lealtad de los obreros del primer turno, llamándoles Judas Iscariotes por unirse a otra facción de la CROM, encabezada por Eucario León. La confederación los comparaba con los obreros del segundo turno, dignos de elogio por su "lealtad inquebrantable" como lo demostraron con su capacidad para distinguir la ruptura de León como un acto de traición. La CROM siguió descalificando a los obreros del primer turno como asesinos inmorales, revoltosos y cobardes, cuya lealtad al honor sindical se había visto ensombrecida por los objetivos personales de sus dirigentes.[21] De acuerdo con la CROM, los obreros del primer turno habían dañado la dignidad del sindicalismo mexicano, así como la ley y el orden público, con su falta de respeto por la autoridad legal del sindicato.

Estos renegados también fueron acusados de ser traidores a su clase, su género y su país. La CROM afirmaba que los obreros del primer turno habían hecho un trato con los

---

[21] "El caso de la fábrica San Juan Amandi", *Germinal*, 6 de mayo de 1944, pp. 1 y 4.

dueños de la fábrica para evitar que los trabajadores del segundo turno ingresaran en el lugar de trabajo, acto que traicionaba el Pacto de Unidad Laboral de 1942, por el cual los
sindicatos se habían comprometido a ayudar a cumplir con
los objetivos de producción nacional durante la guerra.[22]
Y lo que resultaba más condenable era que estaban dejando
en la calle a 120 familias, con lo que traicionaban el código
masculino de honor de respetar los esfuerzos de los hombres por cuidar de sus familias.

A pesar de que las crónicas de los noticieros describían
la disputa como un conflicto de valores laborales, comuna-
les y familiares, los sindicatos veían los límites de su militancia en el nivel nacional. El conflicto se centraba originalmente en los esfuerzos del sindicato del primer turno por
controlar el segundo turno, cuyo sindicato minoritario tenía
protección legal; pero pronto se hizo más grande, pues llegó
a haber despidos y violencia. En la pugna que sucedió, los
dirigentes del segundo turno, Hermelindo Soriano y Agapito
Hernández, fueron asesinados. A pesar de la violencia y la
militancia de los obreros de ambos sindicatos, unos y otros
apelaban a sus derechos legalmente protegidos en la fábrica
para solicitar la intervención del gobierno a su favor. Para
fortalecer esta posición, hacían énfasis en la inmoralidad de
los dirigentes de la oposición, que supuestamente promovían el faccionalismo y se entregaban a manipulaciones secretas que atentaban contra la paz social.[23]

En la Puebla posrevolucionaria las fábricas textiles con
segregación de género eran espacios masculinos donde los
obreros se nutrían de los legados revolucionarios de violencia y honor en su intento por afirmar su posición como

[22] "San Juan Amandi, segundo turno ha estado usando de enorme paciencia", *Germinal*, 13 de mayo de 1944, pp. 1 y 4; "Surge nueva fricción en la
fábrica de San Juan Amandi", *Germinal*, 6 de enero de 1945, pp. 1 y 6; "Reina
el caos en San Juan Amandi", *Germinal*, 3 de febrero de 1945, p. 1.
[23] AGN, Fondo Manuel Ávila Camacho, 432/423, correspondencia referente al conflicto en San Juan Amandi.

obreros legítimos y por asegurar la autoridad sindical. Pese a que los límites de la retórica militante en el nivel nacional eran cada vez mayores, al impugnar la masculinidad de los traidores y promover la solidaridad y la militancia entre sus miembros los sindicatos vinculaban la acción de clase a la construcción social del obrero textil de sexo masculino sindicalizado y violento. Los sindicatos, mediante los poderes conferidos por el Estado, se convirtieron en árbitros de la vida en la fábrica y la localidad y fortalecieron las ideas de género preconcebidas sobre las identidades de la clase obrera.

DISCRIMINACIÓN SINDICAL Y OBRERAS
DE LA INDUSTRIA BONETERA

El poder de contratar y despedir se convirtieron en las herramientas más importantes para que los sindicatos textileros pusieran en ejecución sus ideales sobre la división sexual del trabajo. En Puebla este poder permitía a los sindicatos contratar exclusivamente a hombres en casi todas las grandes fábricas de textiles de algodón. No obstante, la exclusión de las mujeres de gran parte de la industria fortaleció su concentración histórica en la bonetería. Las mujeres conformaban más de 80% de la mano de obra en la bonetería entre 1935 y 1950.[24] Los prejuicios típicos sobre la conveniencia de emplear a mujeres para este tipo de producción justificaba su segregación. El dueño de una fábrica de la Ciudad de México resume de esta manera las ideas sobre las mujeres que trabajaban como boneteras: "Aun cuando éstas [las mujeres] son más delicadas por su condición y enferman más que el hombre, la dirección las prefiere porque son más aplicadas a su trabajo y porque por esta

---

[24] AGN, Fondo Secretaría del Trabajo y Previsión Social, Actas de Visita, Dirección General de Previsión Social, Secretaría del Trabajo y Previsión Social, 1941-1952; Secretaría de Economía Nacional, 1937.

razón crean menos problemas".[25] Las pequeñas fábricas características de esta industria, los salarios más bajos y la
maquinaria más vieja también ayudan a explicar que se relegaba a las mujeres a la bonetería.

A finales de los treinta, casi todas las mujeres que trabajaban en la industria tenían contratos individuales que las
hacían vulnerables a grandes abusos de parte de los dueños.
El destacado industrial Jesús Rivero Quijano decía que la
industria se caracterizaba porque estaba poblada de mujeres explotadas, en lugares "sin ventilación y sin higiene, sin
horas de trabajo reglamentadas" ni una escala salarial justa.[26] Los sindicatos tomaron al vuelo la oportunidad que les
ofrecía la explotación de las mujeres en la industria para
impugnar la autoridad del dueño en las fábricas.[27] Por ejemplo, el dirigente de la CTM Blas Chumacero denunció a Francisco Álvarez, dueño de una fábrica, por obligar a sus trabajadores, en su mayoría mujeres, a cumplir turnos excesivos
sin pagos extra, en malas condiciones y sin higiene, y por
negarles a las mujeres el permiso de maternidad legalmente
garantizado. El catalizador inmediato de la intervención de
Chumacero fue el supuesto ataque de Álvarez contra tres
mujeres a quienes abofeteó y encerró en un clóset. Chumacero señalaba que el comportamiento de Álvarez era especialmente cobarde, pues se dirigía contra las mujeres, y justificó su defensa especial de las mujeres señalando que
durante muchos años Álvarez había negado a las obreras
sus derechos legales. Alegaba que esto era especialmente
objetable si se tomaba en cuenta que el "sexo femenino [...]
por su delicadeza moral y material debe ser objeto de consi

---

[25] AGN, Fondo Gonzalo Robles, C. 75, exp. 5, visita del Banco de México
a La Perfeccionada, S.A., 23 de octubre de 1945.

[26] Rivero Quijano [1930], pp. 6-7.

[27] AGN, Fondo Lázaro Cárdenas, 521.6/5, documento de Blas Chumacero, secretario de la FROC, Puebla, al presidente Cárdenas, 6 de noviembre de
1934.

deración".[28] En los conflictos laborales posrevolucionarios, los sindicatos tomaron la protección de las mujeres como un pretexto para restringir las prerrogativas de los dueños en las fábricas.

"FRATERNIDAD FEMENINA":
LAS OBRERAS LUCHAN POR EL PAÍS

En 1942, cerca de una tercera parte de todas las boneteras estaban afiliadas a la FROC. Para 1952, la FROC controlaba unas tres cuartas partes de las obreras de esta industria, y en buena medida la expansión se debía a la inclusión de fábricas antes afiliadas a la CROM y la CTM.[29] A diferencia de la industria cafetalera de Veracruz y la tortillera de Guadalajara, como las describen Fowler-Salamini y Fernández-Aceves, al parecer había poca competencia entre las federaciones sindicales por organizar a las mujeres que trabajaban en la industria bonetera, quizá en razón del tamaño relativamente menor de las fábricas.[30] No obstante, a finales de los treinta, a causa de su propia marginación política, es posible que la FROC haya considerado a las obreras con mayor seriedad que otras federaciones laborales.[31]

[28] AGN, Fondo Manuel Ávila Camacho, 432/423, carta de Blas Chumacero, CTM, al presidente Manuel Ávila Camacho, 22 de marzo de 1944; AGN, Fondo Manuel Ávila Camacho, 432/423, carta de Gustavo Díaz Ordaz al secretario particular de la Presidencia de la República, 23 de marzo de 1944.

[29] Actas de visita de 33 boneterías demuestran que los trabajadores de organizaciones independientes o que no pertenecían a ningún sindicato representaban entre 16 y 20% en los años cuarenta y cincuenta. AGN, Fondo Secretaría del Trabajo y Previsión Social, Actas de Visita, Dirección General de Previsión Social, Secretaría del Trabajo y Previsión Social, 1941-1952.

[30] Véanse sus ensayos en este volumen.

[31] La FROC pudo organizar las fábricas con mayoría de mujeres porque se dedicaba a representar fábricas pequeñas; durante los cuarenta, controló unas pocas fábricas de hasta 200 trabajadores. AGN, Fondo Secretaría del Trabajo y Previsión Social, Actas de Visita, Dirección General de Previsión Social, Secretaría del Trabajo y Previsión Social, 1941-1952. Quiero

La movilización de las boneteras contribuyó así a la supervivencia y militancia de la FROC en Puebla. Por ejemplo, las boneteras poblanas tuvieron un papel crucial para que se aprobara el contrato colectivo a fines de los treinta, pese a una fuerte oposición de otras regiones. El principal argumento para ejercer presión fue que las trabajadoras de la industria eran las peor pagadas. Después de su aprobación, criticaron el retraso del gobierno para hacerlo obligatorio.[32] El contrato colectivo de 1940 prometía remediar algunos de los abusos más graves de la industria estableciendo reglamentos y protección en el trabajo. Muchas fábricas de Puebla firmaron el contrato, entre ellas El Musel, La Palma, La Cibeles, El Águila, La Especial y El Cometa, todas ellas con una gran mayoría de obreras. Sin embargo, aunque los sindicatos que representaban a las dos terceras partes de los trabajadores —proporción requerida— firmaron el contrato, haciéndolo obligatorio para toda la industria, muchas fábricas no lo firmaron.[33] Las mujeres que trabajaban en el ramo tuvieron que luchar para obligar a que se cumpliera con el salario mínimo, el seguro social y las normas de salud y seguridad.

Las boneteras desafiaron sin ningún temor los esfuerzos de los dueños por romper el contrato. Por ejemplo, en 1942

dar las gracias a Jocelyn Olcott y Greg Crider por haberme señalado los posibles vínculos entre la incorporación de mujeres a la FROC y la luchas de la organización por sobrevivir.

[32] Las estadísticas de los censos confirman que las boneteras ganaban bastante menos que sus contrapartes en la producción de textiles de algodón. No obstante, las inconsistencias en la recopilación de datos dificultan la comparación exacta. Secretaría de Economía Nacional, 1936; Secretaría de Economía Nacional, 1937; AGN, Fondo Lázaro Cárdenas, 521.6/5, telegramas de numerosas fábricas en Puebla, septiembre-noviembre de 1940, y AGN, Fondo Manuel Ávila Camacho, 444.2/305, Comisión de Estudios, Presidencia de la República, memorándum acerca de la queja que presentan los industriales boneteros de Jalisco contra el contrato obligatorio de la industria, 8 de agosto de 1941.

[33] Secretaría del Trabajo y Previsión Social, 1941, p. 279.

un grupo de mujeres que eran dirigentes sindicales de las boneterías poblanas se unieron para denunciar a los dueños por trastornar la producción y promover el faccionalismo sindical. Exhortaron al presidente Ávila Camacho a obligar a los dueños a cumplir con sus obligaciones contractuales, enfatizando que la contribución de los obreros al bienestar nacional no debería lograrse mediante reducciones salariales que afectaban su capacidad para mantener un hogar.[34]

Además, el predominio de la propiedad extranjera en la industria colocaba a estas mujeres a la vanguardia de la lucha revolucionaria de México para lograr la modernización independiente, industrial. En contraste con Monterrey donde, según afirma Michael Snodgrass, el predominio del capital nacional y las prácticas paternalistas acallaron la posibilidad de la militancia obrera, en la industria bonetera la producción estaba controlada ampliamente por dueños y administradores extranjeros.[35] En 1935, 62% de los administradores de la industria poblana eran nacidos en el extranjero.[36] Con la creciente censura en contra de los empresarios extranjeros durante los años treinta, los esfuerzos de los obreros por impugnar a sus administradores se fueron tiñendo de resentimientos nacionalistas. Por ejemplo, en 1941, la CTM se quejaba de que las boneteras eran víctimas de la voracidad de árabes y judíos que las obligaban a trabajar turnos inhumanos de 12 a 14 horas con malos salarios.[37] Y Blas Chumacero salió en defensa de unas obreras agredidas por el dueño español de una bonetería, exigiendo que el sujeto fuera expulsado del país.[38]

---

[34] AGN, Fondo Manuel Ávila Camacho, 444.2/305, telegramas de Ana Sosa, Josefina González y otros al presidente Ávila Camacho, 29 de enero de 1942.

[35] Snodgrass, 1998, pp. 115-116.

[36] Secretaría de Economía Nacional, 1937.

[37] "Boneteros rebeldes a un contrato ley", *Acción*, 26 de julio de 1941.

[38] AGN, Fondo Manuel Ávila Camacho, 432/423, carta de Blas Chumacero, CTM, al presidente Ávila Camacho, 22 de marzo de 1944.

Al apelar a la legislación posrevolucionaria que apoyaba los contratos colectivos, las boneteras desafiaron el paternalismo de patrones y sindicatos que las había relegado
a los empleos peor pagados. Promovieron su igualdad como
ciudadanas de la clase obrera y su derecho a ganar un salario familiar en un momento en que los derechos de las mujeres aún estaban en vías de ser reconocidos.[39] Las mujeres
lograron ganar derechos en la industria alimentando los antagonismos nacionalistas contra la dependencia de la inversión extranjera, pues describían a dueños y administradores
extranjeros como hombres reprobables por las afrentas que
cometían contra las obreras y como parásitos que se aprovechaban de la riqueza de México.

EL SEXO RACIONAL: CRISIS INDUSTRIAL, POLÍTICA LABORAL Y LA MADRE MODERNA

Durante los años cuarenta, los sindicatos del trabajo transformaron sus mensajes de militancia llevándolos hacia una
política de unidad nacional que reflejaba el cambio conservador en la construcción del Estado posrevolucionario y la
modernización industrial. Los conflictos locales a menudo
estallaban con violencia y la militancia era reina en la retórica local. Sin embargo, los cambios en el clima político nacional indujeron a los sindicatos afiliados a la CTM y a la
CROM a promover la responsabilidad ciudadana entre los
obreros del sexo masculino, y a fortalecer el maternalismo
de la mujer que se queda en casa. Pregonando su defensa del
modelo de familia de clase media como el fundamento de la
modernización industrial y la estabilidad social, esperaban
asegurar su supervivencia regional y nacional. Por su parte,
la FROC hizo eco de este cambio conciliatorio a nivel nacio-

---

[39] Véase más información de los debates posrevolucionarios sobre los
derechos de la mujer a un salario familiar en Olcott, 2003, pp. 47-48.

nal, aunque siguió movilizando a las boneteras y evitando la retórica de la domesticidad.

La caída del salario real y la escasez durante la segunda Guerra Mundial agudizaron las tensiones entre los obreros textiles de Puebla. La inflación de la posguerra, provocada por el deterioro en las condiciones del comercio y la devaluación del peso en 1948, se añadió a las preocupaciones.[40] Pese a las estadísticas de los censos que solamente indicaban un ligero descenso en el empleo, los paros en las fábricas y las disputas por la modernización maquinizada contribuyeron a la impresión generalizada de que la fuerza de trabajo en la industria textil se estaba contrayendo.[41] El inconsistente compromiso de la administración de Alemán con este afectado ramo de la industria reforzaba dicha impresión.

Los conflictos entre obreros y patrones por la modernización de la maquinaria perjudicaron aún más la industria y su mano de obra.[42] La mecanización de gran parte de la industria textil poblana ya había tenido lugar a principios de 1900.[43] Sin embargo, en los cuarenta, los industriales textiles presionaron al gobierno por el derecho a importar más maquinaria moderna, pues así podrían exigir la renegociación de los contratos colectivos que protegían a los obreros. Los patrones esperaban que una mayor mecanización les permitiría desplazar a miles de trabajadores, creando una fuerza de trabajo más dependiente y manejable, y reestructurar las relaciones obrero-patronales para desequilibrar la alianza entre el Estado y la mano de obra que protegía los privilegios sindicales en las fábricas.[44] Las organizaciones

[40] Estrada Urroz, 1980, pp. 356-357.
[41] Citado en Estrada Urroz, 1997, pp. 24-25.
[42] Carta de la Comisión Mixta Especial de Modernización de la Industria Textil del Algodón y sus Mixturas a la Secretaría del Trabajo y Previsión Social, 15 de agosto de 1947, Instituto Mora, D. F.
[43] Ramos Escandón, 1988, p. 84.
[44] Daniel James estudia un esfuerzo parecido por cambiar el "equilibrio de fuerzas" en las fábricas de parte de los propietarios (1981, pp. 375-402).

laborales contradijeron al unísono las propuestas de los patrones. Los sindicatos temían perder autoridad con la con-
tracción de la fuerza de trabajo y la descalificación de empleos
anteriormente especializados que acompañaría la mecanización. La pugna con los patrones subió de tono a mediados
de los cuarenta; los sindicatos se oponían consistentemente
a renegociar los contratos colectivos, pues su abrogación
era la única manera de que la modernización de la maquinaria fuera económica y políticamente viable.[45]

Amenazados por el declive de la posguerra, la modernización de la maquinaria y un proyecto nacional para la modernización industrial que ponía en peligro la industria textil
poblana, los sindicatos afiliados a la CTM y a la CROM lucharon
por mantener su autoridad local fortaleciendo la solidaridad
y la lealtad entre sus obreros del sexo masculino. Con este fin
hacían hincapié en que las obreras eran una amenaza para el
empleo de los hombres, a pesar de que prácticamente no
había mujeres en la industria. Por ejemplo, los sindicatos hacían a las mujeres sospechosas de traición, manipulando las
ideas sobre su lealtad, dividida entre el trabajo y la casa. Las
acusaban de no ser leales al sindicato y de poner en riesgo las
normas de género y diferenciación de empleos que sustentaban el poder sindical. De la misma manera en que habían
destacado formas exageradas de masculinidad y habían ex-
hortado a los hombres a ser leales, fuertes y violentos, ahora
alentaban a las mujeres a sacrificarse en aras de la patria.[46]

[45] "Sobrevendrá un desastre en la industria textil", *Novedades*, 29 de
noviembre de 1943; "Temen que desplace la nueva maquinaria a numerosos obreros", *El Nacional*, 13 de diciembre de 1944; AGN, Fondo Manuel
Ávila Camacho, 523/116, correspondencia de Fidel Velázquez y Blas Chumacero al presidente Ávila Camacho, 30 de noviembre de 1944; AGN, Fondo
Manuel Ávila Camacho, 523/116, correspondencia de Fidel Velázquez y
Blas Chumacero al presidente Ávila Camacho, 30 de noviembre de 1944;
AGN, Fondo Gonzalo Robles, C. 75, exp. 4, entrevista con Jesús Rivero Quijano del Banco de México, 5 de marzo de 1942.

[46] Véase un ejemplo del uso que hacía la CROM de esta imaginería en

Los sindicatos exponían ideas comunes sobre los intereses esenciales, divergentes, de hombres y mujeres de la clase obrera a fin de construir la unidad entre sus fuerzas mayormente masculinas. Caracterizaban los intereses de las obreras como si estuvieran fincados en sus responsabilidades de esposas y madres. Insistían en los beneficios y deberes inherentes a la maternidad moderna, subrayando los vínculos con la domesticidad femenina y sus fundamentos en la moral, la salud y la higiene.[47] Los sindicatos llegaron a representar a las obreras como madres desentendidas de su familia y de sus hijos. Por ejemplo, un artículo noticioso de 1950 describe a una trabajadora que, arrastrándose tristemente camino del trabajo, mira con lágrimas en los ojos a otras madres que juegan con sus hijos en el parque: ella extraña a sus pequeños y lamenta no estar en casa para criarlos. Las trabajadoras, concluye el artículo, son egoístas cuando toman la decisión de dejar a sus hijos en manos de alguien más o, peor aún, en la calle.[48] Era esa misma lealtad dividida entre la fábrica y la casa la que impedía considerar a las obreras como miembros leales al sindicato y la misma que impedía que fueran consideradas buenas madres.

Si bien la incertidumbre agravó el conflicto en Puebla en los años cuarenta, los sindicatos descubrieron que la conciliación de clases y la unidad nacional fomentadas por el partido gobernante en tiempos de guerra significaban que su supervivencia política dependía cada vez más de las buenas relaciones con los dirigentes nacionales. El presidente Alemán aseguró este cambio ampliando la legislación contra la huelga y la política de la guerra fría, que justificaron la represión de los dirigentes cetemistas de izquierda du-

"Mujer", *Germinal*, 20 de octubre de 1945; "¡Hombre, bendito seas!", *Germinal*, 20 de octubre de 1945; "Dos mujeres", *Germinal*, 23 de febrero de 1946, y "Para las madres de verdad", *Germinal*, 22 de mayo de 1943.

[47] "Higiene de la madre que amamanta", *Germinal*, 10 de agosto de 1946.

[48] "Sección de la mujer", *Reivindicación*, 5 de agosto de 1950.

rante el charrazo que comenzó en 1948 y que destruyó la posición de izquierda en el movimiento laborista para reestructurar los sindicatos mineros, petroleros y ferrocarrileros conocidos por su radicalismo.[49] Muchas federaciones laborales se resistieron a esta transición señalando la falta de respeto hacia el Estado y los ideales revolucionarios en la militancia de sus contrapartes. A su vez, éstos utilizaron las movilizaciones laborales como una narrativa de oposición contra la cual se perfilaba su propia valía como ciudadanos respetables.

En Puebla, la militancia de la FROC, junto con su persistente resistencia a colaborar con el avilacamachismo, había convertido a sus sindicatos en blanco de la represión hacia principios de los cuarenta. Bajo la presión de estos ataques, la FROC se debilitó políticamente. Incluso después de haber establecido un pacto de colaboración con la CROM en 1940, el claro predominio del avilacamachismo la dejó pujando por su relevancia política. A mediados de los cuarenta, la FROC ya había reconocido los límites políticos de su militancia y eligió la colaboración con el conservadurismo en su intento por sobrevivir. Siguiendo una línea más conciliadora con el partido gobernante, se afilió a la Confederación Proletaria Nacional (CPN) desde 1942 y procuró mejorar su relación con el avilacamachismo después de 1945. Además, ya no recurría con la misma frecuencia a las movilizaciones laborales para obtener provecho político. Pese a estos cambios, la FROC siguió distinguiéndose de la CTM y de la CROM en aspectos importantes. Algunos indicios sugieren que, a diferencia de los sindicatos afiliados a la CTM y la CROM, la FROC evitó la retórica de la domesticidad femenina, y en cambio se concentró en organizar la bonetería, industria con mayoría de obreras, y en respaldar las huelgas de fines de los cuarenta en demanda de mejores salarios y condiciones de trabajo en la indus-

[49] Middlebrook, 1995, pp. 110-155; Carr, 1992, pp. 142-186.

tria. Sin embargo, la creciente colaboración a nivel nacional, junto con el predominio de la CROM y la CTM en la industria textil de Puebla, significó la extinción de los esfuerzos de la FROC por promover la sindicalización de las mujeres.

Al presentar a sus miembros como ciudadanos responsables de la clase obrera, la CROM confirmaba su aceptación de que ahora eran las leyes y la paz social, y no la militancia, el camino hacia el privilegio y la autoridad en el trabajo. Por ejemplo, en 1948, al solicitar la ayuda del Estado en una disputa laboral, la CROM comenzó por enumerar una serie de acciones positivas realizadas en Puebla, incluyendo la construcción de escuelas, hospitales e instalaciones públicas recreativas, así como la formación de cooperativas de transporte y alimentos.[50] Durante un conflicto de 1946, la CROM acusó a la CTM de provocar la agitación laboral que amenazaba con reincendiar el faccionalismo laboral en Atlixco, el mismo que había marcado la caída de la región en el conflicto y la violencia después de 1933.[51] Con ello, la CROM intentaba demostrar su carácter respetable y su propia madurez política.

Ahora que tanto los dirigentes sindicales como el Estado servían de freno a los sindicatos, los ideales de la domesticidad confirmaron su preeminencia en el discurso sindical. Efectivamente, la figura de la madre en la casa reafirmaba el compromiso del sindicato con la familia como fundamento para el crecimiento económico y la estabilidad social. Los sindicatos comenzaron a educar a las mujeres sobre las formas modernas de ser madre en México, apoyándose en el discurso de la ciencia y el mestizaje utilizado para fundamentar un creciente número de actitudes y políticas sociales

[50] AGN, Fondo Manuel Ávila Camacho, 432/328, carta de la CROM, Puebla, a Adolfo Ruiz Cortines, Secretario de Gobernación, 14 de julio de 1948.
[51] AGN, Fondo Manuel Ávila Camacho, 432/423, carta de la Federación Sindicalista de Obreros y Campesinos, Cámara del Trabajo del Distrito de Atlixco, CROM, al presidente Ávila Camacho, 22 de febrero de 1946.

paternalistas posrevolucionarias. Por ejemplo, las confederaciones laborales presionaban a las obreras para que no se casaran con extranjeros y así pudieran conservar la pureza de la raza mexicana. Aunque estas recomendaciones reflejan la preocupación por la "unidad espiritual" del país, también revelan el persistente resentimiento contra los propietarios extranjeros en la desbandada económica posterior a la segunda Guerra Mundial y los esfuerzos de los Estados Unidos por adaptar la producción del México de la posguerra a sus propios fines industriales.[52]

En la década de los cuarenta, las presiones transnacionales vinieron a reforzar las formas de masculinidad que transferían la amenaza del declive económico a los organismos femeninos. Los sindicatos construyeron un ideal de la madre moderna que habría de ser la progenitora tanto de una raza mexicana pura como de una industria nacional verdaderamente mexicana. Ella sería la responsable de criar hijos respetables, saludables, trabajadores, que encarnarían el nacimiento de una nación industrial moral y productiva. De esta manera, el énfasis emergente en el crecimiento industrial mediante la explotación racional de los recursos primarios de México se proyectaba en los cuerpos de las mujeres, en la medida en que éstas se convirtieron literalmente en las productoras del mestizaje moderno. La retórica redujo a la invisibilidad a las cada vez más numerosas obreras que trabajaban sin protección, en condiciones muchas veces terribles y con empleos casi siempre mal pagados.

Conclusión

La persistencia de las huelgas politizadas en Puebla hasta principios de los cuarenta demuestra la importancia que

---

[52] "Sección de la Mujer", *Reivindicación*, 4 de febrero de 1950.

tuvo la época poscardenista para la resolución de una prolongada militancia laboral. Aun en estados como Puebla, donde la maquinaria política avilacamachista aseguró el gobierno regional conservador en alianza con el partido gobernante desde mediados de los treinta, los sindicatos sólo abandonaron la militancia cuando los cambios en la economía y la ideología mundial crearon las condiciones para que se consolidara el partido conservador en el poder. A lo largo de estas décadas, y en medio de los esfuerzos de los sindicatos por establecer su autoridad, las convicciones sobre el género atravesaron los límites ficticios entre el hogar, la comunidad y la fábrica. Durante mucho tiempo, la retórica de la domesticidad justificó la segregación de las mujeres en la industria textil; pero en los años cuarenta adoptó una forma diferente, en la medida en que los dirigentes sindicales fomentaron la división sexual del trabajo como una extensión de la racionalización de recursos. En Puebla, el cambio sobrevino a través de las demandas políticas y productivas hechas a los obreros del sexo masculino y las normas reproductivas impuestas a las mujeres. La masculinización del sindicato y las identidades en el trabajo defraudaron los esfuerzos de las obreras por hacer valer sus derechos como ciudadanas de la clase obrera y por participar en el combate posrevolucionario en defensa de la industria nacional. Pese a todo, estas mexicanas posrevolucionarias serían productoras modernas, aunque sometidas a los privilegios patriarcales en la casa, el trabajo y el sindicato.[53]

A final de cuentas, el dilema que las obreras representaban para los sindicatos tenía menos que ver con su presencia en la fuerza de trabajo que con la afrenta que la imagen de la obrera planteaba a los ideales de masculinidad exigidos por el poder sindical, apenas emergente en el núcleo de la autoridad priísta posrevolucionaria. A lo anterior se su

---

[53] Olcott, 2003, p. 49.

marían las presiones transnacionales para mantener en el subdesarrollo a grandes áreas del mundo, y a México entre ellas, poniendo en riesgo la fuerza de trabajo, así como los planes de modernización industrial que amenazaban la producción textil. En este clima, los sindicatos manipularon las convicciones de género sobre las identidades de la clase obrera a fin de definir y defender la fuerza de trabajo en la que descansaba su poder local, regional y nacional. Finalmente, los esfuerzos de los líderes sindicales por reafirmar el poder sindical promovieron formas exageradas de masculinidad y un ideal de feminidad de la clase obrera caracterizado por una domesticidad moderna, radicada en la casa, y la racionalización de las capacidades reproductivas de las mujeres.

Cuarta Parte

LAS MUJERES Y LA POLÍTICA REVOLUCIONARIA

X. GÉNERO, FE Y NACIÓN. EL ACTIVISMO DE LAS CATÓLICAS MEXICANAS, 1917-1940

Kristina A. Boylan
State University of New York

> Muy lento voy a cantar
> la canción del agrarista,
> los que con tantos sudores
> señores capitalistas
> (coro) ay ay ay
> lucharon por nuestro anhelo
> murieron muchos hermanos
> que Dios los tenga en el cielo.

Esta versión de "La canción del agrarista", entonada por María Guadalupe Díaz en 1997 a sus 73 años de edad, parece un oxímoron: ¿quién habría querido que Dios se llevara al cielo a los agraristas?[1] En las entrevistas orales no es raro que los recuerdos de los sucesos se compriman, y es comprensible que así suceda al cabo de 60 y tantos años. Sin embargo, en vez de interpretar su versión de la canción como producto de una memoria confundida o de la racionalización retrospectiva, algo se puede discernir a partir de aquí sobre las experiencias reales del conflicto religioso en México, y lo

---

[1] María Guadalupe Díaz y Elpidia Solís de Díaz, grabación en cinta y transcripción de la entrevista de la autora, Tizapán el Alto, Jalisco, 4 de marzo de 1997. Todas las entrevistas aquí citadas fueron grabadas y transcritas. Para la versión secular completa de la canción, véase Lerner, 1979, p. 106.

que de él se trasluce en "esta misma reorganización de la memoria", a modo de que sea "un valioso indicador de cómo se construye la conciencia de la gente".[2] En Tizapán el Alto, Jalisco, a fines de la década de 1920 y durante los años treinta, las activistas católicas tenían una escuela con un sólido programa conforme a la doctrina como lo podrían exigir las autoridades eclesiásticas; pero cobraban una cuota que rebasaba las posibilidades de la mayoría de los vecinos del pueblo. La familia de Díaz no sólo no podía pagar las cuotas de la escuela católica, sino que el padre era ejidatario, trabajaba en el gobierno municipal y apoyaba a la nueva escuela pública socialista a la que asistían sus hijos. De todos modos, él y su esposa, Elpidia Solís de Díaz, también mandaban a sus hijos al catecismo que las activistas coordinaban en ausencia del párroco. Díaz no se sentía menos católica por haber asistido a la escuela socialista, o por recordarla con orgullo. Tizapán no tenía más que una escuela primaria, y Díaz sólo estudió ahí tres años, que no le bastaron —dice bromeando— para convertirse en atea socialista.[3] La experiencia de Díaz muestra el impacto del activismo de las católicas en el México del siglo XX. Aunque Díaz no dejó de asistir al sistema de educación pública del régimen revolucionario, como hubieran querido las autoridades eclesiásticas ortodoxas y los activistas católicos, de cualquier forma conoció y apreció una visión del mundo cultural y social diferente de la del Estado. Gracias a las acciones de las mujeres devotas, Tizapán, lugar de organizaciones campesinas radicales, también siguió siendo un lugar donde podía expresarse y practicarse el catolicismo.

De acuerdo con la sencilla formulación de Manuel Castells, "el espacio es la expresión de la sociedad" y en el Méxi-

[2] Thompson, 1988, pp. 137-138.
[3] María Guadalupe Díaz y Elpidia Solís de Díaz, entrevista de la autora, Tizapán el Alto, Jalisco, 14 de marzo de 1997; sobre la organización agraria en Jalisco, véase Craig, 1983.

co revolucionario se libró una feroz contienda por la geografía en el sentido tradicional: "la organización espacial arraigada en la historia de nuestra experiencia común".[4] El gobierno revolucionario y los activistas independientes, radicales, querían erradicar la influencia social que la Iglesia católica, apostólica y romana seguía teniendo en el país, completando la campaña contra su presencia económica, política y social que había comenzado el siglo anterior durante la Reforma. El control del discurso público era parte obligatoria de este proyecto, de modo que con el objetivo de crear una nueva sociedad, el gobierno revolucionario trató de excluir a la Iglesia católica de cualquier espacio público que no fuera el templo (y a veces hasta de los mismos templos), de las escuelas y las organizaciones políticas, civiles y laborales. En respuesta al propósito del régimen de borrar todo contenido religioso de la sociedad, la población mexicana reaccionó en formas diversas, las actitudes iban desde la cooperación y el tortuguismo hasta la resistencia abierta y la rebelión.

Las mujeres tuvieron un importante papel en estas batallas y actuaron presentando todo tipo de reacciones, seleccionando diferentes ideas referentes a la religión y la participación pública e incorporándolas en su propio proyecto de creación de la sociedad, así lo llamaran revolucionario o no. Muchas mujeres que se definían como católicas participaron en formas de protesta explícitas y tácitas contra las leyes anticlericales. Con el correr de los años, un número significativo se distinguió por su alto nivel de movilización. Pese a estar retóricamente adscritas a la casa y carecer casi por completo de acceso a los canales formales del poder político, a la educación superior o a los cargos de autoridad en la institución religiosa que era central para su identidad, estas mujeres participaron en los debates socia-

---

[4] Castells, 2000, pp. 411 y 444.

les de su tiempo con efectos notables. Las activistas católicas usaban sus reuniones, actividades e influencias sobre los dirigentes y miembros de la comunidad para esquivar las prohibiciones formales de implicaciones religiosas. Aunque no podían alterar formalmente las leyes y las políticas decretadas a fines de la revolución armada, las activistas católicas tuvieron mucho éxito —lograron reabrir iglesias y escuelas e incluso dotar de contenido religioso las celebraciones del Día de las Madres— impugnando los esfuerzos del régimen revolucionario por imponer su disciplina en los espacios y el discurso público y reformulando sustancialmente la "retórica pedestre" de sus comunidades y su país.[5] Durante los años de movilizaciones de las mujeres católicas, desde 1910 hasta los años treinta, las mujeres y los niños del campo, como Elpidia Solís de Díaz y su hija María Guadalupe, fueron blanco de las reformas sociales seculares y religiosas; pero ellas también tenían su propio poder objetivo para juzgar si conservaban o eliminaban las prácticas religiosas de sus vidas y aceptaban o rechazaban el cambio político y social.

Los historiadores reconocen que los católicos opusieron resistencia a los esfuerzos del régimen revolucionario por disminuir la influencia de la Iglesia en la sociedad mexicana, y que las mujeres fueron la punta de lanza de la "resistencia pacífica cotidiana", que afectó las políticas sociales anticlericales del Estado al menos en la misma medida que los ataques violentos de los hombres o la aplicación indiferente de las autoridades.[6] Pero no se ha dicho mucho sobre cómo superaron las mujeres un desafío de esta envergadura, ni por qué lo hicieron. Con este propósito deben considerarse los espacios, físicos y conceptuales, que tanto las autoridades eclesiásticas como sus críticos asignaron a

---

[5] La frase es de Michel de Certeau, citado por David Harvey, 1993, p. 214.
[6] Fowler-Salamini y Vaughan, 2003, p. 42; Knight, 1996, p. 317.

las mujeres católicas y los que ellas llegaron a ocupar en el México posrevolucionario.[7]

RAÍCES DE LA RETÓRICA CATÓLICA

Los críticos de la fe solían usar las cartas de san Pablo que aparecen en la Biblia para demostrar que el cristianismo consideraba la subordinación a los hombres como algo inherente a la mujer. Efectivamente, las autoridades de la Iglesia católica repetían a menudo la analogía de que el esposo era a la esposa lo que Cristo a su Iglesia para señalar los canales adecuados de respeto y obediencia.[8] Otro refrán popular afirmaba que "la mujer fuera del hogar es como un vaso sagrado fuera del templo: se expone a la profanación".[9] La retórica católica de principios del siglo XX representaba a la mujer como un ser débil y fácilmente corruptible, pero también potencialmente seductora y corruptora. Por ambas razones, la Iglesia afirmaba que la conservación de la pureza, la adhesión a la doctrina, la sumisión a la autoridad y la pasividad eran los mejores guardianes de la mujer contra la contaminación mundana y la contaminación de los demás.

[7] En todo el capítulo utilizo las investigaciones de James C. Scott sobre las formas de resistencia disponibles para los subordinados (2000); las de Doreen Massey sobre las articulaciones de los espacios de género asignados a las mujeres (1994); el análisis de Christine E. Gudorf sobre la participación de las mujeres en movimientos religiosos y la "repatriarcalización" (1983), y las explicaciones de David Harvey sobre cómo pueden las diferentes formas de espacialización inhibir o facilitar los procesos de cambio social (1993, p. 206).

[8] Efesios 5:23-24. Véanse críticas recogidas de varias fuentes en Castells, 1998, pp. 45-46.

[9] Citado por María Refugio H. de Puga (CIDOC, microficha núm. 2354. "La socia de la UFCM en el hogar y en las costumbres sociales", Segunda Asamblea Diocesana, León, Guanajuato, 14-16 de octubre de 1935, p. 6). Mary Vincent encontró la misma cita en Monseñor Luigi Civardi, *Manual of Catholic Action*, empleado por las mujeres españolas de la derecha durante los años treinta (1990, p. 112).

Sin embargo, la autoridad masculina conllevaba una restricción. El cristianismo había liberado a hombres y mujeres de las cadenas de la sociedad "pagana"; de modo que no era aceptable "esclavizar" o explotar a las mujeres para obtener goce o provecho, del mismo modo que no lo era subyugar a la Iglesia. El Vaticano condenaba total y rotundamente las propuestas feministas y radicales de emancipar a las mujeres mediante la secularización y regulación (o desregulación) del matrimonio, el divorcio y las leyes sobre la familia, el amor libre, el control natal, el trabajo asalariado y la organización laboral por parte del Estado. A partir de León XIII (1878-1903), los pontífices denunciaron estas prácticas seculares pues atentaban contra la dignidad de la mujer, que los cristianos debían resguardar por ser esencial para la moral de la sociedad. La emancipación secular no concedía derechos a las mujeres, sino que los reemplazaba con el "abandono de la casa donde [la mujer] era reina y con el sometimiento al mismo esfuerzo y horas de trabajo" de los hombres.[10] A fines del siglo xix y principios del xx, un gran número de mujeres, siempre en aumento, procuraba acceder a un salario o a tener educación, a menudo por necesidad; pero las autoridades católicas insistían en que el objetivo último de las mujeres seguía siendo el hogar y la familia.[11]

Pese a la supuesta debilidad femenina, la Iglesia también las veía como agentes potenciales para fortalecer su posición y sus estándares de moralidad. En 1908, el papa Pío X (1903-1914) ordenó a las mujeres ser "dulces, calladas y quedarse en casa"; pero al año siguiente las exhortó a emprender, siguiendo el ejemplo de la recientemente beatificada Juana de Arco, tareas fuera del ambiente familiar que involucraran a otras personas.[12] Los promotores de la ac-

---

[10] Werth, Mihanovich y Mihanovich, 1955, pp. 41-43.
[11] Miller, 1981, p. 322.
[12] De Grazia, 1992, pp. II y 22. De Grazia examina la Acción Católica

ción social católica resolvían esta contradicción presentando el activismo de la mujer como una necesidad, desafortunada, sí, pero que podía conjugarse con sus deberes como esposa y madre para proteger a sus seres queridos. Por extensión, sus deberes podían incluir la educación de los niños, de otros miembros de la familia (incluido el esposo) y de nuestros semejantes, así como el apoyo de los movimientos sociales y hasta políticos que salvaguardaban las instituciones y las enseñanzas eclesiásticas.[13] Además, en este deber que no pertenecía al ámbito doméstico se incluía cada vez con mayor frecuencia la participación en los grupos de Acción Católica que se formaron con el propósito de encauzar el entusiasmo y la capacidad de los legos para actuar en la sociedad civil en Europa y América Latina a principios del siglo xx. La composición de este "apostolado en sociedad" que establecía roles de género estrictamente definidos y demarcaba perfectamente la vida pública y la privada, sin nunca dejar fuera a las mujeres, ha sido descrito en obras de autores religiosos y laicos.[14]

Las activistas católicas usaron esta lógica para justificar su participación en la Iglesia, la defensa de la religión y el rechazo a los programas seculares de reforma social. En México, Refugio Goribar de Cortina, tres veces presidenta de la Unión Femenina Católica Mexicana (UFCM), usaba la misma cita tomada de la Biblia para conminar a los hombres a no fallar en su obligación de educar a sus familias (y al país por extensión) en la fe católica. A su vez, se alentaba a las mujeres a emplear la influencia sobre los hombres para restablecer la dirección cristiana en la sociedad mexicana. Según Goribar de Cortina, las mujeres habían demos-

---

como una de las raíces de la organización fascista de las mujeres en la Italia de los años veinte y treinta.

[13] Vincent, 1990, pp. 114-119.

[14] Los dirigentes de la Iglesia repiten constantemente estos términos. Véase Civardi, 1935, para las citas que abarcan unos 40 años.

trado en el pasado su superioridad moral y su capacidad para instruir y guiar; éste era el momento de demostrarlo una vez más.[15]

LA ORGANIZACIÓN DE LAS CATÓLICAS EN MÉXICO
DURANTE LA REVOLUCIÓN ARMADA

Barbara Ann Miller describe al jefe cristero Anacleto González Flores como alguien inusitadamente "consciente de un gran recurso no utilizado en México, sus mujeres".[16] La descripción de las activistas católicas como un recurso que hasta los años veinte no se utilizaba revela el efecto de la ideología de las "esferas separadas", pues las mexicanas habían participado en las sociedades de ayuda mutua, sindicatos y asociaciones caritativas desde principios del siglo XIX. Después de la guerra de Reforma, las asociaciones de mujeres católicas adquirieron mayor visibilidad y comenzaron a desempeñar un papel más importante en la preservación de un espacio para la práctica católica ante los cambios sociales y económicos de principios del siglo XX.[17]

En 1911, el jesuita mexicano Alfredo Méndez Medina, quien llegaría a ser director del Secretariado Social Mexicano (SSM), la organización amplia que cobijaba a los grupos de acción social católica y que fue fundada en 1920, sugirió la creación de una asociación de mujeres católicas de México. Si bien opinaba que las mujeres deberían quedarse en casa y que las activistas católicas del trabajo debían hacer campaña para los "salarios familiares" de los hombres, ad-

[15] AHUFCM, I Asamblea General (1932), Goribar de Cortina, "Restauración cristiana de la familia", pp. 1-10; AHUFCM, II Asamblea General (1934), "Informe", pp. 1-2; AHUFCM, III Asamblea General (1936), "Informe", p. 3, II; AHUFCM, IV Asamblea General (1938), "Informe", pp. 1-2.

[16] Miller, 1984, p. 304.

[17] Arrom, 1985, p. 34; Adame Goddard, 1981, pp. 20-27; Ceballos Ramírez, 1991.

miraba las asociaciones de mujeres católicas de Europa que había visto en sus viajes. Desde el principio, su visión de una organización de mujeres activistas seglares desafió cualquier restricción doméstica, obtusa o cualquier insinuación de eliminar el trabajo asalariado y la participación pública de las mujeres. El plan de Méndez Medina colocaba a las mujeres en espacios públicos de diversa índole: la fundación y el manejo de centros educativos y recreativos, bibliotecas, programas de catecismo, sindicatos de mujeres, agencias de empleos y ligas de consumidores, y como colaboradoras en las organizaciones de hombres católicos.[18]

En respuesta a la industrialización, los católicos ya habían comenzado a organizar asociaciones laborales de mujeres, que en conjunto contaban con unas 10 000 integrantes a principios del siglo xx y no funcionaban como meras "respuestas simbólicas a las nuevas preocupaciones sociales expresadas en Roma",[19] sino que permitieron al episcopado mexicano desarrollar, modificar y dirigir el trabajo existente de la población. Probablemente por esta razón, el arzobispo de México José Mora y del Río aprobó la idea de Méndez Medina y asignó a otro jesuita, Carlos M. de Heredia, la tarea de fundar una organización nacional de católicas. Apoyándose en el grupo de la Ciudad de México que él mismo asesoraba, Heredia estableció formalmente la Asociación de las Damas Católicas (ADC) en 1912 para brindar ayuda a los pobres y educación contra la "ignorancia". Uno de los primeros proyectos de la ADC fue proporcionar material de apoyo y respaldo moral a la recién fundada Asociación Católica de la Juventud Mexicana (ACJM). La ADC también creó y financió escuelas, y organizaba visitas a hospitales y cár-

---

[18] Ceballos Ramírez, 1991, p. 123; Hanson, 1994, pp. 173-178; Miller, 1984, p. 304; Vaca García, 1998, p. 196.
[19] Sobre este punto de vista véase Gotschall, 1970, p. 153; sobre las organizaciones laborales católicas femeninas, véase Fernández-Aceves en este libro.

celes, llevando a pacientes e internos material de lectura moralmente edificante. En la Ciudad de México, la ADC celebraba reuniones semanales para discutir cuestiones sociales y culturales y comenzó a publicar un periódico, *La Mujer Católica Mexicana*. La asociación fundó grupos filiales en las diócesis desde Chiapas hasta Saltillo y paulatinamente fue adoptando el nombre de Unión de Damas Católicas Mexicanas (UDCM).

En 1913, siguiendo el proyecto de Méndez Medina, la UDCM extendió su apoyo a los obreros mexicanos, recaudando provisiones y fondos para abrir escuelas nocturnas y salones para obreros. La UDCM recibía solicitudes de apoyo financiero de parte de varios periódicos obreros independientes y dedicaba fondos a las escuelas gratuitas para niños de las congregaciones religiosas. La UDCM también cubría gastos y proporcionaba imágenes religiosas para el Centro de Estudiantes Católicos de la SSM. Poco después, la violencia que siguió al golpe de Victoriano Huerta indujo a algunos miembros de la UDCM a irse de México y recortar las actividades de los que se quedaron. La disminución de donaciones y la creciente demanda de colectas de comida, comedores gratuitos y abasto de medicinas presionaron las finanzas de la UDCM. Algunos grupos regionales afiliados desaparecieron por completo y la UDCM dejó de imprimir *La Mujer Católica Mexicana*. Otros, como el grupo de la UDCM de Guadalajara, presidido por Catalina Palomar de Verea, siguió adelante con sus proyectos a pesar del exilio del arzobispo y encabezó las protestas cuando los revolucionarios locales intentaron aplicar la legislación anticlerical.[20]

Fueron muchos los sacerdotes hostigados o exiliados durante el conflicto armado y que siguieron siéndolo posteriormente. La Iglesia invitó a las mujeres a desempeñar

---

[20] "La UDCM en el 20 Aniversario de su Fundación", 1933, pp. 3-4; "Orígenes de las Damas Católicas", 1937, pp. 7 y 16-17; Hanson, 1994, pp. 180-186; Hanson, 1997, pp. 3-11; sobre Guadalajara, véase Dávila Garibi, 1920.

más trabajo en la comunidad y aumentó el número de las que aceptaban la oferta; al apagarse el conflicto militar de la Revolución, la organización de mujeres católicas vivió un nuevo periodo de auge. En 1920 la UDCM comenzó a publicar un nuevo periódico mensual, *La Dama Católica*, se aprestó a convocar a las mujeres de todo México a su primera asamblea nacional y trabó contacto con la Liga Internacional de Mujeres Católicas con sede en Ginebra.[21] Durante los primeros años de la década de 1920, la UDCM se concentró en la evangelización, las obras de caridad y las campañas de moral que tenían en la mira a las florecientes industrias de medios impresos, películas y música, los bailes y las modas femeninas. Los miembros alentaban a los católicos que andaban por el mal camino a asistir a misa, comulgar y practicar la fe en casa, esto es, rezar el rosario, celebrar devociones privadas, poner un altar y entronizar una imagen de culto, consagrando el hogar a una imagen determinada.[22] Dedicaron especial atención a "legitimar" las uniones civiles de la ley común según el rito católico, y aquí es preciso advertir que la elección de esa palabra es significativa, puesto que el gobierno mexicano no había conferido ninguna legalidad a los matrimonios religiosos desde las reformas liberales de 1857.[23]

En 1919 los consejeros eclesiásticos de la UDCM alentaron a las católicas a aprovechar los huecos de la educación pública que el gobierno mexicano no podía cubrir por falta de fondos para fundar más escuelas católicas gratuitas. Las mujeres católicas siguieron brindando apoyo a los orfanatos, hospitales y a las campañas contra la prostitución y la

---

[21] AHUFCM, Sección de Correspondencia, Serie Liga Internacional Católica Femenina, caja 13.

[22] Las entronizaciones se popularizaron durante el siglo XIX gracias a los jesuitas.

[23] Schell, 1999. Sobre las alternativas al matrimonio imaginadas por los revolucionarios en México, véase Smith en este libro.

difusión de las enfermedades venéreas. A petición del ssm, la udcm prestó apoyo financiero y espiritual a las sociedades de obreras ya existentes y patrocinó conferencias para organizar los sindicatos de mujeres católicas en varias ciudades desde Monterrey hasta San Miguel de Allende. Había sindicatos de costureras, telefonistas y trabajadoras del tabaco, y un sindicato de maestras católicas, y todos ellos se unieron posteriormente a la Confederación Nacional Católica del Trabajo. Tanto la udcm como las organizaciones de obreras católicas participaron en las campañas de "moralización" de los obreros mexicanos. De acuerdo con Randall Hanson, algunos observadores contemporáneos evaluaron los grupos de mujeres católicas comparándolos con los otros dos grupos de acción católica de los veinte —los Caballeros de Colón, exclusivamente masculino, y la acjm— y decidieron que los grupos femeninos eran más fuertes.[24]

MUJERES CATÓLICAS EN ACCIÓN DURANTE Y DESPUÉS
DE LA REBELIÓN CRISTERA

La udcm obedeció formalmente el mandato de Pío XI (1922-1939) contra la violencia y se separó parcialmente de la Liga Nacional Defensora de la Libertad Religiosa (lndlr) cuando esta coalición de organizaciones católicas respaldó la rebelión armada contra el gobierno posrevolucionario. Sin embargo, la udcm siguió organizando protestas activas y boicoteando las industrias controladas por los sindicatos gubernamentales, y nunca rompió del todo con la lndlr. Algunos grupos locales afiliados a la udcm siguieron coordinando esfuerzos con la organización beligerante y todavía en mayo de 1928 el comité central de la udcm firmó un co-

---

[24] Bliss, 1997; Hanson, 1997, pp. 14-15; Hanson, 1994, p. 407; Miller, 1984, pp. 304-305; O'Dogherty Madrazo, 1991; Schell, 1999.

municado dirigido al papa en el que se objeta una paz negociada con el gobierno.[25]

Otras organizaciones católicas femeninas se transformaron al impugnar las políticas de Calles que limitaban estrictamente el culto y la autonomía religiosa. En 1927, encabezadas por su presidenta, María Gollaz, y su asesor seglar, Luis Flores González, las integrantes de la Unión de Empleadas Católicas de Guadalajara (UEC) y otras uniones católicas de obreras formaron las Brigadas Femeninas de Santa Juana de Arco (BF).[26] Casi todas sus 25 000 integrantes trabajaban fuera de casa, aunque algunas habían perdido el empleo al negarse a formar parte de los sindicatos radicales de patrocinio estatal; otras eran miembros de la CNCT. Las integrantes de la clase media eran, en su mayoría, empleadas de oficina y maestras de escuelas públicas que habían perdido o dejado su empleo al secularizarse la educación. Las mujeres de las áreas rurales también se unieron y muchas de ellas habían estado directamente involucradas con la Iglesia mediante la UDCM, fraternidades como las Hijas de María, el catecismo, la educación para adultos u otros programas. Las integrantes de las BF, en su mayoría jóvenes y solteras, generalmente procedían de la contraparte de la UDCM creada para las mujeres jóvenes, la Juventud Católica Femenina Mexicana (JCFM), aunque otras eran mujeres casadas y madres de familia. Muchas surgieron de la primera "generación revolucionaria", que llegó a la edad adulta entre los cuestionamientos al peso de la tradición y la corrección en la sociedad mexicana (y entre las mujeres) y durante la época de auge de las campañas de acción social católica.[27]

[25] Hanson, 1997, pp. 17-22.
[26] Meyer, 1973-1974, pp. 2, 146-147; 289-291, vol. 2; 124, vol. 3; Tuck, 1982, pp. 23-25, 37-38 y 101-103; Vaca García, 1998, p. 242.
[27] Meyer, 1973-1974, pp. 60-62, vol. 1; y 120-122, vol. 3; Miller, 1981, pp. 60-61; O'Dogherty Madrazo, 1991, pp. 153-154; Vaca García, 1998, pp. 197-198, 214, 238 y 242.

Organizadas en células y con una mujer al frente, con jerarquías semejantes a las militares, las BF introdujeron armas y municiones para los cristeros, y para ellos también juntaron fondos y provisiones, los abastecieron de medicinas y enfermeras, y de información y les dieron otro tipo de apoyo, incluyendo la participación en el combate activo. Alegando que los cristeros no tenían autorización papal, el episcopado mexicano se negó a asignar capellanes para los cristeros o sus auxiliares. En cambio, las BF se apoyaron en la asesoría de dirigentes seglares y miembros del clero que actuaban por su cuenta. Las integrantes de las brigadas prestaban juramento de no revelar la existencia de la organización ni detalles de su trabajo —aunque sus vidas corrieran peligro— a nadie excepto a las supervisoras de las BF. Sin embargo, las BF nunca propusieron la desobediencia a los dirigentes espirituales ni a los miembros de la familia, y las superioras exigían que sus integrantes guardaran registro detallado de su trabajo. Durante el año y medio que duró su actividad más intensa fueron muy pocas las integrantes arrestadas, aunque temían ser encarceladas, torturadas y violadas por los soldados del gobierno.[28]

María Gollaz, una de las primeras que fueron detenidas, decidió que ya no podía trabajar en Guadalajara sin poner en riesgo a sus colegas, de modo que partieron rumbo a la Ciudad de México donde se acercaron a la LNDLR y les propusieron cooperar.[29] El 22 de junio de 1928 Gollaz y Miguel Palomar y Vizcarra, dirigente de la LNDLR de la capital, acordaron que las BF se incorporarían a la liga, que la reconocerían como su única organización superior, pero que seguirían

[28] Jesús Flores Gollaz [hijo de Flores y Gollaz], entrevista de la autora, Guadalajara, Jalisco, 28 de abril de 1997; Miller, 1981, pp. 29 y 68-69. Resulta interesante observar las similitudes entre la estructura de las BF y las subsecuentes organizaciones como la UFCM y la de las organizaciones femeninas del Partido Comunista Mexicano (véase Olcott en este libro).

[29] Jesús Flores Gollaz, entrevista de la autora, Guadalajara, Jalisco, 28 de abril de 1997; Vaca García, 1998, pp. 258-259.

siendo autónomas en cuanto a estructura, dirigencia y capacidad para reunir miembros y desempeñar su trabajo en todo México. En un principio, Palomar y Vizcarra aceptó gustosamente la colaboración de las BF; pero pronto se opuso a su independencia. Al cabo de unos meses, se quejaba ante el obispo de Guadalajara, Francisco Orozco y Jiménez, que las BF, cuya base principal seguía estando en esta arquidiócesis, contribuía al separatismo de la región de la resistencia unificada de la LNDLR. Sin embargo, Orozco y Jiménez, que desde hacía mucho sentía gran aprecio por las organizaciones de las mujeres católicas, no hizo ningún esfuerzo por amonestar a las BF. Mientras tanto, las BF prestaron poca atención a las presiones de la LNDLR para que sustituyeran a sus dirigentes fundadoras por otras más manejables.

El general en jefe de los cristeros, Enrique Gorostieta, se refería al hostigamiento de la LNDLR contra las BF como prueba de su incapacidad para dirigir una guerrilla rural desde la Ciudad de México. Luis Beltrán y Mendoza, el representante de la LNDLR en Guadalajara, replicaba que era antinatural y peligroso someter a las mujeres al rigor de las órdenes militares, la disciplina y la presión; en su opinión, esto provocaría que las mujeres se volvieran inmunes a la guía del clero. Proseguía diciendo que su organización seguramente degeneraría en el favoritismo y las peleas internas, aunque no ofrecía ninguna prueba de ello. La LNDLR también fundó su propio grupo femenino, la Legión Guadalupana, que al parecer no recibió apoyo de muchas mujeres ni de hombres involucrados en la causa de los cristeros. Palomar y Vizcarra finalmente recurrió a la jerarquía eclesiástica, enviando al episcopado mexicano e incluso hasta el Vaticano su solicitud de que se disolvieran las BF. Curiosamente, en sus peticiones, Palomar y Vizcarra sostenía que el secreto con que actuaban las BF era reprobable, porque las mujeres escondían sus actividades no sólo de sus esposos, sino también de su país. Pese a que la Santa Sede exhortaba con insistencia a los católicos a oponer resistencia, reiteró su condena de las sociedades secretas y ordenó una investigación. La comisión teológica del episcopado mexicano decidió que el secreto de las BF violaba las enseñanzas de la Iglesia; también declaró que dada la incapacidad inherente a las mujeres de trabajar juntas, las BF y cualquier otro grupo que no tuviera guía del clero ni supervisores seglares del sexo masculino estarían condenados al fracaso. Ni Beltrán y Mendoza ni Palomar y Vizcarra proporcionaron muchas pruebas para respaldar estos planteamientos; no obstante, tanto el Vaticano como el episcopado mexicano ordenaron a Orozco y Jiménez que declarara ilícitas las BF, lo que hizo el 7 de diciembre de 1928, amenazando a sus integrantes con la excomunión si seguían adelante con su trabajo.[30] Mientras tanto, la inferioridad de la LNDLR en cuanto al conocimiento del terreno y las estructuras de poder locales se hizo patente. Sin las BF disminuyó el abasto de municiones a los cristeros y su campaña militar se deterioró drásticamente hasta los acuerdos de paz de junio de 1929. La LNDLR nunca consideró restablecer la anterior autonomía de las BF, ni siquiera al ver que decaía el movimiento armado.

James Scott señala que quienes se toman más en serio lo aprendido, se convierten en los enemigos más peligrosos para los regímenes que los entrenan. Las mujeres de las BF que habían participado en la movilización llevaron al extremo las exhortaciones para actuar en defensa de su fe. Con ello violaron las normas católicas de comportamiento femenino y la ley mexicana, precipitando la condena de su propia Iglesia así como del gobierno. Las aplastantes objecio-

---

[30] Meyer, 1973-1974, pp. 122-123, vol. 3; Miller, 1981, pp. 70-74, 86 y 92-95; Tuck, 1982, p. 103; Vaca García, 1998, pp. 245-254. La Legión Guadalupana movilizó posteriormente a las mujeres para apoyar la Segunda Cristiada, la segunda rebelión cristera de los años treinta (Miller, 1981, p. 117).

nes a las contribuciones autónomas de las mujeres muestran que entre los dirigentes de sexo masculino el temor a que estas actividades amenazaran la organización patriarcal en la iglesia y el hogar fue más poderoso que las manifestaciones de cooperación y eficiencia femeninas. El arzobispo de México, Pascual Díaz Barreto, giró instrucciones al director del SSM, Miguel Darío Miranda, de que reuniera y destruyera los archivos de las BF, aunque no queda claro si la intención era eliminar la influencia de la organización o proteger a las personas involucradas para que no sufrieran mayores hostigamientos.[31]

En las instrucciones para la disolución de las BF, Orozco y Jiménez comunicaba a sus integrantes que podrían trabajar en proyectos católicos siempre y cuando cambiaran el nombre de su organización y las dirigentes aceptaran tener supervisión eclesiástica. Las BF resurgieron de otra forma aunque con el mismo nombre, y ya no en Guadalajara, sino en la Ciudad de México. En julio de 1929 el delegado apostólico y arzobispo de Morelia, Leopoldo Ruiz y Flores, entregó la aprobación que el Vaticano otorgaba a unas nuevas y domesticadas Brigadas Femeninas. En agosto, Díaz Barreto comunicó las nuevas estipulaciones a Gollaz y a otras integrantes de las BF, conminándolas a apoyar la nueva organización laica y unificadora de la Iglesia, la Acción Católica Mexicana, o ACM, con "obediencia y adhesión incondicional". Gollaz aceptó, pues necesitaba fondos para apoyar a los miembros que la organización había dejado desprotegidos. El 13 de septiembre de 1929, María y Berenise Ortiz, dos mujeres de la Ciudad de México, escribieron su respuesta al arzobispo en papel membretado de las "Brigadas Femeninas de Santa Juana de Arco: Consejo General", ofreciéndole "nuestra sumisión".[32]

---

[31] James C. Scott, 1990, pp. 104-107; Jesús Flores Gollaz, entrevista de la autora, Guadalajara, Jalisco, 28 de abril de 1997; Tuck, 1982, p. 103.

[32] AHAM, Fondo Pascual Díaz Barreto, gabinete 197, folleto 69, "Brigadas

Durante los años siguientes, las BF con sede en la Ciudad de México convocaron a sus ex integrantes a reincorporarse a las campañas de la Iglesia. En la primera edición del nuevo periódico de las BF, *El Informador de las Brigadas Femeninas de Santa Juana de Arco*, la editora Berenise Ortiz agradece al arzobispo Díaz Barreto "la bondad verdaderamente paternal de poner nuestra organización bajo la dirección inmediata del H. Secretariado Mexicano [SSM]".[33] (Díaz Barreto también designó a sus asesores eclesiásticos.) Pese al tono obsequioso de las mujeres, al parecer no habían claudicado en cuanto a la interpretación que su organización daba a sus funciones. Las BF se dedicaron a enseñar el catecismo en barrios obreros urbanos y en áreas rurales remotas, así como a brindar capacitación técnica para mujeres con necesidades pecuniarias, como eran sus propias integrantes, esfuerzo que antecedió los de la UFCM por varios años, y otros programas católicos por décadas.[34] Sin embargo, *El Informador* reprendía a las mujeres que seguían participando en "actividades [...] condenadas por nuestros superiores".[35] Las campañas de las BF para brindar apoyo a obras de caridad, seminarios, escuelas y bibliotecas corrían muy al parejo de las de otras organizaciones femeninas aprobadas. Las BF posteriores a la Cristiada siguieron siendo pequeñas, su trabajo tenía poca difusión, y sus integrantes sumaban algunos cientos. Pasaron a formar parte de la UFCM en 1935, aunque siguieron celebrando sus propios encuentros bianuales al menos hasta 1940.[36]

Femeninas", G. Aguilar a P. Díaz Barreto, 28 de junio de 1929; G. Aguilar a la Secretaría Episcopal, 8 de octubre de 1929.

[33] "Agradecimiento", 1930.

[34] AHAM-PDB, Fondo Pascual Díaz Barreto, gabinete 197, folleto 69, "Brigadas femeninas", G. Aguilar para P. Díaz Barreto, 28 de junio de 1929; G. Aguilar para la Secretaría Episcopal, 8 de octubre de 1929.

[35] "Importantísimo", 1931; véanse reprimendas adicionales en "La acción católica y la acción política", 1931.

[36] Véanse estadísticas de la UFCM más adelante; AHAM, caja Acción Católi-

No fueron muchas las ex brigadistas que quisieron reincorporarse a las BF en su nueva era, y muchas dejaron el activismo religioso por la vida privada o profesional. Unas se unieron a alguna orden religiosa y otras comenzaron a trabajar como maestras seglares en las escuelas católicas particulares fundadas de manera clandestina en los treinta y de manera más abierta a partir de 1940. Otras maestras prefirieron las escuelas públicas, por considerar que el Estado les ofrecía un mejor modo de ganarse la vida y educar a más niños.[37] Gollaz le diría posteriormente a su hijo que aunque algunas ex brigadistas se reintegraron a la nueva ACM, "la mayoría se casó" y se quedaron en su casa. Ella misma se casó con Flores González, su compañero en la organización de la UEC en 1930. Flores González siguió fungiendo como organizador de causas católicas, que Gollaz apoyaba; pero una depresión crónica la mantuvo encerrada en la casa. Se negó a dejar registro de sus experiencias pasadas, pues no veía qué utilidad tendría si ya se habían destruido los archivos de las BF. Gollaz sólo reconoció veladamente su papel en las BF: a una de sus hijas le puso Celia, su propio *nom de guerre*.[38]

LAS MUJERES EN LA ACCIÓN CATÓLICA

Aunque la Iglesia reaccionó ferozmente contra el activismo militarizado de las mujeres e intentó controlarlas como parte de su llamado a exigir espacio público, no dejó de considerar a las mujeres parte vital de la nueva ACM. Los organizadores del SSM, incluyendo a la presidenta de la UFCM, Sofía

---

ca, folleto, pp. 74-71, L. G. Oñate y M. Buelna a L. M. Martínez, 12 de septiembre de 1939.

[37] Miller, 1981, pp. 99-100; Vaca García, 1998, pp. 275-277.

[38] Jesús Flores Gollaz, entrevista de la autora, Guadalajara, Jalisco, 29 de abril de 1997.

del Valle, recorrieron el país ayudando a fundar comités diocesanos que de manera paralela a las estructuras eclesiásticas supervisaban a los grupos parroquiales. El comité central de la UFCM, con sede en la capital, y los dirigentes eclesiásticos se comunicaban con estas organizaciones diocesanas a través del boletín mensual *Acción Femenina*, y a través de la correspondencia y las visitas, estrategias que los comités diocesanos reproducían a nivel regional. La UFCM alentaba la asistencia de todas sus integrantes a las asambleas generales que se celebraban un año sí y otro no, para alternarlas con las asambleas de las diócesis y las parroquias, también convocadas cada dos años, en las que las integrantes rendían informes sobre su trabajo, se hacían seminarios y se trazaban planes para los siguientes dos años. Los estatutos de la ACM estipulaban que cada grupo de la UFCM tuviera un asistente eclesiástico, pero la dirigencia de la organización estaba formada por mujeres y durante los años treinta fue común que trabajaran sin la presencia del clero.[39]

La membresía de la UFCM creció de manera constante. En 1932, la UFCM contaba con 13465 miembros activos que pagaban sus cuotas.[40] La UFCM patrocinaba a la JCFM, y muchas de las activistas de esta organización de jóvenes declaraban decididamente que la UFCM les ofrecía oportunidades para salir de casa y participar en proyectos que sus familias aprobaban; muchas de ellas también seguían participando

[39] Para una perspectiva crítica sobre esta independencia, véase Tromp, 1937. Véase asimismo Proyecto de Historia Oral, Instituto Nacional de Antropología e Historia/Instituto de Investigaciones Históricas/Instituto de Investigaciones Dr. José María Luis Mora, PHO/4/11, Alicia Olivera de Bonfil, entrevista de Sofía del Valle, México, D. F., 3 de noviembre de 1972 y 14 de febrero de 1973; Méndez, 1980.

[40] AHUFCM, II Asamblea General (1934), "Informe", 3; AHUFCM, II Asamblea General (1934), "Reglamento de centros en el extranjero"; AHUFCM, II Asamblea General (1936), "Informe", 12; AHUFCM, IV Asamblea General (1938), "Informe", 1; AHUFCM, V Asamblea General [1940], CIDOC, microfilm núm. 2347, 23.

en la UFCM cuando crecían o se casaban. El número de integrantes de la JCFM también creció rápidamente y de tener 8 601 miembros en el primer año, llegó a tener 31 107 en 1934 y 102 941 en 1942.[41] En comparación, el Frente Único Pro Derechos de la Mujer, una coalición de organizadoras feministas radicales y afiliadas al Estado, hacía un cálculo muy optimista del número de sus integrantes y daba la cifra de 50 000 miembros en la cúspide de su movilización a favor del sufragio femenino y la reforma social.[42]

No era claro hasta qué punto podían aplicarse las leyes anticlericales inmediatamente después de los acuerdos de paz, y los católicos esperaban que hubiera cierta apertura. Las activistas católicas comenzaron a planear el apoyo al clero, las religiosas (es decir, las mujeres que habían hecho votos religiosos en alguna orden) y las instituciones católicas, mientras los dirigentes de la Iglesia sopesaban las reacciones de las autoridades federales, estatales y locales, y los activistas radicales. Para concentrar el esfuerzo, la UFCM se dividió en "secciones" estratégicas que recordaban las de la UDCM: instrucción religiosa, apoyo a curas y seminarios, madres y entronizaciones, con otras secciones opcionales como escuelas católicas, obras de caridad y una sección dedicada a promover entre las mujeres el ejercicio de la piedad individual.[43]

Los dirigentes católicos sabían que el contacto con los niños desde temprana edad era clave para introducir la práctica de la religión, y la aceptación, entre las mujeres, de

---

[41] AHUFCM, I Asamblea General (1932), María Luisa Hernández, "La instrucción como fundamento de las socias de la UFCM"; AHUFCM, III Asamblea General (1936), "Informe", 10; AHUFCM, IV Asamblea General (1938), "Informe", 7. Véase también "M." 1937; María del Rosario Ortiz de Salazar, entrevista de la autora, Guadalajara, Jalisco, 7 de mayo de 1997.

[42] Cano, 1991a, p. 284; Macías, 1982, p. 142; E. Tuñón Pablos, 1992, p. 111. Sin embargo, Jocelyn H. Olcott (2000 y este libro) y Stephanie Mitchell (2002) subrayan que el FUPDM no representa a la totalidad de las mujeres seglares progresistas organizadas, particularmente no en las áreas rurales.

[43] AHUFCM, III Asamblea General (1936), "Informe del Comité Central"; véanse más detalles en Boylan, 2000.

esta obligación, alguna vez asignada a los curas o seminaristas, ayudó a mantener un proceso que la legislación anticlerical quería interrumpir. Algunos curas exiliados pudieron regresar a sus parroquias a principios de la década de los treinta, pero otros vieron postergado su retorno o restringidos sus movimientos. Los dirigentes de la Iglesia consideraban que las madres y esposas, presentes y futuras, de la UFCM y la JCFM, eran las maestras ideales para las escuelas y el catecismo, por esa razón las alentaron a que siguieran estudiando. Las catequistas trabajaban con los niños en las parroquias de ciudades y pueblos y algunas organizaban cursillos en las áreas rurales.[44]

La UFCM también se dedicó a mantener la moral pública. Las socias de la UFCM criticaban las modas indecentes, la música, los bailes y el entretenimiento en los artículos de *Acción Femenina* y *Juventud* (el periódico de la JCFM). En Chihuahua, algunas activistas inclusive vigilaban la entrada de las iglesias para evitar que las mujeres vestidas, en su opinión, de manera "indecente" entraran en ellas. La UFCM también colaboraba con la Liga Mexicana de la Decencia, creada en los años treinta para supervisar películas y otros medios de comunicación, publicando sus recomendaciones en las revistas de ACM y distribuyendo sus volantes en las misas y en reuniones.[45]

Siguiendo modelos previos y haciendo un esfuerzo paralelo al empeño cada vez mayor de parte del Estado, la UFCM reabrió e inauguró programas de educación para adultos, escuelas nocturnas, guarderías, servicios de higiene y salud, asociaciones de obreros (incluyendo formas silenciosas de la CNCT) y organizaciones católicas. La UFCM organizaba colectas de ropa y comida para quienes habían sufrido

[44] Arnold, 1973, pp. 50 y 60-64; Boylan, 2000, cap. 4; Contreras, 1940.
[45] USDOS, 812.404/1912; AHUFCM, III Asamblea General (1936), "Informe", 10; AHUFCM, IV Asamblea General (1938), "Informe", 7; María del Rosario Ortiz de Salazar, entrevista de la autora, Guadalajara, Jalisco, 7 de mayo de 1997.

las consecuencias de algún desastre natural, así como para los pobres urbanos y rurales, y también para las comunidades indígenas. A pesar de que la UFCM pregonaba la caridad y no un cambio estructural, de cualquier forma mitigó la indigencia y las crisis.[46]

En algunas diócesis la UFCM siguió siendo una organización pequeña y elitista, aunque en otras (sobre todo en las diócesis de la capital y el centro-occidente) aumentó la base de sus integrantes, incluyendo oficinistas y en algunos casos mujeres de la clase obrera y el medio rural. Algunas socias de la UFCM cobraron mayor conciencia de las necesidades de las obreras y propusieron planes prácticos para atenderlas. La UFCM, adoptando tardíamente el lenguaje revolucionario, anunció en la asamblea general de 1938 que sumaría los esfuerzos entre campesinas, obreras, oficinistas y profesionistas para concentrarse en el sector de la clase trabajadora. La UFCM reconocía que muchas mujeres —entre ellas algunas de sus mismas integrantes— necesitaban y querían trabajar, pasando por alto la regla que impedía a las mujeres tomar un empleo asalariado.[47]

Los católicos protestaron en contra del plan de estudios propuesto por el gobierno en 1933, en el que figuraba la educación sexual, y la enmienda al artículo 3º constitucional, que declaraba "socialista" la educación en vez de "laica" para todas las escuelas y prohibía la educación religiosa en las escuelas primarias o de estudios avanzados. La UFCM participó en las peticiones, en los boicots de escuelas y las campañas coordinadas por la Unión Nacional de Padres de Familia.[48] El episcopado mexicano decretó que los padres

[46] "Circular núm. 8", 1937; AHUFCM, III Asamblea General (1936), "Informe", 7, 9-10; AHUFCM, IV Asamblea General (1938), "Informe", 0-11. Véase Lerner, 1979, sobre el trabajo desarrollado por el Estado.

[47] AHUFCM, II Asamblea General (1934), "Informe", 8; AHUFCM, III Asamblea General (1936), "Informe", 9.

[48] Torres Septién, 1992; "Conclusiones aprobadas", 1935; Lerner, 1979, pp. 10, 41, 44-45 y 70-82.

católicos debían sacar a sus niños de las escuelas socialistas y pidió alternativas a la UFCM.[49] Sin embargo, el artículo 3° ordenaba la incorporación de todas las escuelas particulares con más de nueve estudiantes a la Secretaría de Educación Pública y se les exigía que siguieran sus criterios y se sometieran a inspecciones del gobierno. Las activistas de la UCFM organizaron entonces pequeñas escuelas caseras, pero a pesar del tamaño, el hecho de que siguieran un plan de estudios católico era una infracción a las leyes que prohibían las actividades religiosas fuera de los templos, y en algunas regiones las autoridades locales buscaban estas escuelas para castigar a maestros, estudiantes y defensores. De cualquier modo, la UFCM tenía unas 2 500 escuelas para 1936. Aunque no han de haber podido tener como estudiantes más que a un pequeño porcentaje de los niños mexicanos en edad escolar (una falta de registros escritos hace difícil la cuantificación), su valor simbólico fue importante para los católicos y fastidioso para el Estado.[50] Las integrantes de la JCFM daban clases en las escuelas caseras, a las que servían de apoyo, y su organización mantuvo su propio Instituto Avanzado para la Cultura Femenina en la Ciudad de México hasta 1954.[51]

Una de las razones fundamentales para que en 1934 se

[49] AHUFCM, II Asamblea General (1934), "Informe"; Episcopado Mexicano, 1935.

[50] Lerner, 1979, p. 39, SSM, Carpeta *Episcopado-Informes, 1924-1931*, Miguel Darío Miranda, "Seis Años de Actividades del Secretariado Social Mexicano, 1925-1931"; AHUFCM, III Asamblea General (1936), "Informe". Sobre las cifras de asistencia escolar, véase el *Sexto Censo General de la Nación 1940*, p. 4. Véase asimismo *The New York Times*, 25 de noviembre de 1934, primera sección, p. 18; USMIL, Agregado Militar, México, informe núm. 5677, 30 de octubre de 1934.

[51] Miller, 1981, pp. 135-138; Proyecto de Historia Oral, Instituto Nacional de Antropología e Historia-Instituto de Investigaciones Históricas e Instituto de Investigaciones Dr. José María Luis Mora, PHO/4/11, Alicia Olivera de Bonfil, entrevista de Sofía del Valle, México, D. F., 3 de noviembre de 1972 y 14 de febrero de 1973.

cerraran las escuelas católicas restantes fue que las maestras no tenían credenciales ni habían recibido educación de
parte del Estado. Algunas religiosas que habían tenido escuelas desde fines del siglo XIX contrataron maestras seglares, legas, para cumplir con esta norma; pero resultó muy
caro (las monjas trabajaban a cambio de su manutención).
Para 1935, el gobierno aplicó las prohibiciones a las comunidades religiosas, las escuelas de las religiosas se cerraron
y el trabajo de la UFCM para apoyar a los conventos y sus instituciones se volvió ilegal. Durante varios años, la UFCM dio o
procuró techo y comida a las religiosas. Algunas mandaban
a sus niños a las clases de las monjas en casas particulares,
pero el número de alumnos disminuyó debido a los riesgos
que esto implicaba. Muchas religiosas perdieron su principal fuente de ingresos y tuvieron que recurrir a la caridad o
al trabajo a destajo mal pagado para sobrevivir.[52] Las condiciones de las religiosas no mejoraron sino hasta finales de
los años treinta, cuando la aplicación de las leyes anticlericales dejó de ser tan rigurosa, permitiéndoles volver a desempeñar algo de trabajo público.

Durante los primeros años de la década de los treinta, el
comité central de la UFCM mandó a sus miembros a recaudar
fondos para apoyar a los curas que trabajaban tanto legal
como clandestinamente. Las restricciones a la educación
superior con orientación religiosa impedían casi por completo formar seminaristas en México y había un gran temor
de que se acabaran los sacerdotes en el país.[53] En 1937, el Va-

[52] Consuelo Ardila, RSJC, entrevista de la autora, Guadalajara, Jalisco, 16
de noviembre de 1996; María del Rosario Alejandre Gil, entrevista de la
autora, Guadalajara, Jalisco, 13 de mayo de 1997; Parsons, 1936, pp. 73-75
y 120-122; SSM, Carpeta Episcopado-Informes, 1924-1931, J. Aviña L., "Datos sobre la actual persecución religiosa…", 27 de marzo de 1935; SSM, Carpeta Episcopado-Informes, 1924-1931, J. Aviña L., "Informe rendido…
acerca de las actividades docentes de algunas Casas Religiosas", 2 de mayo
de 1935.

[53] *Mexicano*, 1968, pp. 24-26, art. 3 y 331-333, art. 130.

ticano ofreció una alternativa al episcopado mexicano, el Seminario Moctezuma en Arizona, que la UFCM apoyaba recaudando fondos y haciendo colectas de bienes. Sin embargo, a principios de 1940, la mayoría de los estudiantes del Montezuma Seminary de ninguna manera eran mexicanos, lo que indica la persistencia de seminarios clandestinos en México que la UFCM también apoyaba.[54] Estas instituciones reabastecían de sacerdotes nacidos en México, que serían constitucionalmente elegibles para el ministerio mientras no se relajaran las tensiones entre la Iglesia y el Estado, y las restricciones federales y estatales.

En un principio, la UFCM respondió con cautela ante las restricciones constitucionales impuestas a las actividades y demostraciones de religiosidad realizadas en público. Al igual que la UDCM en su tiempo, la UFCM visitaba los hogares y alentaba los actos devotos como las entronizaciones a fin de ayudar a los párrocos ausentes o sobrecargados de trabajo, así como para expandir la práctica de la fe católica fuera de los templos.[55] La UFCM también continuó con la práctica de la UDCM de promover el matrimonio católico entre las parejas que vivían en unión libre o que sólo se habían casado por la ley civil, sobre todo cuando se aprobó el Código Civil de 1927, ofreciéndose en algunos casos a pagar el costo de la ceremonia eclesiástica a fin de "legalizar" estos matrimonios.[56]

Los actos cívicos, como el Día de las Madres patrocinado por el Estado, dio a los católicos la oportunidad de fusio-

[54] Galindo Mendoza, 1945, p. 22; Parsons, 1936, pp. 254-257; Vera, 1998, pp. 22-27; Salvador Sandoval Godoy, entrevista de la autora, Guadalajara, Jalisco, 14 de junio de 1997.

[55] *Mexicano*, 1968, p. 89, art. 24; sobre las entronizaciones como oposición simbólica a los agentes radicales y del Estado en los años treinta, véase Becker, 1995, cap. 4.

[56] AHUFCM, I Asamblea General (1932), R. Goribar de Cortina, "Restauración Cristiana de la Familia"; AHUFCM, I Asamblea General (1932), Hernández, "La instrucción como fundamento". También véase Smith en este libro.

nar las prácticas culturales civiles y religiosas. Los obispos promovieron la celebración de una misa en ese día, los inconformes solicitaron al gobierno que permitiera hacer celebraciones públicas para festejar a las madres de los niños que representaban el futuro del país y la UFCM emprendió una campaña para hacer que el Día de las Madres se convirtiera en la práctica en un día festivo católico, si no es que nominalmente. La presidenta de la UFCM, Refugio Goribar de Cortina, se ahorraría la retórica de la esfera privada dedicando las energías de la UFCM a este fin, asignándole casi la misma importancia que a su campaña para exhortar a los católicos mexicanos a cumplir con sus obligaciones anuales de la cuaresma, fundamentales en la devoción católica.[57]

Las católicas también participaron en manifestaciones para defender la devoción pública, lo que era equivalente a la desobediencia civil. Las católicas de Guadalajara fueron detenidas por salir de las iglesias con una visible señal de la cruz en la frente el miércoles de ceniza en 1932 y 1933. En Veracruz, en 1937, las mujeres encabezaron una protesta de miles de católicos que salieron a ocupar los templos después de que los agentes del gobierno mataron a una muchachita mientras dispersaban a balazos una misa clandestina en Orizaba. La protesta obligó al gobernador Miguel Alemán a abrir los templos y a otorgar a más curas el permiso de oficiar.[58] En el resto del país, a medida que fue disminuyendo la tensión y que las autoridades locales se cansaron de aplicar rigurosamente las leyes anticlericales, los católicos volvieron a practicar públicamente su fe sin suscitar mayores reacciones. En 1940, la UFCM pudo convocar a una peregrinación y una misa al aire libre en honor de Nuestra

---

[57] Tuñón, 1999, p. 100; F. Orozco y Jiménez, 1930.
[58] USMIL, Agregado Militar, México, informe núm. 3686, 18 de diciembre de 1931; USMIL, Agregado Militar, México, informe núm. 3697, 29 de diciembre de 1931; USDOS, 812.404/074 (1931); USDOS, 812.404/1945-1950; *The New York Times*, febrero y marzo de 1937.

Señora de Ocotlán (Jalisco), entre otros muchos otros actos de fe con los que se reconquistó el espacio público a todo lo largo y ancho del país.[59]

Los acuerdos de paz de 1929 dejaron a muchos rebeldes católicos descontentos; la animosidad contra el Estado, que se reavivó en los años treinta, se vino a añadir al sentimiento de ser víctimas. Junto con otros estallidos generados por la reforma agraria, educativa y anticlerical, surgió a principios de los treinta una segunda rebelión cristera (o Cristiada). Varios miles de cristeros siguieron peleando, apoyados por lo que quedaba de la LNDLR, su Legión Guadalupana, así como por familias, pueblos y algunos clérigos. Sin embargo, carecían del apoyo general de los católicos, pues muchos temían las represalias del gobierno y atendían la prohibición del obispo de participar en movimientos armados. Algunos ataques dirigidos contra maestros de escuela y otros representantes del Estado tuvieron en su origen motivos religiosos, pero no toda la violencia rural podría atribuirse a la organización sediciosa armada de los católicos, como sostenían algunos dirigentes sindicales, maestros de escuela y miembros del ejército o funcionarios gubernamentales. Sin embargo, las etiquetas de "cristeros" y "católicos fanáticos" se empleaban amplia y efectivamente para justificar las campañas militares, la concesión de tierras ejidales, el apoyo a la educación socialista y otros proyectos de construcción del Estado.[60]

La Unión Nacional Sinarquista (UNS), surgida de las movilizaciones de la segunda Cristiada, se fundó en 1937. Los sinarquistas rechazaban el enfoque pragmático de los obis-

[59] "La UFCM en Ocotlán", 1940.
[60] Miller, 1981, p. 117; Meyer, 1973-1974, pp. 329-383, vol. 1.

pos y la ACM, congregándose en cambio en torno a su propia idea purista de la lealtad a Dios, al país y a la familia (en ese orden), lo que propiciaba las acusaciones de que eran simpatizantes del fascismo. La UNS tuvo mayor fuerza en la región centro-occidental, pero ganó notoriedad por apoyar el movimiento de Salvador Abascal a favor de la reapertura de las iglesias en Tabasco en 1938. El sinarquismo apelaba a los individuos menos preocupados por defender la Iglesia institucional que la autonomía regional y personal, cuestiones que a veces se formulaban usando términos como xenofobia, antisemitismo y machismo.[61] Las católicas que se movilizaban no parecen haber tenido mucha participación en los movimientos fascistas, a diferencia de los muchachos católicos universitarios que ayudaron a los Camisas Doradas de Luis Rodríguez, o a los católicos que apoyaron el levantamiento del general Saturnino Cedillo en 1938.[62]

Las funciones de las sinarquistas se describían en una retórica de género similar a la que empleaba la ACM. Además de las exhortaciones a poner al país antes que a la familia por orden de prioridades, las reglas de conducta de la mujer sinarquista se parecían mucho a las de las socias de la UFCM. También ellas debían mantener elevados estándares de pureza, obediencia, devoción y modestia cuando tenían actividades en la calle, la escuela y otros espacios públicos. También debían preservar la virtud en su familia y conminar a sus familiares del sexo masculino a obrar directamente por Dios y por su país. Las mujeres fueron cruciales en la formación y el crecimiento de la UNS y posteriormente, en 1945, se organizaron formalmente, cuando fundaron la Sección Femenina de la UNS. La SFUNS estableció grupos locales, escuelas y programas de alfabetización para niños y, en 1948, un centro de educación para mujeres adultas en la Ciudad de

---

[61] Aguilar V. y Zermeño P., 1992, pp. 17-30; Meyer, 1979.
[62] Knight, 1991, pp. 293-295; Prewett, 1941, p. 155.

México, donde se impartían clases académicas, religiosas y prácticas.[63]

No hay estimaciones disponibles sobre el número de sinarquistas durante los treinta o los cuarenta. Aunque las mujeres promovieron vigorosamente el sinarquismo, los dirigentes hombres de la UNS reprobaban tanta demostración de firmeza y se esforzaron por acallar la actividad femenina fuera de la casa y de la iglesia. Según Laura Pérez Rosales, una alta proporción de sinarquistas no se casaron por elección, pues aun cuando encomiaran la abnegación de la mujer y la humildad devota, valoraban esa vida de mayor independencia que podían llevar como activistas. Si bien las sinarquistas diferían en sus evaluaciones de la dirigencia de la Iglesia y la política mexicana, sus creencias en cuanto a la religión, la moral y la educación eran similares a las de sus congéneres de la UFCM. Y aunque diferían en el orden de prioridades —Dios, la familia y luego el país—, las integrantes de la UFCM compartían con las sinarquistas el deseo de usar su organización para defender el catolicismo esquivando astutamente ciertas restricciones sobre la conducta y las actividades de las mujeres.

Las activistas católicas también evitaban hablar sobre el sufragio de las mujeres, debate que volvió a abrirse públicamente en México en los últimos años treinta. Algunas autoridades gubernamentales alegaban como razón principal para negar el voto a las mujeres el temor de un fuerte retorno al catolicismo; se decía que alguien había dejado caer este pronóstico: "si logran su objetivo, pronto tendremos a un obispo de presidente".[64] El partido gobernante proclamó un enfoque gradualista, afirmando que las mujeres no deberían tener derecho al voto hasta que estuvieran "debidamente preparadas por su esfuerzo social y educativo".[65] Paradó-

---

[63] Pérez Rosales, 1992.

[64] Así aparece citado en Morton, 1962, p. 13.

[65] Robles de Mendoza, 1931, p. 84; Macías, 1982, p. 142. Más detalles sobre las campañas para el sufragio femenino en Olcott en este libro.

jicamente, los dirigentes de la Iglesia hacían eco a estos sentimientos. Pese a las décadas de movilizaciones femeninas a favor de la Iglesia, la jerarquía eclesiástica condenaba el voto femenino, si llegaba a aprobarse, como una "necesidad desafortunada", y el clero católico manifestaba sus dudas de que la mayoría de las mexicanas tuvieran la educación suficiente para asumir esta responsabilidad.[66] Estas inquietudes, así como la cautela del episcopado mexicano ante los comentarios filosos sobre política a finales de los treinta, quizá ayuden a explicar por qué la UFCM guardaba silencio sobre la cuestión. Sin embargo, muchas integrantes apoyaron a título personal a los partidos de oposición como el Partido Acción Nacional, fundado en 1939, y el Partido Revolucionario de la Unificación Nacional, que en 1940 respaldó al candidato de oposición Juan Andreu Almazán. Aun sin el derecho al voto, muchas activistas católicas prestaron a estos partidos políticos apoyo logístico y financiero.[67]

CONCLUSIÓN: ESPACIOS FEMENINOS EN EL MÉXICO POSREVOLUCIONARIO

Las idealizaciones de la pureza, la piedad y la lealtad doméstica de las mujeres han proporcionado una gran fuerza retórica a aquellos que creen que la casa equivale a actividades y conductas propiamente femeninas.[68] La casa, en palabras de Doreen Massey, se ha "codificado en femenino" *("coded female")*. Ya sea que las mujeres estén o no completa y verdaderamente restringidas a sus casas, la madre del

[66] Paredes, 1937.
[67] María del Camen Solano Vega, entrevista de la autora, Guadalajara, Jalisco, 27 de mayo y 13 de junio de 1997; Macías, 1982, p. 144; Sherman 1997, pp. 119 y 126.
[68] Barbara Welter plantea que esta mentalidad de doble criterio para las mujeres se desarrolló en el siglo XIX en los Estados Unidos (1966).

hogar a menudo funciona como el "centro simbólico de estabilidad", amada cuando se encuentra en él, causante de pánico o enojo cuando se ausenta. Las normas de organización social de las economías capitalistas, industrializadoras, que de manera contradictoria exigen la participación de la mujer en una fuerza laboral más grande y un trabajo reproductivo en casa generalmente no remunerado, difícilmente coexisten, en el mejor de los casos, con los modelos sociales patriarcales que se basan en la mujer como "fundamento" del hogar para los hombres que generan los ingresos. Por consiguiente, los cambios sociales que sacan a las mujeres de sus casas, por muy redituables que sean, generalmente trastornan, perturban y provocan protestas.[69]

Las mexicanas se movían y trabajaban dentro y fuera de la casa desde siglos antes de que la inversión extranjera y los cambios políticos y económicos nacionales brindaran a la mujer mayores oportunidades de trabajo asalariado. Si bien el ideal de que un hogar fuera un refugio habitado por mujeres lo planteaban tanto los dirigentes revolucionarios como los católicos en el México pre y posrevolucionario, su popularidad no asciende a una fusión de mujeres y casa.[70] En cambio, las vociferantes y persistentes protestas contra las mujeres que se salían de su casa revela que las mujeres no estaban limitadas a dicha "esfera".

Las experiencias vividas en el México revolucionario complican el retrato simplista de la casa como un espacio absolutamente privado *versus* los espacios públicos de la calle, el lugar de trabajo y el gobierno, para no mencionar el de las mujeres que ocupaban la casa exclusiva o básicamente. En ningún lugar del México posrevolucionario fueron los hogares un enclave blindado; eran, por el contrario, campos de batalla para las ideologías, y no había hogar en

[69] Massey, 1994, pp. 179-180.
[70] Véanse los ensayos en este libro, especialmente los de Blum, Schell y Smith.

el que los hombres o las mujeres solamente observaran sin participar. Los programas de educación y salubridad del gobierno intentaban reformar las casas mexicanas; los programas del catecismo católico y los estímulos a devoción en el hogar y la dedicación simbólica se enfrentaban a los esfuerzos del Estado. Ni la Iglesia ni el Estado dejaban la casa en paz como un espacio "privado" bajo la sola jurisdicción de sus habitantes.

Al comparar las movilizaciones católicas de los años treinta con los comienzos del predominio de la teoría de la liberación del SSM en los años cuarenta, el académico Carlos Fazio concluye que los movimientos católicos organizados por mujeres en los años treinta crearon esencialmente una "casa de niñas bien", al dar prioridad a la piedad personal y la domesticidad que debían ser reemplazadas por la movilización comunitaria en cuanto menguara el anticlericalismo.[71] Sin embargo, durante décadas las acciones de estas niñas bien tuvieron fuertes implicaciones fuera de casa así como dentro de ella. Las prácticas religiosas comenzaban en casa y dejaban sentir su influencia en ella; pero en el fondo debían ser un acto público, con participantes que emprendieran actos visibles para sus iglesias y comunidades. Las entronizaciones servían para hacer públicas la piedad personal y la dedicación del espacio doméstico al catolicismo, y además manifestaban una reclamación de las prácticas religiosas y los servicios del clero fuera de los templos. Las reuniones de las organizaciones católicas, las clases de catecismo y las escuelas organizadas en casas privadas, convirtieron las casas particulares en espacios públicos. Quizá la doctrina católica colocara a las mujeres en la casa; sin embargo, para vivirla, y ya no digamos para defenderla, se necesitaban acciones públicas.

Los voluntarios y activistas laicos pueden establecer un

---

[71] Fazio, 1997, p. 9.

vínculo entre una jerarquía religiosa distante y la gente común.[72] En general, los activistas católicos, en su mayoría mujeres, fortalecieron a la Iglesia en México cuando su situación social se deterioró debido a la intransigencia de los dirigentes. El propósito declarado de la ACM no era cambiar las leyes ni el gobierno, sino ayudar a la jerarquía a alcanzar al grueso de la población. Aun las mujeres disidentes que participaron en la segunda Cristiada o en la UNS llevaron el mensaje hasta las áreas rurales. Y estas activistas convocaron a sus paisanos para exigir el derecho a practicar su religión y una mayor libertad para la Iglesia en su conjunto.

México es ejemplo de una sociedad donde las "parteras" de posteriores movimientos religiosos progresistas fueron las activistas que llevaron a la práctica las enseñanzas sociales del catolicismo en años anteriores del mismo siglo, y al hacerlo llegaron a redefinir o incluso a definir políticas católicas.[73] El activismo de las mujeres ayudó a construir el movimiento de acción social católica desde el porfiriato hasta los años veinte. En los treinta, después de que el gobierno prohibió explícitamente las organizaciones laborales religiosas, la UFCM fue uno de los primeros grupos católicos que redefinió y mantuvo sus campañas a favor de los obreros. A mediados de los cuarenta, la SSM desarrolló nuevamente más programas de militancia para obreros y campesinos, y desde un principio encontraron apoyo constante en activistas como Emma Galán, presidenta de la JCFM en los finales de los treinta. La UFCM, la JCFM y otros grupos de mujeres siguieron afiliándose a la SSM y participando en los estudios sobre las reformas del Concilio Vaticano II. Leonor

[72] Gudorf, 1983, p. 233.
[73] Carole Ann Drogus propone el argumento para las activistas brasileñas de los años treinta, cuyos actos crearon una atmósfera en la que en años posteriores pudieron desarrollarse y difundirse las enseñanzas de las teorías de la liberación (1997, pp. 12, 15 y 27-28).

Aída Concha, quien trabajó en cuestión de derechos indígenas en los setenta y que actualmente dirige la organización
católica feminista Mujeres por el Diálogo, formó parte de la
JCFM a principios de los cuarenta y a esto atribuye su inspiración para combinar el trabajo social y la religión en la organización.[74]

La estrategia de supervivencia de la Iglesia en el México
posrevolucionario daba prioridad a esclarecer y reglamentar la distinción entre las funciones del clero, los religiosos
hombres y las religiosas mujeres, y los seglares. Los dirigentes de la Iglesia caracterizaban a las mujeres seglares como
sostén de las prácticas religiosas y morales en casa, y ésta
era su contribución central a la "ayuda secular para la jerarquía" de la ACM.[75] Los dirigentes religiosos de México hicieron énfasis en la reglamentación de las prácticas católicas
entre las mujeres, pues querían evitar aberraciones como
las BF y la UNS. Hacia fines de los treinta, la jerarquía eclesiástica nuevamente hizo hincapié en que el contenido moral
de la UFCM y la JFCM tenía mayor importancia que sus funciones comunitarias, y destacaron el carácter complementario
del papel que los grupos de mujeres católicas debían tener
ante el de los hombres. Básicamente, los dirigentes de la
Iglesia en México fueron ambivalentes hacia las actividades
públicas de las mujeres. Los obispos y el clero advertían
cuán necesaria era la actividad de las católicas en un momento en que el clero tenía una limitada capacidad de actuación y el apoyo de los seglares era escaso, y hubo quienes
aplaudieron los logros de las mujeres. Pero otros insistieron
en limitar el papel de las mujeres en la Iglesia y la sociedad.
Los dirigentes católicos pidieron a las mujeres que trabajaran activamente para la Iglesia, pero también que guarda-

[74] Dussel, 1981; Galán G., 1947; Fazio, 1997; Velázquez H., 1978, pp. 17-
22; Escontrilla Valdez, 2000, pp. 56-58; Leonor Aída Concha, entrevista de
la autora, México, D. F., 12 de noviembre de 1996.

[75] Gudorf, 1983, p. 235; "Ayuda laica a la jerarquía", 1937.

ran obediencia y que su participación no fuera provocadora, a diferencia de algunos dirigentes radicales y gubernamentales que se estudian en este mismo libro.

En gran medida, la UFCM y la JCFM respondieron a sus expectativas y no desafiaron abiertamente los paradigmas católicos femeninos. Muchas mujeres apoyaron lealmente a la jerarquía católica después de los acuerdos de paz de 1929 y rara vez se les vinculó con protestas violentas o con apoyo a la UNS u otros grupos disidentes. Su trabajo ayudó a compensar en México la defección de las mujeres que dejaron la Iglesia católica para adherirse a los programas del gobierno anticlerical o a grupos radicales. Una queja constante de los dirigentes eclesiásticos acerca de la ACM era que las mujeres eran mucho más numerosas que los hombres, y también más activas, lo que dificultaba su designación como asistentes o auxiliares. Durante el auge de la ACM en los cincuenta, la proporción de integrantes mujeres eclipsó a los hombres; ellas constituían sus "núcleos más pujantes".[76]

Sin embargo, los límites de la participación social y civil de las mujeres católicas se ampliaron durante el periodo posrevolucionario, de acuerdo con las necesidades de la época y de acuerdo con las inclinaciones de las mujeres. La división entre lo público y lo privado proporcionada por la Iglesia mexicana a principios del siglo XX y reinscrita después de los conflictos armados y el levantamiento social no domesticaron la práctica de la religión católica en su conjunto ni tampoco la participación de las mujeres en ella. No era el objetivo lograr una transformación completa de la práctica religiosa; aun los dirigentes religiosos proclives a la negociación, como Pascual Díaz Barreto, exigían que los católicos seglares protestaran, aunque cautelosamente, contra las políticas gubernamentales que atacaban a la Iglesia. De manera paralela a algunos movimientos femeninos se-

---

[76] Pérez Rosales, 1992, pp. 172 y 179-180; Barranco V., 1996, pp. 64-65.

culares, éstos llamados a la acción movilizaron a un grupo significativo de mujeres católicas seglares logrando incorporarlas en actividades que rebasaban los límites tanto de la esfera doméstica como de la ley. En este constante tanteo de los límites de la legislación del régimen revolucionario, estas mujeres aportaron gran parte de la fuerza para la resistencia "cotidiana", pero esencial, que desgastó la voluntad de muchos radicales y funcionarios mexicanos decididos a imponer el programa anticlerical.[77]

Aunque sigue siendo difícil medir el impacto de la UFCM sobre los asuntos políticos o legales del México posrevolucionario, resulta claro que formaron una parte organizada, vigorosa y crítica de las campañas de oposición a la educación socialista, esa área en la que la resistencia católica obtuvo una franca victoria. Otras políticas y prácticas que la Iglesia desaprobaba —incluso la reforma agraria, el movimiento agrario y el control gubernamental sobre los bienes eclesiásticos y la presencia de su clero— permanecieron vigentes durante este periodo y más allá, aunque poco a poco se fueron relajando. Las escuelas católicas abrieron con cautela, el clero y las órdenes religiosas de hombres y mujeres lentamente resurgieron en la vida pública y los católicos reiniciaron sus prácticas religiosas públicas, procesos visibles a largo plazo, pero difícilmente atribuibles sólo a los esfuerzos individuales.

El activismo de las mujeres católicas fue algo más que una respuesta mecánica de una pequeña élite a los manda-

---

[77] Aquí se sigue la fórmula de James C. Scott de resistencia oculta eficaz, con una diferencia clave: estas mujeres ayudaron a resacralizar, y no a desacralizar el espacio público (1990, pp. 193-197). Puede ser que las críticas a la autoridad institucional y el fundamentalismo hayan dominado a los teóricos en su comprensión de la religión (véase asimismo Castells 1999a, pp. 12-17), dadas las indicaciones de estos dos autores de que tales actos son negativos. Se necesita más trabajo para investigar las variedades entre culturas de la experiencia religiosa y los atributos positivos de movilizar a la gente para practicar la religión a su antojo.

tos de la dirigencia canónica. Aunque arropado en una retórica conservadora, ofreció a las mujeres la oportunidad de
cambiar las condiciones, no sólo en su casa y en la iglesia,
sino también en la escuela, en el lugar de trabajo y en la calle. Muchas se percataron de que no había retorno al orden
social prerrevolucionario añorado por algunos de los dirigentes, y en cambio vieron la posibilidad de adaptarse al
México posrevolucionario. Los actos de las activistas católicas ampliaron los límites del discurso público y los espacios
de las mujeres, incluso de las católicas. Contribuyeron a
unir las tradiciones religiosas y sociales del pasado mexicano a su presente posrevolucionario y situaron a la sociedad
mexicana en un cauce diferente de aquellos imaginados
tanto por los dirigentes revolucionarios como por los dirigentes de la Iglesia.

XI. EL CENTRO NO PUEDE SOSTENERSE
Las mujeres en el Frente Popular
de México

JOCELYN OLCOTT
Duke University

EN MAYO DE 1937, Anne Kelton Wiley, miembro del Partido Nacional de las Mujeres de los Estados Unidos y activista del movimiento de la Enmienda para la Igualdad de Derechos, viajó por el centro de México con la guía de Margarita Robles de Mendoza, sufragista de posición social acomodada. Su viaje culminó en la Ciudad de México, donde, en una charla ante un pequeño público de unas 25 integrantes del Frente Único para los Derechos de las Mujeres (FUPDM), esgrimió como un ejemplo para su contraparte mexicana el "drama y el tremendo esfuerzo" del movimiento sufragista estadunidense.[1] María del Refugio "Cuca" García, una militante comunista de tiempo atrás y secretaria general del FUPDM, respondió con una mezcla de agradecimiento por la solidaridad de Wiley y de resentimiento por su insinuación de que las mexicanas no habían demostrado aún el valor para sostener su convicciones, y señaló que a pesar de que las sufragistas estadunidenses eran una inspiración, la FUPDM hacía sus esfuerzos en el contexto de un "país semicolonial". Las mujeres "ayudaron a hacer la revolución", explicó García a la visitante extranjera. "La pólvora de los campos de

---

[1] AGN, Ramos Presidentes (RP), Lázaro Cárdenas del Río (LCR), exp. 544/1, Anne Kelton Wiley a Lázaro Cárdenas, 30 de septiembre de 1937; *Equal Rights*, 15 de julio de 1937, pp. 102-104.

combate nos roció los cabellos muchas veces sin hacernos retroceder; pero el gobierno de nuestro país nos envió a casa cuando acabó la Revolución y una vez que aprovecharon nuestros servicios, diciendo que el lugar de la mujer está en la casa."[2]

La antipatía apenas velada de García surgía de su propio encuentro con la política electoral mexicana. Apoyándose en la organización y el financiamiento del Partido Comunista Mexicano (PCM), García y otra socia del FUPDM, Soledad Orozco Ávila, habían hecho campaña para ser postuladas como candidatas al Congreso por el Partido Nacional Revolucionario, y supuestamente habían ganado, pero el PNR se negaba a reconocer sus escaños, alegando las disputas existentes sobre el estatus de la ciudadanía de las mujeres. La amargura de García traicionaba el lenguaje de unidad que caracterizaba la mayoría de las intervenciones del FUPDM.

Fui nominada al Congreso Federal por 10 000 votos, pero no me permitieron tomar mi escaño [explicó]. Quise hacer esta promesa como luchadora de mis derechos. No me importan las decisiones del Partido Nacional Revolucionario. El Partido Nacional Revolucionario no representa la voluntad del pueblo. Regresaré a mi distrito para las elecciones de junio porque la gente me apoya. Esto demuestra que el pueblo está con las mujeres y, con su ayuda, abriremos las puertas del Congreso a todas las mujeres del país.[3]

La estridente insistencia de García refleja la acumulación de retos para las prácticas y las ideologías desde la Revolución. Los hombres y las mujeres tanto en la realidad como en la representación vivieron durante los años veinte y treinta entre una gama de identidades marcadas por el género. Las interpretaciones culturales, a menudo cons-

---

[2] *Equal Rights*, 15 de julio de 1957, pp. 102-104.
[3] *Id.*

cientemente autodidácticas y polémicas, ofrecían imágenes novedosas de cómo ser mujer; en ellas, las mujeres transgredían la feminidad preestablecida de la maternidad sacrificada y la piedad tradicional, pero seguían siendo mujeres. Llevaban pistola, leían libros, trabajaban codo a codo con sus compañeros y apoyaban decididamente al nuevo y progresista gobierno posrevolucionario. A pesar de que destacaron, sobre todo por el contraste con las representaciones dominantes de las mujeres subyugadas, piadosas y envueltas en su rebozo, los nuevos arquetipos de la feminidad —la mujer trabajadora, la indígena con una gran autoconfianza, la chica moderna y la sufragista— se unieron a los de la soldadera y la madre abnegada.

Estas representaciones surgieron no de la imaginación de artistas o escritores, sino del heterogéneo despliegue de organizaciones de mujeres que proliferaron al terminar la Revolución. Con un trasfondo de la movilización de masas y una feminidad flexible, la organización política de las mujeres entró en lo que algunas académicas han llamado la edad de oro del activismo de las organizaciones de mujeres. Ofreciendo una respuesta tentativamente afirmativa a la pregunta de si la Revolución mexicana inspiró a las mujeres del país *como mujeres*, las feministas de la academia han señalado a menudo la formación del FUPDM en 1935.[4] Culminación de dos décadas de militancia feminista —desde los congresos feministas de 1916 hasta los Congresos Nacionales de Obreras y Campesinas de principios de los treinta—, esta federación tendió un puente entre las divisiones ideológicas y partidarias de los veinte y principios de los treinta y se dedicó a dar forma a un movimiento nacional de mujeres.

Sin embargo, el énfasis en el FUPDM ha dejado a los estudiosos del activismo de las mujeres con un enigma central:

---

[4] Cano, 1991a; Macías, 2002; Rascón, 1979; Soto, 1990. El trabajo más completo que existe hasta ahora sobre el FUPDM es Tuñón Pablos, 1992. Véase una reseña de esta historiografía en Cano, 2000.

¿por qué, en un momento de fuerza y consolidación sin precedentes, no aseguraron las mujeres su principal objetivo del derecho al sufragio? La coincidencia de la unidad promovida por el FUPDM y la exasperante postergación del sufragio quizá no resulte tan paradójica como parece. Lo que en ese tiempo parecía ser la victoria que coronaba el movimiento de las mujeres de México de hecho señaló el principio de su decadencia. La consolidación de la FUPDM y la incorporación política desarmaron y metieron en una camisa de fuerza lo que hasta entonces había sido un movimiento multivocal y a menudo radical de mujeres. En el FUPDM, las activistas atenuaron sus críticas a las políticas del gobierno luchando por validar sus credenciales de "buenas ciudadanas" y defensoras leales del nuevo régimen.

Tomando en cuenta estas restricciones, el Frente no pudo obtener ni siquiera el sufragio, el objetivo que más unificaba a la dirigencia de la organización. Pues el sufragio, con todo y sus fundamentos en el liberalismo, con todo y sus vínculos con una concepción masculinizada de ciudadanía y con la validación implícita de las prácticas políticas existentes, seguía contándose entre las demandas menos perturbadoras de las mujeres. La mayoría de las mujeres exigía un mayor reconocimiento y un alivio de sus arduas labores reproductivas de tener y criar niños, de atender y alimentar a la familia y de mantener hogares y comunidades. Muchas buscaban la igualdad de género en las reformas laborales y agrarias, incluyendo la paridad salarial y parcelas colectivas para mujeres organizadas. Unas cuantas incluso reclamaban una revisión completa de las ideologías de género que sustentaban a la sociedad mexicana, cuestionando las prácticas sexuales, sociales y políticas que reforzaban el patriarcado mexicano. Las activistas mexicanas debatían acerca de demandas tales como los salarios de las madres y un sistema de cuotas que garantizara la representación igual en el gobierno, con lo que el derecho a votar pasaba a ser una petición relativamente modesta. Sin embargo, con su incorporación al partido dominante, el FUPDM no sólo puso fin a la disidencia y al debate que habían animado el compromiso y el dinamismo de muchas activistas durante los años veinte y principios de los treinta, sino que también dejó a la organización estratégicamente incapacitada para reaccionar cuando los dirigentes posrevolucionarios no cumplieron sus promesas.

La repuesta al enigma antes presentado se encuentra en gran medida en la reconfiguración de la ciudadanía en los últimos años de la década de los treinta.[5] Entre el periodo del movimiento armado y los últimos años treinta, el signo de compromiso civil había dejado de ser la capacidad para movilizar a grupos de simpatizantes para dejar paso a la capacidad de demostrar lealtad al régimen posrevolucionario. Las mujeres no lograron obtener el sufragio porque el FUPDM —que para 1937 era el punto focal del activismo sufragista— había renunciado a tener el poder de una organización disidente y porque, sobre todo después de la reestructuración del partido gobernante a partir de un esquema corporativista, el derecho individual al voto parecía irrelevante ante las preocupaciones más apremiantes de las mujeres.

El cardenismo, el Frente Popular y la cultura política de organización

Tres factores contribuyeron a la decisión de las activistas de formar el FUPDM: el apoyo brindado a las organizaciones femeninas por el gobierno de Lázaro Cárdenas (1934-1940), el compromiso hecho en 1935 por el Partido Comunista Mexicano de formar el Frente Popular y la propia frustración de las activistas por la división y la discordia que caracterizaron

[5] Véase una discusión más amplia de la ciudadanía revolucionaria de las mexicanas en Olcott, 2005.

los esfuerzos de los primeros años treinta de dar forma a un movimiento nacional de mujeres. Estos tres elementos proporcionan un contexto crucial para entender la eventual ineficiencia de la organización y las condiciones en que las activistas promovieron la unidad y lucharon por mantenerla.

Alarmados por la vitalidad de las organizaciones de las mujeres católicas, los miembros del PNR, partido gobernante, patrocinaron una serie de congresos nacionales a principios de los treinta para alentar las organizaciones laicas de mujeres. Sin embargo, los congresos se convirtieron en campos de batalla entre las penerristas y las semiclandestinas integrantes del PCM. Las penerristas temían que las necesidades de las mujeres siempre recibirían poca atención en las organizaciones grandes dominadas por hombres, mientras que las comunistas alegaban que las organizaciones de puras mujeres dividirían los movimientos revolucionarios y a la larga acabarían relegadas y sin poder de acción. En el congreso de 1931, la organizadora penerrista María Ríos Cárdenas (sin parentesco con el presidente) defendió una organización feminista unificada, alegando que el "sindicalismo, habiendo conquistado muchos beneficios para las trabajadoras, no resuelve los problemas de la mujer. Necesitamos organizaciones meramente femeninas que estén hechas por y para nosotras".[6] Las comunistas, cuestionando la existencia de una "clase femenina", no veían más que a aquellos aliados con los explotados y a aquellos aliados con los explotadores.[7] Cada bando acusaba repetidamente al otro de traicionar a la mujer mexicana por estar al servicio de sus partidos respectivos.

En segundo lugar, surgió en México una cultura política de organización durante los años treinta. Desde la fundación del PNR en 1929 y con mayor impulso durante la presidencia de Cárdenas, el gobierno posrevolucionario alentó a

---

[6] *El Universal*, 4 de octubre de 1931, p. 9.
[7] *El Universal*, 3 de octubre de 1931, p. 9.

las organizaciones populares a apuntalar su legitimidad. Las organizaciones, en este sentido, implicaban la posibilidad de capacitar y disciplinar el activismo político. El gobierno de Cárdenas construyó una infraestructura institucional que abrió puertas a grupos tradicionalmente privados del derecho al voto y al mismo tiempo restringió estrictamente sus actividades.[8] Cárdenas hizo avanzar el activismo de las mujeres, y durante su campaña así como a lo largo de su mandato apoyó con su discurso los derechos políticos, sociales y económicos de las mujeres. De la mayor importancia para las organizadoras del FUPDM fue que los cardenistas dieron forma a un Estado corporativista, en el que las instituciones oficiales representarían a "grupos de interés" laborales, campesinos, militares y al "sector popular". En consecuencia, estos grupos acudieron sin demora a obtener sus credenciales de entidades "organizadas" que tendrían reconocimiento como representantes legítimos, lo que obligadamente hacía tabla rasa de sus identidades y reflejaba sólo la ubicación oficial de los grupos sociales. La reorganización del PNR en 1938 para convertirlo en el Partido de la Revolución Mexicana (PRM) marcó la culminación política de esta transición al corporativismo.

Por su parte, el Partido Comunista vitoreó al PRM por la institucionalización del Frente Popular. El drástico cambio de postura del PCM que implicó la adopción de la estrategia del Frente Popular en 1935 ofrece el tercer elemento contextual de importancia para entender la creación y eventual disolución del FUPDM.[9] Para entonces, la creciente amenaza del fascismo y otros movimientos contra y antirrevolucionarios tanto en México como en el extranjero animaron el sentimiento de que la proliferación y la fragmentación de las organizaciones izquierdistas habían llegado a ser peligrosamente contraproducentes. De manera análoga a la re-

[8] Olcott, 2005.
[9] Carr, 1996; Carr, 1994.

lación entre la Confederación de Trabajadores de México (CTM) y el movimiento obrero, el FUPDM, creado justo un mes después de que en el congreso de la Internacional Comunista se proclamara la campaña del Frente Popular, reunió a un amplio sector de mujeres del partido gobernante, el PCM y otras organizaciones de centro-izquierda. Mediante la intensificación de su estrategia de infiltración, el PCM capacitó organizadores para que enrolaran mujeres en el PNR y promovieran programas de beneficencia estatal, como desayunos escolares, atención infantil generalizada y servicios de salud posparto, llevando al partido gobernante hacia las prioridades políticas del PCM.[10] La estrategia del Frente Popular imbuyó optimismo en el PCM, que veía hacia el futuro un gobierno de coalición, como León Blum en Francia.[11]

En un lapso de cuatro años, las activistas comunistas habían redefinido su relación con el régimen gobernante; ahora ya no atacaban al partido en el poder sino que promovían su control hegemónico. Las inclinaciones progresistas del cardenismo, el espíritu de cooperación con la campaña del Frente Popular del PCM y la promesa de ofrecer importantes contribuciones a los derechos y oportunidades de las mujeres indujeron a las dirigentes del activismo femenino a dejar de lado sus diferencias. Sin embargo, la dirigencia del FUPDM quedó acorralada entre dos amos: la expectativa de la movilización y el imperativo de demostrar lealtad. El PCM, que alguna vez había ordenado que las mujeres del partido rechazaran cualquier espacio abierto por el partido gobernante, ahora insistía en que se acogieran al régimen posrevolucionario. Al adoptar esta estrategia, las activistas comunistas se encontraron en un camino de me-

[10] CEMOS, doc. 000128, circular del PCM de Consuelo Uranga y Elodia F. Cruz, 12 de enero de 1938.
[11] Véanse pronósticos optimistas sobre el Frente Popular Mexicano en el periódico del Partido Comunista, *El Machete*, y en el boletín de noticias de la CTM, publicado en inglés, *Mexican Labor News*.

nor resistencia, pero que no por ello las libraba de estar bajo el poder de unas autoridades y una política partidista regida por hombres.

ESTRUCTURAS Y ESTRATEGIAS

El FUPDM adoptó las estructuras de organización del PCM así como la insistencia del PNR en construir una base de miembros incluyente de todas las clases y exclusivamente femenina con el fin de alcanzar una estrategia de dos vías para pelear por beneficios inmediatos, como los molinos motorizados de nixtamal y la reforma agraria, así como por objetivos políticos de largo plazo, como el sufragio y el combate al fascismo.[12] La dirigencia siguió estando en manos de las militantes comunistas, con Cuca García a la cabeza, instigadora de tiempo atrás de los ataques contra el PNR. Esta combinación de una disciplina comunista en la organización y la política abarcadora del partido gobernante unió a una amplia gama de grupos femeninos bajo el techo del FUPDM.

La construcción de un frente unido requería más que una simple rescritura de las prioridades de organización. Mujeres como Cuca García y Ana María Hernández, que se habían pasado la primera mitad de la década lanzándose dardos ponzoñosos, de repente estaban unidas en pro de una causa común como miembros del comité ejecutivo original del frente. Incluso el aspecto cultural del FUPDM señaló un arranque importante para las comunistas. Aunque en las reuniones del PCM se acostumbraba cantar canciones populares, corridos de la Revolución y la "Internacional", las composiciones para violín y voces de autores europeos de la época marcaron la inauguración de la asamblea plenaria del FUPDM.

[12] Sobre los intereses de género prácticos y estratégicos, véase Molyneux, 1985.

Los principales objetivos de la organización —el sufragio femenino y la oposición al fascismo— ocupaban la zona compartida por estos dos partidos que tan a menudo se habían enfrentado. Tales objetivos gemelos no sólo se reflejaron en las resoluciones de la Internacional Comunista de 1935, sino que también hicieron manifiesto el compromiso de Cárdenas con los derechos políticos de las mujeres y las crecientes preocupaciones sobre el fascismo, que habían aumentado con el surgimiento en 1935 de los Camisas Doradas y la fundación en 1937 de la Unión Nacional Sinarquista.[13] Al hacer del sufragio femenino y el antifascismo sus objetivos principales, las dirigentes del FUPDM contribuyeron a vincular los temores sobre los derechos políticos de las mujeres con el ascenso del fascismo, pero invirtieron el planteamiento para impugnar que sólo mediante la incorporación al Estado podían las mujeres ahuyentar el fascismo.[14] Afirmaban que de hecho las mujeres eran indispensables para enfrentar la amenaza fascista.

El FUPDM estaba organizado por y a favor de las mujeres, ajustándose a las preferencias penerristas. Sus diversas asociaciones le permitían contar con un apoyo más amplio en su lucha por los recursos públicos. Por ejemplo, cuando Cuca García pidió financiamiento público para la Clínica de Maternidad Primero de Mayo de la Ciudad de México, organizada por el FUPDM, logró apoyos que iban desde el sindicato de ferrocarrileros controlado por los comunistas hasta la Unión de Mujeres Americanas, organización feminista de élite. La confederación reforzó su legitimidad promoviendo campañas de sobriedad y salud pública que gozaron del apoyo generalizado y coincidían con los deberes tradicionales de las mujeres.

---

[13] Según Jean Meyer, las mujeres nunca fueron menos de una cuarta parte de los militantes sinarquistas (2003, p. 68).

[14] Véanse, por ejemplo, en AGN, RP, LCR, exp. 433/121, las declaraciones de Cuca García en el Congreso del Frente Popular Anti-imperialista, 27-28 de febrero de 1936.

El FUPDM adoptó tres estrategias de organización para integrar sus objetivos inmediatos y aquellos de largo plazo. En primer lugar, desarrolló estructuras de organización específicas, estableció comités, cultivó vínculos de solidaridad y liderazgo y estableció programas de movilización. En segundo lugar, el Frente se mantuvo atento a los contextos y necesidades locales, permitiendo que las dirigentes locales fungieran como intermediarios entre las bases y las instituciones nacionales. La revista de la organización lo explicaba en estos términos: "En cada lugar donde se instale un grupo del FUPDM, debemos luchar por las demandas locales que interesen particularmente a la mujer [...] ligando siempre estas demandas con las contenidas en el programa general".[15] Las oficinas centrales se mantuvieron en la capital, pero la oficina nacional enviaba organizadoras a todo el país. Finalmente, el FUPDM mantuvo conexiones transnacionales, cultivando alianzas en el extranjero entre otras organizaciones comunistas y del Frente Popular, grupos feministas como el Partido Nacional de las Mujeres de los Estados Unidos y organizaciones multilaterales como la Liga de las Naciones y la Unión Panamericana.

ÁMBITOS LOCALES Y ALCANCE GLOBAL

La organización declaró tener 35 000 miembros en 1936 y 50 000 en 1939.[16] No cabe duda de que estas cifras exageraban el número de integrantes del Frente; pero al igual que el cálculo de los miembros del partido gobernante representaban una idea más amplia de la pertenencia a la confede-

---

[15] *Mujer Nueva*, núm. 1 (noviembre de 1936), p. 2, citado por Tuñón Pablos 1992, pp. 70-71.

[16] La cifra de 35 000 aparece en el AGN, RP, LCR, exp. 544/I, carta del FUPDM, Tampico, Tamaulipas, 6 de septiembre de 1936. El cálculo de 50 000 aparece en Millán, 1939, p. 165.

ración, pues aquí se incluían los miembros de todas las organizaciones afiliadas. Detrás de estas cifras, aun pasando
por alto la cuestión de su credibilidad, se ocultaban grandes
variaciones en el significado de la pertenencia al Frente en
diferentes partes de la República. Algunas grupos filiales
mantenían vínculos más estrechos con el PCM y otros con el
partido en el gobierno. Las economías locales y los ambientes políticos definían las posibilidades que tenían las activistas del Frente. Los objetivos que se planteaban las ciudades,
los puertos, los colectivos agrícolas y las pequeñas comunidades rurales al establecer filiales del FUPDM diferían mucho
entre sí.

La estructuración del Frente como una confederación
nacional era un reflejo de la política y la cultura locales, al
igual que el programa de las oficinas centrales del FUPDM de
la capital. Las filiales de provincia por lo general hacían demandas que podían llegar a causar mayores trastornos que
el sufragio femenino, provocando considerable resistencia y
violencia ocasional cuando intentaban controlar los medios
de producción, el acceso a la tierra cultivable y las limitaciones a los privilegios patriarcales. La filial del FUPDM de
Tenabó, en Campeche —estado del sureste del país con población predominantemente maya y rural—, informaba que
una dirigente del FUPDM había sido encarcelada y "salvajemente desnudada y golpeada" por las autoridades locales.[17]

Mientras tanto, en el puerto de Salina Cruz, Oaxaca, el
FUPDM colaboraba estrechamente con los estibadores de la
CTM y los sindicatos de los petroleros, que apoyaban las pro-

---

[17] AGN, RP, LCR, exp. 542.1/2012, FUPDM, Tenabó, Campeche, a Cárdenas,
8 de abril de 1937. Aunque muchos nombres de pila de los documentos
parecen indígenas, dicen poco sobre el significado de la identidad étnica
para las mujeres en cuestión. Por ejemplo, las mujeres de Tenabó presentaban sus reclamaciones de parte de "mujeres campesinas que saben de las
amarguras de nuestra clase", y no de parte de mujeres indígenas (véase AGN,
RP, LCR, exp. 151.3/1365, FUPDM, Tenabó, Campeche, a Cárdenas, 29 de julio
de 1937).

testas del FUPDM contra la inflación galopante y sus esfuerzos por obtener mejores viviendas para la clase obrera.[18] Sin
embargo, las 60 integrantes del FUPDM se toparon con la resistencia de la CTM al solicitar empleo en el espacio tradicionalmente masculino de los cargadores de los muelles. "Hay
trabajos en las oficinas o en los mismos muelles —escribieron al presidente Cárdenas— y que pueden ser desempeña-
dos con mayor eficiencia por mujeres, como son los puestos
de almacenistas, tomadores de tiempo o cabos de cuadri-
lla."[19] Más adelante insisten las dirigentes de la organización al presidente "que haga saber a la Federación de Trabajadores, jefes de oficinas y trabajos en general, que como
trabajadoras que somos tenemos derechos a participar en
los trabajos que emprendan en la República" y "que, para
que sus disposiciones sean respetadas, nos extienda un
comprobante para que no seamos objeto de vejaciones y
evasivas".[20]

Ocurrieron muchas experiencias similares, pese al apoyo del PCM y el gobierno a las mujeres asalariadas. Las activistas del FUPDM generalmente conseguían más apoyo de los
aliados del sexo masculino cuando se restringían al ámbito
de las preocupaciones domésticas, como los precios de la
comida y las condiciones de vivienda. Cuando transgredían
estos límites, solían toparse con "vejaciones y evasivas". Las
organizadoras de Salina Cruz también destacaban la importancia del reconocimiento oficial. Aunque las integrantes del FUPDM se consideraban un grupo organizado que me-

[18] AGN, RP, LCR, exp. 521.8/24, Liga Acción Femenina, FUPDM, a Cárdenas,
8 de enero de 1936; AGN, RP, LCR, exp. 151.3/879, Liga de Acción Femenina
Pro-Derechos de la Mujer, CTM y FUPDM a Cárdenas, 10 de mayo de 1940.
[19] AGN, RP, LCR, exp. 151.3/879, Liga de Acción Femenina Pro-Derechos
de la Mujer, CTM y FUPDM, Salina Cruz, Oaxaca, a Cárdenas, 29 de diciembre de 1937.
[20] AGN, RP, LCR, exp. 151.3/879, Liga de Acción Femenina Pro-Derechos
de la Mujer, CTM y FUPDM, Salina Cruz, Oaxaca, a Cárdenas, 15 de marzo de
1940.

recía los beneficios de los seguidores, para los miembros de la CTM resultaba claro que invadían su territorio y debilitaban su control del sindicato.

La creación del FUPDM en Acapulco también demostró la importancia no sólo del reconocimiento oficial, sino también de unidad e internacionalismo. Acapulco, el mayor puerto mexicano del Pacífico, había sido tierra fértil para la política radical desde antes de la Revolución.[21] En 1934, a sólo días de haber pronunciado discursos de campaña que respaldaban la distribución de armas entre los radicales agraristas de Guerrero y en contra del "capitalismo voraz", Cárdenas fundó un grupo filial de la Liga Nacional Femenina.[22] Al año siguiente, bajo la dirigencia de la infatigable activista María de la O, las 96 socias fundadoras de la Unión de Mujeres Revolucionarias de Acapulco se aliaron con los estibadores, grupo de predominio masculino, y el sindicato de jornaleros del puerto, así como con otros sindicatos femeninos del trabajo, como el Sindicato de las Mujeres Rojas.[23] Sin embargo, para marzo de 1936, las divisiones en la Liga Nacional Feminista precipitaron una división en la organización, a raíz de la cual se creó la asociación rival Primera Liga Nacional Femenina Roja de Acapulco (en adelante Liga Roja), que se autodefinía como una "agrupación femenina de la izquierda".[24]

Un mes después de haberse formado la Liga Roja, las activistas del FUPDM llegaron de la Ciudad de México a restablecer la paz entre las distanciadas organizaciones de muje-

[21] Gill, 1956; Vizcaíno y Taibo, 1983.

[22] Sobre la Liga Nacional Femenina, véase AGN, RP, LCR, exps. 437/112 y 136.3/20. Véanse los discursos de campaña de Cárdenas en Guerrero en Cárdenas, 1978, pp. 127-129.

[23] AGN, RP, LCR, exps. 437.1/147, 534.3/45 y 433/481, Unión de Mujeres Revolucionarias de Acapulco, 16 de febrero de 1935. Véase Flores Arellano y Román, 1992, sobre María de la O.

[24] AGN, RP, LCR, exp. 437/112, Primera Liga Nacional Femenina Roja a Cárdenas, 7 de mayo de 1936.

res en Acapulco. Ofelia Domínguez Navarro, ciudadana cubana y comunista que representaba las oficinas del FUPDM de la capital, buscó el apoyo de las maestras y organizadoras locales para convocar a las mujeres "sin distinción de credos religiosos ni políticos, que se una[n] sobre las bases de este pacto de solidaridad en el que habrá de lucharse por todas sus reivindicaciones".[25] Para promover la unidad, el organismo rector designó delegados de cada organización afiliada, que se comprometieron a organizar a los FUPDM locales en todo el estado. Las organizadoras presentaron un programa de amplio alcance que incluía cuestiones tan diversas como la oposición a la inflación y el descuento en los salarios de las mujeres; movilizaciones en demanda de clínicas de maternidad y leyes laborales compatibles con la crianza de niños, y tomar medidas contra los tratos humillantes, el pago de la deuda nacional y la "guerra imperialista". Recurriendo a un arsenal de campañas de prensa, manifestaciones y cualquier acto que lograse la movilización del mayor número de mujeres, esta facción local hacía eco a las prioridades del PCM: el combate al fascismo y al "imperialismo capitalista". Para cimentar la paz, la nueva confederación organizó una "comida de fraternidad" el siguiente domingo.

La estrategia de integrar campañas para obtener triunfos locales, tangibles, con objetivos internacionales, como el combate al imperialismo, caracterizó al FUPDM y al Frente Popular. Para Domínguez, como para cualquier buena socialista, no existen fronteras ni nacionalidades, explicaba un periódico.[26] No sólo se organizaban en México activistas expatriadas como Domínguez, sino que las dirigentes del FUPDM también asistían a congresos internacionales de mujeres y mantenían redes internacionales de contactos con

<hr>

[25] AGN, DGG, 2.312 (9) 21, caja 6, exp. 37, FUPDM, Acapulco, Guerrero, 27 de junio de 1936.

[26] *Redención*, Villahermosa, Tabasco, 7 de marzo de 1936, p. 1.

organizaciones femeninas de orientación similar que apoyaban sus esfuerzos. Esta red de conexiones, que abarcaba las reuniones entre vecinos al igual que las conferencias del partido gobernante y los congresos transcontinentales, fortalecieron el papel de las organizadoras como intermediarias entre estos diferentes niveles, dándoles legitimidad como negociadoras de los derechos de las mujeres.

No fue poco común que las activistas del FUPDM se convirtieran en agentes políticos entre una comunidad y el gobierno. Ganaban la lealtad de las bases mediante el establecimiento de cooperativas de producción, el mejoramiento de las condiciones laborales y la adquisición de molinos de nixtamal motorizados y agua potable. A su vez, la capacidad de las organizadoras de movilizar grandes contingentes de mujeres que respaldaran los programas de financiamiento estatal para promover la asistencia escolar, la nutrición familiar y las campañas de salubridad en las comunidades, brindaban a la dirigencia del FUPDM el capital político para cabildear ante el gobierno cuestiones de particular interés para sus integrantes. La movilización consistente y los contactos personales permitían a la organización ganar el respaldo de los dirigentes políticos del más alto nivel.

Muchas dirigentes del FUPDM ya habían ocupado puestos como intermediarias entre los políticos y los miembros de base de las organizaciones femeninas. Puesto que ya habían trabajado como maestras en las escuelas públicas, utilizaban la formación recibida en la Escuela Normal, basada en la "pedagogía activa" de John Dewey, y desde su posición de maestras y organizadoras promovían el FUPDM. No debe sorprender que entre las demandas del FUPDM casi siempre hubiera una solicitud para financiar mejoras en las escuelas, objetivos que probablemente expresaban las prioridades de las organizadoras más que de las integrantes. Por añadidura, el Frente mantenía relaciones estrechas con los sindicatos de maestros simpatizantes del PCM y con la Secretaría de

Educación Pública. En 1937, la descripción del empleo de secretaria de asuntos femeninos del sindicato de maestros de Yucatán incluía las siguientes instrucciones: "Luchar por la preparación ideológica de las mujeres agrupadas dentro del SUTEY. Propugnar por una igualdad de derechos constitucionales entre el hombre y la mujer. Luchar porque el elemento femenil del SUTEY propugne dentro del FUPDM, siendo cada maestra una organizadora del mismo, dentro del elemento obrero y campesino".[27] Muchas obras del FUPDM, como los congresos y las cooperativas, utilizaban la estructura burocrática de la SEP, que, por su parte, hacía este reconocimiento: "En la cuestión de organización juvenil y femenil, solamente se ha podido hacer un trabajo de colaboración con los organismos ya establecidos, tales como Juventudes Socialistas Unificadas de México, Frente Único Pro Derechos de la Mujer, etcétera".[28]

Cada agrupación local del FUPDM adoptó características regionales, pero las demandas centrales de servicios de salud, reglamentos antialcohólicos, máquinas para facilitar el trabajo, apoyo a las cooperativas y mejoras escolares siguieron siendo las mismas en todo el país. Estas cuestiones tenían un lugar central en los programas de organización del FUPDM no sólo porque la mayoría de las mujeres verdaderamente les daban preferencia, sino también porque tenían el respaldo explícito del gobierno. Los programas de las organizaciones se desarrollaron pues mediante un proceso de negociación que reunía tanto la cooperación de los miembros como el apoyo del Estado. Las activistas del FUPDM, muchas de ellas comunistas y compañeras de ideas afines, navegaban cautelosamente entre las bases de la organización y los objetivos políticos del PCM y el partido gobernante.

De manera muy similar al PCM durante estos años, la dirigencia del FUPDM se debatió en esta relación ambivalente

[27] Sindicato Único de Trabajadores, 1937, pp. 23-24.
[28] Secretaría de Educación Pública, 1938, p. 488.

con el régimen posrevolucionario, tratando de mantener su autonomía a la vez que disfrutaba de la legitimidad aparejada con la colaboración y una presencia más central en la cultura política. Lo cierto es que en ocasiones se ponían de manifiesto ciertos resquebrajamientos, como la vez en que Cuca García criticó al PNR. Esta tensión entre ambivalencia y unidad se fue acentuando a medida que el FUPDM se concentró en sus esfuerzos por el sufragio femenino y se dedicó a surcar las turbias aguas de la ciudadanía revolucionaria. En las décadas posteriores a la Revolución, los políticos y las grandes figuras intelectuales asociaban la ciudadanía a tres experiencias masculinizadas: el servicio militar, el trabajo asalariado y el activismo político. Durante la segunda mitad de la década de los treinta, las activistas laicas se dedicaron a definir el servicio obligatorio de las mujeres, el trabajo no remunerado y el activismo político como signos equivalentes de ciudadanía.[29]

SUFRAGIO EN EL FRENTE POPULAR

En un discurso pronunciado en 1937 en el puerto de Veracruz, Cárdenas se declaró a favor de que las mujeres disfrutaran de todos los derechos de la ciudadanía, incluyendo el derecho al voto y a ser elegidas para un cargo público. El FUPDM, viendo que era inminente esta victoria estratégica y siguiendo la adopción de la política electoral del Frente Popular, se entregó de lleno a su campaña sufragista. Tomando en cuenta la fuerza y el tamaño de la organización, y el apoyo abierto del presidente, el éxito parecía al alcance de la mano. Llovieron los telegramas en Los Pinos, la residencia del primer mandatario, y en las oficinas del FUPDM portando felicitaciones adelantadas por haber ganado la bata-

---

[29] Olcott, 2005.

lla por el sufragio. Sin embargo, el triunfo resultó ilusorio, pues las mujeres no habrían de votar en una elección federal sino hasta 1958.

La postura del FUPDM reflejaba la campaña comunista de "unidad a toda costa", y la aparente oportunidad de una participación política significativa y legitimada creó un fuerte incentivo para alcanzar el consenso en el FUPDM y ganar un lugar en la mesa corporativista de negociaciones, entre la CTM y la Confederación Campesina Mexicana. Después de un congreso de mujeres celebrado en febrero de 1938, el FUPDM se unió a otras destacadas organizaciones femeninas al declarar: "La unificación comenzada es de suma importancia [...] En la unificación del nuevo partido está la solución a nuestras necesidades".[30] Con cada paso que se daba hacia la aprobación del proyecto de ley sobre el sufragio y cada espacio que el gobierno cardenista abría para dar a las mujeres organizadas una voz en la toma de decisiones, las dirigentes del FUPDM iban cambiando su estrategia, y de las manifestaciones de militantes y las huelgas de hambre fueron mudando hacia una posición de actores políticos sensatos y responsables que trabajaban en los cauces oficiales establecidos por el régimen posrevolucionario. Parecían seguras de que para ganar los derechos políticos por los que tanto tiempo habían luchado bastaba con probar su fidelidad.

Mientras tanto, en un esfuerzo por demostrar disciplina, la dirigencia del FUPDM marginaba a las voces disidentes. Activistas destacadas, como Juana Belén Gutiérrez de Mendoza y Concha Michel, que pedían una mayor movilización en vez de hacer hincapié en los derechos políticos, se vieron desplazadas a la periferia de la confederación.[31] Para Gutiérrez de Mendoza y Michel, el énfasis en el derecho al voto

---

[30] *El Machete*, 19 de febrero de 1938.

[31] AGN, RP, LCR, exp. 544.6/24, Instituto Revolucionario Femenino, 28 de septiembre de 1938; Gutiérrez de Mendoza, 1936; Michel, 1938.

era una simple copia de los infructuosos intentos masculinos por lograr el cambio social y político. Muchas otras activistas no diferían abiertamente del programa sufragista del FUPDM, pero tampoco lo respaldaban. Las urnas seguían siendo un instrumento de cambio mucho menos importante que las herramientas políticas más informales, como las redes de patronazgo y las manifestaciones públicas, especialmente en las zonas rurales.

Mientras que en la Ciudad de México la dirigencia del FUPDM se dejaba guiar por el escurridizo objetivo que era el sufragio femenino, muchas de sus agrupaciones locales seguían concentrándose en propósitos más inmediatos, como el establecimiento de cooperativas de producción y la obtención de atención médica básica. Mientras que las dirigentes de la capital se manifestaban frente a Los Pinos, las agrupaciones del FUPDM de la península de Yucatán le escribían a Cárdenas, que en ese tiempo hacía una gira regional, solicitándole de manera abrumadora que no prestara atención al asunto del sufragio. Las mujeres de mayoría indígena del FUPDM de Chichimilá, Yucatán, le pidieron un equipo de primeros auxilios, servicio de energía eléctrica, un molino de nixtamal y tres máquinas de coser, pero no mencionaron el sufragio entre sus demandas.[32] De igual modo, las indígenas integrantes del FUPDM de Hampolol, Campeche, señalaron los derechos sociales y económicos que la ideología revolucionaria cardenista asignaba a su clase, en vez de exigir derechos políticos formales. En la descripción del FUPDM de esta comunidad, decían que el grupo estaba "totalmente unificado con el fin de conseguir y luchar por el mejoramiento social y económico de nuestros esposos e hijos y así también respaldar a nuestro gobierno emanado de la Revolución", pedían apoyo para una cooperativa de som-

---

[32] AGN, RP, LCR, cxp. 609/152, FUPDM, Chichimilá, Yucatán, a Cárdenas, 15 de agosto de 1937.

brereras, "así como [que] la mujer sea un factor indispensable en la lucha de clases y la vanguardia de la Revolución".[33] Al parecer, cuando los grupos del FUPDM de Yucatán lograron captar la atención del presidente durante su gira regional, no insistieron en la lucha por el sufragio que ocupaba los titulares de la capital, sino en sus propias preocupaciones y contribuciones locales para construir una sociedad "revolucionaria". Al invocar la retórica política prevaleciente, reivindicaban sus demandas como obreras, y por lo tanto como ciudadanas revolucionarias, que apoyaban el programa del régimen de creación de cooperativas.

Aunque las demandas sufragistas sí tuvieron presencia entre los temas de interés para los grupos de provincia del FUPDM, era evidente que a mayor urbanización, mayor era el énfasis en el sufragio. Los grupos locales del FUPDM en los puertos y las capitales de los estados solían incluir el derecho al voto entre sus prioridades, y en 1939 las mujeres de Tepic, Nayarit, se referían al sufragio como "una de las cosas que más necesitamos".[34] Si bien los grupos del FUPDM en las cabeceras de municipio, poblaciones más pequeñas y ejidos ocasionalmente incluían el sufragio entre sus demandas, eran las cuestiones más inmediatas como los servicios médicos y la tenencia de la tierra las que recibían mayor importancia y atención en los detalles; las solicitudes del sufragio a menudo se agregaban al final de una carta, casi como una formalidad. Así pues, aunque el FUPDM afirmaba estar conformado por miles de mujeres, difícilmente defendían prioridades uniformes.

[33] AGN, RP, LCR, exp. 136.3/2590, FUPDM, Hampolol, Campeche, a Cárdenas, 20 de agosto de 1937.
[34] AGN, RP, LCR, exp. 151.3/1300, FUPDM, Tepic, Nayarit, a Cárdenas, 20 de julio de 1939.

¿LA UNIDAD A QUÉ PRECIO? EL COSTO DE LAS ADHESIONES

El compromiso del FUPDM y el PCM de obtener la "unidad a toda costa" tenía su precio. De un modo muy similar al embarazoso revés que había subordinado el PCM a la dirigencia de la CTM en junio de 1937, la decisión del FUPDM de reclamar un espacio político dentro del PRM lo dejó atado de manos, impidiéndole plantear el plausible desafío al régimen que seguía siendo necesario para que se aprobara la enmienda a la ley sobre el sufragio.[35] En la medida en que el Frente adquirió mayor influencia burocrática, sacrificó su capacidad de disidencia. Además el peso del FUPDM se vio más disminuido aun porque un año después de su fundación, el partido gobernante comenzó a trabajar por cuenta propia para organizar a las mujeres. El Departamento Agrario del partido estableció las Ligas de Mujeres para la Lucha Social controladas por los gobiernos locales.[36] Así, incluso antes de la reorganización del partido gobernante en 1938, comenzó a debilitar el predominio del FUPDM como "frente único", y hubo consecuencias importantes para la organización.

Esthela Jiménez Esponda, activista comunista y secretaria de Educación del FUPDM, escribió a Cárdenas que el Frente había logrado controlar a la mayoría de las campesinas en el estado de Nayarit, y que no había menos de 70 o 75 ligas de mujeres en el estado, incluyendo una en el pueblo de Heriberto Casas.[37] Esta liga había recorrido todos los canales adecuados para adquirir un molino de nixta-

[35] El régimen posrevolucionario procuró consistentemente convencer a las organizaciones disidentes para que se le adhirieran; pero la importancia tanto de la disidencia organizada como de la resistencia armada que exhortaban a los políticos a otorgar el derecho al voto quedó explícitamente expresada durante el Congreso Constituyente de 1917 (véase *Diario de los Debates del Congreso Constituyente de 1916-1917*, 1922, pp. 601-603).

[36] Olcott, 2005.

[37] AGN, RP, LCR, exp. 437.1/726, Jiménez Esponda a Cárdenas, 12 de agos-

mal. Sin embargo, Susana Larios, la representante del Departamento Agrario encargada de organizar a las nayaritas, informó a la liga que ni el Banco Nacional de Crédito Ejidal ni el Departamento Agrario podían ayudar a menos que cambiaran su filiación del FUPDM al Departamento Agrario. En consecuencia, el FUPDM local comenzó a establecer una nueva organización afiliada al Departamento Agrario. Enfurecida porque un ramo del partido estatal minaba la obra del FUPDM dividiendo y desencaminando a los campesinos de Heriberto Casas, Jiménez Esponda recordó a Cárdenas que los principios de acción del PRM prohibían específicamente el establecimiento de organizaciones rivales afiliadas al partido. Señalaba que el FUPDM siempre había "colaborado abiertamente con su política franca y progresista y [...] procurado evitar cualquier motivo de conflicto con las dependencias de su gobierno", y cándidamente informaba a Cárdenas que "esta táctica sustentada sentará un precedente nefasto por encontrarse el Departamento en un plano superior al nuestro como dependencia oficial y por tanto [cuenta] con recursos económicos cuando nuestra organización sólo se sostiene de las reducidas cuotas de sus agremiadas y del esfuerzo y sacrificio de las mismas". Mencionaba la promesa que Cárdenas había hecho a la delegación yucateca del FUPDM de que "el Departamento Agrario solamente tenía instrucciones de organizar a la mujer con el objeto de que pudieran obtener el molino, pero que no tenía por qué controlar a las organizaciones y éstas quedaban absolutamente en libertad de adherirse donde quisieran". Reiteraba el argumento de que "con el objeto de evitar conflictos con el Departamento Agrario donde éste organizara, no debería ir el Frente a organizar, [y que entendían] que el Departamento Agrario quedaba sujeto a las mismas

to de 1938. Cuando Cuca García se salió del partido en 1940, Jiménez Esponda la sucedió al frente de la sección femenina del PCM.

condiciones, es decir, de no organizar donde ya estuviera organizado; pero este caso nos demuestra lo contrario".[38]

La documentación existente no permite saber claramente cómo se resolvió este asunto. El Banco Nacional de Crédito Ejidal de la Ciudad de México sostuvo que nunca interfería con las Ligas de Mujeres, "salvo algunos casos especiales" y que no había tenido conocimiento del caso de Heriberto Casas.[39] No existen registros de nuevas ligas en Heriberto Casas en los años restantes del gobierno cardenista, lo que permite suponer que el FUPDM guardó el control. Efectivamente, el FUPDM siguió siendo relativamente fuerte en Nayarit y las mujeres del Estado siguieron formando grupos afiliados incluso cuando el FUPDM ya se había desintegrado, lo que hace pensar que el control hegemónico del Frente en la región tuvo una influencia duradera.[40]

Sin embargo, este cambio ilustra algo más que un conflicto territorial entre las dos instituciones principales que organizaron a las mujeres durante el periodo cardenista. En primer lugar, subraya el hecho de que los logros pragmáticos, como los molinos de nixtamal, inducían a las mujeres a depositar su lealtad en otro bando. Estas mejoras seguramente tenían un significado que rebasaba las promesas infinitas, nunca cumplidas del régimen revolucionario. Para muchas mujeres, liberarse del pesado metate tenía un valor inmediato mayor que la misma educación y el servicio médico, que solían quedarse en proyectos desaliñados y realizados a medias.[41] Después de todo, las mujeres trabajaban varias horas al día en el metate; y las máquinas que permi-

[38] AGN, RP, LCR, exp. 437.1/726, Jiménez Esponda a Cárdenas, 12 de agosto de 1938.

[39] AGN, RP, LCR, exp. 437.1/726, Secretario de Organización, Banco Nacional de Crédito Ejidal a Cárdenas, 6 de septiembre de 1938.

[40] Véase AGN, RP, Manuel Ávila Camacho (MAC), exps. 151.3/230, 556. 63/143, 546.2/70 y 136.3/1057, correspondencia de las Ligas Femeniles Pro-Derechos de la Mujer.

[41] Bauer, 1990; Keremetsis, 1983.

tían ahorrar esfuerzos, como los molinos de nixtamal y las máquinas de coser, prometían liberarlas del cansancio crónico y la posibilidad de tener tiempo de ocio.

En segundo lugar, la respuesta de Jiménez Esponda a las maquinaciones del Departamento Agrario da ciertas bases para especular sobre las expectativas que guardaba el FUPDM al incorporarse al PRM. Seguramente, la repartición de las tareas de organización y la promesa de no interferencia apunta a que en un principio el FUPDM abrigaba ciertas sospechas. En efecto, Jiménez Esponda cándidamente hizo notar la desigualdad entre los recursos disponibles para el FUPDM y el Departamento Agrario, y solicitó a Cárdenas y a su nuevo partido que intervinieran a favor de la parte en desventaja, como siempre se habían comprometido a actuar. La promesa del gobierno de resolver los conflictos entre dos partes que no se encontraban en igualdad de condiciones —patrones y empleados, terratenientes y campesinos, hombres y mujeres— supuestamente justificaba la creación de un Estado corporativista que todo lo abarcara. Sin embargo, este episodio planteaba la perturbadora pregunta de cómo actuaría el Estado si el Estado mismo era una de esas dos partes. Jiménez Esponda apeló a la economía moral del propio partido en el poder, solicitando a Cárdenas que protegiera el derecho del FUPDM de organizar y movilizar mujeres, así como el derecho de las mujeres mismas de afiliarse a la organización de su preferencia sin por ello arriesgarse a perder el apoyo estatal.

Por último, la apelación de Jiménez Esponda demuestra un clientelismo prolongado que caracterizó la cuestión de la organización popular durante el periodo. Hizo hincapié en que el FUPDM siempre había apoyado el régimen de Cárdenas y que se habían esforzado en evitar conflictos con el partido gobernante. A cambio, esperaba contar con la protección paternalista del Estado, y en este caso lo paradójico es que debía ser protegida de un ramo del propio Esta-

do. Como en todas las relaciones cliente-patrón, la asociación entre el Frente y el régimen de Cárdenas fue de una
reciprocidad desigual. Sin embargo, por haberse comprometido con el partido gobernante a través de la campaña
del PCM de la "unidad a toda costa", el FUPDM conservaba
muy poca capacidad de influencia. Enfrentarse al partido
gobernante habría resultado en menoscabo del proyecto
mismo al que el Frente se había entregado: la extinción de
la animosidad entre el partido gobernante y el PCM que, al
culminar en la reorganización del primero, eliminó esa rivalidad de la que se había alimentado el debate sobre los
derechos políticos de las mujeres.

CONCLUSIONES

La decisión de la dirigencia del FUPDM de incorporarse al
partido gobernante restructurado sólo puede entenderse en
esta matriz de factores de la consolidación corporativista
(y sus implicaciones para el significado de ciudadanía), la
creciente preocupación ante el fascismo y el apoyo que se
volatilizaba con gran velocidad a un movimiento femenino
de oposición. Después de la reorganización del partido en el
gobierno de marzo de 1938, el PCM se retiró del proyecto de
afiliar mujeres al partido, sobre todo en la medida en que las
crisis y las divisiones internas provocaron que el interés de
la dirigencia dejara de centrarse en la posición extrovertida
de los primeros años del Frente Popular para dirigir la atención hacia el interior, a la autocrítica y las purgas. El periódico comunista, *El Machete*, fue aumentando gradualmente
la cobertura de las cuestiones femeninas a principios de los
años treinta; Consuelo Uranga era una de sus editoras. En
1937, al calor de la campaña por el sufragio femenino y el
creciente radicalismo de parte del FUPDM, el periódico creció
al doble, aumentó la información sobre las cuestiones de

mujeres con historias más largas de la lucha por el trabajo y los conflictos de tierras, y añadió una página de "Actividades Femeninas". No obstante, en mayo de 1938 había recuperado su formato pequeño y durante el resto del gobierno de Cárdenas sólo incluyó una mención pasajera de las actividades de las organizaciones femeninas. El PCM, la organización que más había clamado por el sufragio femenino y que mayor consistencia había demostrado, dejó de estar en la oposición para pasar a una etapa de distensión y luego de complicidad en su relación con el partido gobernante y sus miembros más activos, incluyendo la dirigencia del FUPDM, solía coordinar sus esfuerzos con el programa de acción del PCM. Por añadidura, como señalaba la dirigente del FUPDM Esthela Jiménez Esponda, su organización no podía en forma alguna competir con los recursos del Estado. Incapaz de vencer al PRM en la pugna por organizar a las mujeres, el FUPDM optó por unírsele. La causa común de la lucha contra el fascismo reemplazó la animosidad entre el PCM y el partido gobernante que había prevalecido durante los primeros años treinta, induciendo al partido en el poder a usar sus recursos para atraer a las mujeres situadas a su derecha en vez de atraer a las de la izquierda.

Desde la perspectiva de las organizadoras de los cuadros medios y las integrantes de las bases, estas estrategias entre partidos e instituciones no estaban delineadas muy claramente. Una vez que el PCM adoptó la táctica del Frente Popular, las relaciones entre las diversas organizaciones se hizo mucho más fluida, pues las integrantes del partido coincidían con las mujeres de los sindicatos o de comunidades agrarias, así como con las organizaciones femeninas. Los objetivos de los diferentes grupos no siempre eran exactamente iguales, sobre todo porque las relaciones cambiaban continuamente. Vincular las convicciones personales a las del partido en el poder o al PCM hubiera sido equivalente a intentar pegarle a un blanco en movimiento. Por añadidura, los grupos locales de los partidos y organizaciones nacionales solían tener un sabor propio que reflejaba las diferencias de ideología, clase y cultura que caracterizaban a cada localidad. Sin embargo, como movimiento radical de oposición, el PCM y las mujeres que en él militaban tuvieron un poder que rebasaba con mucho su tamaño. De ser parte de un Frente Popular impotente y a final de cuentas mítico, las militantes comunistas pasaron a confinarse dentro de un partido gobernante que las hizo claudicar en el punto principal de su programa. A pesar de que el FUPDM dejó una herencia duradera de infraestructura para la organización, su principal objetivo, el sufragio nacional femenino, no pudo ser alcanzado por las activistas sino 20 años después.

Epílogo
EL ACTIVISMO DE BASE DE LAS MUJERES DEL CAMPO, 1980-2000: LA NACIÓN VISTA DESDE ABAJO

Lynn Stephen
University of Oregon

De 1980 a 2000 tuvo lugar en México la consolidación de una política económica neoliberal, y la ideología avalada por el Estado cambió de un nacionalismo basado en símbolos e ideas revolucionarias a un globalismo neoliberal que situó a México como un jugador fuerte en la economía global y restó importancia al carácter único del país. Los paradigmas de la política neoliberal se enfocaron en las mujeres y las familias al tiempo que reducían el apoyo estatal a los servicios y los bienes de los que normalmente dependían las mujeres y que ellas eran responsables de proveer, como servicios médicos y alimentos básicos. Durante este mismo periodo, hubo en México una proliferación de organizaciones no gubernamentales que intentaban proporcionar algunos de los servicios y apoyos económicos que el gobierno había dejado de proporcionar. Por añadidura, una gran diversidad de movimientos sociales surgió o bien se consolidó en los ochenta, sobre todo movimientos feministas, movimientos urbanos, movimientos de derechos humanos y organizaciones indígenas y campesinas. En los noventa, el movimiento social más influyente que tuvo repercusiones en la sociedad mexicana fue el movimiento zapatista, representado no sólo por el Ejército Zapatista de Liberación Nacional (EZLN) y las comunidades que lo apoyaban, sino también por otros movimientos que surgieron a partir de la apertura creada por el EZLN, sobre todo en cuestión de derechos indígenas.

La combinación de una política económica neoliberal, un cambio en el discurso patrocinado por el Estado, del nacionalismo revolucionario al capitalismo global, el feminismo de segunda generación, el crecimiento de varios movimientos sociales (el feminismo, el zapatismo, los derechos indígenas) y la presencia de las ONG llevaron al replanteamiento de las organizaciones femeninas por parte de las mujeres en el México rural. En un principio surgió como una respuesta a las iniciativas de la política estatal dirigidas a aumentar la participación económica y política de las mujeres a nivel local, para posteriormente llegar a ser parte de movimientos nacionales importantes, y luego a crear espacios de diálogo crítico en estos movimientos mediante el cuestionamiento de los prejuicios de género sobre el papel de las mujeres. En este proceso participó una gran variedad de organizaciones y movimientos, y también se reconsideraron las diversas maneras de relacionarse con una política económica cambiante y los discursos del nacionalismo y la globalización. No obstante, se observa aquí un rasgo común, a saber el "esencialismo" estratégico en la lucha por el reconocimiento y un nuevo espacio político de género que confería cierta homogeneidad a las participantes de un movimiento determinado, pasando por alto las contradicciones y los conflictos inherentes a la formación de un movimiento social.[1]

---

[1] Véase Spivak, 1989, 1990 y 1993 para leer sobre el "esencialismo estratégico". Muchos antropólogos e intelectuales indígenas han escrito sobre las tendencias enfrentadas en la antropología: por un lado, la tendencia hacia la deconstrucción de las nociones esencialistas de "indios" y etnicidad, y por otro, la tendencia de aquellos que trabajan en movimientos indígenas, quienes despliegan el esencialismo de manera estratégica a fin de ser considerados legítimos, así como para crear un discurso unificador a

El legado de la organización de las mujeres en el medio rural: de la Revolución mexicana a los años sesenta

La fama de las mujeres del campo por su participación en la lucha armada se remonta a años antes de la Revolución mexicana, cuando alcanzaron un prestigio mítico como soldaderas que trabajaban en los campamentos como cocineras, médicos, enfermeras, espías, contrabandistas de armas, brindando diversión o en el frente de comandantes. María Quinteras de Meras peleó en 10 batallas con el ejército de Francisco Villa, mientras que Ángela "Ángel" Jiménez peleó en las líneas constitucionalistas, insistiendo en ser llamada por la forma masculina de su nombre, y amenazaba con fusilar a cualquiera que intentara coquetear con ellas.[2] Y luego está Carmen Amelia Robles Ávila, conocida como Amelio Robles, figura documentada por Gabriela Cano, que se trazó un personaje pasmosamente masculino de original guerrillero zapatista.[3] Kristina A. Boylan muestra que las mujeres también ocuparon posiciones estratégicas mediante la lucha católica contrarrevolucionaria de oposición a las campañas anticlericales del gobierno.[4] En pocas palabras, las mujeres del medio rural han participado desde hace mucho en la lucha armada cuando ha sido necesario y han usado sus habilidades tácticas y organizativas para apoyar la acción armada y los movimientos sociales.

Las mujeres del campo mexicano han participado en la producción agrícola, el trabajo asalariado y la propiedad de bienes —incluyendo la tierra, con sus actividades productivas relacionadas generadoras de ingreso en el medio ru-

---

favor de luchas políticas específicas (véanse Montejo, 2002; Warren, 1998; Field, 1999; Jackson, 1999).

[2] Cano, 1997, p. 1359.

[3] Véase el ensayo de Cano en este libro.

[4] Véase el ensayo de Boylan en este libro.

ral— antes y después de la Revolución mexicana; gracias a
ello, tuvieron un lugar importante en la posrevolución y se
convirtieron en un objetivo del desarrollo y la organización
política de esa época.[5] Jocelyn Olcott muestra en qué forma
las mujeres organizadas del campo, sobre todo en los años
treinta, respondieron ampliamente a las preocupaciones
nacionales del gobierno y el partido oficial que intentaban
ejercer un contrapeso a las movilizaciones católicas femeninas y fomentar políticas de progreso e incorporación política.[6] Los políticos alentaron la organización semiautónoma
del Frente Único Pro-Derechos de la Mujer (FUPDM) y al mismo tiempo lo marginaron mediante programas gubernamentales y organizaciones oficiales. Las maestras operaban
simultáneamente en el FUPDM y en la burocracia y organizaciones del gobierno. Con la incorporación deliberada de
mujeres jóvenes y adultas en las escuelas rurales, como
alumnas o como maestras, durante los años veinte y treinta,
aumentó la alfabetización de las mujeres del campo, que
además comenzaron a participar en los sindicatos y obtuvieron puestos directivos, aunque limitados, en el medio rural.[7] Por añadidura, los esfuerzos por fomentar la educación
socialista en los años treinta bajo el mandato de Lázaro
Cárdenas incluyeron a las mujeres del campo en comités
locales y estatales, como el Comité contra el Vicio, el Comité Pro-Hogares Campesinos y Obreros, el Comité Pro-Niños
Proletarios y la Liga de Madres de Familia.[8] En Oaxaca, durante el gobierno cardenista aumentaron las actividades
educativas, al igual que la militancia del profesorado. Las
mujeres del campo y la ciudad participaron en estos esfuerzos. Los maestros, incluidas las mujeres, se organizaron en

[5] Véanse los excelentes estudios de caso en Fowler-Salamini y Vaughan,
2003.
[6] Véase el ensayo de Olcott en este libro.
[7] Vaughan, 1994.
[8] Stephen, 2002, pp. 52-53.

comunidades agrarias locales. Por ejemplo, en 1938, durante el Primer Congreso Regional Campesino celebrado en la
Escuela de Vanguardia de San Antonio de la Cal, cerca de
la ciudad de Oaxaca, había algunas mujeres entre los 72 delegados de diversas comunidades que discutieron la reforma
agraria, el riego, la colectivización del trabajo y el papel de
las mujeres.[9] La participación femenina en comités locales
de muy diversa índole durante los años veinte y treinta fue
parte importante de la construcción del país, y posteriormente, en los años setenta y ochenta, se reflejó en las Unidades Agro-Industriales para Mujeres (UAIM) creadas por el
gobierno para vincular directamente a las mujeres a instituciones y organizaciones estatales como la Confederación
Nacional Campesina.[10]

Durante los años treinta, el gobierno de Cárdenas envió
a mucha gente al campo a organizar ejidos. En muchos casos, los peticionarios de tierra eran grupos de hombres;
pero no era raro que las mujeres formaran grupos auxiliares o grupos de madres locales. El Artículo 97 de la Ley de
Dotaciones y Restituciones de Tierras, escrito en 1927 para
interpretar la aplicación del Artículo 27, establece que pueden ser elegibles como ejidatarios aquellos mexicanos que
tengan 18 años cumplidos, o las mujeres solteras o viudas
que mantengan una familia, reforzando así las políticas
porfirianas de reparto de tierras.[11] Las normas culturales del
campo en Oaxaca establecían la viudez como la principal
vía de una mujer hacia la propiedad de la tierra desde mucho antes de la Revolución mexicana.[12] Las madres solteras
también pueden haber enviudado en los documentos para
aligerar a las autoridades municipales el peso de su manutención. Así pues, la política y las organizaciones agrarias

[9] Martínez Vásquez, 1994, p. 135.
[10] Véase Olcott en este libro.
[11] Botey Estapé, 1991.
[12] Chassen-López, 1994, pp. 27-50.

incluyeron a las mujeres tanto antes como después de la Revolución mexicana. A pesar de que las mujeres no fueron nombradas formalmente autoridades ejidales después de la Revolución, algunas participaban en las discusiones, los debates y a menudo en disputas sobre la ocupación de tierras ejidales concedidas por decreto presidencial.

Las mujeres fueron adoctrinadas para racionalizar la esfera doméstica, pues los políticos, entre otros actores de la vida nacional, las exhortaban a registrar nacimientos y a aprender nuevas ideas científicas sobre nutrición, higiene y enfermedades, y cómo organizar sus casas para tener mayor comodidad y salud.[13] Sin embargo, las nuevas tecnologías, como el molino de nixtamal, y los programas promovidos por maestros, organizadoras del FUPDM, políticos y enfermeras entre otros, no sólo reforzaron el patriarcado, sino que también promovieron ideas sobre los derechos y las oportunidades de las mujeres fuera de su casa. El contacto con estas nuevas posibilidades y las experiencias de las mujeres que se habían politizado y adquirido capacidades de dirigencia en las áreas de la educación, la formación de los ejidos y los proyectos de desarrollo agrario desde los treinta hasta la década de los sesenta, avalaron la organización de las mujeres rurales que alcanzaron la edad adulta en la década de los setenta. Si bien las organizaciones campesinas independientes y otros movimientos sociales fueron importantes en el proceso, también lo fueron el contacto con las agencias del Estado, la formación de nuevos tipos de organizaciones ahora conocidas como ONG y la influencia del feminismo de segunda generación. Y las funciones desempeñadas por las mujeres en la Revolución mexicana brindaron al gobierno mexicano un señuelo estratégico para atraer a las mujeres hacia el legado del nacionalismo revolucionario.

[13] Vaughan, 2000, p. 202.

Las mujeres del campo y el legado revolucionario,
1970-1991: la ampliación de los derechos de los ejidatarios
a todas las mujeres y la creación de las uaim

La apropiación de los objetivos y símbolos de la Revolución
mexicana afianzó la construcción estatal del nacionalismo
en el siglo xx. Entre estos símbolos destaca la figura de Emiliano Zapata y, por medio de ella, el derecho a la tierra.[14]
Mediante el establecimiento de 28 000 ejidos y comunidades agrarias entre 1915 y 1992, retóricamente construidas a
partir del legado de Zapata, las comunidades rurales que
recibieron tierras establecieron vínculos directos con el partido gobernante (el Partido Revolucionario Institucional, en
el poder hasta el año 2000) y sus gobiernos. Muchos historiadores han sugerido que algunos ejidos guardaban estrechos vínculos con el Estado, mientras que otros se ubi-
caban en constelaciones políticas regionales muy alejadas
de los circuitos del centralizado poder estatal.[15] Por ejemplo,
mientras que la región central de Nayarit ha estado ligada
más estrechamente a las políticas y estrategias agrarias procedentes del centro, regiones como la Selva Lacandona en
Chiapas han permanecido manifiestamente fuera de la esfera central de influencia del Estado hasta hace pocos años.

Durante el proceso de reparto de tierras (que fue muy
intenso en los años treinta, aunque continuó hasta 1992),
pocas mujeres tuvieron acceso a la tierra. Sin embargo, las
primeras leyes agrarias, como la de 1934, no impedían que
las mujeres ocuparan puestos de elección en los ejidos si
eran ejidatarias con plenos derechos, observaban buena
conducta y eran residentes de la comunidad con al menos
seis meses de antigüedad antes de la elección. Helga Baiten-

[14] Stephen, 2002.
[15] Rubin, 1997; Ana María Alonso, 1995.

mann sugiere que en la práctica, muchas ejidatarias votaban en las asambleas.[16] La importancia que esto reviste depende, desde luego, de cuántas ejidatarias había en una comunidad determinada y si podían o no ejercer de manera consistente su derecho al voto.

Hasta la Ley de la Reforma Agraria federal de 1971, las únicas mujeres que podían tener derechos ejidales eran las mujeres que se desempeñaban como jefes de familia solteras o viudas. A pesar de las contribuciones de las mujeres al ingreso doméstico y a la manutención, las leyes no incluían a las mujeres casadas como jefes de familia cuando había un hombre en casa.[17] Sólo con el artículo 200 de la Ley de la Reforma Agraria de 1971 se otorgaron a hombres y mujeres derechos iguales respecto a su capacidad para acceder a los derechos ejidales. La ley estipulaba que los ejidatarios debían ser mexicanos por nacimiento, hombres o mujeres, mayores de 16 o de cualquier edad en el caso de que fueran responsables de mantener una familia.[18] Con la aprobación de esta ley, las mujeres ya no necesitaban ser madres o viudas que mantuvieran una familia para poder tener derecho a la tierra. La ley de 1971 conservó la noción de que los ejidos eran inalienables y que el derecho de uso sólo podía heredarse a un miembro de la familia, con lo que se abría la posibilidad de que las mujeres fueran nombradas sucesoras. La ley también permitía a las mujeres ocupar cualquier cargo en el ejido.

De gran importancia resulta que la ley de 1971 exhortaba a la creación de las uaim, que ofrecían a las mujeres la posibilidad de realizar proyectos especiales agrícolas o pequeños proyectos industriales para la mayoría de las mujeres que no tenían acceso a tierras ejidales como ejidatarias. El lenguaje de la ley señalaba que la organización de las

[16] Baitenmann, 2000, p. 25.
[17] Baitenmann, 1997; Fowler-Salamini y Vaughan, 1994; Stephen, 1991.
[18] Botey Estapé, 1991.

mujeres debía estimularse porque así se incorporarían al "progreso productivo". En algunos casos, la retórica del gobierno llegó a sugerir que a la larga esto contribuiría a una mayor igualdad de género.[19] La creación de las UAIM en los años setenta se asemeja a la creación de las Ligas Femeniles de Lucha Social de los años treinta (que Olcott menciona en su artículo), pues ambas tenían como objetivo hacer productivas a las mujeres, aunque en los treinta estas organizaciones no se orientaban a la producción agrícola, sino a actividades como la costura y las cooperativas en los molinos. Es difícil determinar el número de UAIM establecidas en México. En un estudio, se informa sobre la legalización de 8 000 UAIM, pero sólo 1 224 de ellas tenían registro oficial y sólo 1 112 habían recibido crédito.[20] En 1993, sólo 15% de los ejidos mexicanos tenían UAIM registradas, y el número de ellas que realmente funcionaba era aún menor.[21]

Las UAIM permitían a las mujeres recibir tierra comunal de las comunidades agrarias y parcelas en los ejidos. No obstante, la cantidad de tierra que recibieron como grupo era igual a la otorgada a un solo ejidatario. Así contara la UAIM con cuatro o con 40 participantes, recibía la asignación de un solo ejidatario. La existencia de una UAIM también permitía a sus integrantes tener un voto colectivo en la organización ejidal, lo que equivale una vez más a un solo ejidatario. La ley de 1971 concedía a las participantes en una UAIM acceso a recibir crédito y recursos gubernamentales para pequeños proyectos de desarrollo; pero estos fondos generalmente se canalizaban por medio de los ejidos, lo que a menudo representaba un problema para las mujeres que no tenían acceso directo a los fondos y dependían de la dirigencia masculina.

Pasando por alto el hecho de que la mayoría de las mu-

[19] Villarreal, 1994, p. 6.
[20] Arizpe y Aranda, 1986; Villarreal, 1994, pp. 6-7.
[21] Robles, Aranda y Botey, 1993, p. 32.

jeres del campo ya estaban de antemano muy involucradas en la producción agrícola y otras formas de producción rural, la lógica de las UAIM refleja una preconcepción de los programas de desarrollo internacional de los años setenta, a saber, que impulsar a las mujeres a incorporarse a la producción agrícola reduciría la desigualdad entre hombres y mujeres si la participación femenina en la economía se traducía en una mayor autoridad. Sin embargo, aparte de cambiar la ley, era poco lo que se hacía para hacer realidad las UAIM. No hubo esfuerzos por organizar a las mujeres, defender sus derechos en los ejidos o darles créditos, capacitación técnica o acceso a los mercados para sus productos. Además, la ley no hizo nada para atender las continuas desigualdades en las culturas políticas locales donde las asambleas comunitarias y la toma de decisiones seguían siendo en muchos casos un emporio masculino.

Hubo ciertos esfuerzos por formar UAIM en los setenta, durante un periodo de expansión económica impulsado básicamente por el sector petrolero de propiedad estatal, que brindó apoyo colateral para programas de gasto financiados por agencias crediticias internacionales. Las mujeres del campo dependían de los alimentos básicos subsidiados, el apoyo interno a los precios pagados por el maíz de los campesinos y a otros productores por sus artículos, así como del acceso a la atención médica en las clínicas rurales de salud. Aunque modestos, los programas de bienestar social en el México de los setenta eran generalmente accesibles, en vez de ser reducidos y dirigidos a los sectores más pobres, como ocurrió después. Las mujeres rurales se beneficiaban de estos programas; no obstante, no recibieron el mismo trato que los hombres del campo, cortejados desde los años cuarenta para convertirlos en base política.

El gobierno mexicano promovió las UAIM en los setenta, ochenta y noventa, en gran medida para tener un mayor acceso político a las mujeres del campo, proyecto que había dejado de lado durante varias décadas. Las UAIM se manejaron de manera gubernamental y tuvieron apoyo estatal. La creación de las UAIM, así como de otros programas de gobierno que incorporaban a las mujeres mediante su papel en la familia, formaron una nueva base política que no sólo podía recibir recursos, sino también podía cultivarse para apoyar políticamente al PRI. Este objetivo cobró mayor importancia aun en los ochenta y los noventa, pues a medida que se redujeron los programas sociales, los productores rurales recibieron duros golpes por la baja en los precios y luego por la competencia de los granos procedentes de los Estados Unidos, y el PRI tuvo que esforzarse más para seguir contando con el apoyo del campo. Las UAIM se extinguieron en la segunda mitad de la década de los ochenta, aunque en los noventa fueron recuperadas por la Confederación Nacional Campesina y en algunos estados por el Programa Solidaridad para Mujeres, programa social del gobierno creado para las mujeres. En algunos contextos, este impulso por recuperar las UAIM quizá también se haya debido a una estrategia para ganarse la adhesión de campañas de organización potencialmente subversivas. En este sentido, el resurgimiento de las UAIM sugiere algunas similitudes con el análisis que hace Olcott de los intentos del Departamento Agrario por sacar del juego al FUPDM en los años treinta creando sus propias organizaciones femeninas.

En 1991, las UAIM obtuvieron una posición judicial y financiera independiente, lo que les permitió recibir financiamiento directamente del gobierno y de agencias internacionales de desarrollo. Esta posición de independencia financiera redujo su dependencia de las autoridades locales, pero provocó que tuvieran que apoyarse de manera creciente en la burocracia de agencias como la Secretaría de Agricultura o la Secretaría de la Reforma Agraria. En vez de aumentar su autonomía, el cambio a menudo reafirmó sus relaciones clientelistas con el gobierno federal e hizo que fuera más directa su incorporación a las movilizaciones con fines políticos.

Este esfuerzo fue simultáneo al intento de algunas organizaciones de campesinos y productores independientes durante los ochenta y los noventa por cultivar la participación femenina. En 1991, en Chiapas, las mujeres participaron en la lucha armada del EZLN y formaron parte central de su estrategia para organizarse en las comunidades de base. Las iglesias católica y protestante de Chiapas también organizaron a las mujeres. La organización comunitaria de base cristiana representó claramente algo muy distinto de la organización contrarrevolucionaria de los veinte y los treinta que estudia Kristina A. Boylan.[22] Aunque este trabajo de organización tenía como propósito la defensa de la fe ante los ataques del gobierno, la organización comunitaria de base cristiana, inspirada por el Concilio Vaticano II y la teología de la liberación esgrimía la fe en pos de la igualdad y la justicia social.

Durante los noventa, bajo el gobierno de Salinas, muchas UAIM dependían del programa social Solidaridad para su financiamiento. Con la participación de las mujeres tanto en el programa nacional de Solidaridad para mujeres como en los comités comunitarios de solidaridad a menudo se obtenían resultados encontrados, pues aumentaba su dependencia de los gobernadores estatales y de sus apoyos, aunque es cierto que al participar en ellos adquirían habilidades que podían transferir a sus propios proyectos. Sin embargo, sus perspectivas políticas y sus habilidades diferían de aquellas de las mujeres campesinas que crecieron con las organizaciones independientes y los movimientos de oposición.

---

[22] Véase el ensayo de Boylan en este libro.

Los movimientos sociales urbanos y rurales en México en los años ochenta y noventa: experimentando con la organización de las mujeres

En los ochenta y los noventa decayó el legado nacionalista revolucionario con la llegada de la globalización, que llegó a definir la política económica de México y la identidad nacional, al menos en la forma en que se proyectaba desde el centro. El gobierno mexicano desatendió el cumplimiento de sus obligaciones de bienestar social y orientó su política hacia la integración al mercado global y el libre comercio. Mientras tanto, irrumpieron en la sociedad mexicana otras corrientes, incluyendo la revitalización de los movimientos sociales de base en diversos sectores. Muchos de estos movimientos surgieron de aquellos sectores de la izquierda mexicana vinculados al movimiento estudiantil de los sesenta. Los líderes estudiantiles, trabajando desde una filosofía maoísta que hacía hincapié en la formación de un movimiento de bases populares de abajo hacia arriba, tuvo éxito tanto en el campo como en la periferia urbana. Aunque muchos de estos movimientos incluían a hombres y mujeres, las mujeres organizaron entidades separadas dentro de algunos de ellos o bien formaron sus propias organizaciones.

En las áreas urbanas estos movimientos comenzaron a principios de los setenta en algunos estados del norte del país, Chihuahua, Nuevo León y Durango, y en el sur en el estado de Oaxaca, creando nuevos canales para expresar las necesidades de los pobres de las ciudades. En algunos casos, las organizaciones prestaban servicios que la sociedad no proporcionaba; en otros casos, ejercían presión al gobierno para que diera lo que era su obligación proporcionar. En 1980, unas 21 organizaciones y unos 700 delegados asistieron al primer congreso de movimientos urbanos populares en Monterrey. Un año después se celebró un segundo congreso, y se creó la Coordinadora Nacional del Movimiento Urbano Popular (CONAMUP) con el objetivo de mejorar las condiciones de vida urbana y democratizar la sociedad mexicana. Dos años después, la CONAMUP formó la Coordinadora Regional de mujeres para atender demandas específicas de las mujeres, que seguían marginadas dentro de la organización y para promover las coordinadoras locales de mujeres. La Coordinadora Regional de mujeres combinaba asuntos de supervivencia urbana con programas para combatir la violencia doméstica y las violaciones así como para mejorar la salud y la nutrición de las mujeres. También tenían como objetivo capacitar a las mujeres para dirigir organizaciones políticas.[23]

En el campo, las sociedades ejidales fueron sucedidas por organizaciones campesinas regionales que se centraban no sólo en la lucha por la tierra, sino también en los requerimientos de la producción, como el crédito, los insumos, el transporte y las vías de acceso a los mercados. Chiapas es un buen ejemplo de este proceso. Alentados por la ley federal de 1971 de la Reforma Agraria, que permitía a los ejidos unirse en unidades mayores de producción llamadas uniones ejidales, catequistas, activistas y representantes de muchas comunidades indígenas se reunieron en el Congreso Indígena de San Cristóbal de las Casas, Chiapas, en 1974 para plantear soluciones a las muchas quejas sobre la falta de control en el proceso de producción y comercialización de la región de Los Altos y las zonas pobladas de la Selva Lacandona. En 1976, tres uniones ejidales regionales reunieron a dos o más comunidades. Eran Ejido Unión, Quiptic Ta Lecubtecel ("unidos por nuestra fuerza") en Ocosingo; Ejido Unión, Tierra y Libertad en Las Margaritas, y Ejido Unión, Lucha Campesina en Las Margaritas.[24]

Dos grupos de organizadores de orientación maoísta

[23] Véase Stephen, 1997, pp. 11 y 148; Mogrovejo Aquise, 1990.
[24] Neil Harvey, 1994, p. 29; Neil Harvey, 2000, pp. 97-107.

participaron en estos esfuerzos. Los primeros eran miembros de la Unión del Pueblo, con asesores de la Iglesia católica que ayudaron a preparar el Congreso Indígena. Posteriormente un segundo grupo de organizadores, pertenecientes a la Política del Pueblo, se dedicaron a aplicar la "línea de masas" maoísta para la organización no violenta del socialismo. Ninguno de los dos grupos trató de organizar directamente a las mujeres en torno a demandas específicas, pero muchas de ellas se unieron a sus actividades y con frecuencia se las veía en marchas y otras actividades políticas públicas. En 1979, la Política del Pueblo se unió a otros grupos no violentos y llegó a ser conocido como Línea Proletaria, una organización de alcance estatal que en algunos lugares tenía mayor presencia que el gobierno mexicano.[25]

De las tres uniones ejidales regionales formadas por el Congreso Indígena, surgió la Unión de Uniones Ejidales y Grupos Campesinos Solidarios de Chiapas, a raíz de una lucha por ayudar a la gente a vender su café y otros productos. Se concentró básicamente en la apropiación campesina del proceso de producción y formó la primera y más grande organización campesina en Chiapas, que representaba a 12 000 familias en su mayoría indígenas de 170 comunidades en 11 municipios.[26]

Hubo en Chiapas en los años setenta y ochenta muchas otras fuentes de organización indígena campesina.[27] Fueron numerosas las que usaron un lenguaje y un sistema simbólico en los que se reivindicaba a Emiliano Zapata y la lucha por la tierra. La Coordinadora Nacional Plan de Ayala (CNPA), que toma el nombre del plan zapatista de 1911 para redistribuir la tierra, se fundó en 1979, con 10 organizaciones campesinas regionales.[28] En los ochenta, las principales de-

[25] Neil Harvey, 1998, pp. 79-82.
[26] Neil Harvey, 1994, p. 30.
[27] Neil Harvey, 1994; Neil Harvey, 2000.
[28] Otra importante organización regional campesina que se desarrolló

mandas de la CNPA incluían el reconocimiento legal de los ancestrales derechos indígenas a la tierra; el reparto de tierras superior a los límites legales para la propiedad privada; el control de la comunidad sobre los recursos naturales y la defensa de éstos; la producción agrícola, la comercialización y los subsidios al consumo, la formación de uniones rurales y la conservación de la cultura popular.[29] Entre sus integrantes, la CNPA contaba a pueblos indígenas con tierra comunal o sin tierra, campesinos con pequeña propiedad, campesinos que solicitaban tierra y algunos grupos de pequeños productores y jornaleros agrícolas. La CNPA era también una de las mayores organizaciones campesinas independientes, donde las mujeres intentaban, aunque sin éxito, establecer una presencia permanente.

Durante los ochenta, al igual que en muchas "organizaciones mixtas" vinculadas con la izquierda urbana, la CNPA comenzó a discutir la posibilidad de organizar una rama autónoma femenina. El primero de estos intentos ocurrió en 1981, pero la organización nacional decidió que la presencia femenina autónoma invitaría a la división interna. Un segundo intento fue la creación de una comisión de mujeres, durante un congreso de la CNPA celebrado en 1984, encargada de organizar un encuentro nacional de mujeres

en los setenta y tuvo una creciente presencia en Chiapas durante los ochenta fue la Central Independiente de Obreros Agrícolas y Campesinos (CIOAC), que inicialmente organizó a los trabajadores agrícolas tzeltales y tzotziles en uniones de los ranchos ganaderos y cafetaleros en los municipios de Simojovel, Jitiupan, El Bosque, Pueblo Nuevo y Solistahuacan en Chiapas. La CIOAC también se convirtió en una fuerte presencia en la cañada tojolabal y tenía su sede en Comitán (véase Mattiace, 1998). Al igual que en los planteamientos de la Organización Campesina Emiliano Zapata (OCEZ) y la CNPA —aunque el nombre de la organización no señalara demandas de origen étnico—, en los documentos de la CIOAZ se refleja una conciencia de identidad y política indígena mediante el reconocimiento de las reivindicaciones indígenas a tierras históricamente denegadas y de la defensa de formas indígenas de gobierno, religión y lengua, así como de la necesidad de luchar contra los esfuerzos por asimilar a los pueblos indígenas.

[29] Paré, 1990, p. 85.

campesinas que habría de tener lugar en 1986. La CNPA movilizó mujeres en torno a cuestiones relacionadas con la salud, la educación, la creación de empleos, los servicios sociales y el costo de los artículos de primera necesidad. El informe oficial del encuentro de la CNPA de 1984 subrayó la gran insatisfacción de la comisión sobre el papel de las mujeres en la organización. El informe, que ponía de manifiesto la influencia de los movimientos urbanos feministas de base popular de principios de los ochenta, señalaba que las mujeres tenían poca presencia en las negociaciones oficiales con el gobierno, recibían poca capacitación política y no habían participado en la elección de las autoridades ni llegado a ocupar cargos de autoridad en la CNPA. La comisión enumeraba los problemas particulares relacionados con las mujeres y pedía apoyo financiero, guarderías y otros recursos que les permitirían participar más plenamente en la CNPA. Los informes oficiales también alentaban la inclusión de las demandas específicas de mujeres entre las adoptadas por la organización, pedían que las mujeres recibieran parcelas ejidales independientemente de su estado civil y exhortaban a la CNPA a integrar al menos a una mujer en su directorio.[30] Algunas de estas demandas reaparecieron en la Ley Revolucionaria de Mujeres de los zapatistas en 1994, presentada en un congreso de mujeres organizado también en 1994, y en las críticas que las mujeres indígenas del medio rural presentaron en el debate de los noventa sobre el significado de la autonomía indígena.

Para mediados de los ochenta, en el campo chiapaneco, había gran diversidad de movimientos de base que permitieron a algunos organizadores pasarse a la organización armada del EZLN. Algunas de estas organizaciones habían discutido la utilidad de la organización autónoma de las mujeres y contaban con mujeres que planteaban problemas

---

[30] Documentos del Movimiento Campesino, 1984, pp. 123-126.

específicos de su género y cuestionaban la dirigencia de predominio masculino. Aunque las organizaciones como la Unión de Uniones no tuvieron un debate tan abierto, la creciente presencia de los movimientos femeninos y organizaciones populares de mujeres específicamente feministas y las ONG en México durante los ochenta llegó a tener una fuerte influencia en la organización de las mujeres rurales, sobre todo en Chiapas.

EL FEMINISMO DE SEGUNDA GENERACIÓN DE BASE POPULAR Y LAS ONG DE MUJERES: HACIA UN ANÁLISIS DE GÉNERO DE LOS MOVIMIENTOS SOCIALES

Los analistas del desarrollo del feminismo mexicano dicen que sus efectos limitados, su faccionalismo definido y su incapacidad para formar coaliciones de largo aliento y bases amplias hasta los años ochenta han caracterizado estos movimientos.[31] El feminismo de los setenta, de la segunda generación, atrajo a grupos concientizadores sobre todo de mujeres de la clase media que también comenzaban a establecer contactos con otras clases para 1975, después de la Conferencia Mundial de la ONU para el Año Internacional de la Mujer. Se concentraban en cuestiones como la legalización del aborto, penas más rigurosas para castigar la violencia contra las mujeres, apoyo a las víctimas de violación y la conexión de lo personal y lo político.[32] A mediados de los setenta salió la primera publicación feminista, se creó un centro para mujeres violadas y hubo numerosas manifestaciones públicas y asambleas. En 1979 se formó el Frente Nacional para la Liberación y los Derechos de las Mujeres (FNALIDM), uniendo a grupos feministas con sindicatos de obreros, organizaciones homosexuales y partidos políticos

[31] Lamas, 1998, p. 106; Tarrés, 1998, p. 104.
[32] Lamas, 1998; Lamas, Martínez, Tarrés y Tuñón, 1995, pp. 324-335.

de izquierda. Los partidos políticos comenzaron a incorporarlos y las diferencias de perspectiva comenzaron a aflorar, lo que provocó la disolución del FNALIDM a principios de los ochenta.

En los años setenta, las mujeres también participaron en varios movimientos sociales de otra índole, como grupos políticos de izquierda, sindicatos de obreros, comunidades de inspiración cristiana basadas en la teología de la liberación, parientes de los desaparecidos y grupos como la CONAMUP. Estos espacios no feministas para el activismo político no vincularon a las mujeres con organizadores que se reconocieran feministas de manera continua sino hasta mediados de los ochenta. El devastador terremoto de 1985 en la Ciudad de México fue un hito en los movimientos sociales de México. La respuesta gigantesca y la fuerte presencia de las mujeres en ellos dio inicio a una nueva era de organizaciones feministas de base amplia, y dio pie al surgimiento de ONG específicamente dirigidas a las mujeres.

Después del temblor de 1985, diversas redes nuevas aliadas de una manera más bien laxa —entre las que se incluían la Red Contra la Violencia hacia las Mujeres, la Red Feminista Campesina y la Red de Educadores Populares— desarrollaron un discurso caracterizado como feminismo popular, o feminismo de base, una variante importante del feminismo mexicano de la segunda generación que ejerció una influencia duradera en la organización de las mujeres rurales.[33] El feminismo de base popular integra el compromiso de la supervivencia básica para las mujeres y sus hijos cuestionando la subordinación de las mujeres a los hombres y cuestiona la presunción de que la agresión sexual, la violencia contra las mujeres y el control natal son temas divorciados de los problemas femeninos de vivienda, comida, tierra y atención médica.[34] De muchas maneras, el feminis-

[33] *Ibid.*, p. 336.
[34] Stephen, 1997, p. 2.

mo de base popular de los ochenta y principios de los noventa, se concentró en vincular las cuestiones de clase y de género. Sólo a mediados de los noventa, cuando las indígenas chiapanecas comenzaron a participar, los movimientos de mujeres en México admitieron la etnicidad como otro fundamento de la desigualdad de género.

Después del temblor de 1985, las mujeres pobres surgieron como dirigentes clave en las asociaciones de los barrios, como la Coordinadora de Damnificados del Terremoto, y también el Sindicato de Costureras 19 de Septiembre, asociación de trabajadoras de la industria del vestido cuyas fábricas se cayeron con el temblor.[35] En 1987, las mujeres comenzaron a movilizarse y a participar en un amplio debate público sobre la importancia y el significado de la democracia en México. Dentro de los sectores de las mujeres organizadas, la "democracia en casa" así como la "democracia en el gobierno" eran temas de acalorada discusión. La crisis económica de los ochenta, con sus devastadores efectos sobre las mujeres y sus familias, movilizó a una gran cantidad de gente a participar en las elecciones de 1988. Muchos se unieron en torno al candidato de oposición Cuauhtémoc Cárdenas, creyendo que el cambio podía ser posible. Otras dos organizaciones de mujeres se formaron también por ese tiempo, señalando que las coaliciones seguían siendo posibles. La Coordinadora Benita Galeana —llamada así por una destacada activista del comunismo en el preciso momento en que el Partido Comunista Mexicano se disolvió para crear el Partido de la Revolución Democrática— reunió a mujeres de 33 grupos urbanos, sindicatos, ONG y partidos políticos, y las movilizó en torno a las causas de las mujeres de escasos recursos. Se concentraba en la construcción de procesos democráticos en casa, en el trabajo y en el sistema político; trabajaba contra todas las formas de violencia y ge-

[35] Lamas, Martínez, Tarrés y Tuñón, 1995, p. 337; Carrillo, 1990; Stephen, 1989.

neraba condiciones (económicas y de otro tipo) que apoyaban la vida más allá de la sobrevivencia.[36] La otra organización, Mujeres en Lucha por la Democracia, logró reunir a mujeres que estaban fuera de los partidos políticos para que trabajaran en pos de un cambio político.[37] Aunque gran parte de los logros en la formación de coaliciones entre organizaciones de mujeres se obtenían en áreas urbanas, el surgimiento de las ONG de mujeres también comenzó a afectar los discursos y las estrategias promovidas por algunas organizaciones rurales.

Las crisis económicas de los ochenta en México y el giro hacia una política económica neoliberal fomentaron el crecimiento tanto en los movimientos sociales como en las ONG que se desarrollaban en espacios paralelos a aquellos inscritos dentro del sistema político mexicano y la estructura de asistencia social. Así lo plantea María Luisa Tarrés en un lúcido análisis sobre el florecimiento de las ONG de mujeres en México. Dice Tarrés:

> Las ONG de mujeres se crean así en un contexto donde se quiebran algunas de las certezas que por muchos años dominaron la cultura y las movilizaciones populares. Éstas se anclaban en un conocimiento adquirido que compartía mucha gente sobre el Estado como depositario del bienestar social, el populismo como fórmula de relación política y el marxismo como la alternativa política de los sectores populares [...] Se genera entonces una transformación en la naturaleza de las demandas, las cuales de ser concebidas como una dimensión de la justicia social, heredera de la Revolución mexicana, se reelaboran como un conjunto de derechos ciudadanos que para adquirir vigencia suponen la presencia de un sistema democrático.[38]

[36] Maier, 1994, pp. 41-45; Stephen, 1989.
[37] Lamas, Martínez, Tarrés y Tuñón, 1995, p. 340.
[38] Tarrés, 1998, p. 104.

Hasta aquí el planteamiento de Tarrés. Las ONG y los movimientos adoptaron y trabajaron el discurso feminista para adaptarlo a sus propios objetivos, y pusieron a las feministas que se reconocen como tal en contacto directo con mujeres de un amplio rango de movimientos sociales, incluyendo mujeres del campo e indígenas organizadas.

En México, las ONG generalmente trabajan en colaboración con movimientos sociales particulares. Los participantes en las ONG suelen tener una escolaridad muy superior, educación profesional e ingresos más altos que los sectores de población a los que sirven. En las ONG, estudiantes, profesionales y activistas ofrecen apoyo técnico, organizativo e ideológico a los sectores populares, tradición que Tarrés remonta a "los 'grupos de apoyo' de la Iglesia católica, así como con las distintas concepciones de 'vanguardia' de la izquierda".[39] El apoyo de las ONG, no sólo para los movimientos de mujeres, sino también para aquellas mujeres participantes en movimientos donde hombres y mujeres militaban juntos, las puso en contacto continuo con feministas declaradas, incluyendo a muchas feministas activistas de los setenta y los ochenta. En su estudio de las ONG de México que trabajan con mujeres, Tarrés documentó 97 ONG que trabajaban en el país a fines de los noventa; su aumento significativo comenzó en 1984. En 1984, 1987 y 1990 se formaron 10 dedicadas a cuestiones de género.[40] Tarrés menciona San Cristóbal de las Casas, Chiapas, la Ciudad de México y Tijuana, Baja California, como ciudades importantes para el desarrollo de las ONG.

El caso de San Cristóbal fue poco común pues la mayoría de las ONG de mujeres se formaban en áreas más urbanizadas. La presencia de organizadores de grupos de izquierda semiclandestinos en los setenta y los ochenta, así como el hecho de que el ex obispo Samuel Ruiz de Chiapas se

[39] *Ibid.*, p. 105.
[40] *Ibid.*, pp. 106-110.

apegara a los principios y estrategias de la teología de la liberación fueron factores significativos. En su investigación sobre mujeres en las ONG dedicadas a cuestiones de género, Tarrés analiza cuatro sectores específicos que sirvieron de base de capacitación para este activismo: comunidades de base eclesiástica vinculadas con la teología de la liberación de la Iglesia católica, grupos de izquierda semiclandestinos como la Línea de Masas, partidos políticos de izquierda como el Partido de los Trabajadores de México y el Partido Socialista Unificado de México, y grupos feministas de discusión.[41] Tres de estos cuatro sectores contaban con una buena representación en la organización de movimientos sociales en Chiapas en los años ochenta.

TINTES DE GÉNERO EN LA POLÍTICA DEL ZAPATISMO: EL MOTOR
DE LA ORGANIZACIÓN DE LAS INDÍGENAS DEL CAMPO EN LOS NOVENTA

A fines de 1991, el Congreso mexicano ratificó el cambio al Artículo 27 de la Constitución Mexicana, que terminaba la obligación del gobierno de dar tierra a los solicitantes que no tenían tierras y permitía, aunque sin exigirla, la privatización de tierra de posesión comunal, como los ejidos y comunidades agrarias. Para facilitar los cambios propuestos, la Procuraduría Agraria emprendió una campaña educativa de alcance masivo y creó un programa especial de agrimensura y escrituración para facilitar e incluso alentar la privatización de tierra ejidal anteriormente no enajenable, comunal.[42] La privatización potencial de casi la mitad del territorio mexicano venía aparejada con la apertura de México a una mayor inversión extranjera y a la privatización de la economía hasta donde fuera posible, dos objetivos neoliberales clave. Esta medida política desalentó las reclamaciones de

[41] *Ibid.*, p. 119.
[42] Cornelius y Myhre, 1998, p. 1.

tierra entre la población rural mexicana. En la Selva Lacandona, en Chiapas, donde desde los setenta cada nueva generación enfrenta un recorte de tierras, estas noticias poco
gratas llevaron a algunos activistas, entre los que había mujeres, miembros de organizaciones regionales de campesinos y productores que habían intentado funcionar dentro
del sistema político mexicano, a tomar el partido de la lucha
armada. En el este de Chiapas se unieron muy pronto al
EZLN, entre 1992 y 1994.

En dicho estado, los contactos entre las feministas de
base popular en las ONG, los miembros de organizaciones
campesinas regionales y organizadores clandestinos del
EZLN que reclutaban y preparaban a las mujeres en su organización clandestina, generaron un contexto receptivo a las
perspectivas de las mujeres. En la década de los noventa, el
surgimiento de un discurso político de proyección nacional
que entabló un vínculo entre las desigualdades debidas al
género, la clase y la etnicidad se dio en parte gracias al levantamiento zapatista de 1994 y la consolidación posterior
de un movimiento nacional por los derechos indígenas. Las
mujeres que se organizaron a raíz del zapatismo, así como
las residentes en las comunidades indígenas y en otras partes del país se basaron en movimientos anteriores de base
popular (de género y otro tipo); no obstante, como surgieron en un momento en que el gobierno mexicano enfrentaba una crisis de legitimidad y desafíos de fuertes movimientos de oposición, se trasladaron al ámbito nacional en una
forma en que otros mensajes anteriores parecidos (como
los de las mujeres de la CNPA) no habían podido. La rebelión
zapatista abrió un foro para un debate nacional sobre los
derechos de los pueblos indígenas de México. Las indígenas
y sus aliados accedieron al foro; participaron en un análisis
de género y un diálogo crítico con autoridades gubernamentales
mentales y dirigentes indígenas, y exigieron una revisión de
lo que significaba ser un ciudadano mexicano que era mu-

jer e indígena. También exigieron que se tomaran en cuenta los derechos básicos de los pueblos indígenas en contextos marcados por la cuestión de género. Así pues, las mujeres más marginadas en términos políticos, económicos y culturales escribieron su epitafio como víctimas para establecer una fuerte voz política. El papel de las mujeres en el EZLN fue parte importante de este proceso.

Respecto a la participación de las mujeres, el EZLN quizá sea mejor conocido ante todo por dos cosas: en primer lugar, más o menos 30% de sus militantes, entre ellos los principales cargos de su estructura de mando militar, son mujeres; en segundo, produjo la Ley Revolucionaria de las Mujeres, que apareció simultáneamente con la Primera Declaración de la Selva Lacandona el 1º de enero de 1994.[43] La Ley Revolucionaria de las Mujeres estipula:

Primera. Las mujeres, sin importar su raza, credo o filiación política, tienen derecho a participar en la lucha revolucionaria en el lugar y grado que su voluntad y capacidad determinen.

Segunda. Las mujeres tienen derecho a trabajar y recibir un salario justo.

Tercera. Las mujeres tienen derecho a decidir el número de hijos que pueden tener y cuidar.

Cuarta. Las mujeres tienen derecho a participar en asuntos de la comunidad y tener cargo si son elegidas libre y democráticamente.

Quinta. Las mujeres y sus hijos tienen derecho a atención primaria en su salud y alimentación.

Sexta. Las mujeres tienen derecho a la educación.

Séptima. Las mujeres tienen derecho a elegir a su pareja y a no ser obligadas por la fuerza a contraer matrimonio.

[43] Ejército Zapatista de Liberación Nacional, "Primera Declaración de la Selva Lacandona", 1994, palabra.ezln.org.mx/comunicados/1994/1993.htm

Octava. Ninguna mujer podrá ser golpeada o maltratada físicamente ni por familiares ni por extraños. Los delitos de intento de violación serán castigados severamente.

Novena. Las mujeres podrán ocupar cargos de dirección en la organización y tener grados militares en las fuerzas armadas revolucionarias.

Décima. Las mujeres tendrán todos los derechos y obligaciones que señalan las leyes y los reglamentos revolucionarios.[44]

Muchos consideraron que estas demandas eran "feministas" por el tono en que estaban formuladas, pues se apegaban a algunas de las demandas feministas de los setenta. Sin embargo, la historia y el significado de estas demandas difería significativamente de aquellas promulgadas por las feministas de clase media de la capital. Además, la ley refleja algunas de las cuestiones planteadas por la Comisión de Mujeres de la CNPA a mediados de los ochenta, incluyendo el derecho a la educación, la capacitación y la atención médica, a ocupar cargos en el movimiento y a un salario justo.

Es difícil no interpretar la Ley Revolucionaria de las Mujeres como un serio cuestionamiento del EZLN a la subordinación de las mujeres; sin embargo, la situación es mucho más compleja. El EZLN funciona en muchos niveles, en muchos contextos diferentes, y la participación y las posibilidades de las mujeres en estos espacios es significativamente variable. Los insurgentes de tiempo completo viven en campamentos diferenciados, con reglas muy específicas de cómo deben interactuar hombres y mujeres. En ellos, se espera un trato igual para hombres y mujeres, y las mujeres pueden tener subordinados hombres bajo su mando. Los insurgentes reciben cursos de alfabetización, educación sexual e información de todo tipo; además, viven la experiencia de socializar en una forma muy diferente de sus co-

---

[44] La Ley Revolucionaria de las Mujeres, 1994, p. 8.

munidades de origen. Seguramente es importante la experi-
mentación sobre los posibles roles de género entre hombres
y mujeres que viven completamente separados de sus comunidades y se entrenan para convertirse en insurgentes
armados en campamentos especiales, aunque las mujeres
de las comunidades zapatistas siguen luchando por alcanzar un mayor reconocimiento y tener más participación en
la toma de decisiones. Los altos niveles de militarización y
paramilitarización que caracterizaron la estrategia contra-
insurgente del gobierno mexicano truncó los cambios en la
estructura de la política y la organización comunitaria que
comenzó a desarrollarse en 1994-1995.

Las mujeres han asumido un rol de confrontación en el
conflicto de baja intensidad, plantándose materialmente
frente a los soldados y la policía, e intentando obligarlos a
irse de las comunidades que tienen invadidas. También han
asumido un rol político público al transmitir sus relatos a
los periodistas, camarógrafos, antropólogos y otra gente
que llega de fuera, sobre el rechazo de su comunidad ante el
ejército, o el intento de rechazarlo. Y la presencia hasta estos días de cientos de jóvenes del ejército mexicano que viven en campamentos dentro de las comunidades indígenas
ha fomentado la prostitución e incrementado el uso de dro-
gas y alcohol. Todos estos cambios han dado pie a discusiones y hechos que antes no ocurrían en algunas comunidades.

Así pues, tanto el zapatismo como las condiciones de una
guerra de baja intensidad han abierto nuevas vías para cuestionar los roles de género a nivel local; pero también han ge-
nerado condiciones que determinan las formas en que se ex-
ploran estos cambios. El resultado es contradictorio. Aunque
las mujeres se han convertido en comandantes zapatistas, en
el nivel local las mujeres que tienen hijos pequeños quizá no
pueden salir de su casa o de su pueblo para asistir a las reuniones y discusiones políticas. Aunque el protocolo de las

asambleas comunitarias otorga el uso de la palabra a las mujeres y hasta a los niños, es posible que no existan otras condiciones para alentar a las mujeres a dejarse oír.

Desde mediados de los noventa, las comunidades zapatistas han ejercido una fuerte presión para que se aprueben las leyes de los Acuerdos de San Andrés, de 1996, sobre derechos y cultura indígenas firmadas por el EZLN y el gobierno mexicano. Los acuerdos sientan las bases para poder realizar cambios importantes en las áreas de derechos indígenas, participación política y autonomía cultural. Lo que resulta más importante es que reconocen la existencia de sujetos políticos llamados pueblos indios y dan validez conceptual a los términos "autodeterminación" y "autonomía" al usarlos en un acuerdo firmado. Los acuerdos hacen hincapié en que el gobierno asume la responsabilidad no sólo de fortalecer la participación y la representación política de los pueblos indígenas, sino también de garantizar la validez de las formas internas de gobierno indígena. Los acuerdos señalan además que el gobierno promete crear una legislación nacional que garantice a las comunidades indígenas el derecho a asociarse libremente con los municipios de población mayoritariamente indígena para formar asociaciones entre comunidades y coordinar sus acciones como pueblos indígenas. El gobierno mexicano no legisló estos acuerdos; en cambio, en 2001 puso en ejecución una versión muy descolorida que pasaba por alto la mayoría de las ideas esenciales de los acuerdos originales. Pese a todo, las comunidades zapatistas procedieron a poner en ejecución el espíritu de los acuerdos, en los que las mujeres desempeñan un papel crucial.

Los análisis etnográficos de las comunidades indígenas en Chiapas y otros lugares han intentado poner en ejecución el espíritu y el contenido de los Acuerdos de San Andrés para reivindicar las costumbres locales en materia de justicia, y las leyes hacen énfasis en un cuestionamiento vigente de la defensa de los derechos colectivos sin acallar otras voces subordinadas, tanto individuales como colectivas.[45] En su análisis del género y la etnicidad en una comunidad zapatista que ha luchado por vivir según los Acuerdos de San Andrés, Shannon Speed plantea que dedicar los esfuerzos analíticos a establecer si los derechos individuales o colectivos deben o no tener prioridad es improductivo y propicia la confusión.[46] Ella sugiere que, por el contrario, los derechos de las mujeres se construyen en la intersección de los derechos individuales y colectivos, y que insistir en una dicotomía conceptual entre ambos equivale a negar la experiencia vivida de las mujeres indígenas de Chiapas. El análisis de Speed refleja las palabras de la comandante Esther del EZLN en el discurso pronunciado ante el Congreso mexicano en febrero de 2001:

> Principalmente nosotras las mujeres somos triplemente explotadas. Uno, por ser mujeres indígenas, y porque somos indígenas no sabemos hablar y somos despreciadas. Dos, por ser mujeres nos dicen que no sabemos hablar, nos dicen que somos tontas y no sabemos pensar. No tenemos las mismas oportunidades que los hombres. Tres, por ser mujeres pobres. Todos somos pobres porque no tenemos buena alimentación, vivienda digna, educación, no tenemos buena salud. Muchas mujeres mueren en sus brazos sus hijos por las enfermedades curables...
>
> Por esta triple explotación es necesario que todas las mujeres indígenas y no indígenas levantemos nuestra voz, unamos nuestras manos para que seamos escuchadas y tomadas en cuenta. Y que nuestros derechos se garanticen. Llamo a todas ustedes a que luchemos sin descanso hasta que logremos un lugar digno como mujeres y como indígenas.[47]

[45] Sierra, 2002, p. 13.
[46] Speed, 2006.
[47] El primer párrafo es de Gloria Muñoz Ramírez, EZLN: *20 y 10, El fuego y la palabra*, México, Revista *Rebeldía*, Demos, 2003, p. 194. El segundo

El planteamiento que Esther y otras mujeres zapatistas han construido sobre los derechos de las indígenas da pie a pensar que los derechos étnicos y de género tienen el potencial de conjugar los derechos individuales y colectivos, y pueden funcionar juntos en un sentido ampliado de ciudadanía. En agosto de 2003, las zapatistas tuvieron una fuerte presencia en la inauguración de cinco "caracoles" del EZLN (así se llaman los puntos de comunicación que son sede de cinco Juntas de Buen Gobierno). Actualmente son 30 los municipios zapatistas autónomos en rebelión que están representados en las cinco juntas. Estas juntas se someten a todas las leyes revolucionarias zapatistas, incluyendo la Ley Revolucionaria de las Mujeres, aunque varían las formas culturales del gobierno local mediante las cuales se interpretan dichas leyes. Así, las implicaciones marcadas por el género de lo que significan en la práctica las Juntas de Buen Gobierno pueden variar de un lugar a otro; no obstante, dentro de esta variación, las mujeres zapatistas se han mantenido firmes en su insistencia de que los derechos étnicos y de género pueden ir juntos.[48]

CONCLUSIONES: POLÍTICAS DE IDENTIDAD EN LA ORGANIZACIÓN
DE LAS MUJERES

Para entender la evolución de la organización de base popular entre las mujeres rurales de finales del siglo XX en México, es preciso considerar una multitud de factores. Los movimientos de las mujeres del medio rural en México surgen en lugares específicos, en momentos históricos específicos y relacionadas con otros movimientos sociales. En México, de 1980 a 2000 han ocurrido varios cambios im-

párrafo es de la "Cronología de la marcha del color de la tierra" localizada en www.geocities.com/zapata_marcha/crono3.html

[48] Hernández Castillo, Speed y Stephen, 2006.

portantes que han afectado significativamente la forma, las estrategias, los objetivos y las identidades de los movimientos de mujeres del campo. Entre ellos se cuenta un cambio de una ideología nacionalista avalada por el gobierno que se centraba en la reivindicación de la Revolución mexicana hacia un globalismo neoliberal que promueve a México como un actor de la economía global; la influencia del feminismo de segunda generación con bases populares en una gran variedad de movimientos sociales y ONG, así como el aumento en el número y la consolidación de los movimientos sociales y ONG que se han propuesto organizar a diversos sectores de la población mexicana y militar por sus causas, que han establecido una fuerte corriente de oposición al gobierno y han procurado exigir cuentas al gobierno de acuerdo con la ley y los servicios que éste afirma proporcionar.

En este contexto histórico y político, puede observarse en los movimientos de las mujeres del campo un desplazamiento desde una posición más pasiva, que respondía a aquellas iniciativas del gobierno por integrar a las mujeres a la economía rural y cultivar su lealtad política, hacia una posición más activa, que cuestiona abiertamente las desigualdades de las mujeres en relación con sus posiciones étnicas y de clase, y que además plantea los derechos que deben tener las mujeres indígenas del medio rural en la legislación del país, en sus comunidades y en las organizaciones que las representan. En las propuestas de los derechos de las mujeres de fines de los noventa se incorporaban las cuestiones de la sexualidad reproductiva, la violencia contra las mujeres, el derecho a la tierra y al trabajo, la participación política y el liderazgo en el contexto local y en el contexto nacional.

En el comienzo del siglo XXI, las mujeres indígenas del campo mexicano han hecho suyos nuevos espacios políticos y audiencias que les permiten sentarse en la mesa donde se toman las decisiones nacionales. Por primera vez en

la historia, una mujer indígena ocupa un cargo en el gabinete, en una comisión cuyo objetivo ha sido dirigir las cuestiones de los ciudadanos indígenas de México. Sin embargo,
aún falta ver si la apertura del presidente Vicente Fox hacia
los pueblos indígenas, incluyendo a las mujeres, de 2000 a
2006, llevará a una auténtica distribución del poder o si su
agenda económica simplemente seguirá adelante con la
marginación económica y política de los habitantes indígenas del México rural. Si la apertura continúa, las mujeres
indígenas del campo seguirán sin duda trabajando en ella.
Si se acaba, al menos tendrán ciertas experiencias, herramientas y modelos para no cejar en su esfuerzo.

Reflexiones finales
GÉNERO, CAOS Y AUTORIDAD EN TIEMPOS REVOLUCIONARIOS

Temma Kaplan
Rutgers University

La Revolución mexicana, al igual que la Revolución rusa y la china que la sucedieron, transformaron las relaciones sociales y políticas en los cuerpos de las mujeres. Con gran determinación, los revolucionarios atacaron a dictadores, zares, emperadores y generales que controlaban los viejos regímenes, sin percatarse en todos los casos de que, después de derrocar a los antiguos gobiernos, alguna gente lucharía por liberarse de todas las restricciones sociales, incluidas las de género. Las revoluciones derriban las bases de sistemas prevalecientes de autoridad e inadvertidamente debilitan los sistemas patriarcales que utiliza la mayoría de los regímenes para gobernar. En un principio, las revoluciones reducen la autoridad de los hombres sobre las mujeres, de las élites sobre los subalternos y de las etnicidades dominantes sobre aquellos a quienes excluyen del poder. Pero liberar a la gente de la represión ejercida por regímenes anteriores también representa desafíos para los nuevos gobiernos. En el proceso de restablecer alguna forma de orden social, los gobiernos posrevolucionarios con frecuencia inventan nuevas restricciones, intentando contener la sensación de caos que casi inevitablemente sucede a la destrucción del anterior régimen de autoridad.

Los ensayos incluidos en este libro cuentan la historia

de cómo las mujeres de todas las razas y las clases negociaron dentro de diversos sistemas de autoridad para lograr
determinados objetivos políticos y sociales. Los mexicanos
que ocupan diferentes lugares en la estructura social y que
promueven diferentes planes intentan esculpir a la sociedad
conforme a su propia imagen y de acuerdo con sus propios
deseos, abriendo nuevos espacios e introduciendo nuevos
puntos de vista. En otras partes, hombres y mujeres han luchado en pos de objetivos similares, pues aunque cada revolución es única, los conflictos sociales suelen seguir patrones semejantes.

Al igual que los revolucionarios rusos y chinos, las autoridades mexicanas intentaron periódicamente poner un fin a
la revuelta social reordenando los acuerdos de género o introduciendo nuevas formas de patriarcado. Durante las décadas posteriores a la revolución inicial, los gobiernos revolucionarios en México, Rusia y China, incluyendo a las mujeres
con puestos de autoridad, intentaron una y otra vez hablar a
favor de los grupos de mujeres que no habían participado en
los cambios revolucionarios. Anhelando superar los viejos
sistemas de relaciones sociales, estos gobiernos a veces esco-
gían a las mujeres como objetivo por considerar que sus
condiciones de vida necesitaban reformarse. Tomaban así a
las mujeres como símbolo de lo que estaba fallando en los
regímenes anteriores e intentaban alterar las condiciones de
vida de las mujeres, confrontándolas en ocasiones con las
mujeres y los hombres de mayor edad de sus grupos étnicos
o nacionales.

Algunos gobiernos de hecho intentaron ayudar a las mujeres a cambiar sus propias vidas. Por ejemplo, las autoridades revolucionarias chinas enviaron a sus cuadros al campo a
enterarse de lo amarga que era la vida de las mujeres. En el
Asia central soviética de los veinte, los rusos decidieron que
en los países musulmanes sin salida al mar, como Uzbekistán,
que carecían de obreros y trabajadores de los muelles del sexo

masculino, las mujeres conformaban lo que llamaron un "proletariado sustituto".[1] Desde luego que hay una gran diferencia entre estos casos en los que los grupos de mujeres planteaban sus propias opiniones y aquellos en los que las mujeres se convirtieron en símbolo de otras cuestiones sociales; no obstante, la conciencia generalizada de que las diferencias de género son un desafío para quienes emprenden el cambio social ha surgido en muy diversos escenarios.

Históricamente, los nuevos dirigentes se han apresurado a establecer su autoridad y rápidamente han atajado el debate sobre objetivos y costumbres encontradas. Los gobiernos revolucionarios han privilegiado ciertos sistemas de afiliación. Aunque a veces invocan la fraternidad, como en la Revolución francesa, o la idea de lazos fraternos, como en la rebelión Taiping de China, la mayoría de los gobiernos reinstaura la autoridad política central y los sistemas patriarcales de gobierno.

El patriarcado funciona como un modelo para todos los sistemas jerárquicos. En la mayoría de los patriarcados, la autoridad y la autonomía se vinculan a la masculinidad, que puede ser sinónimo de paternidad real y simbólica, junto con la virilidad y con la fuerza. Los gobiernos patriarcales se justifican con base en la protección de los débiles y dependientes, incluyendo a aquellos señalados como femeninos, que ocupan un lugar subordinado en la jerarquía social. Pero el poder maternal descansa en el apoyo de las mujeres del sistema social existente y la aceptación de sus reglas sobre el lugar adecuado de madres y mujeres. Las madres y las otras mujeres situadas fuera del alcance del control masculino, como la mayoría de las que aparecen en este libro, perturbaron los sistemas patriarcales y, arriesgando la estabilidad de sus hogares, escuelas y empleos, enfrentaron al gobierno y a los hombres de su propia clase y grupo étnico.

[1] Massell, 1974; Norhrop, 2004.

La autoridad fue cuestionada una y otra vez durante la Revolución mexicana y los periodos socialmente conflictivos que le sucedieron. La prolongada Revolución mexicana, concebida en la guerra al igual que las otras grandes revoluciones del siglo XX, puso de manifiesto muchas cuestiones fundamentales sobre las relaciones entre autoridad, género y revolución. Ciertos activistas imaginaron nuevos arreglos sociales completamente distintos de los precedentes. El proceso generó periodos esporádicos de efervescencia revolucionaria, que en ocasiones provocó el estallido de viejas jerarquías de género, raza y clase. La gente en busca de un cambio social pudo a veces sobreponerse a su temor al desorden social permitiendo que hombres y mujeres ampliaran sus nociones de formas permisibles de masculinidad y feminidad. Estas categorías, fijas como parecen en cualquier momento histórico, se convertían a menudo en objetos de disputa cuando surgían cuestiones de poder y autoridad.

CAOS Y ORDEN

Mary Douglas se enfrentó a cuestiones de desorden social en su clásico estudio antropológico *Pureza y peligro*. Según Douglas, las autoridades regulan el orden social, imponiendo tabúes y señalando algunas actividades como sucias y peligrosas. Define lo sucio como "materia fuera de lugar" argumentando que el orden social, no la higiene, dicta la observación de ciertos tabúes en cuanto a dieta y sexo. La innovación puede incluso convertirse en sinónimo de rebelión, sobre todo si se cuestionan los roles de género. Con la esperanza de resguardarse del peligro del desorden, la mayoría de las sociedades establecen reglas y castigan a quienes las transgreden.[2]

---

[2] Douglas, 1995.

Si llevamos más allá el argumento de Douglas, es posible plantear que quienes tienen el poder imponen tabúes para apuntalar su autoridad, que descansa parcialmente en el respeto de las relaciones de género establecidas. Aunque el contenido del género varía enormemente, la conducta masculina y femenina parece "natural". Violar este comportamiento amenaza con atraer el caos y quienes tienen la posición de autoridad vigilan el cumplimiento de los límites de los géneros para mantener el orden social. Debido a que la aceptación de las normas de género marca el orden social en la mayoría de los países, aun las desviaciones que parecen triviales, como el corte de pelo y formas singulares de vestirse, despiertan la ira de quienes buscan estabilidad social. Desde una combinación de miedo y enojo, quienes equiparan la supervivencia con la conservación de su autoridad reprimen a quienes violan los códigos establecidos. El conflicto en los sindicatos, la renuncia a ajustarse a un matrimonio establecido o a los modelos familiares e incluso un comportamiento inusitado en espacios públicos puede, al trastornar los usos tradicionales, presentarse como una amenaza ante esta gente, cuyo pánico moral a veces toma la forma de un comportamiento autoritario. Según Douglas, la difuminación de los límites, sobre todo en cuanto se refiere a la sexualidad y la comida, suele percibirse como una amenaza política o social. La derrota política, el rechazo o la represión de la clase, la raza o el grupo étnico propios conduce a una sensación de contaminación que sólo puede superarse restableciendo la propia masculinidad, a menudo considerada en términos sexuales, de clase y raciales. Aunque aparentemente muy lejanos de los asuntos de Estado, los planteamientos de Douglas tienen mucho qué decir sobre las formas en que los revolucionarios procuran dar forma a la vida cotidiana para reimponer su autoridad y restablecer el orden social.

Durante y después de las revoluciones, quienes están en

el poder han introducido generalmente nuevos sistemas patriarcales para recuperar el control sobre la sociedad. Ya sea que el nuevo orden se base en lazos fraternos o en el gobierno de los padres y los padres potenciales, el sistema comúnmente implica una idealización de la masculinidad. Paradójicamente, mientras no se cuestione la masculinidad, hombres y mujeres pueden elegir entre una amplia gama de comportamientos, como lo demuestra Gabriela Cano en su estudio de la mujer transgénero Amelio Robles, quien toda su vida fue soldado y vaquero. Las historias de las mujeres que se hacen pasar por hombres se presentan en muchas culturas y periodos históricos, sobre todo cuando las mujeres actúan como soldados.[3] Maxine Hong Kingston describe cómo las mujeres guerreras llevaron justicia social a comunidades reprimidas y Estelle Friedman ha escrito sobre heroicos soldados de la Guerra Civil, cuyas identidades sexuales salían a la luz cuando resultaban heridos en combate.[4] En tiempos de guerra, el trastorno de la vida cotidiana lleva a la gente común y corriente a distinguir entre los soldados que los ayudan y los soldados que los atacan. Los soldados dependen unos de otros para sobrevivir y el espíritu que une al grupo exige que se subrayen las semejanzas, lo que ha llevado a las fuerzas militares a autosegregarse por raza y sexo. Pero cuando la raza y el sexo se ocultan, la solidaridad establece un sentido de estabilidad social. En los círculos en los que se movía durante sus viajes, Amelio Robles mostraba un comportamiento muy macho y resaltaba la masculinidad de quienes lo rodeaban.

Para los hombres que intentaban afirmar un sentido revolucionario de autoridad, la homosexualidad podía amenazar el orden social. Según Cano, aunque Amelio Robles vivió cómodamente su vida de hombre, Manuel Palafox, un homosexual, sufría por el desprestigio. Y Bayard Rustin, ac-

---

[3] San Francisco Lesbian and Gay History Project, 1990.
[4] Kingston, 1976; D'Emilio y Freenman, 1997.

tivista de los derechos humanos durante mucho tiempo y asesor del reverendo Martin Luther King (h) se mantuvo en el clóset al igual que muchos activistas políticos homosexuales, en vez de provocar que el movimiento que él mismo ayudó a despegar sufriera ataques ignominiosos por vincular su sexualidad con el desorden.[5] Si bien ciertas formas de masculinidad se asociaban con el patriotismo, cualquier rechazo de alguna de ellas implicaba el rechazo de las demás. Según esta norma, las parejas heterosexuales harían patria; pero la homosexualidad, sobre todo acompañada por el afeminamiento, atentaba contra la autoridad.

Las obreras podían desafiar la estabilidad social incluso mediante su manera de vestirse y su actitud. Christine Stansell escribe sobre la amenaza que representaban las obreras neoyorquinas del siglo XIX conocidas como las Bowery Girls. Se veían demasiado jóvenes, ricas y desparpajadas como para pasar por obreras honradas.[6] Sus listones y su libertad para andar por la ciudad sin control masculino representaban mayores amenazas al orden social patriarcal. La posibilidad de que las mujeres que cantaban en el trabajo fuera una amenaza similar habría sido una de las razones para que los sindicatos lo prohibieran, según Heather Fowler-Salamini.

Con el sentido de la estabilidad más atenuado aun después de la Revolución mexicana, los hombres de todas las generaciones solían actuar como si la estabilidad social dependiera no sólo del control sobre las mujeres, sino también de hacer que las mujeres mostraran expresa deferencia hacia las autoridades masculinas. Las mujeres que conservaban su identidad femenina, pero entraban en espacios masculinos como estudiantes en las escuelas vocacionales o profesionales, o como trabajadoras en la agricultura o la industria, se enfrentaban a la mayor de las represiones. Las

[5] D'Emilio, 2003.
[6] Stansell, 1987.

estudiantes de ropa holgada y pelo corto de la Escuela Vocacional Gabriela Mistral descritas por Patience A. Schell y las alumnas de escuelas vocacionales y profesionales consideradas por Anne Rubenstein se toparon con el tipo de agresión violenta que Amelio Robles esquivó. Robles podía pasar de uno a otro sexo; pero no desafiaba la masculinidad. Sin embargo, las pelonas sí, y en el verano de 1924 los estudiantes del sexo masculino las agredieron enfrente de una escuela vocacional nocturna y afuera de la Escuela de Medicina, en la Ciudad de México, rapándoles la cabeza para humillarlas. Aunque la violencia contra las mujeres sucede en contextos muy diferentes, la humillación de las pelonas exige mayores explicaciones. Después de la segunda Guerra Mundial, cuando la inflación, junto con la pérdida de los mercados, golpeó a México, la mayor independencia de las mujeres de todas las clases desafiaba la masculinidad y, con esto, la autoridad del orden nacional revolucionario. Por eso, como lo indica un testigo en la narración de Rubenstein, el pelo corto debe haber causado "pánico moral" entre los muchachos. Mary Douglas puede señalar la amenaza que representaba la "materia fuera de lugar".

Las mujeres que parecían atentar contra la autoridad se topaban con una reacción violenta. Aun antes de que las *flappers* mexicanas, las nuevas mujeres, se dedicaran a transformar las normas de género en los años veinte, las comunistas chinas se cortaron el pelo. Al igual que las maestras socialistas de México que se adentraban en las áreas rurales para elevar el nivel de alfabetización y llevar a los campesinos aislados las posibilidades que la sociedad revolucionaria podía ofrecer, las activistas chinas se internaron en el campo. Las maestras mexicanas a veces eran violadas y asesinadas. De igual modo, las chinas que querían educar a los campesinos se enfrentaban al aislamiento y al peligro por vivir fuera del control de los hombres. Las chinas que formaron parte del movimiento nacionalista del 4 de mayo de

1911 exigían derechos plenos para las mujeres como ciudadanas. Para pregonar su propia libertad del feudalismo chino, muchas mujeres de la izquierda cambiaron su trenza
negra y larga por el pelo corto. Las mujeres jóvenes andaban por el campo y las ciudades, trabajando con los pobres
y convenciendo —e incluso obligando— a las mujeres que
querían el cambio social a cortarse el pelo. Alterar la imagen del propio cuerpo cortándose el pelo o adoptando nuevas formas de vestirse indicaba otras rupturas con el pasado, un hecho que los adversarios veían con claridad. Cuando
Chiang Kai-Shek y el Kuomintang intentaron destruir las
fuerzas comunistas entre 1925 y 1927, el ejército nacionalista se lanzó a violar y dar muerte a las mujeres de pelo
corto, y mató a la primera esposa de Mao Tse-tung junto
con miles de maestras comunistas.[7]

La violencia de los hombres dirigida contra las mujeres
que han violado los códigos en las maneras de vestir y de
llevar el pelo no se relaciona tanto con las mujeres propiamente dichas, como con el hecho de que se han situado fuera del control de los hombres y así lo manifiestan. La competencia masculina por la autoridad en China y en México a
menudo tuvo como objeto los cuerpos de las mujeres, en
donde se calibraba el grado de poder masculino. Cuando
las mujeres desafiaban ese poder en palabra, obra o vestimenta, cuestionaban la autoridad. Las mujeres que se des-
viaban del supuesto comportamiento tradicional —y muchas que siguieron vistiéndose como lo habían hecho desde
antes de las revoluciones— se convirtieron en símbolos de
las alteraciones en la política del cuerpo que ponía en peligro el orden social.

Los revolucionarios rusos pensaban que las pañoletas y
los velos eran signo de retraso y asociaban el progreso revolucionario con mujeres victoriosas que se apartaban de es-

[7] Croll, 1978, pp. 146-147 y 150-151.

tas formas tradicionales de vestir. A fin de educar a los campesinos, los revolucionarios emprendieron una campaña alfabetizadora a gran escala, pero de corta vida, dirigida hacia mujeres y hacia hombres.[8] La campesina rusa, cuyo símbolo es la abuelita jorobada, o *babushka*, con la pañoleta amarrada en la cabeza, se transformaría en la moderna trabajadora del campo, vestida con sus overoles, y el pelo corto volando despreocupadamente al viento. Pero la escasez y la hambruna generalizadas de fines de los veinte desviaron la atención que se hubiera dedicado a la educación de las mujeres del campo ruso.

Los revolucionarios rusos tenían una tarea aun más desalentadora, que era establecer el orden social mientras intentaban transformar los territorios soviéticos en Uzbekistán, Turquestán y Kazajistán.[9] Con poco o ningún apoyo de la revolución para la población masculina, las autoridades revolucionarias dedicaron su atención a su versión de "liberar" a las mujeres musulmanas en Uzbekistán. Las mujeres usaban velos llamados *paranji*, parecidos a las *burkas*, y los rusos los consideraban un impedimento para que las mujeres ingresaran en la sociedad moderna. Las activistas revolucionarias rusas trabajaron con las musulmanas, enseñándoles a leer y a capacitarlas en habilidades técnicas. Con frecuencia contra la autoridad de sus familias, algunas de las jóvenes abrazaron sus nuevas oportunidades. Pero la política de alentar, e incluso de forzar, a las jóvenes a quitarse el velo sin asegurarles protección provocó enormes masacres de mujeres que eran acusadas de haber deshonrado a sus padres, hermanos y esposos. No hay ejemplo más impresionante del modo en que la ingeniería social que reemplaza la autoridad patriarcal de un grupo por la autoridad de otro haya provocado mayor daño a las mujeres por cuyos cuerpos se ha librado una lucha.

[8] Engel, 2003.
[9] Massell, 1974; Northrop, 2004.

Los funcionarios coloniales de otros lugares también intentaron reorganizar las reglas de género para establecer su propia autoridad y disminuir el gobierno patriarcal de los conquistados. Los intentos gubernamentales por feminizar y naturalizar grupos enteros de gente ayudaron a las autoridades a ganar y a mantener el control sobre ellos. Los historiadores y críticos literarios que se han ocupado del proceso de colonización han argumentado que los gobiernos imperialistas silencian las diferencias de género entre los colonizados y tratan a hombres y mujeres del grupo colonizado como sujetos femeninos a fin de acrecentar el sentido de autoridad de su propia masculinidad. Los hombres de ese grupo subordinado procuran refugiarse cada vez en la vida doméstica.[10] Lo que se implica es que los indígenas idealizados que Julia Tuñón discute en su ensayo sobre las películas de Emilio Fernández fueron feminizados al asociarlos con la naturaleza. El ya clásico artículo de la antropóloga Sherry B. Ortner se pregunta si las mujeres son a la naturaleza lo que los hombres a la cultura, señalando que la asociación del mundo natural a la feminidad despoja a las mujeres de su capacidad de acción y supone que no son seres racionales que actúan en el mundo.[11] Para Mary Douglas, la división que muchas culturas establecen entre el mundo natural y el racional contribuye a la ilusión de control y discrimina a quienes se naturalizan. Concebir a alguien como si su naturaleza predominara sobre su razón perjudica a hombres y a mujeres. La naturaleza puede ser malevolente o beneficiosa; pero es amenazante cuando está fuera de control. La asociación de las mujeres en general y de los hombres de cierta raza y etnicidad con la naturaleza los saca del mundo racional. Si tienen naturalezas humanas establecidas, no pueden cambiar. Se convierten en miembros de un mundo salvaje en vez de ser ciudadanos autóno-

[10] Sinha, 1995.
[11] Ortner, 1974.

mos o incluso adversarios de peso. Mientras el sistema de género siga considerando la feminidad una condición dependiente, feminizar a los hombres justifica su exclusión del poder y la exclusión de todas las mujeres del poder, pues ambos grupos carecen de autonomía.

Patriarcado, masculinidad y orden social

Las revoluciones, las guerras consecuentes y el cambio social generalmente trastornan la vida común y corriente, suscitando una sensación de caos que intensifica la retórica sobre la necesidad de protección de las mujeres. Al mismo tiempo, durante las guerras, inclusive las mujeres acostumbradas a trabajar en casa salen de casa para trabajar por un salario. Con el propósito de mantener a sus familias, las mexicanas inadvertidamente subvirtieron los sistemas patriarcales de autoridad y desafiaron la masculinidad durante la Revolución mexicana al menos en dos cuestiones. En primer lugar, según los ideales del patriarcado, los hombres cuidan de las mujeres y los niños a cambio de tomar todas las decisiones que los afectan, haciéndolos dependientes. Las asociaciones de obreros también afirman que protegen a las familias de los hombres que son la mayoría de sus integrantes. De hecho, muchos de los documentos fundadores de los primeros sindicatos en tres continentes justificaban sus organizaciones erigiéndose como protectores de mujeres y niños desvalidos. El sindicato se convirtió en un espacio donde los obreros podían discutir con el gobierno, de hombre a hombre, mientras intentaban ganar un salario masculino único que les permitiera mantener una esposa e hijos. En segundo lugar, las obreras supuestamente recortarían la posibilidad de elevar sus salarios precisamente porque los hombres de todas las clases pensaban que así lo harían. Las mujeres que tenían empleos asalariados verdaderamente necesitaban que los sindicatos las ayudaran a ganarse un salario suficiente. En cambio, los empleadores las explotaban y muchos obreros del sexo masculino las consideraban obstáculos para mejorar las relaciones entre el trabajo y el capital, además de clasificarlas como "mujeres de la calle", y no como esposas y madres respetables.[12]

La Iglesia católica también intervino en las revoluciones y los movimientos en pro del cambio social, sobre todo en su relación con las madres pobres, las madres de clase obrera y las trabajadoras. En 1891, el papa León XIII dio a conocer la encíclica *Rerum Novarum*, y encauzó la atención de la Iglesia hacia los problemas sociales del mundo. Un importante elemento en el plan papal para lograr que la Iglesia ayudara a acallar el conflicto social fue la creación de sus propias cooperativas, clínicas, orfanatos y cocinas públicas para las mujeres embarazadas y con niños de pecho, y sindicatos que contendieran por el poder con aquellos fundados por socialistas y anarquistas. Mientras que muchos de los grupos socialistas y anarquistas aspiraban a un mundo en el que mujeres y niños fueran liberados de la fuerza de trabajo, la Iglesia católica, más conservadora, intentaba atender las necesidades inmediatas de los pobres a la vez que los hacía participar en las actividades de la Iglesia. Conocidos como "sindicatos blancos", los sindicatos católicos de Bélgica, Italia, España y México —para no mencionar más que unos cuantos— obtuvieron importantes logros entre grandes grupos de obreras. Las obreras textiles de Milán, Italia, y las costureras de Barcelona, España, que hacían manteles de lino y ropa interior de algodón, se afiliaron a las asociaciones católicas de obreras. Las obreras de las fábricas se hospedaban en los hostales católicos para trabajadoras.

El catolicismo también justificó los conflictos con la je-

---

[12] Véase Fowler-Salamini en este libro.

rarquía eclesiástica sobre las estrategias para proteger a las mujeres pobres, de la clase obrera. Cuando los salarios de las costureras de blancos y manteles de Barcelona se desplomaron y no llegaban a ser ni siquiera salarios de hambre en 1918, mujeres de la élite que se hacían llamar feministas católicas organizaron un boicot del trabajo que las monjas hacían en los conventos. Las feministas católicas alegaban que las monjas llevaban a las pobres obreras a morirse de hambre porque ellas no tenían que pagar sus propios gastos de producción, ya que los conventos les daban el hilo, las velas y la renta.[13] Sin embargo, al enfrentarse a las instituciones patriarcales que competían entre sí, las obreras a veces elegían las instituciones católicas que ofrecían beneficios inmediatos, a diferencia de los sindicatos laicos.

El gobierno revolucionario mexicano era manifiestamente secular y consideraba que cualquier intento de promover la religión organizada era un desafío al orden que intentaba imponer. Kristina A. Boylan destaca los esfuerzos desplegados por las católicas en la lucha por el poder contra el gobierno que desde su punto de vista las había agraviado, a ellas y a sus hijos, en su intento por crear una sociedad secular. Suponiendo que las mujeres que son el tema de su estudio eran racionales dentro de los límites de sus condiciones inmediatas, Boylan muestra cómo intentaron imponer su propia visión del orden social. En su estudio plantea que si las mujeres agredieron ruinmente a las maestras socialistas, lo hicieron como agentes libres, y no como peones de la Iglesia. Otros grupos femeninos de derecha afirmarían que su propósito era sobreponerse al caos, como Poder Femenino, que dirigió violentos ataques contra el gobierno socialista legalmente elegido de Salvador Allende en Chile, entre 1970 y 1973.[14]

Incluso los movimientos progresistas de las mujeres po-

[13] Kaplan, 1992.
[14] Kaplan, 2004, pp. 40-72; Power, 2002; Baldez, 2002.

dían desestabilizar el orden social existente engarzado en el
género. María Teresa Fernández-Aceves, Heather Fowler-
Salamini y Susan Gauss trabajan sobre el tema de las mujeres asalariadas que sin proponérselo desafían el orden patriarcal. Según Gauss, las trabajadoras con frecuencia se
enfrentaban al oprobio, acusadas de ser malas madres, cuidadoras ignorantes y malas trabajadoras simplemente porque los reformadores y revolucionarios no querían que formaran parte de la fuerza de trabajo. Pero tanto ella como
Fernández-Aceves y Fowler-Salamini estudian a las mujeres
que se enfrentaron a sus empleadores para obtener mayores
salarios y dignidad en su trabajo. Lucharon con los sindicatos para ganar la igualdad en el trabajo y libraron combates
con padres y esposos para no someterse a tanto abuso doméstico. En una crítica hacia los críticos sociales bien inten-
cionados, las tres comparten el argumento de la historiadora Heidi Tinsman de que, para bien o para mal, las mujeres
con un trabajo asalariado eran agentes autónomas y no víctimas dependientes. Tinsman, al analizar la falta de entusiasmo manifestada por algunas mujeres del medio rural
ante los programas de reforma agraria de Salvador Allende
en el Chile de los años setenta, atribuye su descontento con
el gobierno de Unidad Popular a la forma en que éste tras-
tornó sus vidas familiares al liberar a los hombres, y no a las
mujeres, para viajar, desconocer las responsabilidades domésticas y a veces golpear a las mujeres que se quejaban.[15]
Sintiéndose excluidas de la participación en el cambio social generalizado emprendido por el gobierno de Unidad Popular, muchas mujeres del campo no sentían que los objetivos de este gobierno reflejaran sus necesidades. Por otra
parte, Thomas Klubock, en su estudio de El Teniente, comunidad minera chilena, explora cómo las mujeres utilizaban
el deseo de estabilidad social de los administradores y los

[15] Tinsman, 2002.

sindicatos mineros para ganar su propia libertad del abuso doméstico.[16] Muchos grupos de la izquierda pueden afirmar que promueven el establecimiento del orden social al pelear por una distribución más equitativa de los recursos y un control del poder más democrático; pero Jocelyn Olcott destaca un ejemplo menos favorable de cómo las influencias internacionales afectaron las prácticas políticas de México. Plantea que la política del Frente Popular de la Tercera Internacional Comunista, que alentó a los grupos de izquierda a dejar atrás sus diferencias a fin de unirse contra fascistas y neofascistas, acabaron perjudicando la causa del sufragio femenino en México. Los liberales y la gente de izquierda de los países católicos se oponían desde tiempo atrás a que las mujeres votaran, pues temían que su voto favoreciera a los partidos católicos. De hecho, en Bélgica, donde por vez primera socialistas y laboristas pelearon a favor del principio "Un hombre, un voto" en 1902 a fin de derrocar un sistema en que el derecho al voto se acumulaba a la par de la propiedad, los conservadores respondieron diciendo: "Una persona, un voto", suponiendo que podían contar con el apoyo de las mujeres. Socialistas como la dirigente alemana Clara Zetkin pelearon a principios del siglo XX para convencer a sus camaradas de que las obreras necesitaban el sufragio; pero los simpatizantes de la izquierda siguieron siendo ambivalentes, sobre todo después de que las mujeres españolas, que consiguieron el voto en 1931, contribuyeron a elegir un gobierno de derecha en su país en 1933.

PARA CALMAR EL CAOS EN LA ESFERA PÚBLICA

Sin prestar atención específica a la posibilidad de romper los vínculos entre masculinidad, patriarcado y estabilidad

---

[16] Klubock, 1998.

social, los gobiernos revolucionarios restablecen alguna forma de régimen patriarcal como un medio para estabilizar el país; pero durante todo el proceso deben hacer frente a la resistencia. Estos gobiernos, deseosos de superar la sensación de caos, invocan el sacrificio de las madres y sus sustitutas para apuntalar la vida pública y la autoridad patriarcal. Proveer el trabajo que sostiene la vida diaria —alimentación, vestido y el cuidado de la gente— se convierte en una cuestión de preocupación pública, y las mujeres de todas las razas, clases y etnicidades llevan en sus hombros la gran responsabilidad de satisfacer estos servicios necesarios. Las mujeres de todas las clases, ocupando posiciones contradictorias, a un tiempo dependientes y proveedoras, se unen a brigadas, entran a la escuela y se sitúan en sus lugares en la esfera pública.

Presentar a las mujeres como guardianas proveedoras de la población en general, así como lo han sido de sus familias, quizá haya aliviado la sensación de caos que con frecuencia sucedía a una revuelta social. En la medida en que en los siglos XVIII y XIX surgió un sector público en ciertos países, el desempeño de la mujer proveedora de servicios se trasladó de la esfera privada a la esfera pública, que se feminizó. Según la historiadora Denise Riley, toda la idea de sociedad tiene género femenino, situación que de acuerdo con ella se desarrolló en Europa y los Estados Unidos en el siglo XIX. Mientras que la sociedad se convirtió en ese reino de la vida pública que se consideraba dominio femenino, la política y la economía siguieron siendo considerados ámbitos masculinos.[17] Es enorme el número de mujeres que trabajaron como empleadas públicas, maestras, cuidadoras de los niños en los orfanatos y como trabajadoras sociales, desempeñando tareas públicas que copiaban sus actividades domésticas. La sociedad civil, con sus organizaciones

---

[17] Riley, 1988, pp. 46-51.

religiosas, sus familias, sus escuelas y sus actividades públicas, resurgió así bajo formas fuertemente marcadas por el género. En el sector de los servicios confluyeron mujeres de toda procedencia social a quienes se les bloqueaban otras carreras. Pero en vez de elevar la significación de las mujeres permitiéndoles la plena participación en la vida pública, su trabajo en el sector de los servicios de hecho fortaleció el patriarcado y restableció la imagen de la mujer como madre proveedora.

Las mujeres mexicanas ocuparon varios espacios públicos en los veinte, los treinta y los cuarenta; pero tuvieron que pelear continuamente contra el dominio masculino y la autoridad patriarcal. Las mujeres indígenas, pobres y del medio rural se mantuvieron en general en su propia esfera pública, sembrando, lavando ropa y vendiendo en el mercado, y el contacto con las autoridades gubernamentales era poco, excepto cuando debían resolver asuntos de divorcio y adopción. Desde antes de la Revolución, el Estado mexicano había tomado el control del registro de matrimonios, divorcios y muertes. El derecho de la mujer a divorciarse de un marido abusivo se situaba en el centro de las luchas decimonónicas de emancipación femenina en los Estados Unidos y también en Europa Occidental. Cuando la feminista y comunista Meridel Le Sueur era apenas una niña, su madre se fue de Iowa huyendo de su esposo borracho y abusivo. Su madre no obtuvo su libertad sino hasta que el padre de Le Sueur decidió divorciarse de su esposa "por abandono de hogar y su interés por las 'lecturas peligrosas'".[18]

El divorcio tiene un importante papel en la conservación del orden doméstico y público. Las mujeres necesitan el derecho al divorcio no sólo para escapar de una relación abusiva, sino también para asegurarse los recursos necesarios para su propia manutención. Bajo los gobiernos patriar-

[18] Le Sueur, 1984, p. 45.

cales, la estabilidad familiar funciona como una metáfora del orden social. Stephanie Smith, quien escribe de manera tan convincente sobre las posteriores luchas por el divorcio, también se ha dedicado a estudiar el uso que dieron las mujeres mayas a los fugaces tribunales populares revolucionarios que el general Salvador Alvarado estableció en Yucatán. Estas mujeres acudían a las cortes para obtener la separación legal de sus maridos —muchos de los cuales ya las habían abandonado— con el objetivo de hacerse de los derechos de propiedad de la tierra que ellas trabajaban y que seguía siendo propiedad de sus esposos.[19] Las chinas también lucharon por el acceso a los recursos como parte de sus demandas revolucionarias. En los años treinta, durante la larga marcha, cuando los comunistas chinos establecieron comunas con un autogobierno en la China rural, las mujeres consiguieron tener derechos colectivos para cultivar. De hecho, la República Popular China, fundada en octubre de 1949, rápidamente se dedicó, contando con el apoyo popular, a encontrar formas de alimentar a la población, y a destruir el sistema patriarcal y el control de los señores de la guerra de la vida rural. En el lapso de un año, el gobierno comunista aprobó la Ley Agraria y la Ley de Divorcio (de hecho, de Matrimonio) de 1950, que concedía derechos al control de la tierra y derechos al divorcio iguales para los hombres y para las mujeres.[20]

Hacía ya mucho tiempo que en México el derecho a divorciarse había tenido consecuencias liberadoras y desestabilizadoras en el orden social. Si no se aseguraban los recursos económicos necesarios para que las mujeres mantuvieran a sus familias, el divorcio podía ser desastroso para ellas y sus hijos. Stephanie Smith plantea que después de la Revolución el número de mujeres de toda clase que quería divorciarse superaba al de hombres; pero que posteriormente la

[19] Smith, 2002.
[20] Salaff y Merkle, 1970, pp. 165-166.

situación se invirtió. A partir de los años veinte, fueron más numerosos los hombres que se divorciaban de sus esposas, dejando a muchas mujeres sin la custodia de los hijos y sin medios de manutención. Al igual que en otros lugares donde se desdibujó la línea entre Estado y sociedad civil, los tribunales de divorcio podían provocar el caos que originalmente debían evitar.

El gobierno mexicano no fue el único en manifestar la voluntad de cambiar la autoridad patriarcal en la familia a nivel local por otros beneficios políticos y sociales, según argumenta la socióloga Judith Stacey.[21] Aunque el Estado chino revolucionario intentó acabar con el poder de los terratenientes dando a las mujeres acceso a la propiedad, es posible que la Revolución haya intensificado el patriarcado. Stacey, quien escribe sobre la disolución de las asociaciones de mujeres y campesinos tras la victoria de la Revolución en China después de 1949, afirma que los terratenientes chinos, que violaban a las campesinas impunemente y las convertían en sus concubinas, perdieron su poder. Los campesinos chinos, que obtuvieron poder mediante las organizaciones campesinas independientes, permitieron su disolución. A cambio, ganaron derechos individuales patriarcales para controlar la sexualidad de sus esposas y sus hijas. El patriarcado se "democratizó" y se privatizó, y nuevamente las mujeres perdieron su autonomía.

Las ideas tradicionales sobre la relación entre el orden social y la estabilidad de las familias debieron favorecer la adopción. Pero a pesar de la retórica patriarcal sobre la igualdad de todas las familias, éstas de hecho diferían por clase y raza. El ensayo de Ann S. Blum sobre la adopción muestra cómo mientras el gobierno mexicano procuraba encontrar un hogar a los niños abandonados de los pobres y evitar que los niños adoptados se convirtieran en sirvien-

[21] Stacey, 1983.

tes, el mismo gobierno promovía la diferenciación entre las clases que intensificaba el sistema patriarcal controlado por los hombres de la clase gobernante. Después de la Revolución, el gobierno, cada vez más interesado en educar a toda la niñez, intentó convertir la maternidad en un empleo de servicio social de clase media. La madre no sólo debía cuidar al niño, sino que se esperaba que además le inculcara los valores de la clase media a fin de evitar el desorden que representaban los niños fuera del control gubernamental. Blum plantea que dar a un niño un hogar adoptivo para fomentar su bienestar físico sólo garantizaba que este niño no se convertiría en un niño a cargo del Estado. La adopción exigía un acceso cada vez mayor a la riqueza y una red de servicio doméstico de apoyo. A falta de lo anterior, el gobierno requería que las madres adoptivas se quedaran en casa, evitando así que las mujeres obligadas a trabajar por un salario adoptaran niños. Las mismas mujeres que atendían las necesidades físicas de los niños como madres adoptivas y sirvientas estaban excluidas del derecho de adoptar a los niños que cuidaban.

La misma maternidad se convirtió en un medio para asegurar la estabilidad social durante y después de la Revolución mexicana, aunque también podía ser motivo de trastorno. Al negar la adopción a las mujeres indígenas y trabajadoras, el gobierno estableció un sistema de maternidad de dos estratos. Pese a todo, se hablaba de las madres como si no existieran clases ni razas, como un grupo esencializado de mujeres que indirectamente servía al gobierno y apoyaba el orden social. El Estado revolucionario, tanto en manos de conservadores como en manos de progresistas, estableció límites fijos para todas las identidades sociales, especialmente la de la maternidad. Las diversas imágenes de la maternidad sirvieron a intereses políticos diametralmente opuestos. Lázaro Cárdenas y Manuel Ávila Camacho celebraban, ambos, el Día de las Madres con grandes rituales como una forma de destacar la vinculación de las madres con el Estado. Algunos gobiernos intentaron reemplazar con la celebración del Día de las Madres el Día Internacional de la Mujer que es el 8 de marzo, para sustituir un día feriado de mujeres militantes y de clase obrera con uno que celebrara la maternidad benigna. Mientras que el Día Internacional de la Mujer reivindica la igualdad de derechos para las mujeres trabajadoras y conmemora el levantamiento de las mujeres que hicieron estallar en Rusia la Revolución de febrero de 1917 (8 de marzo en el calendario occidental), el día de las madres homogeneizaba las diferencias de clase y raza entre las madres.[22]

Otros gobiernos intentaron ganarse a las mujeres de la clase trabajadora como madres al ofrecerles apoyo material, como el gobierno mexicano. Por ejemplo, Ávila Camacho regalaba máquinas de coser, y tanto Lázaro Cárdenas como Ávila Camacho promovieron los centros para amas de casa y madres, al igual que los cristiano-demócratas chilenos a finales de los cuarenta.[23] Las trabajadoras sociales, en México como en la Alemania de la República de Weimar de los veinte, intentaron repetidamente convertir a las mujeres pobres en dependientes del gobierno.[24] Quizás algunas mujeres se hayan beneficiado de la generosidad del gobierno; pero les faltó la autoridad que en algunas ocasiones pudieron ganar mediante la participación en los sindicatos y los movimientos sociales para dar forma a sus propios objetivos y administrar los recursos que ellas mismas se procuraron. Patience Schell describe cómo aumentó el control gubernamental en las escuelas vocacionales, donde las mujeres aprendían a corregir la forma de trabajar en casa. Las maestras de escuela ridiculizaban las enseñanzas que madres y tías podían brindar e incluso llegaron a establecer autori-

[22] Kaplan, 1988.
[23] Rosemblatt, 2000.
[24] Hong, 1998.

dad gubernamental sobre el trabajo doméstico. Aunque la parentela femenina generalmente enseñaba a las jóvenes las reglas necesarias para llevar una casa según su cultura y periodo histórico, fueron creciendo los esfuerzos del gobierno por reglamentar el trabajo doméstico mediante la enseñanza a los inmigrantes más recientes nuevos valores, en los Estados Unidos, con los cursos obligatorios de economía doméstica, y en el México revolucionario, con las escuelas vocacionales.

La Revolución reciente

Una de las mayores amenazas al orden social patriarcal y a la autoridad del gobierno mexicano llegó al final del siglo xx, cuando las mujeres indígenas se unieron a los cuestionamientos a los gobernantes vigentes. La antropóloga Lynn Stephen ha documentado las actividades de las mujeres del Ejército Zapatista de Liberación Nacional (EZLN) para vincular las demandas de las mujeres por tener el control de su propio cuerpo con las campañas sociales de derechos humanos.

Stephen señala las formas en que las mexicanas más pobres del campo y la ciudad aprendieron a organizarse y cobraron cada vez mayor conciencia del precio que debían pagar por romper con patrones históricos de deferencia hacia los hombres. En un intento por encontrar los elementos de estas nuevas estrategias adoptadas por algunas mujeres de las bases populares, Stephen analiza las Unidades Agroindustriales para Mujeres (UAIM) y explica cómo con ellas se quiso dar a las mujeres del campo acceso colectivo a los medios de producción agrícola, aunque esto implicara desafiar a la autoridad patriarcal. Pese al fracaso de las UAIM, se logró entrenar a un cuadro de mujeres para participar en acciones colectivas. Sin embargo, así como las mujeres del pelo *à la garçon* provocaron la ira de algunos de sus compañeros, las mujeres de extracción popular en México y en todo el mundo se enfrentan a la violencia de los hombres de la familia, que se oponen al creciente activismo de las mujeres fuera de sus comunidades. En México, en los ochenta, la Coordinadora Regional de Mujeres de la Coordinadora Nacional de Movimientos Urbanos Populares (CONAMUP) hizo frente colectivo contra la violencia doméstica, tratando de obtener la plenitud de los derechos humanos en la familia al mismo tiempo que peleaban por un mayor control sobre los recursos del Estado.

Stephen plantea que, en alguna medida, la capacidad de las mujeres para hacer frente a la represión en el ámbito doméstico, estatal y global se manifestó en el debate nacional abierto por las mujeres del EZLN. La Ley Revolucionaria de las Mujeres, emitida de manera simultánea a las primeras declaraciones de los zapatistas hechas el 1º de enero de 1994, era un proyecto de derechos de las mujeres dentro del movimiento. Al vincular las aspiraciones sociales generales de atención médica, salarios dignos, educación, derechos reproductivos, libre elección de pareja sexual y sanciones comunitarias contra los violadores, las mujeres cuestionaban el patriarcado y presentaban una nueva imagen de sí mismas como seres humanos plenos y merecedores de respeto.

Las mexicanas desafiaron los sistemas patriarcales de autoridad y crearon nuevas organizaciones locales y regionales para alcanzar sus objetivos. Al movilizarse para luchar por sus derechos humanos y sus intereses colectivos en materia religiosa, social y económica, su imagen como activistas sustituyó su imagen como seres dependientes. Dejando de lado la cuestión de si lograron o no alcanzar sus objetivos inmediatos, asumieron gradualmente el lugar que por justicia les corresponde con la capacidad para determinar el sistema de autoridad que atraviesa el gobierno, la región, el lugar de trabajo, el sindicato y la familia. En el transcurso de su lucha, combatieron las restricciones del patriarcado y la masculinidad, dejando atrás las reconvenciones sobre el caos que podían provocar en su esfuerzo por alcanzar el control sobre su vida cotidiana.

Las mujeres obreras, indígenas, rurales y católicas que han enfrentado al patriarcado, generalmente lo han hecho desde sus bases locales en sus fábricas, barrios o regiones. A pesar de las advertencias de no amenazar la estabilidad social, las mujeres que se estudian en este volumen promovieron sin proponérselo un orden social afianzado en las asociaciones comunitarias. Al atacar los sistemas jerárquicos, desafiaron el patriarcado desde una serie de perspectivas políticas.

La reorientación de la autoridad, sea hacia la derecha o hacia la izquierda, ha debilitado la idea de las identidades de género fijas. No sólo en el inicio de las revoluciones, sino en los levantamientos periódicos, las identidades de género que apuntalan las estructuras familiares y los sistemas políticos patriarcales se han puesto en cuestión; en ningún caso se han cuestionado más que en la imagen de las mujeres como madres. Al igual que todas las fantasías, la imaginería de la maternidad es inherentemente inestable. Las mismas mujeres que se presentan como símbolo del país pueden desafiar el patriarcado y el nacionalismo al ampliar sus demandas de cambio social llevándolas de la esfera pública hacia la casa, como hicieron las mujeres chilenas al exigir la "Democracia en el país y en la casa" en su lucha contra la dictadura de Augusto Pinochet. Así haya sido mediante la participación en grupos mixtos como el EZLN o en sindicatos de mujeres, las mexicanas han atacado el patriarcado, demandando alguna forma de control colectivo en el trato hacia las mujeres. Los ensayos de este libro contradicen la idea de que los esfuerzos por debilitar los estereotipos de género y alcanzar la autonomía prevalecen solamente durante los primeros días de una revolución. De hecho, demuestran que las prácticas de cuestionar al gobierno, a los sindicatos, a los padres, a los esposos y a los dirigentes masculinos se han desencadenado en México y en otros países de manera periódica, cuando las autoridades menos lo esperaban. Estas campañas han abierto posibilidades de cambios sociales nuevos y continuos, y han contribuido a crear nuevas instituciones para garantizar un mayor control local. A través de estas instituciones, las mujeres obreras y del medio rural han obtenido en ocasiones el tipo de autoridad que les sirve para mejorar su vida diaria.

ABREVIATURAS

AGEV / JCCA	Archivo General del Estado de Veracruz, Junta Central de Conciliación y Arbitraje. Xalapa, Veracruz
AGEY	Archivo General del Estado de Yucatán. Mérida, Yucatán
FJ	Fondo Justicia
FM	Fondo Municipio
FPE	Fondo Poder Ejecutivo
FPJ	Fondo Poder Judicial
AGN	Archivo General de la Nación. México, D. F.
AHAM	Archivo Histórico de la Arquidiócesis de México. México, D. F.
AHJ	Archivo Histórico de Jalisco. Guadalajara, Jalisco
AHTF	Archivo Histórico de Testimonios de Familia, Instituto Nacional de Antropología e Historia.
AHSDN	Archivo Histórico de la Secretaría de la Defensa Nacional. México, D. F.

AHSSA	Archivo Histórico de la Secretaría de Educación Pública. México, D. F.
AHUFCM	Archivo Histórico de la Unión Femenina Católica Mexicana, Acervo Histórico, Universidad Iberoamericana. México, D. F.
AMC	Archivo Municipal de Córdoba. Córdoba, Veracruz
APGD	Archivo Personal de Gertrudis Duby, Centro Cultural Na Bolom.
ACREY	Archivo Registro Civil del Estado de Yucatán. Mérida, Yucatán
CEMOS	Centro de Estudios del Movimiento Obrero y Socialista. México, D. F.
CIDOC	Centro Internacional de Documentación/International Documentation Center. Cuernavaca, México/Leiden, The Netherlands (colección de microfichas)
CN	Cineteca Nacional, Cuadernos de la Cineteca Nacional. México, D. F.
SSM	Secretariado Social Mexicano. México, D. F.
USDOS	National Archives and Records Administration, United States Department of State, Record Group 59. Washington D. C.
USMIL	National Archives and Records Administration, United States War Department, Military Intelligence Reports: Mexico, 1919-1940 México. Washington, D. C.

BIBLIOGRAFÍA

Adame Goddard, Jorge (1981), *El pensamiento político y social de los católicos mexicanos, 1867-1914*, México, UNAM.

"Agradecimiento" (1930), *Informador de las Brigadas Femeninas de Santa Juana de Arco*, 1, núm. 1 (26 de enero), p. 1.

Aguilar V., Rubén, y Guillermo Zermeño P. (1992), *Religión, política y sociedad: El sinarquismo y la Iglesia en México (nueve ensayos)*, México, Universidad Iberoamericana.

Aldana Rendón, Mario Alfonso (1988), *Jalisco desde la Revolución*, vol. 1, *Del reyismo al nuevo orden constitucional, 1901-1917*, Guadalajara, Universidad de Guadalajara/Gobierno del Estado de Jalisco.

Alonso, Ana María (1995), *Thread of Blood: Colonialism, Revolution, and Gender in Mexico's Northern Frontier*, Tucson, University of Arizona Press.

Alonso, Enrique (1987), *María Conesa*, México, Océano.

Alvarado, Salvador (1980), *La reconstrucción de México: Un mensaje a los pueblos de América*, vol. 2, 2ª ed., Mérida, Yucatán, Ediciones del Gobierno de Yucatán.

Álvarez, Rodolfo (1920), "Gimnasia especial para las damas", *Arte y Sport*, 1, núm. 32 (17 de abril), p. 6.

Amador, María Luisa, y Jorge Ayala Blanco (1999), *Cartelera Cinematográfica, 1920-1929*, México, CUEC, UNAM.

Arizpe, Lourdes, y Josefina Aranda (1986), "Women Workers in the Strawberry Agribusiness in Mexico", en Eleanor Leacock y Helen Safa (eds.), *Women's Work: Development and the Division of Labor by Gender*, South Hadley, Massachusetts, Bergin and Garvey, pp. 174-193.

Arnold, Marigen (1973), *Mexican Women: The Anatomy of a*

Stereotype in a Mexican Village, tesis de doctorado, Universidad de Florida.

Arrom, Silvia M. (1985), *The Women of Mexico City, 1790-1857*, Stanford, Stanford University Press.

—— (1988), *Las mujeres en la ciudad de México, 1790-1857*, México, Siglo XXI Editores.

—— (1994), "Changes in Mexican Family Law in the Nineteenth Century", en Gertrude M. Yeager (ed.), *Confronting Change, Challenging Tradition*, Wilmington, Delaware, Scholarly Resources, pp. 87-102.

Ayala Blanco, Jorge (1968), *La aventura en el cine mexicano*, México, Era.

"Ayuda laica a la jerarquía" (1937), *Christus*, 2, núm. 20 (junio), pp. 750-755.

Azuela, Mariano (1996), *Los de abajo*, ed. crítica de Jorge Ruffineli, Madrid, UNESCO (Archivos, 5).

Baldez, Lisa (2002), *Why Women Protest: Women's Movements in Chile*, Nueva York, Cambridge University Press.

Bantjes, Adrian (1998), *As If Jesus Walked on Earth: Cardenismo, Sonora, and the Mexican Revolution*, Wilmington, Delaware, Scholarly Resources.

Barranco, V. Bernardo (1996), "Posiciones políticas en la historia de la Acción Católica Mexicana", en Roberto Blancarte (ed.), *El pensamiento social de los católicos mexicanos*, México, FCE, pp. 39-70.

Barre, Marie-Chantal (1983), *Ideologías, indigenismo y movimientos indios*, México, Siglo XXI Editores.

Bartra, Armando (1977), *Regeneración, 1900-1918: La corriente más radical de la Revolución mexicana en 1910 a través de su periódico de combate*, México, Era.

Bartra, Roger (1987), *La jaula de la melancolía: Identidad y metamorfosis del mexicano*, México, Grijalbo (Colección Enlace).

Batienmann, Helga (1997), *Rural Agency and State Formation in Postrevolutionary Mexico: The Agrarian Reform in Central Veracruz (1915-1992),* tesis de doctorado, New School for Social Research.

Batienmann, Helga (2002), "Gender and Agrarian Rights in Twentieth-Century Mexico", texto presentado en el encuentro de la Asociación de Estudios Latinoamericanos, Miami, Florida, 16-20 de marzo.

Bauer, Arnold J. (1990), "Millers and Grinders. Technology and Household Economy in Meso-America", *Agricultural History,* 64, núm. 1, pp. 1-17.

Beattie, Peter M. (2001), *The Tribute of Blood: Army, Honor, Race, and Nation in Brazil, 1864-1945,* Durham, Duke University Press.

Becker, Marjorie (1995), *Setting the Virgin on Fire : Lázaro Cárdenas, Michoacán. Peasants and the Redemption of the Mexican Revolution,* Berkeley, University of California Press.

Beezley, William (1987), *Judas at the Jockey Club,* Lincoln, University of Nebraska Press.

Benjamin, Thomas (2000), "Rebuilding the Nation", en Michael C. Meyer y William H. Beezley (eds.), *The Oxford History of Mexico,* Nueva York, Oxford University Press, pp. 467-502.

——, y Mark Wasserman (eds.) (1990), *The Provinces of the Revolution: Essays on Regional Mexican History, 1910-1929,* Albuquerque, University of New Mexico Press.

Bergquist, Charles (1986), *Labor in Latin America,* Palo Alto, Stanford University Press.

Besse, Sujsan K. (1996), *Restructuring Patriarchy: The Modernization of Gender Inequality in Brazil, 1914-1940,* Chapel Hill, University of North Carolina Press.

Blait Fredika (1987), *Isadora: Portrait of the Artist as a Woman,* Wellingborough, Equation Books.

Bliss, Catherine Elaine (1997), "Theater of Operations: Feminist and Catholic Social Action in the Mexico City Sifilicomio", ponencia presentada en el XX Congreso

Internacional de la Asociación de Estudios Latinoamericanos.

Bliss, Catherine Elaine (1999), "The Science of Redemption: Syphilis, Sexual Promiscuity, and Reformism in Revolutionary Mexico City", *Hispanic American Historical Review*, 79, núm. 1, pp. 1-40.

—— (2001), *Compromised Positions: Prostitution, Public Health, and Gender Politics in Revolutionary Mexico*, University Park, Pennsylvania State University Press.

Blum, Ann S. (1998a), *Children without Parents: Law, Charity, and Social Practice, Mexico, 1867-1940*, tesis de doctorado, Universidad de California, Berkeley.

—— (1998b), "Public Welfare and Child Circulation, Mexico City, 1877 to 1925", *Family History*, 23, núm. 3 (julio), pp. 240-271.

—— (2003), "Dying of Sadness: Hospitalism and Child Welfare, Mexico City, 1920-1940", en Diego Armus (ed.), *From Cholera to AIDS: History and Disease in Modern Latin America*, Durham, Duke University Press, pp. 209-236.

—— (2004), "Cleaning the Revolutionary Household: Domestic Servants and Public Welfare in Mexico City, 1900-1955", *Journal of Women's History*, 15, núm. 4, pp. 67-90.

Bonfil Batalla, Guillermo (1990), *México profundo: Una civilización negada*, México, Grijalbo / Conaculta.

——, (1996), *México Profundo: Reclaiming a Civilization*, trad. de Philip A. Dennis, Austin, University of Texas Press.

Bortz, Jeffrey (1995), "The Genesis of the Mexican Labor Relations System: Federal Labor Policy and the Textile Industry 1925-1940", *The Americas*, 52 (julio), pp. 43-69.

Botey Estapé, Carlota (1991), "La parcela ejidal es un patrimonio familiar", *unomásuno*, suplemento, "El Ejido a Debate" (18 de noviembre), p. 3.

Boylan, Kristina A. (2000), *Mexican Catholic Women's Activism, 1929-1940*, tesis de doctorado, Oxford University.

Brunk, Samuel (1995), *Emiliano Zapata: Revolution and Be-*

trayal in Mexico, Albuquerque, University of New Mexico Press.

Buck, Sarah A. (2001), "El control de la natalidad y el día de la madre. Política feminista y reaccionaria en México, 1922-1923", *Signos Históricos*, 5 (enero-junio), pp. 9-53.

—— (2002), "Mother's Day, the State, and Feminist Action: Maternalist Welfare Initiatives in 1940's Mexico", ponencia presentada en la XII Conferencia de Berkshire sobre Historia de las Mujeres, Universidad de Connecticut, junio de 2002.

Buffington, Robert M. (2000), *Criminal and Citizen in Modern Mexico*, Lincoln, University of Nebraska Press. [En español: *Criminales y ciudadanos en el México moderno*, México, Siglo XXI Editores, 2001.]

Butler, Judith (1999), *Gender Trouble: Feminism and the Subversion of Identity*, Nueva York, Routledge. [En español: *El género en disputa, Feminismo y la subversión de la identidad*, Paidós/PUEG/UNAM, 2001.]

Calendario más antiguo de Galván (2002), México, Murguía.

Campbell, Hugh G. (1976), *La derecha radical en México, 1929-1940*, México, SEP.

Campobello, Nellie (1931), *Cartucho: Relatos de la lucha en el norte de México*, México, Integrales.

Cano, Gabriela (1988a), "El coronel Robles: Una combatiente zapatista", *Fem* (abril), pp. 22-24.

—— (1991a), "Las feministas en campaña: La primera mitad del siglo XX", *Debate Feminista*, 2, núm. 4 (septiembre), pp. 269-292.

—— (1991b), "Las mujeres en el proyecto educativo de José Vasconcelos", *Signos*, Anuario de Humanidades 1991, pp. 265-275.

—— (1993), "Revolución, feminismo y ciudadanía en México (1915-1940)", en Georges Duby y Michelle Perrot (eds.), *Historia de las mujeres en Occidente*, 5, Madrid, Taurus, pp. 301-312.

Cano, Gabriela (1997), "Soldaderas y coronelas", en Michael S. Werner (ed.), *Encyclopaedia of Mexico: History, Society, and Culture*, 2, Chicago, Fitzroy Dearborn, pp. 1357-1360.

—— (1998), "The Porfiriato and the Mexican Revolution: Constructions of Feminism and Nationalism", en Ruth Roach Pierson y Nupur Chaudhuri (eds.), *Nation, Empire, Colony: Historicizing Gender and Race*, Bloomington, Indiana University Press, pp. 106-120.

—— (1999), "La íntima felicidad del coronel Robles", *Equis: Cultura y sociedad* (junio), pp. 25-34.

—— (2000), "Las mujeres como sujeto de la Revolución mexicana. Una mirada historiográfica", en Jaime Bailón Corres, Carlos Martínez Assad y Pablo Serrano Álvarez (eds.), *El siglo de la Revolución mexicana*, México, INEHRM, pp. 275-286.

——, y Verena Radkau (1989), *Ganando espacios, historias de vida: Guadalupe Zúñiga, Alura Flores y Josefina Vicens, 1920-1940*, México, UAM.

Cárdenas, Lázaro (1978), *Palabras y documentos. Mensajes, discursos, declaraciones, entrevistas y otros documentos, 1928-1940*, vol. 1, México, Siglo XXI Editores.

Cárdenas, Olga (2000), "Amelia Robles y la revolución zapatista en Guerrero", en Espejel López (ed.), *Estudios sobre zapatismo*, México, INAH, pp. 303-319.

Cardoso, Ruth C. L. (1984), "Creating Kinship: The Fostering of Children in Favela Families in Brazil", en Raymond T. Smith (ed.), *Kinship Ideology and Practice in Latin America*, Chapel Hill, University of North Carolina Press, pp. 196-203.

Carr, Barry (1992), *Marxism and Communism in Twentieth-Century Mexico*, Lincoln, University of Nebraska Press. [En español: *La izquierda mexicana a través del siglo XX*, México, Era, 1996.]

Carr, Barry (1994), "The Fate of the Vanguard under a Revolutionary State: Marxism's Contribution to the Construction of the Great Arch", en Gil Joseph y Daniel Nugent (eds.), *Everyday Forms of State Formation: Revolution and Negotiation of Rule in Modern Mexico*, Durham, Duke University Press, pp. 326-354.

Carranza, Venustiano (1964), *Ley sobre Relaciones Familiares. Expedida por el Primer Jefe del Ejército Constitucionalista, encargado del Poder Ejecutivo de la nación el 9 de abril de 1917, publicada en el "Diario Oficial" de los días 14 de dicho mes, al 11 de mayo, fecha en que entró en vigor*, 2ª ed., México, Andrade.

Carrillo, Teresa (1990), "Women and Independent Unionism in the Garment Industry", en Joe Foweraker y Ann I. Craig (eds.), *Popular Movements and Political Change in Mexico*, Boluder, Lynne, Reinner, pp. 213-233.

Casasola, Agustín V. (s. f.), *Historia gráfica de la Revolución mexicana*, cuaderno 8, México, Trillas.

Castells, Manuel (1999a), *The Power of Identity*, Oxford, Basil Blackwell. [En español: *El poder de la identidad*, Madrid, Alianza, 1998.]

—— (1999b), *The Rise of the Network Society*, Oxford, Basil Blackwell. [En español: *La sociedad en red*, Madrid, Alianza, 2000.]

Caulfield, Sueann (2000), *In Defense of Honor: Sexual Morality, Modernity, and Nation in Early Twentieth-Century Brazil*, Durham, Duke University Press.

Ceballos Ramírez, Manuel (1991), *El catolicismo social: Un tercero en discordia*, México, El Colegio de México.

Chassen-López, Francie R. (1994), "'Cheaper than Machines': Women and Agriculture in Porfirian Oaxaca, 1880-1911", en Heather Fowler-Salamini y Mary Kay Vaughan (eds.), *Women of the Mexican Countryside, 1850-1990*, Tucson, University of Arizona Press, pp. 27-50. [En español: "Más baratas que las máquinas: las mujeres y la agricultura en Oaxaca, 1880-1910", en Fowler-Salamini y Vaughan, 2003, pp. 77-105.]

Chesler, Ellen (1992), *Women of Valor: Margaret Sanger and the Birth Control Movement in America*, Nueva York, Simon and Schuster.

"Circular núm. 9, octubre de 1936" (1937), *Christus*, 2, núm. 14 (enero), p. 14.

Civardi, monseñor Luigi (1935), *A Manual of Catholic Action*, trad. de C. C. Martindale, S. J. Londres, Sheed and Warde.

Código Civil del Estado de Yucatán (1918), Mérida, Yucatán, Gobierno del Estado, "Conclusiones aprobadas en la Segunda Asamblea General de la UFCM", 1935, *Boletín Eclesiástico de la Ariquidiócesis de Guadalajara*, 4, núm. 4 (1º de abril), pp. 159-160.

Contreras, María Isabel (1940), *La parroquia de Zapotilic y la congregación de la doctrina cristiana*, Querétaro, Imprenta Paulín.

Cornelius, Wayne A., y David Myhre (1998), "Introducción", en Wayne Cornelius y David Myhre (eds.), *The Transformation of Rural Mexico: Reforming the Ejido Sector*, La Jolla, Center for U.S.-Mexican Studies, Universidad de California, San Diego, pp. 1-24.

Craig, Ann (1983), *The First Agraristas: An Oral History of a Mexican Agrarian Reform Movement*, Berkeley, University of California Press.

Crespo, Oviedo, Luis Felipe (ed.) (1988), *"Los días eran nuestros..." Vida y trabajo entre los obreros textiles de Atlixco, Puebla*, México, SEP/Universidad Autónoma de Puebla/IMSS.

Crider, Greg (1996), *Material Struggles: Workers' Strategies During the "Institutionalization of the Revolution" in Atlixco, Puebla, Mexico, 1930-1942*, tesis de doctorado, Universidad de Wisconsin, Madison.

Croll, Elisabeth (1978), *Feminism and Socialism in China*, Nueva York, Schocken Books.

Cueva Tazzer, María Lourdes (s. f.), *Entre el nacionalismo cultural y el internacionalismo proletario: Textos y prácticas de mujeres comunistas en México, 1924-1934*, inédito, UAM-Iztapalapa.

Dávila Garibi, J. Ignacio (1920), *Memoria histórica de las labores de la Asociación de Damas Católicas de Guadalajara durante la ausencia de Meritísimo Fundador, Ilmo. y Rmo. Sr. Dr. y Mtro. D. Francisco Orozco y Jiménez, o sea del 19 de mayo de 1914 que partió de la ciudad episcopal al 14 de octubre de 1919 que volvió de su destierro*, Guadalajara, J. M. Yguiniz.

"Decoración de la Sala de conferencias en la antigua iglesia de San Pedro y San Pablo" (1922), *Boletín de la Secretaría de Educación Pública*, 1, núm. 2, frontispicio.

De Grazia, Victoria (1922), *How Fascism Ruled Women: Italy, 1922-1945*, Berkeley, University of California Press.

——, y Ellen Furlough (eds.) (1996), *The Sex of Things: Gender and Consumption in Historical Perspective*, Berkeley, University of California Press.

De la Colina, José (1985), "El canto bárbaro de Emilio Fernández", *Semanario Cultural de Novedades*, 3, núm. 149 (24 de febrero), pp. 1-2.

"De la excentricidad mundial" (1924), *Jueves de Excélsior*, núm. 109 (10 de julio), p. 13.

De los Reyes, Aurelio (1987), *Medio siglo de cine mexicano (1821-1880)*, México, Trillas.

D'Emilio, John (2003), *Lost Prophet: The Life and Times of Bayard Rustin*, Nueva York, Free Press.

D'Emilio, John, y Estelle B. Freedman (1997), *Intimate Matters: A History of Sexuality in America*, 2ª ed., Chicago, University of Chicago Press.

Deutsch, Sandra McGee (1991), "Gender and Sociopolitical Change in Twentieth-Century Latin America", *Hispanic American Historical Review*, 71, núm. 2, pp. 259-316.

Diario de los debates del Congreso Constituyente de 1916-1917 (1922), 2 vols., México, Cámara de Diputados.

Diario Oficial de la Federación (1949), "Decreto que crea la Legión de Honor", 8 de febrero de 1949, México, Talleres Gráficos de la Nación, p. 5.

Dirección General de Estadísticas (1934), *Quinto Censo de Población, 1930: Estado de Veracruz*, México, Dirección General de Estadísticas.

Documentos del Movimiento Campesino (1984), "Acuerdos y resoluciones del II Congreso Nacional Ordinario de la CNPA", *Textual*, 5, núm. 17, pp. 115-127.

Domínguez Pérez, Olivia (1986), *Política y movimientos sociales en el tejedismo*, Xalapa, Universidad Veracruzana.

Dore, Elizabeth, y Maxine Molyneux (eds.) (2000), *Hidden Histories of Gender and the State in Latin America*, Durham, Duke University Press.

Douglas, Mary (1995), *Purity and Danger: An Analysis of the Concepts of Pollution and Taboo*, Nueva York, Routledge.

Drogus, Carole Anne (1997), *Women, Religion and Social Change in Brazil's Popular Church*, Notre Dame, University of Notre Dame Press.

Duby, Gertrude (1942), "Bauerngeneral Zapata und das neue Russland", *Freies Deutschland* (noviembre-diciembre), p. 27.

Dussel, Enrique (1981), *A History of the Church in Latin America: Colonialism to Liberation (1492-1979)*, trad. y rev. de Alan Neely, Grand Rapids. Michigan, William B. Eerdmans. [En español: *Historia de la Iglesia en América Latina: medio milenio de coloniaje y liberación, 1492-1992*, Madrid, Mundo Negro, 1992.]

Eltit, Diamela (1991), "Las batallas del coronel Robles", *Debate Feminista*, 4 (septiembre), pp. 171-177.

Engel, Barbara Alpern (2003), *Women in Russia, 1700-2000*, Cambridge, Cambridge University Press.

Enríquez, Victoria (1998), "Hija de la Revolución: El coronel Amelia 'la Güera' Robles", *Fem* (octubre), pp. 41-43.

Enstad, Nan (1999), *Ladies of Labor, Girls of Adventure*, Nueva York, Columbia University Press.

Episcopado Mexicano (1935), "Carta Pastoral Colectiva... sobre la doctrina educativa de la Iglesia" [21 de noviembre de 1935], *Christus*, 1, núm. 1 (1º de diciembre), pp. 26-41.

Equal Rights, Official Organ of the National Woman's Party (15 de julio de 1937), Washington, D. C.

Erauso, Catalina (1996), *Lieutenant Nun: Memoir of a Basque Lieutenant Nun: Transvestite in the New World*, trad. de Michele Stepto y Gabriel Stepto, Boston, Beacon Press. [En español: *Historia de la monja Alferez, Catalina de Erauso escrita por ella misma*, Madrid, Cátedra, 2002.]

Escontrilla Valdez, Hugo Armando (2000), *El Secretariado Social Mexicano. Los orígenes de la autonomía, 1965-1973*, tesis de maestría, Instituto de Investigaciones Dr. José María Luis Mora.

Estrada Urroz, Rosalina (1980), "El poder de compra de la clase obrera en Puebla de 1940 a 1960", en *Memorias del encuentro sobre historia del movimiento obrero*, Puebla, Universidad Autónoma de Puebla, pp. 349-377.

—— (1997), *Del telar a la cadena de montaje. La condición obrera en Puebla, 1940-1976*, Puebla, México, Benemérita Universidad Autónoma de Puebla.

Falcón, Romana, y Soledad García Morales (1986), *La semilla en el surco: Adalberto Tejeda y el radicalismo en Veracruz, 1883-1960*, México, El Colegio de México/Universidad Veracruzana.

Farnsworth-Alvear, Ann (2000), *Dulcinea in the Factory: Myths, Morals, Men, and Women in Colombia's Industrial Experiment, 1905-1960*, Durham, Duke University Press.

Fazio, Carlos (1997), *Algunos aportes del Secretariado Social Mexicano en la transición a la democracia*, México, Academia Mexicana de Derechos Humanos.

Fernández, Adela (1986), *El Indio Fernández: Vida y mito*, México, Panorama Editorial.

Fernández-Aceves, María Teresa (1996), "El género, la diferencia sexual y la igualdad en los debates feministas: Entrevista a Joan Scott", *La Ventana*, 4, pp. 226-229.

—— (2000), *The Political Mobilization of Women in Revolutionary Guadalajara, 1910-1940*, tesis de doctorado, Chicago, Universidad de Illinois.

—— (2003), "Once We Were Corn Grinders. Women and Labor in the Tortilla Industry of Guadalajara, 1920-1940", *International Labor and Working-Class History*, 63, pp. 81-101.

——, y Hermelinda Orejel Salas (1987), *Sindicalismo femenino en Jalisco, 1920-1940: Las trabajadoras en la industria de nixtamal*, tesis de licenciatura, inédita, Universidad de Guadalajara.

Ferro, Marc (1974), "El cine, ¿un contraanálisis de la sociedad?", en Jacques Le Goff y Pierre Nora (eds.), *Hacer la Historia*, 3, Barcelona, Laia, pp. 241-260.

Field, Les W. (1999), "Complicities and Collaborations: Anthropologists and the 'Unacknowledged Tribes' of California", *Current Anthropology*, 40, núm. 2, pp. 193-209.

Findlay, Eileen J. (1999), *Imposing Decency: The Politics of Sexuality and Race in Puerto Rico, 1870-1920*, Durham, Duke University Press.

Flores Arellano, Nélida, y América Wences Román (1992), *Doña María de la O: Una mujer ejemplar*, Chilpancingo, Universidad Autónoma de Guerrero/Centro de Estudios Históricos del Agrarismo en México.

Flores Clair, Eduardo (1991-1992), "Diversiones públicas en la ciudad de México, 1920-1940", *Historias*, 27, pp. 163-169.

Fowler-Salamini, Heather (2002), "Women Coffee Sorters Confront the Mill Owners and the Veracruz Revolutionary State, 1915-1918", *Journal of Women's History*, p. 14.

—— (2003), "Gender, Work, and Working-Class Women's Culture in Veracruz Coffee Export Industry, 1920-1945", *International Labor and Working-Class History*, 63, pp. 102-121.

——, y Mary Kay Vaughan (eds.) (1994), *Women of the Mexican Countryside, 1850-1990*, Tucson, University of Arizona Press. [En español: *Mujeres en el campo mexicano, 1850-1990*, México, El Colegio de Michoacán/Benemérita Universidad Autónoma de Puebla/Instituto de Ciencias Sociales y Humanidades, 2003.]

Franco, Fernando (1991), "Labor Law and the Labor Movement in Mexico", en Kevin J. Middlebrook (ed.), *Unions, Workers, and the State in Mexico*, San Diego, Center for U.S.-Mexican Studies, Universidad de California, San Diego, pp. 105-120.

French, John D., y Daniel James (eds.) (1997), *The Gendered Worlds of Latin American Women Workers*, Durham, Duke University Press.

Frías, José D. (1924), "Ángel Zárraga y las corrientes de la pintura contemporánea", *Revista de Revistas*, 15, núm. 734 (1° de junio), pp. 21-22.

Galán G., Emma (1947), *Naturaleza y misión actual de la mujer*, México, Secretariado Social Mexicano.

Galeana, Benita (1994), *Benita*, trad. de Amy Diane Prince, Pittsburgh, Latin American Literary Review Press.

Galindo Mendoza, Alfredo, M. Sp. S. (1945), *Apuntes geográficos y estadísticos de la Iglesia católica en México*, México, Administración de la *Revista La Cruz*.

Gallo, Rubén (2005), *Mexican Modernity. The Avant-Garde and the Technological Revolution*, Cambridge, Massachusetts, MIT Press.

Gamboa Ojeda, Leticia (2001), *La urdimbre y la trama: Historia social de los obreros textiles de Atlixco, 1899-1924*, México, Benemérita Universidad Autónoma de Puebla/FCE.

García, Brígida, y Orlandina de Oliveira (1994), *Trabajo femenino y vida familiar en México*, México, El Colegio de México.

García Martí, V. (s. f.), *Normas para actuar en la vida social y mundana*, México, Biblioteca Para Ellas y Para Ellos.

García Quintanilla, Alejandra (1986), *Los tiempos en Yucatán: Los hombres, las mujeres y la naturaleza*, Mérida, Claves Latinoamericanas/Departamento de Estudios Económicos y Sociales del Centro de Investigaciones Regionales Dr. Hidey Noguchi de la Universidad Autónoma de Yucatán.

García Riera, Emilio (1987), *Emilio Fernández, 1904-1986*, Guadalajara, Universidad de Guadalajara/Centro de Investigaciones y Estudios Cinematográficos.

—— (1992), *Historia documental del cine mexicano*, vol. 3, Guadalajara, Universidad de Guadalajara/Conaculta/Instituto Mexicano de Cinematografía.

Garrido, Felipe (ed.) (1997), *Luz y sombra: Los inicios del cine en la prensa de la ciudad de México*, México, Conaculta.

Garro, Elena (1969), *Recollections of Things to Come*, Austin, University of Texas Press.

Gauss, Susan (2003), "Masculine Bonds and Modern Mothers: The Rationalization of Gender in the Textile Industry in Puebla, 1940-1952", *International Labor and Working-Class History*, 63, pp. 63-80.

Gil, Miguel (1933), "Los neutros en la Penitenciaría hablan a *Detectives* sobre el amor", *Detectives: El mejor semanario de México*, 4 de abril, pp. 8, 9 y 15.

—— (1938), *La tumba del Pacífico*, México, La Prensa.

Gill, Mario (1956), *El movimiento escuderista de Acapulco*, México, México Libre.

Ginsburg, Fay, y Rayna Rapp (1991), "The Politics of Repro-
duction", *Annual Review of Anthropology*, 20, pp. 311-343.

Gómez-Galvariato Freer, Aurora (1999), *The Impact of Revolution: Business and Labor in the Mexican Textile Industry, Orizaba, Veracruz, 1900-1930*, tesis de doctorado,
Harvard University.

Gonzalbo Aizpuru, Pilar (ed.) (1998), *Historia de la educación y la enseñanza de la historia*, México, El Colegio de
México.

González Navarro, Moisés (1974), *Población y sociedad en
México (1900-1970)*, 2 vols., México, Facultad de Ciencias Políticas y Sociales, UNAM.

Gordon, Linda (1988), *Heroes in Their Own Lives: The Politics and History of Family Violence, Boston 1880-1960*,
Nueva York, Penguin Books.

—— (1999), *The Great Arizona Orphan Abduction*, Cambridge, Massachusetts, Harvard University Press.

Goribar de Cortina, R. (1937), "Balance del Año", *Acción Femenina*, 3, núm. 11 (diciembre), p. 2.

Gotschall, Elwood R. (1970), *Catholicism and Catholic Action in Mexico, 1929-1941: A Church's Response to a
Revolutionary Society and the Politics of the Modern Age*,
tesis de doctorado, Universidad de Pittsburgh.

Goytortúa Sánchez, Jesús (1969), *Pensativa*, México, Porrúa.

Gudorf, Christine E. (1983), "Renewal or Repatrarchaliza-
tion? Responses of the Roman Catholic Church to the
Feminization of Religion", *Horizons*, 10, núm. 2 (otoño),
pp. 235-238.

Gutiérrez Álvarez, Coralia (2003), "Las mujeres en las fábricas textiles de Puebla y Tlaxcala, siglo XIX", *Estudios del
Hombre*, 16, pp. 67-92.

Gutiérrez del Olmo, José Félix Alonso (1993), "De la caridad a
la asistencia: Un enfoque de la pobreza y la marginación
en México", en *La atención materno-infantil: Apuntes para
su historia*, México, Secretaría de Salud, pp. 9-51.

Gutiérrez de Mendoza, Juana (1936), *República femenina*, México, s. e.

Guy, Donna J. (2000), *White Slavery and Mothers Alive and Dead*, Lincoln, University of Nebraska Press.

Hall, Stuart (1996), "Introduction: Who Needs 'Identity'?", en Stuart Hall y Paul du Gay (eds.), *Questions of Cultural Identity*, Londres, Sage, pp. 1-17.

Hanson, Randall S. (1994), *"The Day of Ideals": Catholic Social Action in the Age of the Mexican Revolution, 1867-1929*, tesis de doctorado, Bloomington, Universidad de Indiana.

—— (1997), "Mujeres militantes: las Damas Católicas and the Mobilization of Women in Revolutionary Mexico, 1912-1929", ponencia presentada en The Conference on Latin American History Annual Meeting.

Harris, Alex, y Margaret Sartor (eds.) (1984), *Gertrude Blum: Bearing Witness*, Durham, Duke University Press.

Hart, John (1978), *Anarchism and the Mexican Working Class, 1860-1931*, Austin, University of Texas Press.

—— (2000), "The Mexican Revolution, 1910-1920", en Michael C. Meyer y William H. Beezley (eds.), *The Oxford History of Mexico*, Nueva York, Oxford University Press, pp. 435-466.

Harvey, David (1993), *The Condition of Postmodernity*, Oxford, Basil Blackwell.

Harvey, Neil (1998), *The Chiapas Rebellion: The Struggle for Land and Democracy*, Durham, Duke University Press. [En español: *La rebelión de Chiapas: la lucha por la tierra y la democracia*, México, Era, 2000.]

—— (1994), "Rebellion in Chiapas: Rural Reforms, Campesino Radicalism and the Limits to Salinismo", en *Rebellion in Chiapas, Transformation of Rural Mexico Series*, núm. 5, La Jolla, Center for U.S.-Mexican Studies, Universidad de California, San Diego.

Heredia, Carlos (1999), "Downward Mobility: Mexican Workers after NAFTA", *NACLA Report on the Americas*, 30, núm. 3, pp. 34-40.

Hernández Castillo, Aída, Shannon Speed y Lynn Stephen (eds.) (2006), *Dissident Women: Gender and Cultural Politics in Chiapas*, Austin, University of Texas Press.

Herrera, Celia (1985), "La vida en Parral: Tenebrosa pesadilla", en Xorge del Campo (ed.), *Cuentistas de la Revolución mexicana*, México, Comisión Nacional para las celebraciones del 175 Aniversario de la Independencia Nacional y 75 Aniversario de la Revolución Mexicana, pp. 85-86.

Herrera, Hayden, Julie Taymor y Salma Hayek (2002), *Frida: Bringing Frida Kahlo's Life and Art to Film*, Nueva York, Simon and Schuster.

Herrera-Sobek, María (1990), *The Mexican Corrido: A Feminist Analysis*, Bloomington, Indiana University Press.

Hershfield, Joanne (1999), "Race and Ethnicity in the Classical Cinema", en Joanne Hershfield y David Maciel (eds.), *Mexico's Cinema: A Century of Film and Filmmakers*, Wilmington, Delaware, SR Books, pp. 81-100.

Hong, Young-sun (1998), *Welfare, Modernity and the Weimar State, 1919-1933*, Princeton, Princeton University Press.

Hutchinson, Elizabeth Quay (2001), *Labors Appropriate to Their Sex: Gender and Labor Politics in Urban Chile, 1900-1930*, Durham, Duke University Press.

"Importantísimo" (1931), *Informador de las Brigadas Femeninas de Santa Juana de Arco*, 2, núm. 3 (29 de marzo), p. 1.

Instituto Interamericano del Niño (1961), *Legislación atinente a menores de las Américas*, 3 vols., Montevideo, Instituto Interamericano del Niño.

Irwin, Robert McKee, Eduard J. McCaughan y Michelle Rocío Nasser (2003), *The Famous 41: Sexuality and Social Control in Mexico, 1901*, Nueva York, Palgrave Macmillan.

Jackson, Jean (1999), "The Politics of Ethnographic Practice in the Colombian Vaupés", *Identities: Global Studies in Culture and Power*, 6, núms. 2-3, pp. 281-317.

Jacobs, Ian (1982), *Ranchero Revolt: The Mexican Revolution in Guerrero*, Austin, University of Texas Press. [En español: *La revolución mexicana en Guerrero: una revuelta de los rancheros*, México, Era, 1990.]

James, Daniel (1981), "Rationalisation and Working Class Responses: The Context and Limits of Factory Floor Activity in Argentina", *Journal of Latin American Studies*, 13, núm. 2 (1981), pp. 375-402.

—— (2000), *Doña María's Story: Life, History, Memory, and Political Identity*, Durham, Duke University Press.

Jara Miranda, Jaime (1968), *La legitimación adoptiva*, Santiago, Editorial Jurídica de Chile.

Jiménez, Blanca, y Samuel Villela (1998), *Los Salmerón: Un siglo de fotografía en Guerrero*, México, INAH.

Joseph, Gilbert M., y Daniel Nugent (1994a), "Popular Culture and State Formation in Revolutionary Mexico", en Gilbert M. Joseph y Daniel Nugent (eds.), *Everyday Forms of State Formation: Revolution and Negotiation of Rule in Modern Mexico*, Durham, Duke University Press, pp. 3-23. [En español: "Cultura popular y formación del Estado en el México posrevolucionario", en Joseph y Daniel, 2002, pp. 31-52.]

Joseph, Gilbert M., y Daniel Nugent (eds.) (1994b), *Everyday Forms of State Formation: Revolution and Negotiation of Rule in Modern Mexico*, Durham, Duke University Press. [En español: *Aspectos cotidianos de la formación del Estado*, ed. reducida, México, Era, 2002.]

Kaplan, Temma (1988), "Commentary on the Socialist Origins of International Women's Day", en Frits Van Holthoon y Marcel Van der Linden (eds.), *Internationalism in the Labour Movement 1830-1940*, Leiden, The Netherlands, E. J. Brill, pp. 188-194.

—— (1992), *Red City, Blue Period: Social Movements in Picasso's Barcelona*, Berkeley, University of California Press.

—— (2002), "The Disappearing Fathers under Global Capitalism", en Nancy Holmstrom (ed.), *The Socialist Feminist Project: A Contemporary Reader in Theory and Politics,* Nueva York, Monthly Review, pp. 152-157.

Kaplan, Temma (2004), *Taking Back the Streets: Women, Youth, and Direct Democracy,* Berkeley, University of California Press.

Kelley, Jane Holden (1978), *Yaqui Women: Contemporary Life Histories,* Lincoln, University of Nebraska Press. [En español: *Mujeres yaquis: cuatro biografías contemporáneas,* México, FCE, 1982.]

Keremetsis, Dawn (1983), "Del metate al molino: La mujer mexicana de 1910-1940", *Historia Mexicana,* 33, p. 293.

—— (1984a), "La doble jornada de la mujer en Guadalajara, 1910-1940", *Encuentro,* 1, pp. 41-64.

—— (1984b), "Latin American Women Workers in Transition: Sexual Division of the Labor Force in Mexico and Colombia in the Textile Industry", *The Americas,* 15 (abril de 1984), pp. 491-500.

Kingston, Maxine Hong (1976), *The Woman Warrior,* Nueva York, Vintage.

Klubock, Thomas Miller (1998), *Contested Communities: Class, Gender, and Politics in Chile's El Teniente Copper Mine, 1904-1951,* Durham, Duke University Press.

Knight, Alan S. (1985), "The Mexican Revolution: Bourgeois? Nationalist? Or Just a 'Great Rebellion'?", *Bulletin of Latin American Research,* 4, núm. 2, pp. 1-37. [En español: "¿La Revolución Mexicana: burguesa, nacionalista o simplemente una 'gran rebelión?', *Cuadernos políticos,* núm. 48 (oct.-dic. de 1986), pp. 5-32.]

—— (1990), "Racism, Revolution and Indigenismo: Mexico, 1910-1920", en Richard Graham (ed.), *The Idea of Race in Latin America, 1870-1940,* Austin, University of Texas Press, pp. 71-114. [En español: *Racismo, revolución e indigenismo: México, 1910-1940,* México, Universidad Autónoma de Puebla, 2004, pp. 8-42. (Cuadernos del

Seminario de Estudios sobre el Racismo en/desde México).]

—— (1991), "The Rise and Fall of Cardenismo, *c.* 1930-1946", en Leslie Bethell (ed.), *Mexico since Independence*, Cambridge, Cambridge University Press, pp. 241-320. [En español: "México, *c.* 1930-1946", en Leslie Bethell (ed.), *Historia de América Latina*, v. 13, *México y el Caribe desde 1930*, Barcelona, Cambridge University Press/Crítica, 1998, pp. 13-83.]

—— (1996), "Estado, revolución y cultura popular en los años treinta", en Marcos Tonatiuh Águila M. y Alberto Enríquez Perea (eds.), *Perspectivas sobre el cardenismo: Ensayos sobre economía, trabajo, política y cultura en los años treinta*, México, UNAM, pp. 297-324.

Kuri-Aldana, Mario, y Vicente Mendoza Martínez (eds.) (1987), *Cancionero Popular Mexicano*, vol. 1, México, SEP.

"La Acción Católica y la acción política" (1931), *Informador de las Brigadas Femeninas de Santa Juana de Arco*, 2, núm. 5 (31 de mayo), p. 4.

"La Escuela Hogar 'Gabriela Mistral'" (1922), *Boletín de la Secretaría de Educación Pública*, 1, núm. 1 (marzo), p. 244.

Lailson, Silvia (1987), "El trabajo y las organizaciones laborales de mujeres en Jalisco: 1920-1940", *Encuentro*, 15, pp. 59-82.

"La Ley Revolucionaria de las Mujeres" (1994), *Doble Jornada* (7 de febrero), p. 8.

Lalvani, Suren (1996), *Photography, Vision, and the Production of Modern Bodies*, Albany, Universidad del Estado de Nueva York.

Lamas, Marta (1998), "De la A a la Z: A Feminist Alliance Experience", en Victoria Rodríguez (ed.), *Women's Participation in Mexican Political Life*, Boulder, Westview Press, pp. 103-115.

Lamas, Marta, Alicia Martínez, María Luisa Tarrés y Esperanza Tuñón (1995), "Building Bridges: The Growth of

Popular Feminism in Mexico", en Amrita Basu y C. Elizabeth McGrory (eds.), *The Challenge of Local Feminisms: Women's Movements in Global Perspective*, Boulder, Westview Press, pp. 324-350.

"Las Pelonas" (poema anónimo) (1924), *Revista de Revistas*, 15, núm. 733 (25 de mayo), p. 6.

Lavrin, Asunción (1995), *Women, Feminism, and Social Change in Argentina, Chile, and Uruguay, 1890-1940*, Lincoln, University of Nebraska Press. [En español: *Feminismo y cambio social en: Argentina, Chile y Uruguay, 1890-1940*, Santiago de Chile, Centro de Investigación Diego Barros Arana, 2005.]

Lear, John (1998), "Mexico City: Popular Classes and Revolutionary Politics", en Ronn Pineo y James A. Baer (eds.), *Cities of Hope: People, Protests and Progress in Urbanizaing Latin America, 1870-1930*, Wilmington, Delaware, Scholarly Resources, pp. 75-78.

—— (2001), *Workers, Neighbors, and Citizens: The Revolution in Mexico City*, Lincoln, University of Nebraska Press.

Legislación revolucionaria: Código del Registro Civil del Estado de Yucatán, ed. del Diario Oficial, Mérida, Imprenta Constitucionalista, 1918.

Leñero Franco, Estela (1984), *El huso y el sexo: La mujer obrera en dos industrias de Tlaxcala*, México, Cuadernos de la Casa Chata.

Lepidus, Henry (1928), *The History of Mexican Journalism. The University of Missouri Bulletin*, vol. 29, núm. 4, Journalism Series, 49, Columbia, Universidad de Missouri.

Lerner, Victoria (1979), *Historia de la Revolución mexicana, 1934-1940*, vol. 17, *La educación socialista*, México, El Colegio de México.

Le Sueur, Meridel (1982), *Ripening: Selected Works, 1927-1980*, Old Westbury, Nueva York, Feminist Press.

—— (1984), *Crusaders: The Radical Legacy of Marian and*

Arthur Le Sueur, reimpr., St. Paul, Minnesota Historical Society Press.

Levenson-Estrada, Deborah (1997), "The Loneliness of Working-Class Feminism: Women in the 'Male World' of Labor Unions, Guatemala City, 1970s", en John D. French y Daniel James (eds.), *The Gendered Worlds of Latin American Women Workers,* Durham, Duke University Press, pp. 208-231.

Ley de Divorcio: Reformas al Código del Registro Civil y al Código Civil del Estado: Suplemento al número 7,803 del 'Diario Oficial' del Gobierno Socialista del Estado de Yucatán, correspondiente al 3 de abril de 1923 (1923), Mérida, Talleres Tipográficos del Gobierno del Estado.

Ley de Relaciones Familiares: Expedida por el C. Venustiano Carranza, Primer Jefe del Ejército Constitucionalista, encargado del Poder Ejecutivo de la nación (1917), México, Edición Económica.

Ley sobre el Divorcio: Reforma de diversos artículos del Código Civil del Edo. de Yucatán (1915), Mérida, Imprenta de la Empresa Editora Yucateca.

Lieuwen, Edward (1968), *Mexican Militarism: The Rise and Fall of Mexican Nationalism,* Minneapolis, University of Minnesota Press.

Lomnitz, Larissa A., y Marisol Pérez-Lizaur (1984), "Dynastic Growth and Survival Strategies of Mexican Grand Families", en Raymnond T. Smith (ed.), *Kinship Ideology and Practice in Latin America,* Chapel Hill, University of North Carolina Press, pp. 183-195.

—— (1987), *A Mexican Elite Family, 1820-1980,* Princeton, Princeton University Press. [En español: *Una familia de élite mexicana. Parentesco, clase y cultura. 1820-1980,* México, Miguel Ángel Porrúa, 2006.]

López de Nava Camarena, Rodolfo (1995), *Mis hechos de campaña: Testimonios del general de división Rodolfo López de Nava Baltierra, 1911-1952,* México, INEHRM.

Lorey, David (2001), "Post-Revolutionary Contexts for Independence Day: The 'Problem' of Order and the Invention of Revolution Day, 1920s-1940s", en William H. Beezley y David Lorey (eds.), *Viva Mexico! Viva la Independencia! Celebrations of September 16*, Wilmington, Delaware, Scholarly Resources, pp. 233-248.

Loyo, Engracio (1997) [1988], "La lectura en México, 1920-1940", en *Historia de la lectura en México*, México, El Colegio de México/El Ermitaño, pp. 243-294.

"M" (1937), "JCFM. Dirigentes- Cómo Formarlas", *Christus*, 2, núm. 20 (julio), p. 643.

Macías, Anna (1982), *Against All Odds: The Feminist Movement in Mexico to 1940*, Westport, Connecticut, Greenwoook Press.

Macías, Anna (2002), *Contra viento y marea. El movimiento feminista hasta 1940*, México, UNAM/CIESAS.

Maier, Elizabeth (1994), "Sex and Class as a Single Entity", en Gaby Kuppers (ed.), *Compañeras: Voices From the Latin American Women's Movement*, Londres, Latin American Bureau, pp. 40-45.

Malpica, Uribe, Samuel (1984), "La derrota de la FROC en Atlixco, 1931-1939", en *Memorias del Encuentro Sobre Historia del Movimiento Obrero*, Puebla, Benemérita Universidad Autónoma de Puebla, pp. 149-158.

María Candelaria (Xochimilco) (1953), Emilio Fernández, dir., México, Films Mundiales.

Márquez Capert, S. J. (1958), *Las grandes encíclicas sociales*, Madrid, Editorial Apostolado de la Prensa.

Márquez Carrillo, Jesús (1983), *Los orígenes del avilacamachismo: Una arquelogía de fuerzas en la constitución de un poder regional: El estado de Puebla, 1929-1941*, tesis de licenciatura, Universidad Autónoma de Puebla.

Martínez Vásquez, Víctor Raúl (1994), *Historia de la educación en Oaxaca (1825-1940)*, Oaxaca, Instituto de Inves-

tigaciones Sociológicas, Universidad Autónoma Benito
Juárez de Oaxaca.

Massell, Gregory J. (1974), *The Surrogate Proletariat: Mos-
lem Women and Revolutionary Strategies in Soviet Central Asia: 1919-1929*, Princeton, Princeton University
Press.

Massey, Doreen (1994), *Space, Place, and Gender*, Minneapolis, University of Minneapolis Press.

Mattiace, Shannon (1998), *Peasant and Indian: Political Identity and Indian Autonomy in Chiapas, Mexico, 1970-1990*,
tesis de doctorado, Universidad de Texas, Austin.

McSweeney, William (1980), *Roman Catholicism: The Search
for Relevance*, Nueva York, St. Martin's Press.

Méndez, Margarita G. De (1980), "Síntesis Histórica de la
UFCM", *Acción Femenina*, ed. esp. (septiembre), p. 29.

Mendieta, Alatorre, Ángeles (1961), *La mujer en la Revolución mexicana*, México, INEHRM.

Mexicana: Redstone Matchbox # 3 (1998), San Francisco,
Chronicle Books.

Mexicano: Ésta es tu Constitución (1968), México, Cámara
de Diputados del H. Congreso de la Unión, 47 Legisla-
tura.

Meyer, Eugenia (ed.) (1976a), "Mauricio Magdaleno", *Testimonios para la historia del cine mexicano*, vol. 3, México, Cineteca Nacional, pp. 25-36.

—— (1976b), "Stella Inda", en *Testimonios para la historia
del cine mexicano*, vol. 3, México, Cineteca Nacional, pp.
115-132.

Meyer, Jean (1973-1974), *La Cristiada*, 3 vols., México, Siglo
XXI Editores.

—— (1977), *Estado y sociedad con Calles. Historia de la Revolución mexicana, 1924-1928*, México, El Colegio de
México.

—— (1979), *El sinarquismo: ¿Un fascismo mexicano? 1937-
1947*, México, Joaquín Mortiz.

Meyer, Jean (2003), *El sinarquismo, el cardenismo y la Iglesia (1937-1947)*, México, Tusquets, Editores.

Meyer, Michael C., y William H. Beezley (eds.) (2000), *The Oxford History of Mexico*, Nueva York, Oxford University Press.

Meyerowitz, Joanne (2002), *How Sex Changed: A History of Transexuality in the United States*, Cambridge, Massachusetts, Harvard University Press.

Michel, Concha (1938), *Dos antagonismos fundamentales*, México, Ediciones de la Izquierda de la Cámara de Diputados.

Middlebrook, Kevin (1995), *The Paradox of Revolution, Labor, the State, and Authoritarianism in Mexico*, Baltimore, Johns Hopkins University Press.

Millan, Verna Carleton (1939), *Mexico Reborn*, Boston, Houghton Mifflin.

Miller, Barbara Ann (1981), *The Role of Women in the Mexican Cristero Rebellion: A New Chapter*, tesis de doctorado, University of Notre Dame.

—— (1984), "The Role of Women in the Mexican Cristero Rebellion: Las Señoras y las Religiosas", *The Americas*, 40, pp. 303-323.

Mistral, Gabriela (1967), *Lecturas para mujeres*, México, Porrúa.

Mitchell, Stephanie (2002), *La Noble Mujer Organizada: The Women's Movement in 1930, Mexico*, tesis de doctorado, Universidad de Oxford.

Mogrovejo Aquise, Norma (1990), *Feminismo popular en México: Análisis del surgimiento, desarrollo y conflictos en la relación entre la tendencia feminista y la regional de mujeres de la CONAMUP*, tesis de maestría, Flacso, Seminario Movimientos Sociales Generación 1988-1990.

Molina, Isabel (ed.) (1988), *Mujeres del Sur*, Chilpancingo, Gobierno del Estado de Guerrero.

Molloy, Sylvia (1998), "The Politics of Posing", en Sylvia

Molloy y Robert McKee Irwin (eds.), *Hispanisms and Homosexualitites*, Durham, Duke University Press, pp. 141-160.

Molyneux, Maxine (1985), "Mobilization without Emancipation? Women's Interests, the State, and Revolution in Nicaragua", *Feminist Studies*, 11, núm. 2, pp. 227-253.

Monsiváis, Carlos (1977), "Notas sobre la cultura mexicana en el siglo xx", en *Historia general de México*, México, El Colegio de México, pp. 4303-4476.

—— (1984), "La aparición del subsuelo: Sobre la cultura de la Revolución mexicana", *Historias*, núms. 8-9 (enero-junio), pp. 159-177.

—— (1997), *Mexican Postcards*, trad. de John Kraniauskas, Londres, Verso.

—— (1998), "Prólogo", en Salvador Novo, *La estatua de sal*, México, Conaculta, pp. 11-41.

—— (2002), "'Soy porque me parezco': El retrato en México en el siglo xx", en Enrique Florescano (ed.), *Espejo mexicano*, México, Conaculta/FCE, pp. 178-221.

Montejo, Víctor (2002), "The Multiplicity of Maya Voices: Maya Leadership and the Politics of Self-Representation", en Jean Kackson y Kay Warren (eds.), *Indigenous Movements: Self-Representation and the State in Latin America*, Austin, University of Texas Press, pp. 123-148.

Moreno Ochoa, Ángel (1959), *Semblanzas revolucionarias: Diez años de agitación política en Jalisco*, Guadalajara, Galería de Escritores Revolucionarios Jaliscienses.

Morton, Ward (1962), *Woman Suffrage in Mexico*, Gainesville, University of Florida Press.

Museo Nacional de Arte (1990), *Ángel Zárraga: El anhelo por mundo sin fronteras en la legación de México en París*, México, INBA.

—— (1997), *Art Decó: Un país nacionalista, un México cosmopolita*, México, INBA

Nelson, Barbara J. (1990), "The Origins of the Two-Channel

Welfare State. Workmen's Compensation and Mothers' Aid", en Linda Gordon (ed.), *Women, the State, and Welfare*, Madison, University of Wisconsin Press, pp. 123-151.

Nizza da Silva, María Beatriz (1989), "Divorce in Colonial Brazil: The Case of Sao Paulo, Brazil", en Asunción Lavín (ed.), *Sexuality and Marriage in Colonial Latin America*, Lincoln, University of Nebraska Press, pp. 313-340. [En español: "Divorcio en Brasil colonial: el caso de São Paulo", en María Beatriz Nizza de Silva, *Sexualidad y matrimonio en la América hispánica. Siglos XVI-XVIII*, México, Conaculta/Grijalbo, 1991, pp. 366-399.]

Northrop, Douglass (2004): *Veiled Empire: Gender and Power in Stalinist Central Asia*, Ithaca, Cornell University Press.

"Noticiero Films Mundiales" (1943a), *El Cine Gráfico*, núm. 520 (25 de julio), p. 16.

—— (1943b), *El Cine Gráfico*, núm. 520 (24 de octubre), p. 16.

Novell, Elizabeth Jean (1996), "Los ciudadanos sindicalistas: La Federación Local de Trabajadores del Puerto de Veracruz, 1919-1923", en Manuel Reyna Muñoz (ed.), *Actores sociales en un proceso de transformación: Veracruz en los años veinte*, Xalapa, Universidad Veracruzana, pp. 55-75.

Novo, Salvador (1972), *Las locas, el sexo, los burdeles*, México, Novaro.

Ochoa, Alfonso R. (1921), *El niño*, México, Departamento de Salubridad.

O'Dogherty Madrazo, Laura (1991), "Restaurarlo todo en Cristo: Unión de Damas Católicas Mejicanas, 1920-1926", *Estudios de Historia Moderna y Contemporánea de México*, 14, pp. 134-152.

Olcott, Jocelyn H. (2000), *Las Hijas de la Malinche. Women's Organizing and State Formation in Revolutionary Mexico, 1934-1940*, tesis de doctorado, Yale University.

—— (2002), "'Worthy Wives and Mothers': State-Sponsored

Women's Organizing in Postrevolutionary Mexico", *Journal of Women's History*, 13, núm. 4, pp. 106-131.

Olcott, Jocelyn H. (2003), "Miracle Workers: Gender and State Mediation among Textile and Garment Workers in Mexico's Transition to Industrial Development", *International Labor and Working-Class History*, 63, pp. 45-62.

—— (2005), *Revolutionary Women in Postrevolutionary Mexico*, Durham, Duke University Press.

O'Malley, Ilene (1986), *The Myth of Revolution: Hero Cults and the Institutionalization of Revolution*, Nueva York, Greenwood Press.

"Orígenes de las Damas Católicas" (1937), *Acción Femenina*, 3, núm. 7 (1º de septiembre), pp. 7 y 16-17.

Orozco y Jiménez, F. (1930), Circular 15-30, "A los Sres. Sacerdotes del Arzobispado", 28 de abril de 1930, *Boletín Eclesiástico de la Arquidiócesis de Guadalajara*, 1, núm. 4 (1º de junio).

Ortner, Sherry B. (1974), "Is Female to Male as Nature Is to Culture?", en Michele Zimbalast Rosaldo y Louise Lamphere (eds.), *Women, Culture, and Society*, Stanford University Press, pp. 67-87.

Padilla, Florencio (1937), "Reformas legislativas para facilitar y hacer más amplios los casos de adopción", en *Memoria del VII Congreso Panamericano del Niño*, 2, México, Talleres Gráficos de la Nación, pp. 129-133.

Pansters, Will (1990), *Politics and Power in Puebla: The Political History of a Mexican State, 1937-1987*, Ámsterdam, Center for Latin American Research and Documentation.

Pappe, Sylvia (1994), *Gertrude Duby-Blom: Königin des Regenwaldes*, Berna, Efef Verlag.

Paré, Luisa (1990), "The Challenge of Rural Democratization in Mexico", *Development Studies*, 26 (julio), pp. 79-96.

Paredes, B. A., S. C. (1937), "Rúbricas", *Christus*, 2, núm. 18 (mayo), p. 438.

Parsons, Wilfrid (1936), *Mexican Martyrdom*, Nueva York, MacMillan.

Passet, Joanne E. (2003), *Sex Radicals and the Quest for Women's Equality*, Urbana, University of Illinois Press.

Peiss, Kathy (1987), *Cheap Amusements: Working Women and Leisure in Turn of the Century New York*, Filadelfia, Temple University Press.

Peniche Rivero, Piedad (1999), "La comunidad doméstica de la hacienda henequenera de Yucatán, México, 1870-1915", *Mexican Studies*, núm. 15 (invierno), pp. 1-33.

Pérez Rosales, Laura (1992), "Las mujeres sinarquistas: Nuevas adelitas en la vida pública mexicana", en Rubén Aguilar P. y Guillermo Zermeño (eds.), *Religión, política y sociedad: El sinarquismo y la Iglesia en México (nueve ensayos)*, México, Universidad Iberoamericana, pp. 169-193.

Piccato, Pablo (2001), *City of Suspects: Crime in Mexico City, 1900-1931*, Durham, Duke University Press.

Pilcher, Jeffrey M. (1998), *¡Qué vivan los tamales! Food and the Making of Mexican Identity*, Albuquerque, University of New Mexico Press.

Pineo, Ronn, y James A. Baer (eds.) (1998), *Cities of Hope: People, Protests and Progress in Urbanizing Latin America, 1870-1930*, Wilmington, Delaware, Scholarly Resources.

Porter, Susie S. (2003), *Working Women of Mexico City: Public Discourses and Material Conditions, 1879-1931*, Tucson, University of Arizona Press.

Power, Margaret (2002), *Right-Wing Women in Chile: Feminine Power and the Struggle against Allende, 1964-1973*, University Park, Pennsylvania State University Press.

Prewett, Virginia (1941), *Reportage on Mexico*, Nueva York, E. P. Dutton.

Primer Congreso Mexicano del Niño (1921), *Memoria del Primer Congreso Mexicano del Niño*, México, El Universal.

Prosser, Jay (1998), "Transsexuals and the Transexologists:

Inversion and the Inversion of Transexual Subjectivity", en Lucy Bland y Laura Doan (eds.), *Sexology in Culture: Labelling Bodies and Desires*, Chicago, University of Chicago Press, pp. 116-131.

Quevedo y Zubieta, Salvador (1927), *México manicomio: Novela histórica contemporánea*, época de Venustiano Carranza, Madrid, Espasa-Calpe.

Quintero Figueroa, Adelina (1977), "La trayectoria política de Rafael Odriozola, primer liberal oaxaqueño", *Historia Mexicana*, 26, núm. 3, pp. 456-481.

Raby, David L. (1974), *Educación y revolución social en México, 1921-1940*, México, Sep-setentas.

Radkau, Verna (1984), *"La Fama" y la vida: Una fábrica y sus obreras*, México, CIESAS.

Ramírez, Santiago (1983) [1977], *El mexicano: Psicología de sus motivaciones*, México (Colección Enlace).

Ramos Escandón, Carmen (1987), *Presencia y transparencia: La mujer en la historia de México*, México, El Colegio de México.

—— (1988), *La industria textil y el movimiento obrero en México*, México, Difusión de Ciencias Sociales y Humanidades, Departamento de Filosofía-Historia, Área de Cultura, UAM.

—— (1990), "Mujeres trabajadoras en el México porfiriano: Género e ideología del trabajo femenino, 1876-1911", *European Review of Latin American and Caribbean Studies*, 48, pp. 27-46.

—— (1998), "Gender, Labor, and Class Consciousness Among Mexican Factory Workers, 1880-1910", en John Mason Hart (ed.), *Borders Crossing: Mexican and Mexican-American Workers in Transition*, Wilmington, Delaware, Scholarly Resources, pp. 71-92.

—— (2003), "Diferencias de género en el trabajo textil en México y Estados Unidos durante el siglo XIX", *Estudios del Hombre*, 16, pp. 41-65.

Rascón, María Antonieta (1979), "La mujer y la lucha social", en E. Urrutia (ed.), *Imagen y realidad de la mujer,* México, SEP/Diana, pp. 139-147.

Riley, Denise (1988), *"Am I that Name?" Feminism and the Category of "Women" in History,* Minneapolis, University of Minneapolis Press.

Rivero Quijano, Jesús [1930], "La industria textil del algodón y el maquinismo", conferencia pronunciada en la Escuela Nacional de Ingeniería, Palacio de Minería, 29 de julio y 1° de agosto.

Robles de Mendoza, Margarita (1931), *La evolución de la mujer en México,* México, Imprenta Galas.

Robles, Rosario, Josefina Aranda, y Carlota Botey (1993), "La mujer campesina en la época de la modernidad", *El Cotidiano,* 52, pp. 25-32.

Rockwell, Elsie (1994), "Schools of the Revolution", en Gilbert M. Joseph y Daniel Nugent (ed.), *Everyday Forms of State Formation: Revolution and Negotiation of Rule in Modern Mexico,* Durham, Duke University Press, pp. 170-208.

Rodríguez Cabo, Matilde (1937), *La mujer y la Revolución,* México, Frente Socialista de Abogados.

Rodríguez-Centeno, Mabel (1993), "La producción cafetalera mexicana: El caso de Córdoba, Veracruz", *Historia Mexicana,* 43, pp. 81-115.

Rojina Villegas, Rafael (1997), *Compendio de derecho civil. Introducción: Personas y familia,* vol. 1, 7ª ed., México, Porrúa.

Romero, Laura Patricia (1988), *Jalisco desde la Revolución,* vol. 3, *La consolidación del Estado y los conflictos políticos,* Guadalajara, Gobierno del Estado de Jalisco/Universidad de Guadalajara.

Rosemblatt, Karin Alejandra (2000), *Gendered Compromises, Political Cultures and the State in Chile, 1920-1950,* Chapel Hill, University of North Carolina Press.

Rubenstein, Anne (1998), "Raised Voices at the Cine Montecarlo: Sex education, Mass Media, and Oppositional Politics in Mexico", *Family History*, 23, núm. 3 (julio), pp. 312-323.

Rubin, Jeffrey W. (1997), *Decentering the Regime: Ethnicity, Radicalism, and Democracy in Juchitán, Mexico*, Durham, Duke University Press.

Salaff, Janet Weitzner, y Judith Merkle (1970), "Women and Revolution: The Lessons of the Soviet Union and China", en Marilyn B. Young (ed.), *Women in China, Michigan Papers in Chinese Studies*, 15, Ann Arbor Center for Chinese Studies, University of Michigan, pp. 145-177.

Salas, Elizabeth (1994), "The Soldadera in the Mexican Revolution: War and Men's Illusions", en Heather Fowler-Salamini y Mary Kay Vaughan (eds.), *Women of the Mexican Countryside 1859-1900*, Tucson, Arizona University Press, pp. 93-105. [En español: "La soldadera en la Revolución mexicana: la guerra y las ilusiones de los hombres", en Heather Fowler-Salamini y Mary Kay Vaughan (eds.), 2003, pp. 159-175.]

Sanders, Nichole (2003), *Gender, Welfare, and the "Mexican Miracle": The Politics of Modernization in Postrevolutionary Mexico, 1937-1958*, tesis de doctorado, Universidad de California, Irvine.

San Francisco Lesbian and Gay History Project (1990), "'She Even Chewed Tobacco': A Pictorial narrative of Passing Women in America", en Martin Duberman, Martha Vicinus y George Chauncey (eds.), *Hidden from History: Reclaiming the Gay and Lesbian Past*, Nueva York, Meridian, pp. 184-194.

Santín de Fontoura, Margarita (1924), "Los sports femeninos", *Revista de Revistas*, 15, núm. 736 (15 de junio), pp. 38-39.

Sartorius, Carl Christian (1961) [1858], *Mexico about 1850*, Stuttgart, Brockhaus.

Schell, Patience A. (1998), "Training Loving Hands: Women's Vocational Education in 1920s Mexico City", *Anuario de espacios urbanos: Historia, cultura, diseño 1998*, pp. 249-271.

Schell, Patience A. (1999), "An Honorable Avocation for Ladies: The Work of the Mexico City Unión de Damas Católicas Mexicanas, 1912-1926", *Journal of Women's History*, 10, núm. 4 (invierno), pp. 78-103.

—— (2003), *Church and State Education in Revolutionary Mexico City*, Tucson, University of Arizona Press.

—— (2004), "Nationalizing Children thorugh Schools and Hygiene: Porfirian and Revolutionary Mexico City", *The Americas*, 60, núm. 4, pp. 559-587.

Scott, James C. (1990), *Domination and the Arts of Resistance: Hidden Transcripts*, New Haven, Yale University Press. [En español: *Los dominios y el arte de la resistencia*, México, Era, 2000.]

Scott, Joan, 1988, "Gender: A Useful Category of Historical Analysis", en *Gender and the Politics of History*, Nueva York, Columbia University Press, pp. 28-60.

—— (1996), *Only Paradoxes to Offer: French Feminists and the Rights of Man*, Cambridge, Massachusetts, Harvard University Press.

Secretaría de Educación Pública (1924), *Escuelas del Departamento de Enseñanza Técnica, Industrial y Comercial*, México, SEP.

—— (1938), *Memoria de la Secretaría de Educación Pública, septiembre 1937-agosto 1938*, presentada al H. Congreso de la Unión por el Lic. Gonzalo Vázquez Vela, secretario del ramo, vol. 1, 2ª parte, México, Departamento Autónomo de Prensa y Publicidad.

Secretaría de la Asistencia Pública (1940), *La asistencia social en México, Sexenio 1934-1940*, México, Secretaría de la Asistencia Pública.

—— (1942), *Informe de labores presentado al H. Ejecutivo de la Unión, por el Dr. Gustavo Baz, secretario del ramo, 1941-1942*, México, Secretaría de la Asistencia Pública.

Secretaría de la Economía Nacional (1933), *El café: Aspectos económicos de su producción y distribución en México y en el extranjero*, México, Secretaría de la Economía Nacional.

—— (1936), *Segundo Censo Industrial 1935: Hilados y tejidos de Algodón*, vol. 3, México, Secretaría de la Economía Nacional.

—— (1937), *Segundo Censo Industrial 1935: Bonetería*, vol. 3, México, Secretaría de la Economía Nacional.

Secretaría de Salud (1993), *La atención materno-infantil: Apuntes para su historia*, México, Secretaría de Salud.

Secretaría del Trabajo y Previsión Social (1941), *Memoria de Labores* [septiembre de 1940-agosto de 1941], México, Secretaría del Trabajo y Previsión Social.

Sefchovich, Sara (1999), *La suerte de la consorte*, México, Océano.

Serrano, Carlos (1924), "El reinado de las pelonas", *Revista de Revistas*, 15, núm. 733 (25 de mayo), p. 9.

Sewell, William H. (1980), *Work and Revolution in France: The Language of Labor from the Old Regime to 1948*, Cambridge, Cambridge University Press.

Sheridan Prieto, Cecilia (1983), *Mujer obrera y organización sindical: El sindicato de obreras desmanchadoras de café, Coatepec, Veracruz*, México, Casa Chata.

Sherman, John W. (1997), *The Mexican Right: The End of Revolutionary Reform*, Westport, Connecticut, Praeger.

Sierra, María Teresa (2002), "The Challenge to Diversity in Mexico: Human Rights, Gender, and Ethnicity", *Working Paper*, núm. 49, Max Planck Institute for Social Anthropology.

Silvester, Christopher (ed.) (1997), *Las grandes entrevistas de la historia, 1859- 1992*, Madrid, El País/Aguilar.

Sindicato Único de Trabajadores de la Enseñanza en Yucatán (1937), *Estatutos del Sindicato Único de Trabajado-*

res de la Enseñanza en Yucatán, Mérida, Sindicato Único de Trabajadores de la Enseñanza en Yucatán.

Sinha, Mrinalini (1995), *Colonial Masculinity. The "Manly Englishman" and the "Effeminate Bengali" in the Late 19th Century*, Manchester, Manchester University Press.

Sluis, Ageeth (2005), *City of Spectacles: Gender Performance, Revolutionary Reform, and the Creation of Public Space in Mexico City, 1915-1939*, tesis de doctorado, Universidad de Arizona.

Smith, Stepahnie J. (2002), *Engendering the Revolution. Women and State Formation in Yucatan, Mexico, 1872-1930*, tesis de doctorado, Universidad del Estado de Nueva York, Stony Brook.

Snodgrass, Michael David (1998), "The Birth and Consequences of Industrial paternalism in Monterrey, Mexico, 1890-1940", *International Labor and Working-Class History*, 53 (primavera), pp. 115-136.

Sorando, Xavier (1924), "Las pelonas", *Revista de Revistas*, 15, núm. 743 (3 de agosto), pp. 5-6.

Soto, Shirlene (1990), *Emergence of the Modern Mexican Woman: Her Participation in Revolution and Struggle for Equality 1910-1940*, Denver, Arden Press.

Soustelle, Jacques (1976), *México, tierra india*, México, SEP.

Speed, Shannon (2006), "Rights at the Intersection: Gender and Ethnicity in Neoliberal Mexico", en Shannon Speed, R. Aída Castillo y Lynn Stephen (eds.), *Dissident Women: Gender and Cultural Politics in Chiapas*, Austin, University of Texas Press, pp. 203-221.

Spivak, Gayatri C. (1989), "In a Word: An Interview", *Differences*, 1, pp. 124-156.

—— (1990), *Postcolonial Critic: Interviews, Strategies, Dialogues*, Nueva York, Routledge.

—— (1993), *Inside the Teaching Machine*, Nueva York, Routledge.

Stacey, Judith (1983), *Patriarchy and Socialist Revolution in China*, Berkeley, University of California Press.

Stansell, Christine (1987), *City of Women: Sex and Class in New York, 1789-1860*.

Stavenhagen, Rodolfo (1979), "Clase, etnia y comunidad", en Rodolfo Stavenhagen (ed.), *Problemas étnicos y campesinos*, México, INI, pp. 11-53.

Stellweg, Carla (1992), *Frida Kahlo: La cámara seducida*, México, La Vaca Independiente.

Stepan, Nancy Leys (1991), *"The Hour of Eugenics": Race, Gender, and Nation in Latin America*, Ithaca, Cornell University Press.

Stephen, Lynn (1989), "Popular Feminism in Mexico", *Z Magazine*, 2 (diciembre), pp. 102-106.

—— (1991), *Zapotec Women*, Austin, University of Texas Press.

—— (1997), *Women and Social Movements in Latin America: Power From Below*, Austin, University of Texas Press.

Stern, Alexandra Minna (1999), "Responsible Mothers and Normal Children: Eugenics and Nationalism in Post-Revolutionary Mexico City, 1920-1940", *Historical Sociology*, 12, núm. 4, pp. 369-397.

Taibo I, Paco Ignacio (1986), *El Indio Fernández. El cine por mis pistolas*, México, Joaquín Mortiz/Planeta.

Talavera Aldana, Luis Fernando (1976), "Organizaciones sindicales obreras de la rama textil: 1935-1970", *Revista Mexicana de Ciencias Políticas y Sociales*, 21 (enero-marzo), pp. 227-299.

Tamayo, Jaime (1985), "Movimiento obrero y lucha sindical", en Patricia Arias (ed.), *Guadalajara: La gran ciudad de la pequeña industria*, Zamora, El Colegio de Michoacán, pp. 149-150.

—— (1988a), *Jalisco desde la Revolución*, vol. 2, *La conformación del Estado moderno y los conflictos políticos, 1917-1929*, Guadalajara, Universidad de Guadalajara/Gobierno del Estado de Jalisco.

Tamayo, Jaime (1988b), *Jalisco desde la Revolución*, vol. 4, *Los movimientos sociales, 1917-1929*, Guadalajara, Universidad de Guadalajara/Gobierno del Estado de Jalisco.

Tarrés, María Luisa (1998), "The Role of Women's Nongovernmental Organizations in Mexican Public Life", en Victoria Rodríguez (ed.), *Women's Participation in Mexican Political Life*, Boulder, Westview Press, pp. 131-145. [En español: "De la identidad al espacio público: las organizaciones no gubernamentales de mujeres en México", en José Luis Méndez (ed.), *Organizaciones y políticas públicas en México y Centroamérica*, México, Miguel Ángel Porrúa, 1998, pp. 101-135.]

Thompson, Paul (1988), *The Voice of the Past: Oral History*, 2ª ed., Oxford, Oxford University Press.

Tinsman, Heidi (2002), *Partners in Conflict: The Politics of Gender, Sexuality, and Labor in the Chilean Agrarian Reform, 1950-1973*, Durham, Duke University Press.

Torres Septién, Valentina (1992), "La UNPF: La lucha por la enseñanza de la religión en las escuelas particulares", en Ricardo Sánchez *et al.* (eds.), *La ciudad y el campo en la historia de México*, 2, México, Instituto de Investigaciones Históricas, UNAM, pp. 927-935.

Trejo Cámara, Eliézer (1923), "PRO-FEMINISMO: Si el amor esclaviza... ¡Maldito sea el amor!, *Tierra*, 15 (5 de agosto), p. 12.

Tromp, Sebastián, S. J. (1937), "Editorial: De los principios de la AC propuestos a los Obispos Mexicanos en la Encíclica 'Firmissiam Constantiam'", *Christus*, 2, núm. 21 (agosto), p. 674.

Tuck, Jim (1982), *The Holy War in Los Altos: A Regional Analysis of Mexico's Cristero Rebellion*, Tucson, University of Arizona Press.

Tuñón, Julia (1987), *Mujeres en México. Recordando una historia*, México, Planeta.

—— (1988), *En su propio espejo: Entrevista con Emilio "Indio" Fernández*, México, UAM-Iztapalapa.

—— (1992) (1995), "Emilio Fernández: A Look Behind the Bars", en Paulo Antonio Paranagua (ed.), *Mexican Cinema*, Londres, British Film Institute/Instituto Mexicano de Cinematografía, pp. 179-192.

—— (1998a), *Mujeres de luz y sombra en el cine mexicano. La construcción de una imagen, 1939-1952*, México, El Colegio de México/Instituto Mexicano de Cinematografía.

—— (1998b), "Una escuela en celuloide. El cine de Emilio 'Indio' Fernández o la obsesión por la educación", *Historia Mexicana*, 58, núm. 190, pp. 437-470.

—— (1999), *Women in Mexico: A Past Unveiled*, trad. de Alan Hynds, Austin, University of Texas Press.

—— (2000a), *Los rostros de un mito. Personajes femeninos en las películas de Emilio "Indio" Fernández*, México, Conaculta / Instituto Mexicano de Cinematografía.

—— (2000b), "La Revolución mexicana en el cine de Emilio Fernández: ¿Vuelta de tuerca o simple tropezón?", en Jaime Bailón Corres *et al.* (eds.), *El siglo de la Revolución mexicana*, 2, México, INEHRM/Segob, pp. 215-223.

—— (2002), "Sergei Eisenstein y Emilio Fernández, constructores fílmicos de México: Los vínculos entre la mirada propia y la ajena", *Filmhistoria Online*, 12, núm. 3.

Tuñón Pablos, Esperanza (1992), *Mujeres que se organizan. El Frente Único Pro-Derechos de la Mujer, 1935-1938*, México, Miguel Ángel Porrúa.

Turok, Marta (1988), "Amelia Robles", en Isabel Molina (ed.), *Mujeres del Sur*, Chilpancingo, Gobierno del Estado de Guerrero, pp. 41-44.

Twinam, Ann (1999), *Public Lives, Private Secrets: Gender, Honor, Sexuality, and Illegitimacy in Colonial Spanish America*, Stanford, Stanford University Press.

"UDCM en el 20 Aniversario de su Fundación, La" (1993), *Acción femenina*, 1, núm. 1 (1° de enero), pp. 3-4.

"UFCM en Ocotlán, La" (1949), *Acción Femenina*, 5, núm. 21 (1° de octubre), p. 12.

Vaca García, Agustín (1998), *Los silencios de la historia: Las cristeras*, Zapopan, El Colegio de Jalisco.

Valencia Castrejón, Sergio (1996), *Poder regional y política nacional en México. El gobierno de Maximino Ávila Camacho en Puebla (1937-1941)*, México, INEHRM.

Valero Chávez, Aída (1994), *El trabajo social en México: Desarrollo y perspectivas*, México, Escuela Nacional de Trabajo Social, UNAM.

Varley, Ann (2000), "Women and the Home in Mexican Law", en Elizabeth Dore y Maxine Molyneux (eds.), *Hidden Histories of Gender and the State in Latin America*, Durham, Duke University Press, pp. 238-261.

Vaughan, Mary Kay (1977), "Women, Class, and Education in the Mexican Revolution", *Latin American Perspectives*, 4, 1-2, pp. 63-80.

—— (1982), *The State, Education, and Social Class in Mexico, 1880-1928*, DeKalb, Northern Illinois University Press. [En español: *Estado, clases sociales y educación en México*, México, SEP, 1982.]

—— (1990), "Women School Teachers in the Mexican Revolution: The Story of Reyna's Braids", *Journal of Women's History*, 2, núm. 1, pp. 143-168.

—— (1994), "Rural Women's Literacy and Education During the Mexican Revolution: Subverting a Patriarcal Event?", en Heather Fowler-Salamini y Mary Kay Vaughan (eds.), *Women of the Mexican Countryside, 1850-1990*, Tucson, University of Arizona Press, pp. 106-124. [En español: "El alfabetismo y la educación de las mujeres en el campo durante la Revolución Mexicana: ¿La subversión de un acontecimiento patriarcal?", en Heather Fowler-Salamini y Mary Kay Vaughan (eds.), 2003, pp. 177-202.]

—— (1997), *Cultural Politics in Revolution: Teachers, Peasants, and Schools in Mexico, 1930-1940*, Tucson, University of Arizona Press.

—— (1999), "Cultural Approaches to Peasant Politics in the

Mexican Revolution", *Hispanic American Historical Review*, 79, núm. 2, pp. 269-305.

Vaughan, Mary Kay (2000), "Modernizing Patriarchy, State Policies, Rural Households, and Women in Mexico, 1930-1940", en Elizabeth Dore y Maxine Molyneux (eds.), *Hidden histories of Gender and the State in Latin America*, Durham, Duke University Press, pp. 194-214.

Vega, Patricia (1999), "La casa-museo de Amelia Robles", *Equis: Cultura y Sociedad* (junio), p. 35.

Velásquez H., Manuel (1978), *Pedro Velásquez H.: Apóstol de la justicia, vida y pensamiento*, México, Secretariado Social Mexicano.

Ventura Rodríguez, María Teresa (1984), "La FROC en Puebla, 1942-1952", en *Memorias del encuentro sobre historia del movimiento obrero*, Puebla, Benemérita Universidad Autónoma de Puebla, pp. 227-276.

Vera, Rodrigo (1998), "Derechos humanos y democracia, los futuros puntos del conflicto Iglesia-Estado", *Proceso*, núm. 1134 (26 de julio), pp. 22-27.

Villarreal, Magdalena (1994), *Wielding and Yielding: Power, Subordination and Gender Identity in the Context of a Mexican Development Project*, tesis de doctorado, Universidad de Wageningen, Koniklijke Bibliotheek, La Haya.

Villoro, Luis (1987) [1950], *Los grandes momentos del indigenismo en México*, México, CIESAS/SEP.

Vincent, Mary (1990), "The Politicization of Catholic Women in Salamanca, 1931-1936", en Frances Lannon y Paul Preston (eds.), *Elites and Power in Twentieth-Century Spain*, Oxford, Clarendon Press, pp. 107-126.

Vizcaíno, Rogelio, y Paco Ignacio Taibo II (1983), *Socialismo en un solo puerto: Acapulco 1919-1923*, México, Extemporáneos.

Warren, Kay (1998), *Indigenous Movements and Their Critics: Pan-Maya Activism in Guatemala*, Princeton, Princeton University Press.

Weiner, Myron (1991), *The Child and the State in India: Child Labor and Education Policy in Comparative Perspective,* Princeton, Princeton University Press.

Weinstein, Barbara (1997), "Unskilled Worker, Skilled Housewife: Constructing the Working-Class Woman in Sao Paulo, Brazil", en John D. French y Daniel James (eds.), *The Gendered Worlds of Latin American Women Workers,* Durham, Duke University Press, pp. 71-99.

Welter, Barbara (1966), "The Cult of True Womanhood, 1820-1860", *American Quarterly,* 18, pp. 151-174.

Werth, Alvin *et al.* (eds.) (1955), *Papal Pronouncements on Marriage and the Family,* Milwaukee, Bruce Publishing.

Wheelwright, Julie (1990), *Amazons and Military Maids: Women Who Dressed as Men in the Pursuit of Life, Liberty, and Happiness,* Londres, Pandora.

Wilson, Fiona (1990), *De la casa al taller. Mujeres, trabajo y clase social en la industria textil y del vestido,* Santiago Tangamandapo, Zamora, El Colegio de Michoacán.

Womack, John (1968), *Zapata and the Mexican Revolution,* Nueva York, Vintage Books.

Wood, Andrew Grant (1998), "¡Viva la Revolución Social! Postrevolutionary Tenant Protest and State Housing Reform in Veracruz, Mexico", en Ronn Pineo y James A. Baer (eds.), *Cities of Hope: People, Protests, and Progress in Urbanizing Latin America, 1870-1930,* Wilmington, Delaware, Scholarly Resources, pp. 102-106.

—— (2000), *Revolution in the Street: Women, Workers, and Urban Protest,* Wilmington, Delaware, Scholarly Resources.

Yáñez, Agustín (1996), *Al filo del agua,* ed. crítica de Arturo Azuela, Madrid, Unesco (Archivos, 22).

Young, Marilyn (ed.) (1973), *Women in the Chinese Revolution,* Ann Arbor, Center for Chinese Studies, University of Michigan.

Zapata, Francisco (1976), "Afiliación y organización sindical en México", en *Tres estudios sobre el movimiento obrero en México*, México, El Colegio de México (Jornadas, 89).

Zeldin, Theodore (1994), *An Intimate History of Humanity*, Nueva York, Harper Collins.

Zelizer, Viviana A. (1994), *Pricing the Priceless Child: The Changing Social Value of Children*, Princeton, Princeton University Press.

Zolov, Eric (1999), *Refried Elvis: The Rise of the Mexican-Counterculture*, Berkeley, University of California Press.

ÍNDICE ANALÍTICO

El águila y la serpiente: 36, 80
El Hijo del Trabajo: 13
El Informador de las Brigadas Femeninas de Santa Juana de Arco: 326
El Machete: 31, 372
El nacimiento de una nación: 109
El Universal: 66, 74, 78, 80-82, 110-112
El Universal Gráfico: 108, 110, 125
elecciones: 187, 347-349, 391, 394, 422
Elías Calles, Plutarco: 30, 33, 80, 94, 96, 239, 263, 268, 321; *véase también* maximato
Enmienda para la Igualdad de Derechos en Estados Unidos (Equal Rights Ammendment): 347
Erauso, Catalina de: 68n
Escuela de Aviación: 114
Escuela de Medicina: 106, 111, 114, 414
Escuela Nacional Preparatoria: 47, 110-112, 116
Escuela Nocturna Doctor Balmis: 110
Escuela Normal: 12, 106, 116, 362
España: 259; Barcelona: 419-420
Estadio Nacional: 94, 119-121
Estado de México, Amecameca: 215
Estado, formación del: 40-41n, 50, 84, 175, 199, 252, 282, 297, 336, 427
Estados Unidos: 39, 48, 55, 65, 81, 93-95, 97, 100, 133, 163, 166, 253, 282, 303, 347, 385, 423, 429; Arizona: 334; Brownsville (Tex.): 106; Chicago: 249; Connecticut: 169; El Paso: 22; Iowa: 424; Nueva York (ciudad): 102, 413; Washington, D.C.: 167
Estrada, Esteban: 87
etnicidad: 130, 133, 394, 398, 403, 407-408, 417, 423; "esencialismo estratégico y: 376n; *véase también* indigenismo
eugenesia: 179, 192-193
Europa: 39, 65, 93, 95-96, 253, 315, 423-424
Excélsior: 80, 104

familia, prerrogativas de clase ante la: 176; redes (familiares): 196, 208; políticas públicas hacia la: 11, 159, 197, 221-223; "revolucionaria": 118, 175-176, 180, 197-200
fascismo: 79, 85, 337, 353, 355-356, 361, 372-373, 422
Federación de Sindicatos de Trabajadores del Estado (FSTE): 34
Federación de Trabajadores de Jalisco: 250
Federación Internacional de Mujeres Democráticas: 34
Federación Regional de Obreros y Campesinos del Estado de Puebla (FROC): 284, 286-287, 297, 301
Félix, María: 35-36, 146-147
feminidad: 107, 140, 349; alteridad y: 137; belleza y: 55, 93;

ÍNDICE GENERAL

Primera parte
LA CULTURA REVOLUCIONARIA EN LOS CUERPOS

Tercera parte
GÉNERO EN LAS ORGANIZACIONES SINDICALES

Cuarta parte
LAS MUJERES Y LA POLÍTICA REVOLUCIONARIA

Género, poder y política en el México posrevolucionario
se terminó de imprimir en el mes de noviembre de 2009
en Impresora y Encuadernadora Progreso S. A. de C. V. (IEPSA).
La composición estuvo a cargo del Departamento
de Integración Digital del FCE. La edición, al cuidado
de *Nancy Rebeca Márquez Arzate,*
consta de 2 000 ejemplares

.